ESTILOS DE ÉPOCA NA
LITERATURA

DOMÍCIO PROENÇA FILHO

Professor Emérito e Titular de Literatura Brasileira
da Universidade Federal Fluminense

ESTILOS DE ÉPOCA NA LITERATURA

ATRAVÉS DE TEXTOS COMENTADOS

20ª edição

PRUMO
ensina

Copyright © 2012 Domício Proença Filho

Todos os direitos reservados. Nenhuma parte desta obra pode ser reproduzida ou transmitida por qualquer forma ou meio eletrônico ou mecânico, inclusive fotocópia, gravação ou sistema de armazenagem e recuperação de informação, sem a permissão escrita do editor.

Direção editorial
Jiro Takahashi

Editora
Luciana Paixão

Editor assistente
Anna Buarque

Assistência editorial
Roberta Bento

Coordenação Editorial
Camila Werner

Revisão
Márcia Benjamim
Paola Morsello

Capa, projeto gráfico e diagramação
Marcio Soares

Produção de arte
Marcos Gubiotti

Imagens da capa: *Retrato de madame Henriot*, 1876, de Pierre-Auguste Renoir © SuperStock/Getty Images; *Young woman in the garden*, 1933, de Paul Klee © Photoservice Electa/Getty Images; *Materia*, 1912, de Umberto Boccioni © The Bridgeman Art Library/Getty Images; *O juramento dos Horácios*, 1784, de Jacques Louis David © Getty Images; *A escola de Atenas*, 1509-1510, de Rafael © SuperStock/Getty Images.

CIP-Brasil. Catalogação na fonte
Sindicato Nacional dos Editores de Livros, RJ

P953e   Proença Filho, Domício, 1936-
20.ed.   Estilos de época na literatura / Domício Proença Filho. – 20.ed. – São Paulo: Prumo, 2012.
    368p.: 23 cm

    Inclui bibliografia
    ISBN 978-85-7927-193-9

    1. Literatura moderna – História e crítica. 2. Literatura moderna – História e crítica. I. Título.

12-2323.   CDD: 809
                                                                                   CDU: 82.09

Direitos de edição para o Brasil: Editora Prumo Ltda.
Rua Júlio Diniz, 56 – 5º andar – São Paulo - SP – CEP: 04547-090
Tel.: (11) 3729-0244 – Fax: (11) 3045-4100
E-mail: contato@editoraprumo.com.br
Site: www.editoraprumo.com.br
facebook.com/editoraprumo | @editoraprumo

> "Nenhuma época se equivoca esteticamente."
> CELSO CUNHA

> "Há, sobretudo, em todas as épocas, o tipo ideal do homem medieval, o homem renascentista, o homem barroco, o homem classicista, o homem romântico e esses homens seriam mudos, e, por consequência, esquecidos, se certos entre eles não tivessem o dom individual da expressão artística, realizando-se em obras que ficam."
> OTTO MARIA CARPEAUX

> "Para a historiador da literatura a língua do poeta constitui o material mais importante para a compreensão do seu gênio individual. E para o historiador da língua a obra literária suscita inumeráveis e importantíssimos problemas de história idiomática, pois o artista condensa e acentua os traços e as tendências imperceptíveis da língua de sua época."
> KARL VOSSLER

PREFÁCIO

Chega este livro à presente edição após quase cinco décadas de convívio e diálogo com um público-leitor interessado em literatura e, em especial, em literatura brasileira. No percurso, ampliações, reestruturações, correções de rumo. Na compensação, altamente gratificatória, o reconhecimento dos colegas e, desde o primeiro momento, a palavra acolhedora da crítica. Agradeço a generosidade e o estímulo.

Ao longo desse tempo, muita água correu sob a ponte da Cultura, em função do dinamismo que a caracteriza.

Entre outras instâncias, a concepção de literatura, a teoria literária e a interpretação de textos foram e seguem sendo frequentemente objeto de reformulações.

Em alguns casos, a heresia de ontem converteu-se em liturgia, a liturgia em posicionamento herético. Na culminância, desde as últimas décadas do século passado, evidencia-se um processo de revisão de inúmeros conceitos operacionais. Entre eles, os gêneros literários, a periodologia, a própria crítica literária.

Multiplicam-se perspectivas. Vai-se do centramento exclusivo na imanência do texto a ópticas transdisciplinares e multidisciplinares; da hermenêutica à interpretação sociológica, com passagens pelo estruturalismo e pela estética da recepção e do efeito.

O estudioso do texto se vê, nesses inícios do século XXI, autorizado, mesmo em estabelecimentos de ensino superior, a converter-se em leitor-autor, em escritor, fundado numa visão marcadamente subjetiva.

Há mesmo quem negue a necessidade da interposição da crítica e defenda que o autor põe o texto à disposição do leitor e este dele dispõe e usufrui a seu modo e literalmente, a seu bel-prazer, em função do seu universo cultural. O subjetivismo revalorizado orienta inclusive visões panorâmicas do processo literário. Fratura-se o cânon, questionam-se paradigmas. Sinal dos nossos tempos, signos de transição. A visão múltifacetada, a propósito, está, desde sempre, associada aos estudos literários e talvez seja uma de suas características singularizadoras. A obra de arte literária abre-se, multissignificativa, a todas essas leituras. O risco é, no limite, a ausência, extremamente relativizadora, de qualquer fundamentação.

A configuração do processo literário com base na categoria estilos epocais, diante de tais circunstâncias, chegou a experimentar breve instância de estigmatização, para retornar, posteriormente, após a redução de espaços de convívio, à cena dos estudos de literatura. Curiosamente, apenas nesse âmbito tal enfoque mereceu questionamentos. Nas demais artes, sua utilização permaneceu e permanece tranquilamente legitimado.

Surpreendentemente, não se desenvolveu, até o momento, no Brasil, nenhuma perspectiva diacrônica da literatura que, com vantagem, a substituísse. Continua sendo um instrumental válido nessa direção. Até porque consagrado pela tradição na totalidade dos estudos das manifestações artísticas e, nesse sentido, com a terminologia já carregada de história e incorporada ao vocabulário específico.

Críticos de responsabilidade seguiram e seguem valendo-se, em suas leituras e em seus ensaios, de substantivos e adjetivos a ele vinculados. Mesmo os mais radicais. É tranquila a referência a arquitetura, escultura, música e pintura renascentistas, barrocas, neoclássicas, românticas. Realismo, simbolismo, impressionismo, expressionismo, nesses espaços, frequentam a melhor crítica de arte. A lista de exemplos é numerosa. Um dado de forte evidência, é a designação adotada por muitos para as tendências dominantes na contemporaneidade: pós-modernismo, associada a pós-moderno e pós-modernidade. Essa realidade implica uma condição necessária: saber a que os termos utilizados se referem.

Diante de tais circunstâncias, optei, diante de mais uma edição esgotada, pelo relançamento da obra, por considerar a orientação que a fundamenta uma das muitas e várias interpretações da dinâmica do processo literário, decorrentes da plurivocidade e da multiplicidade de olhares que caracterizam os estudos do texto de literatura.

Revi alguns conceitos, ampliei considerações críticas e, sobretudo, pus à disposição do leitor uma ampla bibliografia relacionada com a atualização dos estudos da matéria.

Entendo que determinadas conceituações, carregadas de história, incorporaram-se efetivamente ao vocabulário das artes, de tal modo, que conhecê-los se torna relevante para, a partir deles, ampliar o conhecimento e entender melhor a função do texto literário e de sua representatividade cultural.

Ao longo de sua presença paradidática, a obra, para gáudio do autor, possibilitou a muitos a ampliação do prazer da leitura do texto literário e da compreensão de sua relevância como produto cultural. Espero que continue a manter esse nível de utilidade.

Se mais não valesse, segue aberta ao produtivo questionamento, fonte e motivação da abertura de novos caminhos e da iluminação de novos e distintos olhares.

À Mestríssima Cleonice Beradinelli, a gratidão sempre pela apresentação com que honrou a primeira edição do livro.

A crítica construtiva é desejada e altamente mobilizadora.

Domício Proença Filho

SUMÁRIO

Capítulo 1 — Língua, Cultura e Literatura 11

Capítulo 2 — Literatura: Conceitos 27

Capítulo 3 — Estilo Individual, Estilo de Época 43

Capítulo 4 — Estilos de Época e Periodização 59

Capítulo 5 — O Renascimento 117

Capítulo 6 — O Barroco 141

Capítulo 7 — O Neoclassicismo 163

Capítulo 8 — O Romantismo 179

Capítulo 9 — O Realismo 209

Capítulo 10 — O Simbolismo 229

Capítulo 11 — O Impressionismo 251

Capítulo 12 — O Modernismo 261

Capítulo 13 — O Pós-Modernismo 327

— Bibliografia Geral 360

CAPÍTULO 1

Língua, Cultura e Literatura

> La Literatura no es una actividad de adorno, sino
> la expresión más completa del hombre.
> (REYES, 1944, p. 207)

1   Tomemos as seguintes palavras:

COTA ZERO
Stop.
A vida parou
ou foi o automóvel?

2   Constituiriam, assim agrupadas, o que podemos chamar um poema? Configura-se poesia esse enunciado? O primeiro impulso é negativo, sobretudo das pessoas que, por força da tradição, se habituaram a identificar poesia com determinadas técnicas do verso, presas a formas fixas, à limitação de recursos rítmicos preestabelecidos, com pausas obrigatórias e sílabas contadas, além de não dispensarem a necessidade de uma exposição lógica e imediatamente perceptível à primeira leitura.

3   Se, entretanto, indicarmos um responsável por aqueles termos, como Carlos Drummond de Andrade, já haverá certa relutância em nos lançarmos contra a opinião dos "entendidos", negando-lhes a validade como obra de arte literária.

4   Já percebemos como é precário o nosso julgamento, marcado por preconceitos e estereótipos os mais variados.

5   O certo é que "há poesia" nesse conjunto de palavras de tal modo agrupadas e associadas. Examinemos:

5.1   O título anuncia uma situação neutra indicada pela palavra "zero", simultaneamente positivo e negativo, precedida pela palavra "cota", entendida como parte, quinhão que cabe a cada um ou, como na linguagem matemática, a distância de um ponto a um plano de referência.

5.2   *Stop* é palavra universalmente conhecida e difundida, que indica, em inglês, parada momentânea, muito usada na sinalização de trânsito, para orientação de veículos.

5.3   Mas quem para é a vida; isso é muito mais sério e importante: se a vida para, é a neutralidade, a ausência de valores; é o desespero, a angústia de não saber aonde vamos e, às vezes, nem de onde viemos... E o poeta surpreende o leitor: espera-se naturalmente que o automóvel pare; a parada da vida provoca um impacto de surpresa.

5.4   Qual seria a solução? Fugir para Minas, terra de Drummond? Abrir a porta? Cuspir? Alcançar espaços de utopia? Descobrir uma teogonia? Ou dar de ombros, menosprezar a vida, como se ela não fosse mais do que um automóvel que passa?

5.5   Esta última, a solução: ironizar – ou foi o automóvel? Desvalorizar para não chorar. Rir, num riso chapliniano, em que, através do humor, percebe-se a tragédia de quem se sente neutro, nulo, vazio, num instante da existência em que para a vida e a cota "ainda" é zero.

5.6   E estamos diante de uma situação que não é exclusiva do poeta. Qualquer pessoa, em qualquer tempo, pode ver-se diante do sinal: *stop*; verificar a nulidade: "zero" ainda; e assumir uma atitude indiferente, de autodefesa. As palavras permitem concluir que a cota zero não é colocada em termos definitivos; o sinal usado indica, como assinalamos, um parar momentâneo. O que importa, sobretudo, é que, tal como foram arrumadas, são capazes de revelar algo de universal, são capazes de atingir a sensibilidade e traduzir um sentimento trágico do mundo.

5.7   Observe-se: a língua, entendida como linguagem de uma comunidade, restringe-se à simples representação de fatos ou situações particulares, observados ou inventados. A literatura caracteriza-se como tal quando, ao tratar desses fatos ou situações, realça-lhes os elementos universais e característicos.

5.8   E, se um poema se faz com palavras, nesse elas como que se completam, se ligam mais estreitamente, criando uma ambiência semântica onde a ideia de estacionamento, parada, é a constante: "zero", *stop*, "parou"; e, sem exagerar, a vida também se move por si, como o "automóvel". O autor traz para o texto poético os elementos mais cotidianos, inclusive o termo estrangeiro, como numa ânsia de comunicação universal.

5.9   A mensagem está contida em sete termos, cuja conotação consegue criar a condição de poesia.

5.10   Podemos ainda afirmar que o texto em exame envolve, além da universalidade já assinalada:

- valorização poética do cotidiano;
- integração poética da civilização material;
- desvalorização irônica da vida;
- sentimento trágico da existência;
- humor como solução.

5.11   Mas, como se observa de imediato, não é fácil penetrar no "reino das palavras", acostumados que muitos estão com um tipo de estrutura que, por tradicional e quase sempre lógica, atinge a sensibilidade com mais presteza.

5.12   Cremos, entretanto, que o hermetismo desse poema lhe confere um valor, quando nos leva a um esforço de penetração na mensagem nele contida; a vitória da compreensão amplia o âmbito de fruição do deleite estético que toda obra de arte literária deve proporcionar.

Entenda-se por hermetismo, no caso, aquela característica que nos obriga a um esforço para captar o mistério do poético abrigado no texto, desapercebidos dos elementos intervalares que possam facilitar o entendimento lógico imediato.

5.13   Quanto ao ritmo, cabem algumas observações. O autor não se vale da métrica tradicional: esta configura a melodia do verso por meio de uma regularidade nítida e sistemática no número de sílabas e disposição dos acentos tônicos. Ele age com plena liberdade: utiliza-se do verso livre, cujo ritmo se baseia na combinação das entoações e das pausas.

```
  /         /
___ ___ ___ ___          3 (ó) (é)

  /
___                      1 (ó)

        /         /
___ ___ ___ ___          5 ( i ) (ô)

    /           /
___ ___ ___ ___ ___      5 (ô) (ó)
```

5.14   Nota-se que há rima toante, com predominância da vogal tônica /o/, ora aberta, ora fechada. O título entra também como componente importante da estrutura rítmica, além de ser indispensável à compreensão do texto. Nada é supérfluo nessa manifestação artística.

5.15   Observemos ainda a pontuação: o verso "*Stop.*" termina num ponto, que obriga a uma pausa; mas o segundo verso deixa ao leitor terminá-lo com um sinal amarelo ou passar livremente para o verde do último, como se o desvio, irônico, encontrado para o impasse trágico da parada da vida abrisse o caminho para o amortecimento da tensão...

6   Cremos poder afirmar, após essas considerações, que as palavras do poema deixam perceber uma "revelação" da realidade comum ao século XX e que continua no atual, em que os indivíduos se sentem perplexos quando a vida para, na busca de soluções nem sempre encontradas, o que conduz a um estado de indagação: e agora?

7   Por "revelação", compreendemos a configuração mimética do real, entendida a mímese como imitação, à luz de Aristóteles: imitar, nesse sentido, significa muito mais do que a simples reprodução ou "fotografia" da realidade. A releitura do filósofo grego restituiu ao conceito a sua acepção precisa: a partir do fingimento do particular, a mímese atinge o universal. A realidade imediata não se diz em plenitude, mas a linguagem da arte, através da mímese, exibe sua dimensão plena e essencial. Como lembra José Guilherme Merquior (1972, p. 8), "até mesmo os poemas mais 'abstratos', de tom sentencioso e 'filosófico', pretendem ser uma imagem, mais que um simples diagrama, da realidade. Nisto habita a fonte da ficção poética – neste fingimento de mundos que distingue o texto literário dos outros".

8   O poema que estamos examinando traz a marca de uma universalidade que não o limita a esta ou àquela região geográfica, a esta ou àquela comunidade, e muito menos aos espaços individuais do poeta: a mensagem que transmite é comum ao homem. E não somente ao homem do século atual, mas ao homem de todos os tempos, bastando observar que se confere às palavras "*stop*" e "automóvel" uma carga simbólica que permite substituí-las pelo sinal e pelos veículos do passado ou do futuro. Nesse sentido, o poema é atemporal e conduz à identidade atemporal e anespacial entre o ser humano de uma época e o ser humano de todas as épocas, conhecida como sinfronismo.

9   Desnecessário reiterar que "Cota zero" é uma obra de arte da palavra.

10   O texto faz parte do livro *Alguma poesia*, de Carlos Drummond de Andrade, que reúne poemas datados de 1925 a 1930.

11   Após esse exame, sentimo-nos inclinados à leitura de outro poema do mesmo autor, levados talvez por aquela intuição de que trata o crítico Dámaso Alonso.

12   Referimo-nos a "José", que figura no livro que tem o mesmo nome e envolve poemas datados de 1941 e 1942.

Ali aparece mensagem idêntica à dos versos que acabamos de apreciar. "Cota zero" é, em nosso entender, uma espécie de "embrião" em relação a "José". Sugere muito mais do que afirma; é um poema feito de elipses mentais. Por outro lado, ainda faz concessão a uma determinada solução muito ao gosto do Modernismo brasileiro então vigente: a solução-piada, o humor como saída para os problemas transcendentais da vida humana. (Veja-se, por exemplo, "Pneumotórax", de Manuel Bandeira, mais adiante no cap. 3.)

"José" é poema publicado doze anos depois. Nele encontramos o artista senhor de sua arte e aprofundado na temática que trabalha nos seus textos. Amplia o jogo com as palavras. Abandona a solução hermética do "não dizer" para, utilizando-as à sua maneira, ampliar fundamentalmente o campo de atuação psíquica. É um texto mais elaborado em termos de utilização literária do material linguístico.

Evidentemente, para a compreensão plena da dimensão literária da obra de um poeta, não podemos deixar-nos conduzir apenas pelas conclusões de um único poema, ou dois, ou três: é necessário que examinemos a totalidade de sua produção em verso. E nesse sentido é que podemos dizer: só a morte traz a imortalidade.

Entretanto, um poema, um capítulo de romance, um conto podem sintetizar muito da mensagem configurada na obra do poeta ou do prosador, podem mostrar muitas das marcas de sua linguagem literária, de seu estilo.

Esclarecemos que, na determinação dos traços característicos do estilo individual, procuramos destacar aqueles elementos que, por constantes no decorrer das obras do artista, passam a constituir a sua marca pessoal; por exemplo, as figuras de linguagem de Castro Alves, o material fônico das poesias de Raimundo Correia.

Para efeito de estudo, parece-nos possível adotar o seguinte gráfico:

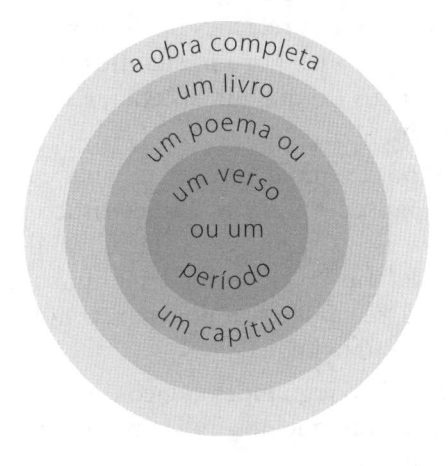

a obra completa
um livro
um poema ou
um verso
ou um
período
um capítulo

À medida que ampliamos o campo de estudo, aprofundamos o nosso conhecimento da obra literária, da posição do criador.

Um poema se faz com palavras, a literatura é a arte da palavra. Pois bem: através da literatura, arte da palavra, afirma-se a língua da comunidade, pois essa língua é o instrumento que o artista toma como ponto de partida para criar a sua arte. É verdade que as novas proposições e pesquisas estéticas no campo literário podem conduzir a reformulações de tais conceitos. Estamos pensando nos movimentos de vanguarda e no dinamismo do processo literário.

Por outro lado, o espírito criador, embora fonte imediata da literatura, "não vive dissociado da sociedade, como a faculdade criadora, no indivíduo, nunca vive isolada das demais faculdades do espírito. O homem é um complexo criador, e esse complexo vive sempre num conjunto histórico-cultural que não o explica, mas o afeta profundamente" (LIMA, 1956, p. 51).

Como facilmente se depreende, há uma estreita relação entre "língua", "cultura" e "literatura".

A diversa denotação de cada uma dessas palavras, o seu âmbito de significação, exige que meditemos por instantes.

Que se entende por língua?

Em sentido restrito, "é o sistema de expressão falada particular de tal ou qual comunidade humana" ou, em outros termos, "é todo o sistema de sons vocais por que se processa numa dada comunidade humana o uso da linguagem" (CÂMARA JR., 1964, p. 213).

Esclarecendo ainda mais: a língua é um **sistema de signos**, ou seja, um conjunto organizado de elementos representativos. Como tal, é regida por princípios organizatórios específicos e marcada por alto índice de complexidade: envolve dimensões fônicas, morfológicas, sintáticas e semânticas que, além das relações intrínsecas, peculiares a cada uma, são também caracterizadas por um significativo inter-relacionamento. A rigor, a língua, mais do que um sistema, é um conjunto de subsistemas que a integram.

Examinemos, por exemplo, a palavra "vida". A sua significação tem que ver com o jogo de oposições característico do **sistema fônico** da língua portuguesa. Isso se torna bem claro quando a comparamos com termos como "lida" ou "tida" e nos lembramos de que o fonema, ou seja, o som da fala, se caracteriza por marcar a distinção de significado entre as palavras de uma língua.

A forma "parou" no jogo morfológico dos verbos em português, termina com o fonema /u/, que nos indica pessoa, tempo, modo e aspecto da ação nela expressa; é a terceira pessoa do pretérito perfeito do indicativo e exprime ação totalmente feita, como ensina a gramática. Assim, parou opõe-se a pararei, paravas, parasse, que apresentam desinências indicadoras de outras pessoas, tempos, modos e aspectos no **sistema morfológico** do nosso idioma.

24.5 Os aspectos sintáticos presentificam-se na combinação das palavras umas com as outras na frase de que fazem parte, portanto estão presentes no âmbito do **sistema sintático** do idioma.

24.6 A significação integral do termo emerge das relações fono-morfossintático-semânticas que estão na base desse complexo conjunto.

24.7 Já que nos referimos à significação, não nos esqueçamos de que na **palavra** ela resulta fundamentalmente, enquanto **signo**, da relação entre o **significante** e o **significado**, dois elementos indissociáveis que o compõem: o primeiro, perceptível, audível; o segundo, produto dele, nele contido. Isso é ponto pacífico desde os estudos pioneiros de Ferdinand de Saussure.

24.8 Outros, como Celso Cunha (1965, p. 17), por exemplo, definem a língua como "um sistema gramatical pertencente a um grupo de indivíduos" e, enquanto expressão da consciência de uma coletividade, como "o meio pelo qual ela concebe o mundo que a cerca e sobre ele age".

24.9 Se vamos ainda mais longe, entendemos saussurianamente com Barthes (1964, p. 85-6) que a **língua** (*langue*) é "a linguagem menos a **fala** (*parole*), é ao mesmo tempo uma instituição social e um sistema de valores, é a linguagem de uma sociedade. É constituída de elementos que têm um valor em si e um valor em relação aos demais. O signo linguístico, explicita o mesmo Barthes, é como uma moeda: cada peça vale pelo seu poder aquisitivo, mas vale também em relação às outras moedas de valor igual ou menor. Como instituição social, ela não é absolutamente um ato; escapa a qualquer premeditação; é a parte social da linguagem".

24.10 A língua pode ser entendida, portanto, como a realização de uma linguagem, um sistema de signos que permite configurar e traduzir a multiplicidade de vivências caracterizadoras do ser de cada um no mundo.

24.11 A **fala**, ou **discurso**, é a utilização individual da língua. Um ato de seleção e de atualização, como esclarece ainda Barthes (1964, p. 87), que diz mais: língua e fala retiram sua definição do processo dialético que as une – não existe língua sem fala, e não há fala fora da língua.

24.12 Criação social, a língua vive em permanente mutação, acompanha as mudanças da sociedade que a elege como instrumento primeiro de comunicação.

24.13 Se a língua envolve uma dimensão social e se caracteriza por ser sistemática, a utilização que dela fazemos, ou seja, a fala ou discurso, é um conglomerado de fatos assistemáticos e, em relação a ela, "um ato individual de seleção e atualização", para ficarmos ainda com as palavras de Roland Barthes. Em outra perspectiva, entende-se o discurso como um enunciado ou um conjunto de enunciados ditos ou escritos por alguém na direção de um destinatário. Enunciado, segundo alguns linguistas, é, em função da significação, a unidade elementar da comunicação verbal, uma palavra ou uma sequência de palavras dotadas de sentido.

25 Todos esses conceitos nos obrigam de imediato a tratar da **linguagem**.

26 As conceituações ligadas ao termo estão longe de serem tranquilas e pacíficas. Examinemos algumas tentativas de caracterização:

26.1 Há os que a consideram como "uma das formas de apreensão do real": o ser humano vive em permanente e complexa interação com a realidade e a apreende de várias maneiras, por exemplo, por meio dos sentidos. As informações que o envolvem, como lembra o linguista Iouri Lotman (1975, p. 28-9), os sinais que a vida lhe envia exigem, para um melhor desempenho na luta pela sobrevivência, que ele os decifre e os transforme em elementos de uma linguagem, em signos, para assegurar a compreensão necessária ao pleno aproveitamento de importantes oportunidades no seu percurso existencial.

26.2 Para certos teóricos, cabe acrescentar, a linguagem, ao converter a realidade em signos, ultrapassa as limitações da apreensão sensorial para permitir um desvelamento (um "retirar de véus") da realidade em relação a quem dela se utiliza. É, por outro lado, "o principal, senão o único modo de organizar o caos dos universais físicos" (FOWLER, 1970, p. 189).

26.3 Antenor Nascentes (1960, p. 12) entende que "linguagem é todo sistema de sinais que deem a seres conscientes a possibilidade de terem relações entre si".

26.4 Se quisermos ficar com a já clássica lição de E. Cassirer (s/d, p. 91-2), a linguagem é a faculdade que o homem tem de expressar seus estados mentais através de um conjunto de sons vocais chamado língua, que é ao mesmo tempo representativo do mundo interior e do mundo exterior. Segundo essa visão, de sentido restrito e centrada obviamente no sujeito, a linguagem é entendida como uma atividade que apresenta um aspecto psíquico (linguagem virtual) e um aspecto propriamente linguístico (linguagem realizada). Esta última, por sua vez, compreende o ato linguístico (realidade imediata) e o repertório de atos linguísticos (material linguístico). No âmbito desse posicionamento, a língua é uma abstração, um conjunto organizado de aspectos comuns aos atos linguísticos, vale dizer, tecnicamente, um sistema de isoglossas (COSERIU, 1969, p. 91-2).

LÍNGUA, CULTURA E LITERATURA • CAPÍTULO 1   19

Outra definição, a de Tatiana Slama-Casacu (1961, p. 20), caracteriza a linguagem como "um conjunto complexo de processos – resultado de uma certa atividade psíquica profundamente determinada pela vida social – que torna possível a aquisição e o emprego concreto de uma língua qualquer". Novamente estamos diante de um conceito restrito. Essa dimensão amplia-se ainda nas palavras de Lotman (1975, p. 34-5), quando este afirma que "por linguagem entendemos todo sistema de comunicação que utiliza signos organizados de modo particular".

A definição desse estudioso russo nos conduz didaticamente à explicitação das noções de signo e comunicação, que esboçaremos em linhas bastante gerais.

Quanto a **signo**, a controvérsia que perdura entre os estudiosos é ainda bastante perturbadora. Podemos admitir, com Charles Sanders Peirce, que "signo, em sentido lato, é qualquer elemento que, sob certos aspectos e em certa medida, representa outro" (apud PIGNATARI, 1970, p. 26-7). De acordo com a mesma orientação, podemos identificar três modalidades de signo, em relação àquilo que designam: há o signo **índice**, ou **index**, que mantém relação direta com o que representa – é o caso de uma impressão digital ou das pegadas de alguém, por exemplo; existe o signo **ícone**, que tem semelhança ou analogia com o que representa – por exemplo uma fotografia, uma estátua ou um esquema; temos, por último, o signo **símbolo**, que se apoia numa convenção – como as palavras de uma língua, as bandeirolas usadas na comunicação marítima, os sinais de trânsito e tantos outros. Tais modalidades de signo admitem superposições: a cruz, vista como instrumento de flagelação, é um ícone, enquanto representação do cristianismo é um símbolo; a impressão digital pode envolver dimensões de ícone e de índice e ganha o caráter simbólico, quando, por exemplo, passa a representar uma entidade ou uma empresa; as palavras onomatopaicas são símbolos-ícones: "farfalhar" de sedas, "cacarejar" de galinhas etc. (PIGNATARI, 1970, p. 28-9).

Comunicação é outro termo que admite múltiplas conceituações:

Podemos compreendê-la, em sentido restrito, como a troca de mensagens ou informações entre seres humanos.

Se pensamos na etimologia da palavra, podemos entender, com Enrico Baragli, por exemplo, que é "a faculdade que o homem tem de tornar comum aos outros as coisas externas a ele, ele próprio e suas ações mais íntimas de consciência – ideias, volições, estados de alma" (1965, p. 34).

Em sentido amplo, envolve também a realidade técnica da relação entre o homem e as máquinas (por exemplo, os computadores), e das máquinas entre si, além de estender-se ao mundo animal e aos sistemas próprios do **interior** do indivíduo, como, por exemplo, os sinais transmitidos pelos feixes de nervos do organismo.

29.4 Claro está que, quando alguém "fala consigo mesmo" está representando simultaneamente dois falantes.

29.5 A tipologia da comunicação, a propósito, é múltipla e variável, em função dos enfoques sob os quais seja considerada. Em termos de espaço, podemos distinguir: a **comunicação próxima** e a **telecomunicação**. Na primeira, os interlocutores encontram-se no mesmo lugar e se valem dos canais naturais de que dispõem: falar, escutar, tocar etc.; a segunda concretiza-se necessariamente por meio de um canal artificial, que vai desde os tubos do passado já longínquo, a uma aparelhagem técnica cada vez mais sofisticada, que chega aos satélites artificiais. De outro ponto de vista, tem-se a **comunicação bidirecional** e a **comunicação unidirecional**. Sob mais uma perspectiva, situam-se a **comunicação interindividual**, de um lado, que se dá entre dois interlocutores, e, de outro, a **comunicação de difusão**, na qual um único emissor comunica-se, simultaneamente, com um grande número de receptores, como se evidencia nos meios de comunicação de massa, como o rádio, a televisão e, em grande escala, na internet, em especial nas redes sociais (MOLES, 1971).

30 Na linguagem comum, cada ato de comunicação implica fatores constitutivos do processo linguístico que são de fácil identificação: um remetente envia uma **mensagem** a um **destinatário**, através de um **código**, estabelecendo entre os interlocutores um contato que envolve um canal físico e a necessária conexão psicológica. A mensagem que está sendo enviada é compreendida porque se refere a um **contexto** extraverbal e a uma situação efetivamente existente anteriores e exteriores ao ato da fala (JAKOBSON, 1966, 214).

31 Remetente (ou emissor), mensagem, código, destinatário (ou receptor), contato e contexto são, portanto, os seis fatores do processo linguístico da comunicação. Esses fatores foram bem caracterizados pelo linguista Roman Jakobson em seu famoso ensaio sobre linguística e poética (1966, p. 209-48). A partir deles, o mesmo linguista aponta as conhecidas funções da linguagem: a função denotativa ou referencial, a função expressiva ou emotiva, a função conativa ou apelativa, a função fática, a função metalinguística e a função poética.

32 As três primeiras funções apontadas por Jakobson – a referencial, a emotiva e a apelativa – foram anteriormente caracterizadas por Karl Bühler à luz da psicologia. Para esse estudioso alemão, a linguagem é um meio precípuo de exteriorização de estados de alma (manifestação psíquica), exerce uma atuação sobre o próximo (atuação social ou apelo)

na vida em comum e estrutura a nossa experiência (função representativa) (JAKOBSON, 1966, p. 216).

O exercício da linguagem produz uma espécie de depósito sedimentar que ganha valor de instituição e impõe-se ao falar individual através de um vocabulário e de uma gramática.

As relações características do sistema que é a língua são convencionais e arbitrariamente estabelecidas pela comunidade que a utiliza (BARTHES, 1964, p. 85-6).

"Cada ato de linguagem (ou **fala** ou **discurso**) se fundamenta num sistema de representação linguística que é a língua e também sistematiza os recursos linguísticos emocionais para a manifestação psíquica e o apelo numa estruturação estética que é o estilo. A língua é primariamente coletiva; mas pode ter secundariamente peculiaridades individuais, constituindo o idioleto." (CÂMARA JR., 1959, p. 29)

Ora, como quer o citado Jakobson (1966), a imitação pressupõe um desvio criador em relação ao modelo, e essa criação torna a **fala** um conglomerado de fatos assistemáticos em face da língua, sistema organizado onde se encontra o material a escolher.

Temos assim em linhas gerais – e muito gerais – uma visão da famosa dicotomia saussuriana *langue / parole*, de tanta importância para os estudos linguísticos e literários.

Não percamos de vista, entretanto, que as teorias de Ferdinand de Saussure têm merecido estudos, contestações e ampliações, o que nos obriga a um exame mais profundo, com a necessária consulta a uma bibliografia especializada.

Em conclusão, verificamos que o texto literário veicula uma forma específica de comunicação que tem uma língua como ponto de partida e evidencia, portanto, um uso especial da fala, colocada a serviço da criação artística.

Torna-se possível, portanto, uma leitura da literatura, "a partir" da verificação das características do estilo do autor, a sua utilização individual do instrumento comum, a língua, sistema de signos 1, com maior ou menor singularidade, para a "montagem" do sistema de signos 2, que se configura no texto literário. Essa perspectiva tem de ser necessariamente aberta: claro está que o estilo não é tudo na linguagem literária, mas nela assume especial relevância. Lembremos que, no texto literário, se configura uma situação que passa a "existir" a partir dele como tal e que caracteriza uma apreensão profunda do ser humano e do mundo à luz de tensões de caráter individual ou coletivo. Isso se dá num processo de constante diferenciamento que permite perceber dimensões de visões de mundo e a presença de ideologias. O fenômeno literário efetiva-se na inter-relação autor/texto/leitor ou ouvinte.

Se conseguirmos determinar as constantes da atitude do escritor em face da língua posta a serviço da manifestação literária, e, por extensão, sua atitude em relação a essa mesma linguagem literária, teremos o seu estilo individual dimensionado a esse nível.

Cumpre ainda não esquecer que a atividade linguística exige um *primo* e um *secundo* e que a língua e a literatura pressupõem a existência de uma comunidade; ambas estão, por isso mesmo, estreitamente ligadas a um povo, a uma cultura.

E que entender por **cultura**?

É complexa a conceituação do termo, que se caracteriza por um nítida pluridimensionalidade.

Entre cerca de 250 conceitos ditados pelas diferentes posições dos estudiosos, apontaremos os seguintes:

> Cultura é a totalidade de comportamento aprendido e transmitido socialmente.
>
> (F. M. KEESING, apud WHITE, 1960)

> Cultura é o conjunto das criações do homem, que constituem um universo humano ou superorgânico, acima do universo físico ou inorgânico e do universo biológico ou orgânico.
>
> (CÂMARA JR., 1964, p. 97)

> (...) uma cultura constitui um corpo complexo de normas, símbolos, mitos e imagens que penetram o indivíduo em sua intimidade, estruturam os instintos, orientam as emoções.
>
> (MORIN, 1977, p. 15)

> Pela palavra "cultura", em sentido geral, indicam-se todas as coisas com as quais o homem aperfeiçoa e desenvolve as variadas qualidades da alma e do corpo; procura submeter a seu poder pelo conhecimento e pelo trabalho o próprio orbe terrestre; torna a vida social mais humana, tanto na família quanto na comunidade civil, pelo progresso dos costumes e das instituições; enfim, exprime, comunica e conserva, em suas obras, no decurso dos tempos, as grandes experiências espirituais e as aspirações, para que sirvam ao proveito de muitos e ainda de todo o gênero humano.
>
> (A IGREJA NO MUNDO DE HOJE, 1966)

> (...) [cultura é] o conjunto das práticas, das técnicas, dos símbolos e dos valores que se devem transmitir às novas gerações para garantir a reprodução de um estado de coexistência social.
>
> (BOSI, 1992, p. 16)

46   Finalmente, numa perspectiva antropológica, podemos também dizer que cultura é o conjunto e a integração dos modos de pensar, de sentir e de fazer que uma comunidade adota na solução dos problemas da vida humana associativa.

47   Como se depreende dessas múltiplas conceituações, cultura implica sociedade. Não existe sociedade sem cultura, e não existe cultura sem sociedade.

48   E cabe ainda considerar, em sentido restrito, a cultura "já feita", isto é, as maneiras de pensar, de sentir e de fazer que o consenso comunitário referendou como tal e como representativas do modo de ser da comunidade, e, num sentido amplo e aberto, a cultura que se está fazendo, a cada momento, no cotidiano do ser humano, sobretudo na atualidade, quando o mundo globaliza-se e os meios de comunicação, cada vez mais sofisticados, se convertem em eficientíssimos agentes culturais.

49   Já se percebe a estreita relação entre cultura e ideologia.

50   Por outro lado, a caracterização cultural em termos sociais admite ampliações e setorizações que permitem falar, entre outras, em cultura ocidental, cultura europeia, cultura romana, cultura brasileira etc.

51   Ora, se acreditamos que "a literatura revela o homem enquanto homem, sem distinção ou qualificação" (REYES, 1944, p. 207), se sabemos que "uma literatura surge sempre onde há um povo que vive e sente" (COUTINHO, 1976, p. 43), é fácil concluir que cultura, língua e literatura estão estreitamente ligadas.

52   Já que a sociedade humana implica cultura, a literatura traduz o grau cultural de uma sociedade. "Assim, os quatro séculos de literatura no Brasil acompanham a marcha do espírito brasileiro, nas suas mutações e na sua luta pela autoexpressão. A literatura vive essa luta." (COUTINHO, 1976, p. 43)

53   A literatura é tradicionalmente uma arte verbal. É uma modalidade de linguagem que tem a língua como suporte. As palavras, numa obra de arte literária, tornam-se multissignificativas e adquirem um valor específico no momento em que nela se integram e passam a fazer parte dos elementos que, interligados e interdependentes, constituem o todo ficcional. E o texto literário, a partir do idioma, revela uma realidade apoiada em vivências humanas.

54 "As línguas são produtos da cultura para permitir a comunicação social; as mudanças na cultura determinam mudanças linguísticas, principalmente no que se refere às categorias gramaticais e ao léxico. (...) Pode-se dizer que em cada estado linguístico se resume a cultura vigente."
(CÂMARA JR., 1964, p. 97)

55 Por outro lado, a linguagem literária é eminentemente **conotativa**. A conotação pluraliza-se em função do universo cultural dos falantes: prende-se, portanto, às diferenças de camadas socioculturais e ao processo de desenvolvimento da cultura. Não é difícil concluir que a literatura, apoiada num sistema de signos linguísticos que expressam o mundo e revelam a dimensão profunda e plena desse mundo, traduz o grau cultural de uma sociedade.

56 Se muda o instrumento, se muda o panorama cultural, altera-se, obviamente a literatura. E não nos esqueçamos das palavras de Alceu Amoroso Lima (1956, p. 16):

> O que faz a força de uma literatura é o que podemos chamar a sua inevitabilidade. O que torna nacional uma literatura é o fato de ser a expressão insubstituível de estados de alma e de propósitos pessoais, que só se podem exprimir literariamente.

BIBLIOGRAFIA

TEXTOS LITERÁRIOS

ANDRADE, Carlos Drummond de. *Reunião*. Rio de Janeiro: José Olympio, 1969.

BANDEIRA, Manuel. *Estrela da vida inteira*. 3. ed. Rio de Janeiro: José Olympio, 1973.

TEXTOS TEÓRICOS

A IGREJA NO MUNDO DE HOJE. Concílio Vaticano II, Constituição Pastoral *Gaudim et Spes*. 3. ed. Petrópolis: Vozes, 1966.

ALONSO, Dámaso. *Poesia española*: ensayo de métodos y límites estilísticos. Madrid: Gredos, 1952.

ARISTÓTELES. *Arte retórica e arte poética (Art rhétorique et art poétique)*. São Paulo: Difel, 1964.

AUERBACH, E. *Introdução aos estudos literários (Introduction aux études de philologie romane)*. 2. ed. São Paulo: Cultrix, 1972.

_____. *Mimésis*. Paris: Gallimard, 1968.

BARAGLI, E. Incidenza quantitativa degli strumenti dela communicazione sociale. In: *L'apostolato dela communicazione sociale*. Roma: Centro Catolico Stampa, 1965.

BARTHES, Roland. *Le degré zéro de l'écriture suivi de éléments de sémiologie*. Paris: Gonthier, 1964.

BENVENISTE, Émile. *Problèmes de linguistique générale*. Paris: Gallimard, 1967.

_____ et alii. *Problèmes du langage*. Paris: Gallimard, 1966.

BOSI, Alfredo. *Dialética da civilização*. São Paulo: Companhia das Letras, 1992.

BOYD, John D. *The function of mimesis and its decline*. Cambridge, Massachusetts: Harvard University Press, 1968.

BROCK, Herman. *Création littéraire et connaissance*. Paris: Gallimard, 1966.

BUTCHER, H. S. *Aristotle's theory of poetry and fine arts*. 4. ed. London: Macmillan, 1927.

BUYSSENS, Eric. *La communication et l'articulation linguistique.* Paris: Presses Universitaires de France, 1967.

CÂMARA JR., J. Mattoso. *Dicionário de filologia e gramática referente à língua portuguesa.* 2. ed. Rio de Janeiro: J. Ozon, 1964.

_____. *Princípios de linguística geral.* 3. ed. rev. e aum. Rio de Janeiro: Acadêmica, 1959.

CASSIRER, E. El lenguaje y la construcción del mundo de los objetos. In: *Psicología del lenguaje.* Buenos Aires: Paidós, s/d.

COSERIU, E. *Teoría del lenguaje y lingüística general.* 2. ed. Madrid: Gredos, 1969.

COUTINHO, Afrânio. *Introdução à literatura no Brasil.* 8. ed. Rio de Janeiro: Civilização Brasileira, 1976.

CUNHA, Celso. *Uma política do idioma.* Rio de Janeiro: São José, 1965.

DAICHES, David. *Posições da crítica em face da literatura (Critical approaches to literature).* Rio de Janeiro: Acadêmica, 1967.

DEWEY, John. *Democracia e educação.* São Paulo: Nacional, 1936.

ECO, Umberto. *La struttura assente:* introduzione alla ricerca semiologica. Milano: Bompiani, 1968.

_____. *Le forme del contenuto.* Milano: Bompiani, 1971.

ELSE, Gerald F. *Aristotle's poetics:* the argument. Cambridge, Massachusetts: Harvard University Press, 1957.

ENKVIST, Erik; SPENCER, J. e GREGORY, M. J. *Linguística e estilo (Linguistics and style).* São Paulo: Cultrix, 1970.

FOUCAULT, M. *Les mots et les choses.* Paris: Gallimard, 1966.

FOWLER, Roger. The structure of criticism and the languages of poetry: an approach through language. In: *Contemporary criticism.* London: Edward Arnold, 1970.

FREI, H. Saussure contre Saussure. In: *Cahiers Ferdinand de Saussure.* Genève: Droz, n. 9, 1950.

GARY-PRIEUR, Marie-Noëlle. La notion de connotation(s). *Littérature,* n. 4, 1971.

GODEL, Robert. *Les sources manuscrites du cours de linguistique générale de F. de Saussure.* Genève: Droz, 1969.

GREIMAS, Algirdas-Julian. *Du sens.* Paris: Seuil, 1970.

_____ et alii. *Signe. Langage. Culture.* The Hague/Paris: Mouton, 1970.

GUILLAUME, G. *Langage et science du langage.* Paris: Nizet; Quebec: Presses de l'Université Laval, 1964.

GUSDORF, George. *La parole.* Paris: Presses Universitaires de France, 1963.

HAMILTON, Edith e CAIRNS, Huntington (ed.). *The collected dialogues of Plato.* Including the letters. Princeton, NJ: Princeton University Press, 1985.

HEGEL. *Estética; poesia.* Lisboa: Guimarães, 1980.

HJELMSLEV. L. *Le langage. Une introduction.* Paris: Minuit, 1966.

_____. *Prolégomènes à une théorie du langage.* Paris: Minuit, 1968.

JAKOBSON, Roman. *Essais de linguistique générale.* Paris: Minuit, 1966.

_____. *Linguística e comunicação.* 2. ed. rev. São Paulo: Cultrix, 1979.

JORDAN, Iorgu. *Lingüística románica. Evolución – corrientes – métodos.* Madrid: Alcalá, 1967.

KAYSER, Wolfgang. *Fundamentos da interpretação e da análise literária.* Rio de Janeiro: Acadêmica, 1968. 2 v.

LAPA, M. Rodrigues. *Estilística da língua portuguesa.* 3. ed. rev. e aum. Rio de Janeiro: Acadêmica, 1959.

LEFEBVE, Maurice-Jean. *Structure du discours de la poésie et du récit.* Neuchâtel: La Baconnière, 1971.

LIMA, Alceu Amoroso. *Introdução à literatura brasileira.* Rio de Janeiro: Agir, 1956.

LIMA, Luiz Costa. *Dispersa demanda:* ensaios sobre literatura e teoria. Rio de Janeiro: Francisco Alves, 1981.

_____. *Mímesis e modernidade:* formas das sombras. Rio de Janeiro: Graal, 1980.

_____ (org.). *Teoria literária em suas fontes.* 2. ed. rev. e ampl. Rio de Janeiro: Francisco Alves, 1983. 2 v.

LOTMAN, Iuri. *La structure du texte artistique.* Paris: Gallimard, 1970.

MALDONADO, A. Llorente. *Teoría de la lengua y historia de la lingüística.* Madrid: Alcalá, 1967.

MALMBERG, Bertil. *Los nuevos caminos de la lingüística.* México: Siglo Veintiuno, 1967.

MAROUZEAU, J. *Précis de stylistique française.* 3. ed. rev. e aum. Paris: Masson, 1950.

MARTINET, A. *To honor Roman Jakobson.* Paris: Mouton, 1967.

MARTINS, Hélcio. *A rima na poesia de Carlos Drummond de Andrade*. Rio de Janeiro: José Olympio, 1968.

McLUHAN, Marshall. *Os meios de comunicação como extensões do homem (Understanding media: the extensions of man)*. São Paulo: Cultrix, 1969.

MELLO E SOUZA, Antonio Candido de. *Literatura e sociedade*. São Paulo: Nacional, 1965.

MELO, J. Marques. *Comunicação social – teoria e pesquisa*. Petrópolis: Vozes, 1970.

MERQUIOR, J. G. *A astúcia da mímese*. Rio de Janeiro: José Olympio, 1972.

_____. *Formalismo e tradição moderna*: o problema da arte na crise da cultura. Rio de Janeiro: Forense Universitária, São Paulo: Edusp, 1974.

MOLES, Abraham (dir.). *La communication*. Loos-lez-Lille: Presses des Petit-Fils de Léonard Daniel, 1971.

MORÁWSKI, S. Mimésis. *Semiotica II*, 1. Neuchâtel, 1970.

MORIN, E. *Cultura de massas no século XX – O espírito do tempo (L'esprit du temps)*. 4. ed. Rio de Janeiro: Forense Universitária, 1977.

MOUNIN, Georges. *Introduction à la sémiologie*. Paris: Minuit, 1970.

_____. *La communication poétique*. Paris: Gallimard, 1969.

NASCENTES, Antenor. *O idioma nacional*. 3. ed. Rio de Janeiro: Acadêmica, 1960.

OLIVEIRA, J. Lourenço de. *A fala e a língua*. Separata de *Kriterion*. Revista da Faculdade de Filosofia da Universidade Minas Gerais, Belo Horizonte: n. 43-44, 1958.

PIGNATARI, Décio. *Informação. Linguagem. Comunicação*. 4. ed. São Paulo: Perspectiva, 1970.

PLATÃO. *A república*. São Paulo: Hemus, 1970.

_____. *Poétique 4*. Paris: Seuil, 1974.

PORTELLA, Eduardo. *Dimensões III*. Rio de Janeiro: Tempo Brasileiro, 1965.

_____. *Fundamento da comunicação literária*. Rio de Janeiro: Tempo Brasileiro, 1974.

_____. *Teoria da comunicação literária*. Rio de Janeiro: Tempo Brasileiro, 1971.

POTTER, Simeon. *A linguagem no mundo moderno (Language in modern world)*. Lisboa: Ulisseia, 1965.

REYES, Alfonso. *El deslinde*. México: El Colegio de México, 1944.

RICARDO, Cassiano. *Algumas reflexões sobre poética de vanguarda*. Rio de Janeiro: José Olympio, 1964.

RIFFATERRE, Michael. *Essais de stylistique structurale*. Paris: Flammarion, 1971.

SARTRE, Jean-Paul. *L'imaginaire*. 30. ed. Paris: Gallimard, 1956.

SAUSSURE, F. de. *Cours de linguistique générale*. 3. ed. Paris: Payot, 1968 (Publicado por Charles Bally e Albert Sechehaye, com a colaboração de Albert Riedlinger).

SCHRAM, W. *Comunicação de massa e desenvolvimento (Mass media and national development)*. Rio de Janeiro: Bloch, 1964.

_____ e LERNER, O. *Comunicação e mudança nos países em desenvolvimento (Communication and change in the developing countries)*. São Paulo: Melhoramentos/Edusp, 1973.

SEGRE, Cesare. *I segni della critica*. Torino: Einaudi, 1969.

SILVA, Vitor Manuel de Aguiar e. *Teoria da literatura*. São Paulo: Martins Fontes, 1976.

SILVA NETO, Serafim. *Língua, cultura e civilização*. Rio de Janeiro: Acadêmica, 1960.

SLAMA-CASACU, Tatiana. *Langage et concepte*. Haia: Mouton, 1961.

TODOROV, T. *Littérature et signification*. Paris: Larousse, 1967.

VOSSLER, Karl. *Filosofía del lenguaje*. Madrid: Consejo de Investigaciones Científicas, Inst. Antonio de Nebrija, 1940.

WARRY, J. G. *Greek aesthetic theory*. London: Methuen, 1962.

WARTBURG, W. von. *Problemas y métodos de la lingüística*. Madrid: Consejo Superior de Investigaciones Científicas, Instituto Miguel de Cervantes, Publicaciones de la Revista de Filología Española, 1951.

WELLEK, R. e WARREN, A. *Teoria literária*. Madrid: Gredos, 1953.

WHITE, Leslie. O conceito de cultura. In: *Educação e ciências sociais*. Rio de Janeiro, jun. 1960.

CAPÍTULO 2

Literatura: Conceitos

> *El misterio de la obra literaria no será jamás por nadie enteramente esclarecido.*
> (AZORÍN, 1954, p. 7)

1   Estabelecidas as relações entre **língua**, **cultura** e **literatura**, definimos, de certa forma, uma posição ao examinar um texto literário.

2   Vimo-lo como revelação de uma realidade, à luz de uma **cultura**, através de uma **linguagem**, consubstanciada, entre outros elementos, num **estilo**.

3   Com dizer, entretanto, que "a literatura é a expressão mais completa do homem", ou que "a literatura é a arte da palavra", não esgotamos a conceituação do termo, que tem vivido variações significativas ao longo da história. A palavra leva-nos a uma série de considerações que estão longe de responder plena e definitivamente à pergunta: Que se entende por literatura?

4   É consenso, entretanto, na época atual, que a especificidade e a complexidade que caracterizam o fato literário se vinculam à dualidade de aspectos que o singularizam: a dimensão epistemológica e a dimensão estética, que não coincidem necessariamente. A literatura envolve produção intelectual e arte, logo valores espirituais e valores estéticos vinculados a uma determinada visão de mundo. A linguagem literária, como assinala Robert Escarpit (1970), é bem diferente das outras linguagens artísticas, exatamente por força de sua dupla significação e dupla eficácia: "Inicialmente, como todas as artes, ela se dirige diretamente aos sentidos e atinge a consciência por uma cadeia de associações afetivas. Por outro lado, dirige-se ao entendimento segundo um código arbitrário que é

necessário conhecer-se para compreender, para receber verdadeiramente a mensagem. Eficácia estética e eficácia intelectual estão, no ato literário, completamente ligadas e agem uma sobre a outra (...)."

Tomemos o conhecido soneto camoniano:

> Sete anos de pastor, Jacó servia
> Labão, pai de Raquel, serrana bela;
> Mas não servia ao pai, servia a ela,
> E a ela só por prêmio pretendia.
>
> Os dias, na esperança de um só dia,
> Passava, contentando-se com vê-la;
> Porém o pai, usando de cautela,
> Em lugar de Raquel lhe dava Lia.
>
> Vendo o triste pastor que com enganos
> Lhe fora assim negada a sua pastora,
> Como se a não tivera merecida,
>
> Começa de servir outros sete anos,
> Dizendo: — Mais servira, se não fora
> Para tão longo amor tão curta a vida

(1954, p. 194)

Que temos nesses versos? Uma excelente síntese narrativo-interpretativa do episódio bíblico em que se conta a história de Jacó e Raquel; de como Jacó serviu durante sete anos a Labão, buscando fazer jus à mão de Raquel, para, ao cabo do tempo previsto, o pai lhe dar a outra filha; vemos como Jacó se propõe servir outros sete anos para chegar ao que pretende (BÍBLIA SAGRADA, 1960).

Mas será apenas nisso que consiste a poesia dessas palavras assim agrupadas? A história do amor de Jacó? O problema do pai, desejoso de casar as filhas? Ou a valorização do trabalho de Jacó?

Parece-nos que não. O texto vai além dessas dimensões referenciais.

Eis, então o cerne do poema, a partir de uma história-pretexto, configurando-se, como convém a um soneto clássico, nos versos finais:

> ... — Mais servira, se não fora
> Para tão longo amor tão curta a vida!

E compreendemos a posição da personagem bíblica, que serviu sete e se propôs mais sete, e serviria tantos sete anos quantos exigisse Labão, realizada que se encontrava na contemplação da amada, consciente do amor que a movia. Amor revelado por Camões na linha do *"dolce stil nuovo"*, que não é senão, como assinala Cleonice Berardinelli, amor "à maneira provençal": servindo. O texto bíblico diz: "Não foi por Raquel que te servi?" Mas o poeta renascentista dirá: não servia ao pai, servia a ela. É o amor vassalagem, preito à "senhor".

10. E a mensagem, em sua múltipla dimensão, traduz-se numa linguagem elaborada:

10.1 As palavras são usadas na justa medida: os dois primeiros versos, por exemplo, sintetizam personagens principais, ação, tempo.

10.2 No primeiro quarteto, a cada frase corresponde um pensamento independente, com o conectivo "e" enriquecido de um forte valor explicativo e a valorização: "mas não servia ao pai, servia a ela".

10.3 No segundo quarteto, um esquema semelhante, em que a adversativa, agora "porém", marca uma oposição mais que uma compensação.

10.4 O esquema é simétrico, mas o autor sabe tirar proveito dos recursos que o material linguístico lhe oferece, inclusive no campo da sintaxe, como acabamos de assinalar.

10.5 O emprego do verbo "servir", no imperfeito e no mais-que-perfeito com valor de futuro do pretérito, a repetir-se como que acentua a constância desse servir, ação passada mas não acabada, contínua.

10.6 E o verbo é também explorado nos seus múltiplos matizes de significação: "servir" – prestar serviço; "servir a" – vassalagem, doação, assinalado ainda com esse presente incoativo "começa de servir"– começa de servir Labão, que a Raquel servia e mais servira...

10.7 Há uma economia de figuras, de palavras, o que dá maior valor à obra, pois o autor utiliza-se dos termos da língua com sua denotação comum, sem fugir à lógica, mas os emprega de tal forma, arruma-os de tal maneira (observem os hipérbatos), que consegue o efeito expressivo capaz de fazer suas palavras ultrapassarem a barreira dos séculos e chegarem até nós com a grandeza da mensagem que delas se depreende.

10.8 E temos a antítese do último verso a mostrar o amor em sua plenitude, transcendendo os limites da vida material, tão curta para tão longo amor, amor *"che muove il sole e l'altre stelle"* (ALIGHIERI, 1913, p. 212).

10.9 Repare-se ainda como o poeta joga com o ritmo nesses decassílabos heroicos, cuja aparente monotonia, no bom sentido, é amenizada por cavalgamentos bem colocados, e o cavalgamento obriga a uma pausa, pelo menos mental, a marcar a palavra importante: "servia", "dia", "enganos", "fora"; e é de se notar como a cesura dos versos faz a sexta sílaba recair, como convém, exatamente nas palavras-chave necessárias à criação da ambiência sugestiva da mensagem do poema: "pastor", "Raquel", "pai", "prêmio", "esperança", "contentando-se", "Raquel", "pastor", "negada", "tivera", "servir", "servira", "amor". Examinando-se o esquema rítmico, assinalem-se o equilíbrio, a contenção e a simetria com que o autor marca a sua revelação dessa realidade amorosa.

11 O poema só existe como tal em função da síntese conteúdo/forma; qualquer alteração nesse "dispositivo verbal" levará, na melhor hipótese, a outro poema, e nunca à mesma revelação, à mesma mensagem.

12 Como se pode facilmente deduzir, para chegar a essas conclusões, examinamos:

- os aspectos semânticos;
- os aspectos sintáticos; e
- os aspectos fônicos do material linguístico de que se valeu o escritor.

13 Tudo isso, acrescido da transcendência a que se eleva o tema, da visão platônica do amor que transparece no soneto, da forma cuidada, precisa, rigorosa, tudo nos permite situar o texto como representativo do estilo renascentista, notadamente da primeira fase desse movimento literário. E não lhe falta o indispensável traço de humanidade, pois nada mais humano que o Amor, núcleo do mandamento maior, chave da Verdade.

14 Para revelar o que se consubstancia no poema, o autor, a partir da língua portuguesa, buscou caracterizar uma realidade apoiada em vivências humanas. O que depreendemos de suas palavras, porém, ultrapassa os limites da reprodução ou referência, para atingir-nos com um tipo de informação que não conseguimos mensurar ou traduzir plenamente, e que vai além dos limites individuais do escritor e atinge espaços totalizantes.

15 O texto, mais uma vez, nos deixa perceber que a literatura configura uma modalidade específica de linguagem, marcada por uma organização peculiar.

16 Em relação ao sistema caracterizador da língua, ela funciona como um uso particular, um sistema secundário que vem sobrepor-se ao primeiro. Entenda-se o adjetivo "secundário" vinculado sobretudo à natureza complexa do discurso literário, e não apenas ao fato de que o sistema 1 é uma língua natural.

17 A linguagem literária apresenta, assim, seus próprios meios de expressão. Sobreposto ao código da língua, o código literário, em certa medida, altera-o, contradi-lo, opõe-se-lhe; é um desvio mais ou menos pronunciado em relação ao uso linguístico. E não nos esqueçamos de

que a linguagem literária é eminentemente conotativa. Não nos esqueçamos de que essa contingência abrange múltiplos conteúdos. Os signos verbais, no texto da literatura, por força do processo criador a que são submetidos, à luz da arte do escritor, carregam-se de traços significativos que a eles se agregam a partir do processo sociocultural complexo a que a língua se vincula.

O texto literário pode abrigar a presença de elementos identificadores de um real concreto, quase sempre garantidor de verossimilhança; nessa mesma dimensão, costuma apresentar uma imagem desse real ligada estreitamente a outros elementos que fazem o texto. Tal presença, que pode envolver dimensões denotativas, não é, entretanto, seu traço dominante. Este reside na conotação, conceito fundamental para os estudos literários, a tal ponto que especialistas como André Martinet, Georges Mounin e, no Brasil, José Guilherme Merquior chegam a admitir que nas conotações reside "o segredo do valor poético de um texto", como explicita este último crítico (MERQUIOR, 1974, p. 129).

O código em que se pauta o discurso literário guarda íntima relação com o código do discurso comum, mas apresenta, em relação a este, diferenças singularizadoras. O discurso da literatura caracteriza-se por sua complexidade. No discurso não literário, há um relacionamento imediato com o referente, ou seja, aquilo a que o signo verbal se refere; caracteriza-se, na maioria dos casos, pela significação singular deste último, marcado pela transparência. O traço configurador do discurso literário, nesse âmbito, é a polissemia, a opacidade dos signos. Isso quer dizer que, ao configurar-se no texto de literatura um uso específico e complexo da língua, os signos linguísticos, as frases, as sequências assumem significado variado e múltiplo. Afastam-se, por exemplo, da monossignificação do discurso científico.

É nesse sentido que se configura o chamado "grau zero da escritura". Entenda-se, em princípio, "grau zero" como o que caracteriza o discurso preocupado sobretudo com a plena clareza da comunicação que veicula e com a obediência às normas usuais da língua (BARTHES, 1974).

A literatura cria significantes e funda significados. O texto literário é multissignificativo. Para essa multissignificação contribuem ainda, como acentua Paul Ricoeur (apud SILVA, 1976, p. 52), fatores de ordem sincrônica e de ordem diacrônica. Os primeiros vinculam-se à carga significativa ligada às palavras no conjunto do texto de que fazem parte; já o plano da diacronia envolve tudo o que de significação e evocação o tempo agregou aos vocábulos no decurso de sua história, incluídas nessa totalidade as dimensões resultantes do uso das palavras na tradição literária.

Num ou noutro caso, a plurissignificação pode associar-se ao âmbito sociocultural, como quer, por exemplo, Della Volpe (apud SILVA, 1976, p. 56), ou a espaços míticos e arquetípicos, como assinala Northrop Frye (1969); na verdade, tais dimensões não se excluem, antes se complementam.

Por outro lado, as manifestações literárias podem envolver adesão, transformação ou ruptura em relação à tradição linguística, à tradição retórico-estilística, à tradição técnico-literária, ou à tradição temático-literária, às quais necessariamente está vinculado o trabalho do escritor. Literatura envolve criação e, na sua condição de arte, abre-se plenamente à inventividade do artista. Em seu percurso, consiste na invenção constante de novos meios de expressão ou mesmo na reutilização de recursos vigentes em outras épocas. Ressalte-se que não existe uma "gramática normativa" para o texto literário: seu espaço de criação é a plena liberdade.

No texto não literário, as normas reguladoras, aquelas que se impõem ao indivíduo por corresponderem àquilo que habitualmente se diz, precisam ser observadas, sob pena de ruídos na comunicação e, em certas circunstâncias, até de total obliteração do que se pretende comunicar. No texto literário, a criação estética autoriza qualquer transgressão nesse sentido, e, no curso da história literária, muitos e variados rumos nessa direção, quer em nível individual, quer em nível dos movimentos, predominam em determinados períodos históricos.

Em síntese, a literatura traz a marca de uma "variabilidade" específica seja no âmbito dos discursos individuais seja no âmbito da representatividade cultural.

E mais: no dispositivo verbal configurador da obra literária, cria-se uma realidade que só existe nele e a partir dele como tal, mas que caracteriza uma apreensão plena do ser humano e sua circunstância. Essa realidade revelada ultrapassa os limites individuais do codificador e busca envolver a totalidade do ser do homem.

A apreensão da realidade que se configura no texto literário se traduz numa linguagem necessariamente ambígua que possibilita a sua permanente atualização e abertura.

Como assinala Maurice-Jean Lefebve, a linguagem literária "propõe ao mundo uma questão que não é das que podem ser respondidas, pela ciência, pela moral ou pela sociologia. Ela não se contenta com 'fotografar' uma realidade preexistente; ela interroga o mundo sobre sua realidade e a linguagem sobre sua obsessão de uma adequação perfeita ao ser do mundo. Ela não é uma solução, uma fuga para fora da linguagem e do humano, ela encarna uma nostalgia" (1971, p. 28-9).

29 	Em resumo, duas concepções amplas têm identificado, com maior relevo, a literatura no âmbito da literatura ocidental.

29.1 	Há os que entendem que a obra literária envolve uma "representação" e uma "visão do mundo", além de uma "tomada de posição" diante dele. A linguagem é vista como mero veículo dessa comunicação. A valorização estética resulta, de um lado, da originalidade da visão e, do outro, da adequação da linguagem às coisas expressas (LEFEBVE, 1971, p. 14). É a chamada concepção clássica da literatura.

29.2 	No século XIX, os românticos, à luz da ideologia que os norteia, acrescentam algo a essa conceituação: entendem que ao artista cabe a visão das coisas como ainda não foram vistas e como são profunda e autenticamente em si mesmas. "O que um poema significa é o que ele significa" (FENOLLOSA, apud LIMA, 1981, p. 217).

29.3 	Na segunda metade da mesma centúria, ganha destaque uma significativa mudança de enfoque: o núcleo da conceituação desloca-se para o "como" a literatura se realiza. Sua especificidade, segundo essa nova óptica, emerge do "uso da linguagem" que nela se configura. Acentua-se o seu caráter de obra de arte da linguagem.

29.4 	Há algum tempo, alguns teóricos relativizam a conceituação ao entenderem que "literatura é o conjunto dos textos recebidos como literários numa sincronia sociocultural dada" (ARRIVÉ, 1973, p. 271). A propósito, estudiosos como Greimas, por exemplo, vinculam a interpretação da "literariedade" a uma conotação sociocultural e sua consequente variação no tempo e no espaço humanos. Essa visão tem orientado muito da produção contemporânea de textos na área (1972, p. 6).

30 	Apesar da multiplicidade de posições, a maioria dos estudiosos, entretanto, aceita, na atualidade, que os aspectos estéticos da obra literária podem ser alcançados através do texto e que todos eles têm uma base linguística (sintática, semântica ou estrutural).

31 	A questão fundamental e que continua desafiando os especialistas é a caracterização da natureza das propriedades estéticas do texto literário e quais as relações que se estabelecem entre elas.

32 	Mas voltemos ao texto camoniano. De certo modo, ao captar a mensagem contida nesses versos, nós nos reconhecemos no que o poema traduz. Verifica-se pois "uma coincidência espiritual de módulo vital entre o poeta e o homem de todas as épocas, próximos ou dispersos no tempo e no espaço" (CASTAGNINO, 1954, p. 25), quando se lê uma obra de arte literária e ocorre uma identificação com ela. Desde que Camões compôs o seu soneto, todos aqueles que o têm realmente "lido" conseguem aperceber-se,

com maior ou menor profundidade, daquilo que nele se revela. E não nos esqueçamos de que o poeta viveu no século XVI.

A literatura permite, então, essa identidade atemporal e anespacial entre o homem de uma época e o homem de todas as épocas, pelo menos enquanto perdurarem certas características da psique humana que a ferrugem do tempo ainda não destruiu. E, nesse sentido, o leitor reencontra no texto muito do seu universo emocional. Através da literatura é possível restaurar emocionalmente o passado. "Criação é sobretudo emoção" (BERGSON, apud CASTAGNINO, 1954, p. 30).

Mas o poeta não terá também se utilizado da história de Jacó e Raquel para cantar o triunfo do amor sobre as vicissitudes da vida? Triunfo esse nem sempre fácil de ocorrer? Em outros escritos, o que fazem poetas, romancistas dos fatos mesmos da vida? E falar de amor, e tratar de amor não é uma forma de compensar uma vida "mais desgraçada que jamais se viu" a quem Amor bastava para matar além de erros e má fortuna? Então a literatura tem muito de jogo, como o têm as simulações dos faz de conta da infância...

E os poetas apercebem-se disso e chegam às vezes a confessá-lo: "E já não sei se é jogo, ou se poesia" (ANDRADE, 1959, p. 319).

E não se poderia admitir também que, ao alterar a ordem das palavras, ao emprestar-lhes sentido diferente daquele que normalmente têm para a coletividade, com base não importa em que processos mentais, o escritor está pondo em prática uma atividade lúdica?

Pensemos nos exemplos:

O eu que fala no poema a querer "Ser palmeira! Existir num píncaro azulado / vendo as nuvens mais perto e as estrelas em bando..." (OLIVEIRA, 1912, p. 263).

E nos versos de Fernando Pessoa:

> O poeta é um fingidor
> finge tão completamente
> que chega a fingir que é dor
> a dor que deveras sente...
>
> (1960, p. 97)

Não é sem razão que o poeta espanhol Antônio Machado esclarece:

> Mas el arte?
> — Es puro juego,
> que es igual a pura vida,

> que es igual a puro fuego
> vereis el áscua encendida
>
> (1954, p. 51)

Em tradução livre:

> Mas a arte?
> — É puro jogo,
> que é igual a pura vida,
> que é igual a puro fogo
> vereis a brasa incendida.

E ao leitor não ocorre também semelhante atitude ao defrontar-se com a obra de arte literária?

Meditemos ainda: em face do exposto no poema, diante da grandiosidade daquele amor, qual a mulher que não gostaria de ser amada como Raquel? Ou qual o homem que não vibraria em amar como Jacó, em sentir-se amado como Jacó? A literatura atenderia assim a uma ânsia de evasão por parte do leitor e, da mesma forma, por parte do criador. Veja-se, por exemplo, o mesmo Camões, na "Canção X":

> Vinde cá meu tão certo secretário
> Dos queixumes que sempre ando fazendo,
> Papel, com quem a pena desafogo!
>
> (1954, p. 294)

Ânsia de evasão – e entendamos que compreende fuga, escapismo, asilo, refúgio, catarse, compensação, alheamento, transposição da personalidade, êxtase, terapêutica etc. – é colocação vigente desde Aristóteles, em que pesem as posições questionadoras de alguns especialistas contemporâneos.

Como prova disso, citemos as palavras de um insuspeito escritor, o realista Gustave Flaubert, que muitos conhecemos, ao menos de *Madame Bovary*:

> Trabalha, trabalha, escreve, escreve tanto quanto possas, tanto quanto sejas arrebatado por tua musa. Este é o melhor corcel, a melhor carruagem para escapar da vida.
>
> (apud CASTAGNINO, 1954, p. 64)

Do mesmo autor, em 1858 (*Madame Bovary* é de 1857), escrevendo a Mlle Leroy de Chantepie:

> O único meio para suportar a existência é afogar-se na literatura como numa orgia perpétua. O vinho da arte causa uma profunda embriaguez e é inesgotável...
>
> (apud CASTAGNINO, 1954, p. 65)

43   Nessa busca de mundos imaginários, quando procuramos fugir das agruras da existência, muitas vezes o escritor prediz o futuro com precisão quase absoluta. E esse dom da profecia pode-se perceber nos Júlios Vernes e, se quisermos mais perto de nós, nos escritores modernos, que, segundo alguns críticos, antecipam o homem acossado de após Segunda Guerra Mundial. A literatura será então profecia? Não é sem razão que ao poeta chamamos vate, cognato de "vaticínio", predição.

44   Mas outros há que exigem para a arte da palavra diferente posição:

> A práxis, como ação na história e sobre a história, isto é, como síntese da relatividade histórica e do absoluto moral e metafísico, com este mundo hostil e amigável, terrível e escarnecedor que ela nos revela, eis o nosso assunto (SARTRE, 1964, p. 288).
>
> Não basta denunciar, num estilo primoroso, os abusos e as injustiças, nem fazer a psicanálise brilhante e negativa da classe burguesa, nem mesmo colocar a pena a serviço dos partidos sociais: para salvar a literatura, é necessário tomar posição na nossa literatura, porque a literatura é essencialmente tomada de posição (SARTRE, 1964, p. 333).

45   Tais palavras foram escritas por Jean-Paul Sartre.

46   Repare-se: não a literatura que brote naturalmente do gênio, condicionado pelas circunstâncias, mas intencionalmente, a literatura que convém à comunidade. Quer-nos parecer que, assim entendido o compromisso, o escritor se coloca a serviço da sociedade, aponta os caminhos que julgar válidos e procura conduzir a comunidade a esses caminhos. Ele é um combatente, um *engagé*, sem deixar, entretanto, de ser um artista. Vale ter sempre em mente, a propósito, o pensamento de Walter Benjamin, para quem a arte literária compromissada precisa ser arte literária antes de ser compromissada, sob pena de descaracterizar-se e perder seu poder de repercussão mobilizadora.

47   "Posteridade, és minha!", já disse Camões. E nós poderíamos dizer: os escritores também "por obras valorosas se vão da lei da morte libertando".

48   E o bravo e audaz *Don Quijote, el Caballero de la Triste Figura*, o que pretende quando vai pelo mundo a *deshacer agravios*, a fazer justiça? Vejamos:

> — Este es el prado donde topamos a las bizarras pastoras y gallardos pastores que en él querían renovar e imitar a la pastoral Arcadia, pensamiento tan nuevo como discreto a cuya imitación, si es que a ti te parece bien, querría, oh! Sancho! Que nos convirtiésemos en pastores siquiera el tempo que tengo de estar recogido. Yo compraré algunas ovejas y todas las demás cosas que al pastoral ejercicio son necesarias y llamándome yo el pastor Quijotiz y tú el pastor Pancino nos andaremos por los montes, por las selvas y por los prados, cantando aquí, endechando allí, bebiendo de los líquidos cristales de las fuentes, o ya de los límpidos arroyuelos, o de los caudalosos ríos. Daránnos com abundantísima mano de su dulcísimo fruto las encinas, asiento los troncos de los durísimos alcornoques, sombras los sauces, olor las rosas, alfombras de mil colores matizadas los extendidos prados, aliento el aire claro y puro, luz la luna y las estrellas, a pesar de la oscuridad de la noche, gusto el canto, alegría el lloro, Apolo versos, el amor conceptos, con que podremos hacernos eternos y famosos no sólo en los presentes, *sino en los venideros siglos*.
>
> (CERVANTES, 1955, p. 1066, grifo nosso)

Não morrer. Fazer-se famoso "en los presentes y en los venideros siglos". Viver na memória de todos, ânsia de vida imortal, mola mestra da atitude quixotesca.

A mesma preocupação evidencia-se em outro grande escritor:

> Let fame, that all hunt after in their lives,
> Live register'd upon our brazen tombs,
> And then grace us in the disgrace of death,
> When, spite of cormorant devouring Time,
> The endeavour of this present breath may buy
> That honour wich shall bate his scythe's keen edge
> And make us heirs of all eternity.
>
> (SHAKESPEARE, apud CRAIG, 1964, p. 144)

Em tradução livre:

> Deixai que a fama que todos buscaram enquanto viviam
> Viva gravada sobre nossos túmulos de bronze
> Tornando-nos leve a desgraça da morte;
> Quando, apesar do tempo devorador e árido,
> O esforço do nosso alento presente alcance
> Essa honra que há de cegar o fio cortante de sua foice
> E fazer-nos herdeiros de alguma eternidade.

A literatura é então ânsia de imortalidade, pois, afinal, como diria Machado de Assis:

> Esta é a glória que fica, eleva, honra e consola.

Ânsia de imortalidade, que pode ajudar inclusive no desenvolvimento da nação e leva o homem a aproximar-se do Criador.

Já é hora de concluir. Entre as muitas definições de literatura, acabamos de apresentar algumas. Apontamos também funções a ela inerentes; vimos que pode caracterizar:

- coincidência espiritual entre os homens;
- jogo, atividade lúdica;
- ânsia de evasão;
- profecia, vaticínio;
- compromisso;
- ânsia de imortalidade.

E podemos acrescentar ainda que possibilita também interpretação do presente e restauração emocional do passado. Vimos que se trata, enfim, de algo essencialmente ligado ao indivíduo no mundo e que exige "vivência": "— E vejo na personalidade do autor, nascida do choque do seu *eu íntimo* e *eu social*, a força outorgante da sua específica e inconfundível cosmovisão", diz Eduardo Portella (1973, p. 63).

Para completar, eis o que afirma outro crítico brasileiro contemporâneo, Wilson Martins:

> Criar em literatura não é pretender a reforma social, nem a salvação de almas, nem a defesa de ideias doutrinárias: criar em literatura é criar um estilo e, através desse estilo, oferecer uma visão do homem.
>
> (apud CASTRO, 1964, p. 121-22).

Nossas afirmações estão longe de esgotar o assunto. E nem dissemos que "literatura é tudo o que está em letra de forma", nem que "é o conjunto das grandes obras, notáveis por sua forma ou expressão literária".

Entendemos, entretanto, que, mesmo diante do questionamento a que há algum tempo vem sendo submetida a teoria da literatura, permanecem válidas as palavras de René Wellek e Austin Warren, em livro de 1953:

Como todo ser humano toda obra literária tem suas características individuais; mas também apresenta propriedades comuns com outras obras de arte. (...) Podemos, pois, generalizar sobre as obras de arte, sobre o teatro isabelino, sobre toda a poesia dramática, sobre toda literatura, sobre toda arte. A crítica literária e a história literária buscam, uma e outra, caracterizar a individualidade de uma obra, de um autor, de uma época, de uma literatura nacional. Mas esta caracterização apenas pode ser alcançada em função do universal, com base em uma teoria literária. A teoria literária, organon de métodos, é a grande necessidade da pesquisa erudita literária em nossos dias.

(1953, p. 25)

57 Mas o assunto exige outro livro; contentemo-nos com levantar a questão e relançar a semente.

58 E terminamos, ainda uma vez, com Tristão de Athayde, ou Alceu Amoroso Lima:

A literatura é no homem aquela vocação misteriosa e imprevista condicionada por mil elementos exteriores e íntimos, mas desabrochada pelo mistério do espírito que sopra onde quer.

(1956, p. 17)

BIBLIOGRAFIA

TEXTOS LITERÁRIOS

ALIGHIERI, Dante. *La divina commedia — Paradiso*: 5. ed. Milano: V. Hoesli, 1913.

ANDRADE, Carlos Drummond de. *Poemas*. Rio de Janeiro: José Olympio, 1959.

AZORÍN. *El escritor*. Buenos Aires: Espasa-Calpe Argentina, 1942.

CAMÕES, Luís de. *Obras escolhidas*. 2. ed. Lisboa: Sá da Costa, 1954. v.1. Prefácio e notas do prof. Hernâni Cidade.

CERVANTES, Miguel de. *Don Quijote de la Mancha*. 3. ed. con anotación ampliada. Barcelona: Juventud, 1955.

OLIVEIRA, Alberto de. *Poesias*. Rio de Janeiro: Garnier, 1912.

PESSOA, Fernando. *Obra poética*. Rio de Janeiro: J. Aguilar, 1960.

TEXTOS TEÓRICOS

ABRAMS, M. H. *El espejo y la lámpara: teoria romántica y tradición crítica acerca del texto literario (The mirror and the lamp: romantic theory and the critical tradition)*. Buenos Aires: Nova, 1962.

ACTES DU IIIE. CONGRÈS DE L'ASSOCIATION INTERNATIONALE DE LITTÉRATURE COMPARÉE. The Hague: Mouton, S'Gravenhague, 1962.

ALONSO, Dámaso. *Poesia española*: ensayo de métodos y límites estilísticos. 2. ed. com. e corr. Madrid: Gredos, 1952.

_____ e BOUSOÑO, Carlos. *Seis calas en la expresión literaria española*. 2. ed. corr. Madrid: Gredos, 1956.

AMORA, Antônio Soares. *Teoria da literatura*. São Paulo: Clássico-Científica, s/d.

ARRIVE, Michel. La sémiotique littéraire. In: POTTIER, Bernard (dir.). *Le langage*. Les dictionnaires du savoir moderne. Paris: Bibliotèque du CEPL, 1973.

BARBOTIN, E. (dir.). *Qu'est-ce qu'un texte?* Paris: José Corti, 1975.

BARTHES, Roland. *Le degré zéro de l'écriture suivi de éléments de sémiologie.* Paris: Gonthier, 1964.

_____. *Novos ensaios críticos. O grau zero da escritura.* São Paulo: Cultrix, 1974.

BEAUVOIR, Simone de et alii. *Que peut la littérature?* Paris: L'Inédit, 1965.

BÍBLIA SAGRADA. 2. ed. Trad. dos originais hebraico, aramaico e grego, mediante a versão francesa dos monges beneditinos de Meredsous (Bélgica), editado pelo Centro Bíblico Católico de São Paulo. São Paulo: Ave Maria, 1960.

BLANCHOT, Maurice. *L'espace littéraire.* Paris: Gallimard, 1968.

BONET, Carmelo M. *En torno a la estética literaria.* Buenos Aires: Nova, 1959.

CASTAGNINO, R. H. *El análisis literario:* introducción metodológica a una estilística general. 2. ed. Buenos Aires: Nova, 1957.

_____. *¿Qué es literatura?* Buenos Aires: Nova, 1954.

CIDADE, Hernâni. *Lições de cultura e literatura portuguesa.* 4. ed. Coimbra: Coimbra Ed. 1959. 2 v.

COELHO, Jacinto do Prado. *Problemática da história literária.* 2. ed. Lisboa: Edições Ática, 1972.

COUTINHO, Afrânio. *Conceito de literatura brasileira.* Rio de Janeiro: Acadêmica, 1960.

CRAIG, W. J. (ed.). *The complete works of William Shakespeare.* London: Oxford University Press, 1964.

CASTRO, Sílvio. Conceituação e nomenclatura em crítica literária (Pesquisa da crítica literária brasileira em 1959). In: *Crítica e história literária. Anais do I Congresso de Crítica e História Literária.* Realizado no Recife sob os auspícios da sua Universidade, de 7 a 14 de agosto de 1960. Rio de Janeiro: Tempo Brasileiro, 1964.

CUNHA, Celso. *Gramática do português contemporâneo.* Belo Horizonte: Bernardo Álvares, 1970.

CUNHA, Fausto. *A luta literária.* Rio de Janeiro: Lidador, 1964.

DU BOS, Charles. *O que é literatura? (Qu'est-ce que la littérature?).* Lisboa: Morais, 1961.

DUFRENNE, Mikel. *Phénoménologie de l'expérience esthétique.* Paris: Presses Universitaires de France, 1967. 2 v.

ESCARPIT, Robert. *Le littéraire et le social:* éléments pour une sociologie de la littérature. Paris: Flammarion, 1970.

Esprit 5. Paris, 1967.

FOWLER, Roger (ed.). *Essays on style and language.* London: Routledge and Kegan Paul, 1966.

FRYE, Northrop. *Anatomie de la critique (Anatomy of criticism).* Paris: Gallimard, 1969.

GILI Y GAYA, Samuel. *Sintaxis superior española.* 5. ed. Barcelona: Spes, 1955.

GREIMAS, A. J. et alii. *Essais de sémiotique poétique.* Paris: Larousse, 1972.

HUIZINGA, Johan. *Homo ludens.* Paris: Gallimard, 1951.

JAKOBSON, Roman. *Essais de linguistique générale.* Paris: Minuit, 1968.

_____. *Linguística e comunicação.* São Paulo: Cultrix, 1979.

LEFEBVE, Maurice-Jean. *Structure du discours de la poésie et du récit.* Neuchâtel: La Baconnière, 1971.

LIMA, Alceu Amoroso. *Estudos literários.* Rio de Janeiro: J. Aguilar, 1966.

_____. *Introdução à literatura brasileira.* Rio de Janeiro: Agir, 1956.

LIMA, Luiz Costa. *Dispersa demanda.* Rio de Janeiro: Francisco Alves, 1981.

_____. *Por que literatura.* Petrópolis: Vozes, 1966.

_____ (org.). *Teoria da literatura em suas fontes.* Rio de Janeiro: Francisco Alves, 1975.

LINS, Álvaro. *Literatura e vida literária.* Rio de Janeiro: Civilização Brasileira, 1965. v. 1 e 2.

Littérature 4. Paris: Larousse, 1971.

MANSUY, M. (org.). *Positions et oppositions sur le roman contemporain.* Actes du colloque Organisé par le Centre de Philologie et de Littérature Romanes de Strasbourg (Avril, 1970). Paris: Klincksieck, 1971.

MELLO E SOUZA, Antonio Candido de. *Literatura e sociedade.* São Paulo: Nacional, 1965.

MERQUIOR, J. G. *A astúcia da mímese:* ensaios sobre lírica. Rio de Janeiro: José Olympio, 1972.

_____. *Formalismo e tradição moderna:* o problema da arte na crise da cultura. Rio de Janeiro: Forense Universitária, São Paulo: Edusp, 1974.

_____. *Razão do poema:* ensaios de crítica e estética. Rio de Janeiro: Civilização Brasileira, 1965.

MESCHONIC, Henri. *Pour la poétique, I.* Paris: Gallimard, 1973.

MOISÉS, Massaud. *A criação literária:* introdução à problemática da literatura. São Paulo: Melhoramentos, 1967.

MOTA, Mauro. *Geografia literária.* Rio de Janeiro: INL, 1961.

MOUNIN, Gorges. *Poesía y sociedad (Poésie et société).* Buenos Aires: Nova, 1964.

NISIN, A. *La literatura y el lector (La littérature et le lecteur)*. Buenos Aires: Nova, 1962.

OLIVEIRA, Alberto de. *Poesias – 1ª série*. Rio de Janeiro: Garnier, 1912.

PEÑUELAS, Marcelino C. *Mito, literatura y realidad*. Madrid: Gredos, 1965.

PICHOIS, Claude e ROUSSEAU, A. M. *La littérature comparée*. Paris: Armand Colin, 1967.

Poetics 4, The Hague: Mouton, 1972.

POMORSKA, Krystina. *Formalismo e futurismo:* a teoria formalista e seu ambiente poético *(Russian formalist theory and its poetic ambiance)*. São Paulo: Perspectiva, 1972.

PORTELLA, Eduardo. *Fundamento da investigação literária*. Rio de Janeiro: Tempo Brasileiro, 1974.

_____. *Teoria da comunicação literária*. 2. ed. rev. e ampl. Rio de Janeiro: Tempo Brasileiro, 1973.

POUND, Ezra. *ABC da literatura (ABC of Reading)*, São Paulo: Cultrix, 1970.

PROENÇA FILHO, Domício. *A linguagem literária*. 8. ed. São Paulo: Ática, 2007.

QUILIS, Antonio. *Estructura del encabalgamiento en la métrica española*. Madrid: CISC, 1964.

SARTRE, Jean-Paul. *Qu'est-ce que la littérature?* Paris: Gallimard, 1964.

SILVA, Vitor Manuel de Aguiar e. *Teoria da literatura*. São Paulo: Martins Fontes, 1976.

SODRÉ, Nelson Werneck. *Ofício do escritor:* dialética da literatura. Rio de Janeiro: Civilização Brasileira, 1965.

SOUZA, Roberto Acizelo de (org.). *Uma ideia moderna de literatura*. Textos seminais para os estudos literários (1688-1922). Chapecó, SC: Argos, 2011.

TODOROV, T. (org.). *Théorie de la littérature:* textes des formalistes russes. Paris: Seuil, 1965.

TORRE, Guillermo de. *Problemática de la literatura*. 3. ed. Buenos Aires: Losada, 1966.

_____. *Tres conceptos de literatura hispanoamericana*. Buenos Aires: Losada, 1963.

WELLEK, R. *História da crítica moderna (A history of modern criticism)*. São Paulo: Herder, 1967. v. 1.

_____ e WARREN, A. *Teoría literaria*. Madrid: Gredos, 1953.

ZÉRAFFA, Michel. *Roman et société*. Paris: Presses Universitaires de France, 1971.

CAPÍTULO 3

Estilo Individual, Estilo de Época

> *Estilo es todo lo que individualiza a un ente literario; a una obra, a una literatura.*
> (DÁMASO ALONSO, 1956, p. 482)

¹ Examinados que foram diversos conceitos de literatura, cabe insistir sobre três conclusões, que estarão na base dos nossos comentários:

- A literatura é a arte da palavra.
- A literatura revela uma realidade (a literatura é o homem e sua circunstância).
- A literatura, arte que é, proporciona prazer estético.

² Vemo-la, pois, segundo o "instrumento" usado pelo criador (palavra), o "objeto" de atuação (realidade), o "modo" de atuar (revelação), o "objetivo básico" que a caracteriza (prazer estético).

³ Como arte, é um sistema de signos, mas um sistema especial que se vale de outro: a língua utilizada pelo escritor.

⁴ Nessas circunstâncias, pressupõe da parte do criador uma escolha a partir das possibilidades de expressão inerentes à língua, desde que sabemos que esta é o principal código que o ser humano utiliza para a realização de sua fala.

⁵ Essa escolha é que permite caracterizar o estilo de cada um com maior ou menor singularidade.

⁶ Tal caracterização "decorre, antes de tudo, do nosso impulso emotivo e do propósito claro ou subconsciente de sugestionar o próximo".

7   Consideradas as funções da linguagem caracterizadas por Bühler e retomadas por Jakobson, o estilo se relaciona muito mais com a exteriorização psíquica e com o apelo do que com a representação mental, vale dizer, muito mais com as funções emotiva e conativa do que com a função referencial. Claro está que com dizermos "está mais relacionado" não eliminamos esta última, indispensável; apenas enfatizamos que a escolha se faz muito mais em função daquela do que desta. O ato linguístico envolve uma certa hierarquia de funções.

8   Pois se "há objetos ou noções que despertam mais a nossa inteligência, outras que chocam mais a nossa sensibilidade", assim também acontece com as palavras, "umas têm uma dominante afetiva, outras uma dominante intelectual" (LAPA, 1959, p. 27).

9   Quando selecionamos da língua, patrimônio comum, coletivo, as palavras que utilizamos em nossa comunicação, muitas vezes somos levados, em nome da expressão, a um afastamento das normas linguísticas; eis que o campo de ação da estilística difere do campo de ação da gramática.

10   No texto literário, o estilo é colocado a serviço da criação artística. É fácil compreender que cada um de nós, falantes, tem um estilo; como, na fala cotidiana, não temos preocupações com criar artisticamente, muitas vezes este não se apresenta com características tão marcantes que justificassem ou mesmo possibilitassem um estudo; e mais: o interesse de tal estudo fugiria do âmbito literário.

11   A linguagem literária, como já afirmamos, caracteriza-se, sobretudo, pela conotação. Num texto literário, aquilo que as palavras representam vai além do conteúdo lógico, ultrapassa a simples representação mental nelas configurada e que reproduz objetivamente o mundo. Não se apoia basicamente no **significado**, como a linguagem da ciência, por exemplo, mas se "faz" de significado e significante.

12   As palavras, no texto literário, tornam-se multissignificativas e adquirem um valor específico no momento em que nele se integram e passam a fazer parte dos elementos que, interligados e interdependentes, constituem a obra de arte da palavra.

13   Todos os recursos que vimos assinalando, ao caracterizarem os aspectos a serem considerados numa leitura de textos, constituem elementos que contribuem para converter a linguagem usual em linguagem literária.

14   Cumpre ainda lembrar que a linguagem em versos é uma das manifestações desta última. Nela ressaltam, entre outros recursos caracterizadores, o ritmo e a imagística.

É o que se verifica em mais um exemplo, desta vez um breve e significativo texto de Manuel Bandeira:

IRENE NO CÉU

Irene preta
Irene boa
Irene sempre de bom humor.

Imagino Irene entrando no céu:
— Licença, meu branco!
E São Pedro bonachão:
— Entra, Irene. Você não precisa pedir licença.

(1958, P. 218)

A começar pela primeira estrofe composta de frases sem verbo, em que se destaca a repetição do substantivo "Irene", repetição que constitui um recurso conhecido como anáfora, e que caracteriza a expressividade com que o poeta marca, desde logo, a figura central do poema. Seguem-se as elipses da segunda estrofe, e o jogo de estilo indireto e estilo direto. Observa-se, na conjugação do verbo entrar – "Entra Irene. Você não precisa pedir licença" – uma violação da norma gramatical: afinal de contas, "entra" é forma de imperativo da segunda pessoa do singular, e "você", embora pronome de segunda, exige, por motivos etimológicos, flexões de terceira. Então o poeta errou? Claro que não. Se assim fosse, teria corrigido a frase nas edições seguintes do texto. Na verdade, afastou-se da norma culta em nome do efeito expressivo. O fato mesmo de o pronome "você" ser de segunda pessoa explica não apenas o uso que o poeta faz do verbo, mas a frequência com que nós, brasileiros, mesmo os conhecedores da língua, confundimos as formas pronominais. Ora, em tratando o poema de quem trata, esse aparente erro traduz a naturalidade e o afeto com que o poeta marca as palavras do santo porteiro do céu. Ele empresta ao discurso de São Pedro termos que, pelo seu significado socialmente convencional, colocam Irene à vontade, sem cerimônia, no momento do seu ingresso na morada eterna. E repare-se que o adjetivo "bonachão" e a expressão "licença, meu branco", popular, coloquial, típica da personagem, como que autorizam a forma "entra". Bandeira se vale intencionalmente da "língua errada do povo, língua certa do povo" a que ele mesmo se refere em outra composição poética.

Observe-se a importância do texto literário: quando a influência do escritor se exerce com grande intensidade, há como que uma "divulgação" de formas linguísticas, e muitos dos elementos de seu estilo passam a ser utilizados correntemente pelos demais membros da coletividade.

17 E repare-se que os especialistas costumam referendar as normas gramaticais com exemplos de escritores consagrados, e os consagramos na medida em que sejam representativas as suas obras de arte literária.

18 Se entre nós ainda se insiste em certos princípios a cada passo negados pelos nossos escritores, é porque uma verdadeira gramática da língua portuguesa ainda constitui um desafio aos estudiosos: "carecemos até mesmo de uma gramática que exponha os fatos da língua culta que usamos. Uma gramática expositiva portuguesa em geral não cuida das particularidades de nossa língua". "Se mudássemos os exemplos, as suas observações se aplicariam igualmente ao francês, ao italiano, ao espanhol" (CUNHA, 1964, p. 13).

19 Mas voltemos à estilística. Se o estilo comporta uma utilização individual dos meios de expressão, em que domínios da linguagem se situam mais precisamente tais elementos? Afirmam os estudiosos que "os dois campos mais propícios à caracterização linguística pelo estilo são o do vocabulário e da sintaxe" (CÂMARA JR., 1964, p. 136). Isso não significa, entretanto, que os demais sejam abandonados; para caracterizar o estilo de um autor podemos considerar a sua criação pessoal em todo o domínio da língua e logo pode-se examinar, além do léxico e da sintaxe, também o âmbito da fonética e da morfologia.

20 Podemos, pois, ao analisar um texto à luz da estilística, observar:

20.1 Aspectos da seleção vocabular:

a) **Ditada pelo material fônico**: Quando, inclusive, consideraremos estrofação, rima, métrica, aliterações, onomatopeia, homofonias etc. Exemplos:

> Ah, plangentes violões dormentes, mornos,
> Soluços ao luar, choros ao vento...
> Tristes perfis, os mais vagos contornos,
> Bocas murmurejantes de lamento.
>
> Quando os sons dos violões vão soluçando,
> Quando os sons dos violões nas cordas gemem,
> E vão dilacerando e deliciando,
> Rasgando as almas que nas sombras tremem (...)
>
> (CRUZ E SOUSA, 1961, p. 124)

Nessas, como em outras estrofes do poema de Cruz e Sousa, a música dos violões parece ressoar nas aliterações e nos jogos vocálicos e traduz a ambiência do mundo sinfônico em que o poeta transforma a realidade de uma serenata noturna (1961, p. 37).

JOGO DE BOLA

A bela bola
rola:
A bela bola do Raul.

Rosa amarela,
a da Arabela.
A do Raul,
azul.
Rola a amarela
e pula a azul.
A bola é mole,
é mole e rola.
A bola é bela,
é bela e pula.

É bela, rola e pula,
é mole, amarela, azul.

A de Raul é de Arabela,
e a de Arabela é de Raul.

(MEIRELES, 1964)

Nesse poema, Cecília Meireles tira partido do efeito expressivo das vogais, notadamente das vogais abertas, bem como das aliterações e das consoantes bilabiais e alveolares, como a traduzir o ruído da bola e ao mesmo tempo a sugerir alegria, despreocupação, felicidade, infância... Talvez a conotação afetiva desses sons assim combinados tenha suas raízes nas cartilhas que marcaram a nossa infância brasileira. Eis então a camada fônica, o fonema aproveitado funcionalmente como matéria de poesia. Repare-se o valor expressivo das rimas.

Outros exemplos, para só citar mais alguns, podem ser encontrados nos conhecidos versos de Verlaine: Les sanglots longs / Des violons / De l'automne / Blessent mon coeur / D'une langueur / Monotone (in MICHA, s.d., p. 15), nas aliterações do "Estouro da boiada", página antológica de Euclides da Cunha: "E lá se vão: não há mais contê-los ou alcançá-los. Acamam-se as caatingas, árvores dobradas, partidas, estaladas em lascas e gravetos; desbordam de repente as baixadas num marulho de chifres; estrepitam, britando e esfarelando as pedras, torrentes de casos pelos tombadores; rola surdamente pelos tabuleiros ruído soturno e longo de trovão longínquo" (1954, p. 113).

b) **Ditada pelo valor afetivo** (melhor seria dizer "emotivo"): Há a considerar, aqui, a escolha das palavras segundo a maior ou menor carga afetiva, ligada à exteriorização psíquica e ao apelo, como é óbvio. Adjetivos e certas figuras de pensamento estão incluídos mais notadamente nessa faixa.

Exemplo:

> Ó choupo magro e velhinho;
> Corcundinha, todo aos nós,
> És tal qual meu Avozinho:
> Falta-te apenas a voz.
>
> (ANTÔNIO NOBRE, 1955, p. 55)

Repare-se no emprego dos diminutivos, caracterizando o matiz afetivo dos vocábulos empregados.

c) **Ditada pelo valor socialmente convencional:** Como se pode verificar, por exemplo, no conhecido poema de Manuel Bandeira (excetuados o segundo e o último versos). O valor expressivo nasce do agrupamento parcial ou total. Estamos nos referindo a:

> PNEUMOTÓRAX
>
> Febre, hemoptise, dispnéia e suores noturnos.
> A vida inteira que podia ter sido e que não foi.
> Tosse, tosse, tosse.
>
> Mandou chamar o médico:
> — Diga trinta e três.
> — Trinta e três... trinta e três... trinta e três...
> — Respire.
>
> . . . .
>
> — O Senhor tem uma escavação no pulmão esquerdo e o pulmão direito infiltrado.
> — Então, doutor, não é possível tentar o pneumotórax?
> — Não. A única coisa a fazer é tocar um tango argentino.
>
> (1958, p. 186)

d) **Ditada por preferências subjetivas:** Claro está que nos casos anteriores a preferência pessoal também se faz presente; no entanto, o criador pode escolher as palavras e emprestar-lhes um sentido diferente daquele que normalmente têm, em nome da expressividade (e aqui entramos no domínio das figuras de palavras, das figuras de pensamento). É o caso, por exemplo, do anjo torto de Carlos Drummond de Andrade:

> Quando nasci, um anjo torto
> desses que vivem na sombra
> disse: Vai, Carlos! ser *gauche* na vida.

(1959, p. 3)

Ou da "Consoada", de Manuel Bandeira:

> Quando a Indesejada das gentes chegar
> (Não sei se dura ou caroável),
> Talvez eu tenha medo.
> Talvez sorria, ou diga:
> — Alô, iniludível!
>
> O meu dia foi bom, pode a noite descer.
> (A noite, com os seus sortilégios)
> Encontrará lavrado o campo, a casa limpa,
> A mesa posta,
> Com cada coisa em seu lugar.

(1958, p. 404)

Ou ainda do uso de um simples morfema, como neste exemplo de Fernando Pessoa:

> O que há em mim é sobretudo cansaço –
> Não disto nem daquilo,
> Nem sequer de tudo ou de nada:
> Cansaço assim mesmo, ele mesmo,
> Cansaço.
>
> A sutileza das sensações inúteis,
> As paixões violentas por coisa nenhuma,
> Os amores intensos por o suposto em alguém,
> Essas coisas todas –
> Essas e o que falta nelas eternamente –;
> Tudo isso faz um cansaço,
> Este cansaço,
> Cansaço.
>
> Há sem dúvida quem ame o infinito,
> Há sem dúvida quem deseje o impossível,
> Há sem dúvida quem não queira nada –
> Três tipos de idealistas, e eu nenhum deles:

> Porque eu amo infinitamente o finito,
> Porque eu desejo impossivelmente o possível,
> Porque quero tudo, ou um pouco mais, se puder ser,
> Ou até se não puder ser...
> E o resultado?
> Para eles a vida vivida ou sonhada,
> Para eles a média entre tudo e nada, isto é, isto...
> Para mim só um grande, um profundo,
> E, ah com que felicidade infecundo, cansaço,
> Um supremíssimo cansaço,
> *Íssimo, íssimo, íssimo,*
> Cansaço.
>
> (1960, p. 360-1)

20.2 Aspectos ligados à sintaxe:

a) **Escolha entre as construções sintáticas vigentes na língua:** É o que se pode observar nos exemplos extraídos de *Vidas secas* (1955), de Graciliano Ramos:

> Deixaram a margem do rio, acompanharam a cerca, subiram uma ladeira, chegaram aos juazeiros. Fazia tempo que não viam sombra.
>
> Foi apanhar gravetos, trouxe do chiqueiro das cabras uma braçada de madeira meio roída pelo cupim, arrancou touceiras de macambira, arrumou tudo para a fogueira.
>
> Fabiano tomou a cuia, desceu a ladeira, encaminhou-se ao rio seco, achou no bebedouro dos animais um pouco de lama. Cavou a areia com as unhas, esperou que a água marejasse e, debruçando-se no chão, bebeu muito.

Os exemplos são várias passagens do primeiro capítulo. Note-se que o uso das orações coordenadas assindéticas concorre fundamentalmente para retratar o lento e compassado arrastar da caminhada dos retirantes.

b) **Afastamento das normas sintáticas vigentes:** Como no já citado exemplo de Manuel Bandeira ("— Você não precisa pedir licença") e ainda em Mário de Andrade:

> *Você* é tão suave,
> *Vossos* lábios suaves
> Vagam no meu rosto,
> Fecham meu olhar.

> Sol-posto
> É a escureza suave
> Que vem de você,
> Que se dissolve em mim.
> Que sono...
> Eu imaginava
>
> Duros *vossos* lábios,
> Mas *você* me ensina
> A volta ao bem.

(1955, p. 260-1)

E outro exemplo, de Augusto Meyer:

> Pois *quem foram que disseram*
> Que esta vida é coisa feia?
> *Quem falaram não souberam*
> Como é firme a pança cheia.

(in BANDEIRA, 1960)

c) **Figuras de construção frasal**: Como as inversões, o anacoluto, as repetições que aparecem nos textos a seguir:

> Trago-te flores, – restos arrancados
> Da terra que nos viu passar unidos,
> E ora mortos nos deixa e separados.
>
> Que eu, se tenho nos olhos malferidos
> Pensamentos de vida formulados,
> São pensamentos idos e vividos.

(MACHADO DE ASSIS, 1959, p. 638)

> Em seio propício
> Dorme.
> De olhos sob musgos,
> Boca descarnada
> E ouvidos de pedra,
> Dorme.
>
> Tudo está conforme
> Desígnios precisos.
> Viverá comigo
> Tua morte. Dorme.
> Guardarei impávida

> Tua morte. Dorme.
> Tua morte é minha.
> Não a sofras. Dorme.
> Dorme.
> Dorme.
>
> (LISBOA, 1951, p. 20-2)

21   Examinemos agora o resultado expressivo da integração de todos esses aspectos, tomando como exemplo uma estrofe famosa de Castro Alves, cujo primeiro "decassylabo", "no inquérito realizado entre intelectuais e artistas no anno de 1934 pela *A Noite Ilustrada* para seleção do mais bello verso brasileiro, obteve maioria de suffragios":

> Auriverde pendão da minha terra,
> Que a brisa do Brasil beija e balança,
> Estandarte que a luz do sol encerra,
> E as promessas divinas da esperança...
> Tu, que da liberdade após a guerra,
> Foste hasteado dos heróis na lança,
> Antes te houvessem roto na batalha,
> Que servires a um povo de mortalha!...
>
> (1960, p. 283)

22   O poeta lastima que a bandeira do seu país, símbolo da glória e do futuro, galardão dos heróis, sirva agora de mortalha a um povo, representado pelos negros do navio terrível. Se reduzimos o entendimento do texto apenas à representação mental, o veremos limitado à expressão mais simples, prosaica até. O que faz com que essas palavras tenham ganhado, a partir do momento em que foram dadas a público, a repercussão que as caracteriza é justamente o serem as que são e estarem dispostas como estão. Vejamos:

23   Aspectos semânticos:

23.1   No primeiro verso aparece o possessivo, associado a terra, logo identificada com o Brasil, no segundo verso.

23.2   O verbo escolhido para caracterizar a ação do vento sobre a bandeira é afetivo: "beijar"; ainda se valoriza o pavilhão, que não é apenas verde e áureo, mas encerra "as promessas divinas da esperança", e "a luz mesma do sol", necessária à vida; o autor se utiliza das palavras, concedendo-lhes um valor simbólico que lhes confere amplitude no âmbito semântico; também a escolha do adjetivo "roto" e do substantivo "mortalha" é significativa e, com essas palavras, transmite-se ao texto uma carga emocional, conseguida não apenas pela denotação-conotação das mesmas, mas ainda pelo caráter antitético que emprestam ao todo, opondo-se ao valor afetivo e de exaltação que se depreende dos versos anteriores (repare-se no emprego de "auriverde pendão" e de "estandarte", preparando a oposição com "mortalha").

23.3 Cumpre ainda assinalar que o autor se vale de figuras de linguagem para conseguir os efeitos expressivos que marcam o texto: "luz do sol", "promessas divinas da esperança", "a brisa do Brasil beija". Com isso, os elementos que se situavam no plano concreto, visual, passam a ter um significado abstrato altamente representativo, do qual se depreende sem esforço a conotação simbólica conferida ao pavilhão nacional.

24 Outro aspecto ligado à seleção vocabular refere-se ao **material fônico**.

24.1 Trata-se de uma estrofe de oito versos, todos decassílabos, sendo apenas o sexto verso sáfico e os demais heroicos. Observe-se que a cesura recai nas palavras "pendão", "Brasil", "luz", "divinas", "liberdade", "roto", "povo".

24.2 No segundo verso, é de notar-se o efeito conseguido com a consoante /b/, que se repete numa aliteração expressiva.

24.3 O esquema rímico revela que estamos diante de uma oitava real, isto é, oito versos decassílabos cujos seis primeiros têm rima alternada e os dois últimos, rima emparelhada:

```
_____ A
_____ B
_____ A
_____ B
_____ A
_____ B
_____ C
_____ C
```

24.4 A escolha dessa forma consagrada de estrofe, aliada ao seu tom geral e do poema completa, empresta um caráter épico ao texto em exame. (Claro está que ao analisar uma estrofe não podemos perder de vista o poema de que faz parte.)

25 Aspectos ligados à sintaxe:

25.1 É de notar que o texto se caracteriza por uma entoação exclamativa; junto aos aspectos semânticos que acabamos de examinar, acrescenta o tom declamatório, entusiasmado, que o caracteriza.

25.2   Outro recurso que marca a "fala" do autor são as inversões na ordem de colocação dos elementos na frase, que atendem a uma valorização dos termos em destaque e servem também aos necessários efeitos rítmicos do poema; é, notadamente, o caso dos versos 3 e 4, 5 e 6:

> 3 — Estandarte que a luz do sol encerra,
> 4 — E as promessas divinas da esperança...
> 5 — Tu, que da liberdade após a guerra,
> 6 — Foste hasteado dos heróis na lança,

E o caráter emotivo mais se acentua com o anacoluto configurado no último período: *Tu... antes te houvessem roto ...*

25.3   E a palavra "liberdade", que aparece bem no centro da estrofe, valorizada pela inversão da frase e pela antítese com "guerra", e ainda por ser o galardão dos heróis da pátria, traduz uma escolha altamente significativa, não apenas para o contexto da estrofe, mas para o sentido geral de todo o poema "O navio negreiro". No fundo, como dissemos antes, o que o poeta lamenta é que a pátria, simbolizada pelo pavilhão sagrado, aceite os horrores da escravidão. O poema é um exaltado canto de liberdade.

26   Cumpre notar que o "tema", o tom declamatório desses versos, a carga de exteriorização psíquica e de atuação social das palavras empregadas permitiram o seu aproveitamento numa peça de teatro cujo título é esclarecedor: *Liberdade, liberdade*, texto publicado em 1965. Seus autores, Flávio Rangel e Millôr Fernandes, é necessário dizer, situaram a estrofe num novo contexto linguístico, de forma que os versos passam a concorrer para que a mensagem ganhe dimensão diferente daquela que se configura no poema de Castro Alves.

27   Ao examinar uma estrofe, não podemos nem devemos generalizar; não nos é pertinente falar do estilo de Castro Alves com tão restrito material. Por outro lado, se examinarmos toda a sua obra, ou mesmo "O navio negreiro" em sua totalidade, já nos será possível determinar elementos que, por constantes em sua fala, alguns porventura ou necessariamente encontrados nessa estrofe examinada, passam a constituir os traços de um estilo individual.

28   Entendemos melhor, agora, a conhecida definição de Hatzfeld:

> Estilo individual é o aspecto particular de um artefato verbal que revela a atitude do autor na escolha de sinônimos, vocabulário, ênfase no material vocabular abstrato ou concreto, preferências verbais ou nominais, propensões metafóricas ou metonímicas, tudo isto, porém, não só do

> ponto de vista do *écart* (separação, desvio, afastamento) do dicionário e da sintaxe, mas também do ponto de vista do todo ficcional, cuja organização é servida por essas preferências em todos os pormenores e ramificações artísticas.
>
> (HATZFELD, apud COUTINHO, 1966, p. 24)

29 "Artefato verbal", "ponto de vista ficcional", "manifestações artísticas": literatura, arte da palavra.

30 Mas a literatura é o homem. Até aqui, vimos a literatura segundo o instrumento de que se vale o criador. E já chegáramos à conclusão de que a literatura revela uma realidade.

31 Como a vida não para, a não ser momentaneamente na angústia de cada um em face do mundo, a visão dessa realidade tem variado de época para época. Por outro lado, a condição para a viabilidade de uma literatura é a existência de um povo que vive, pensa, sente, age e, através de uma língua, se expressa.

32 E nesse contínuo mudar-se, surpreendemos "estado, economia medievais, renascentistas, barrocos, classicistas, românticos; há, sobretudo, em todas as épocas, o tipo ideal do homem daquela época, o homem medieval, o homem renascentista, o homem barroco, o homem classicista, o homem romântico; e esses homens seriam mudos, e por consequência esquecidos, se certos entre eles não tivessem o dom individual da expressão artística, realizando-se em obras que ficam" (CARPEAUX, apud COUTINHO, 1966, p. 23) e traduzindo a concepção que o ser humano tem, em cada época, de seu destino, de seu ser no mundo, do futuro que o espera, de Deus. Nessas obras de arte que realiza, consubstanciam-se modos de representar simbolicamente seus conceitos, transfigurando, à luz de um estilo, a realidade que o preocupa.

33 Há então um estilo que empresta fisionomia própria a cada época e que se traduz em características comuns aos vários escritos representativos dessa mesma época.

34 Existem, assim, traços comuns na visão de mundo, no "instrumento" escolhido, no objeto de atuação, no modo de atuar dos artistas em determinada faixa de tempo.

35 Há, pois, um estilo de época, que podemos entender como:

> A atividade de uma cultura que surge com tendências análogas nas manifestações artísticas, na religião, na psicologia, na sociologia, nas formas de polidez, nos costumes, vestuários, gestos etc. No que diz respeito à literatura, o estilo de época só pode ser avaliado pelas contribuições do estilo, ambíguas em si mesmas, constituindo uma constelação que

> aparece em diferentes obras e autores da mesma era e parece informada pelos mesmos princípios perceptíveis nas artes vizinhas.
>
> (HATZFELD, apud COUTINHO, 1966, p. 211)

36   Cumpre entender, entretanto, cada estilo e cada época não apenas em função dos traços que os singularizam, mas levando em conta, sobretudo, a inter-relação dos diversos estilos de época no processo histórico-social em que se inserem. Cada época emerge dos dados da época que a precede, num percurso de acumulação e integração de elementos, marca do percurso cultural. Assim, os estilos de época não podem ser entendidos como compartimentos estanques, mas como momentos de um processo dinâmico em que predominam, "em conjunto", traços relevantes. No dinamismo do processo, cada estilo deixa perceber marcas da mudança, embriões de futura configuração. A produção dos poetas inconfidentes é um exemplo significativo: na poesia de Cláudio Manuel da Costa e de Tomás Antônio Gonzaga, o arcadismo dominante convive com cunhas de rococó e de pré-romantismo.

37   Com a conceituação assim caracterizada, desaparece a rigidez que costumava estabelecer limites cronológicos rigorosos para as chamadas escolas literárias: as unidades periodológicas relacionadas com a história da literatura passam a caracterizar-se, ao lado das dimensões ideológicas, pelos traços estilísticos que predominam e levam a determinar as marcas gerais da faixa de tempo considerada. E mais: a nosso ver, tal critério de periodização, apesar de alguns problemas que envolve, permanece didaticamente, até o momento em que escrevemos, como a metodologia mais adequada, na área, para a visão diacrônica da literatura.

38   O deleite estético é alcançado em função da arte e da revelação que se configura na obra literária.

39   Diante do que acabamos de expor, é fácil concluir que, na história das artes e das letras ocidentais, prevaleceram **estilos de época** principais, a saber: **Renascimento, Barroco, Neoclassicismo, Romantismo, Realismo, Parnasianismo, Simbolismo, Impressionismo, Modernismo**. A partir dos anos 1950, com maior ou menor presença, nos espaços da cultura ocidental, vêm-se caracterizando manifestações configuradoras de um novo movimento, denominado por alguns estudiosos Pós-modernismo, designação que mobiliza controvérsias. Tais estilos históricos serão objeto de nossas próximas considerações.

BIBLIOGRAFIA

TEXTOS LITERÁRIOS

ANDRADE, Carlos Drummond de. *Poemas*. Rio de Janeiro: José Olympio, 1959.

ANDRADE, Mário de. *Poesias completas*. São Paulo: Martins, 1955.

BANDEIRA, Manuel. *Poesia do Brasil*. Rio de Janeiro: Ed. do Autor, 1960.

_____. *Poesia e prosa*. Rio de Janeiro: J. Aguilar, 1958.

CASTRO ALVES. *Obra completa*. Rio de Janeiro: J. Aguilar, 1960.

CRUZ E SOUSA. *Obra completa*. Rio de Janeiro: J. Aguilar, 1961.

CUNHA, Euclides da. *Os sertões*. 23. ed. Rio de Janeiro: Francisco Alves, 1954.

LISBOA, Henriqueta. *Poemas*. Belo Horizonte: J. Calazans, 1951.

MACHADO DE ASSIS. *Obra completa*. Rio de Janeiro: J. Aguilar, 1959. v. 2.

MEIRELES, Cecília. *Ou isto ou aquilo*. São Paulo: Giroflê, 1964.

NOBRE, António. *Só*. 10. ed. Porto: Tavares Martins, 1955.

PESSOA, Fernando. *Obra poética*. Rio de Janeiro: J. Aguilar, 1960.

RAMOS, Graciliano. *Vidas secas*. 5. ed. Rio de Janeiro: José Olympio, 1955.

RANGEL, Flávio e FERNANDES, Millôr. *Liberdade, liberdade*. Rio de Janeiro: Civilização Brasileira, 1965.

TEXTOS TEÓRICOS

ALONSO, Dámaso. *Poesia española*: ensayo de métodos y límites estilísticos. 2. ed. Madrid: Gredos, 1956.

AUERBACH, Erich. *Introdução aos estudos literários (Introduction aux études de philologie romane)*. São Paulo: Cultrix, 1970.

BALLY, Charles. *El linguaje y la vida (Le langage et la vie)*. 3. ed. Buenos Aires: Losada, 1957.

_____. *Précis de stylistique française*. Genève: Eggimann, 1905.

_____. *Traité de stylistique française*. 3. ed. Paris: Klincksieck, Genève: Librairie Georg, 1951.

BECHARA, Evanildo. *Ensino da gramática. Opressão? Liberdade?* São Paulo: Ática, 1985.

_____. *Moderna gramática portuguesa*. 6. ed. São Paulo: Nacional, 1963.

BOUSOÑO, Carlos. *Teoría de la expresión poética*. 4. ed. Madrid: Gredos, 1966.

CÂMARA JR., J. Mattoso. *Dicionário de filologia e gramática referente à língua portuguesa*. 2. ed. rev. Rio de Janeiro: J. Ozon, 1964.

_____. *Ensaios machadianos*. Rio de Janeiro: Acadêmica, 1962.

_____. *Para o estudo da fonêmica portuguesa*. Rio de Janeiro: Simões, 1963.

CARPEAUX, Otto Maria. *História da literatura ocidental*. Rio de Janeiro: O Cruzeiro, 1954-1966. 7 v.

CARRETER, F. L. *Diccionario de términos filológicos*. Madrid: Gredos, 1953.

CHOMSKY, Noam. *Current issues in linguistic theory*. La Haye: Mouton, 1964.

CIDADE, Hernâni. *Lições de cultura luso-brasileira*: épocas e estilos na literatura e nas artes plásticas. Rio de Janeiro: Livros de Portugal, 1960.

COELHO, Jacinto do Prado (dir.). *Dicionário das literaturas portuguesa, brasileira e galega*. Porto: Figueirinhas, 1960.

COSERIU, Eugenio. *Sincronia, diacronia e história*: o problema da mudança linguística. Rio de Janeiro: Presença; São Paulo: Edusp, 1979.

_____. *Teoría del linguaje y lingüística general*. Madrid: Gredos, 1962.

COUTINHO, Afrânio. *Antologia brasileira de literatura*. Rio de Janeiro: Edild, 1965. v. 1.

_____. *Crítica e poética*. Rio de Janeiro: Acadêmica, 1968.

_____. *Da crítica e da nova crítica*. Rio de Janeiro: Civilização Brasileira, 1957.

_____. *Introdução à literatura no Brasil*. 3. ed. Rio de Janeiro: São José, 1966.

CUNHA, Celso. *A questão da norma culta brasileira*. Rio de Janeiro: Tempo Brasileiro, 1985.

_____. *Gramática do português contemporâneo*. Belo Horizonte: Bernardo Álvares, 1970.

_____. *Uma política do idioma*. Rio de Janeiro: São José, 1964.

DAIX, Pierre. *Crítica nova e arte moderna (Nouvelle critique et art moderne)*. Rio de Janeiro: Civilização Brasileira, 1971.

DUCROT, Oswald e TODOROV, Tzvetan. *Dictionnaire encyclopédique des sciences du langage*. Paris: Seuil, 1972.

EIKHENBAUM, B. et alii. *Teoria da literatura*: formalistas russos. 2. ed. Porto Alegre: Globo, 1976. Organização, apresentação e apêndice de Dionísio de Oliveira Toledo.

ENKVIST, Erik; SPENCER, J. e GREGORY, M. J. *Linguística e estilo (Linguistics and style)*. São Paulo: Cultrix, 1970.

GODEL, Robert. *Les sources manuscrites du cours de linguistique générale de F. de Saussure*. Genève: Droz, 1957.

GUIRAUD, P. *Essais de stylistique*. Paris: Denoël, 1970.

_____. *La stylistique*. Paris: Presses Universitaires de France, 1970.

HATZFELD, Helmut. *A critical bibliography of the new stylistics – 1900/1912*. Chapel Hill: University of North Caroline Press, 1963.

_____. *A critical bibliography of the new stylistics – 1953/1965*. Chapel Hill: University of North Caroline Press, 1966.

HAYAKAWA, S. I. *A linguagem no pensamento e na ação (Language in thought and action)*. São Paulo: Pioneira, 1963.

JAKOBSON, Roman. *Essais de linguistique générale*. Paris: Minuit, 1963.

KAYSER, Wolfgang. *Fundamentos da interpretação e da análise literária*. Rio de Janeiro: Acadêmica, São Paulo: Saraiva, 1948. 2 v.

KURY, A. da Gama. *Pequena gramática para a explicação da nova nomenclatura gramatical*. Rio de Janeiro: Agir, 1960.

LAPA, M. Rodrigues. *Estilística da língua portuguesa*. 3. ed. Rio de Janeiro: Acadêmica, 1959.

LUFT, Celso Pedro. *Língua e liberdade*: por uma nova concepção da língua materna e seu ensino. Porto Alegre: L&PM, 1985.

MAROUZEAU, Jules. *Précis de stylistique française*. 3. ed. Paris: Masson, 1950.

MARTINET, A. (dir.). *La linguistique*. Paris: Denoël, 1969.

_____. *La linguistique synchronique*. Paris: Denoël, 1965.

MICHA, A. (org.). *Verlaine et les poètes symbolistes*. 22. ed. Paris: Larousse, s/d.

MURRY, J. Middleton. *O problema do estilo (The problem of style)*. Rio de Janeiro: Acadêmica, 1968.

PFEIFFER, J. *La poesía (Hacia la comprensión de lo poético)*. México: Fondo de Cultura Económica, 1954.

Poétique 4. Paris: Seuil, nov/1985.

PORTELLA, Eduardo et alii. *Teoria literária*. Rio de Janeiro: Tempo Brasileiro, 1975.

RIFFATERRE, Michael. *Essais de stylistique structurale*. Paris: Flammarion, 1971.

SILVA, Vitor Manuel de Aguiar e. *Teoria da literatura*. São Paulo: Martins Fontes, 1976.

SILVA NETO, Serafim. *História da língua portuguesa*. Rio de Janeiro: Livros de Portugal, 1952.

SILVEIRA, Tasso da. *Literatura comparada*. Rio de Janeiro: GRD, 1964.

SPITZER, Leo. *Études de style*. Paris: Gallimard, 1970.

_____. *Linguística e história literária*. Madrid: Gredos, 1955.

TODOROV, T. Les études du style. *Poétique 1*. Paris: Seuil, 1970.

_____ (org. e trad.). *Théorie de la littérature*: textes des formalistes russes. Paris: Seuil, 1965. (Prefácio de Roman Jakobson).

VOSSLER, Karl. *Filosofía del lenguaje*. Madrid: CSIC, 1940.

_____. *Positivismo e idealismo en la lingüística*. Madrid/Buenos Aires: Poblet, 1929.

WELLEK, R. e WARREN, A. *Teoría literaria*. Madrid: Gredos, 1953.

CAPÍTULO 4

Estilos de Época e Periodização

> *Um período é assim uma seção dominada por um sistema de normas, padrões e convenções literárias cuja introdução, alastramento, diversificação, integração e desaparecimento podem ser traçados.*
>
> (WELLEK E WARREN, 1966, p. 318)

1   Um dos critérios por meio dos quais se busca conhecer a realidade histórica consiste em dividi-la em períodos, entendidos como frações de tempo, cujas variáveis significativas trazem a marca de certa coerência, variáveis que podem apresentar diferente evolução, mas que se circunscrevem a um sistema.

2   Dialeticamente, a sucessão periodológica assim considerada envolve dimensões continuadoras e descontinuadoras: tradição e ruptura. É um dos aspectos da mudança cultural e social do Ocidente.

3   A categoria estilo de época vincula-se a essas circunstâncias, desde que os vários estilos sejam entendidos "não como etiquetas linguísticas arbitrárias, nem como entidades metafísicas, mas como nomes que designam um sistema de normas que dominam a literatura num momento específico do processo histórico" (WELLEK, apud COUTINHO E COUTINHO, 1986, p. 14).

4   É possível, pois, determinar aproximadamente as características dominantes de cada um dos estilos epocais que se evidenciam na Cultura ocidental e, no seu âmbito, a significação da obra de arte literária como uma das mais altas manifestações do espírito.

5   Na direção desses aspectos, voltando às definições de literatura, podemos examinar um texto, segundo:

- o material linguístico que nele é utilizado;
- a revelação da realidade à luz de uma concepção de vida que nele se configura.

A propósito, vale citar o princípio orientador de uma das mais importantes histórias da literatura brasileira, *A literatura do Brasil*, organizada e dirigida por Afrânio Coutinho e fruto da colaboração de uma equipe de especialistas (a 1ª edição é de 1965, a 2ª, de 1968 e a 3ª, codirigida por Eduardo de Faria Coutinho, de 1986):

> O conceito periodológico é outra característica estética desta obra. Fundamentada nas noções de estilo individual e de estilo de época, constrói a sua periodização segundo um esquema estilístico, descrevendo os períodos como a ascensão e a decadência de um sistema de normas ou convenções, procurando identificar o ponto de exaustão dos artifícios e do início da aspiração por novos, tudo que discrimina e sobre que assentam os períodos literários – inspiração, sentimento, formas literárias – inclusive fazendo referência a *grupos geracionais*, que às vezes, de maneira mais nítida, marcam a mudança de valores, como é o caso da geração de 1870. Assim os períodos são estratos ou camadas, encarados e definidos – sem esquecer, no entanto, os aspectos culturais – pelos seus aspectos sobretudo estilísticos, consoante aquele ideal de história literária que seja a história de uma arte verbal e que, portanto, tenha no estilo e na estilística sua primordial razão de ser (Wellek, Vietor, Auerbach, Hatzfeld, Alonso, Spitzer etc.).
>
> (COUTINHO E COUTINHO, 1986, p. 50-1)

A citação é longa mas bastante esclarecedora. Não se pode entender o período, como facilmente se depreende, como um compartimento estanque, estritamente limitado por datas ou acontecimentos marcantes. Os vários movimentos literários não admitem fronteiras rígidas Datas e obras-marco devem ser relativizadas e consideradas como referência situacional. Há, isto sim, como que uma interpenetração, um contínuo modificar-se que muitas vezes pode aparentar um retorno, mas que, na verdade, é uma transformação enriquecida.

É como se o espírito humano constituísse um tipo especial de papel de tornassol, a impregnar-se das marcas de cultura, no tempo e no espaço, incorporando à sua própria natureza os elementos dos líquidos vários em que fosse imerso; embora o seu aspecto exterior se apresente com determinada tonalidade, sabemos que na sua estrutura, por baixo daquela coloração imediatamente perceptível, há toda uma soma de outras características essenciais; e, às vezes, em determinadas manifestações artísticas, essas características teimam em subir à tona, e algumas até parecem suplantar o colorido do último líquido a que o papel foi submetido.

Nessa acepção, o conceito de estilo de época é marcado por um sentido dinâmico. Envolve um processo e um inter-relacionamento que incorpora contribuições do passado e do presente, para além da estreita conceituação de escola literária. Cada estilo epocal traz no seu bojo a sua própria ultrapassagem.

O movimento literário, por outro lado, não está subordinado a este ou àquele fenômeno da cultura; encontra-se no mesmo plano dos demais, como uma das manifestações do complexo cultural de que é representativo. Assim, por exemplo, o movimento romântico no Brasil não surgiu por causa da Independência, mas Romantismo e Independência surgiram paralelos e inter-relacionados, como indícios de um estágio da Cultura e da História do povo brasileiro. Claro está que, nascidos de um fundo comum, há como que uma intercomunicação entre ambos.

É importante observar que a própria crítica também se encontra sob o influxo dos estilos epocais. Na segunda metade do século XX, por exemplo, inúmeras experiências novas emergentes desde os começos da centúria no campo da arte em geral e da literatura em particular, aliadas ao notável desenvolvimento dos estudos na área, multiplicaram significativamente as possibilidades de leitura do texto literário, aberto, por força da ambiguidade que o caracteriza, às mais variadas incursões. O final do século e os começos do atual são marcados por instâncias de crise.

A propósito, cremos ser útil uma visão, embora sumariíssima, das múltiplas posições que têm marcado os estudos de literatura no Ocidente.

Cumpre lembrar que é com Aristóteles que nasce a **preceptiva**. Analisando o legado artístico de seu povo, o filósofo grego elabora a sua *Arte poética*, que ditará, desde então, ao lado das doutrinas platônicas, importantes princípios da arte presentes em todos os momentos da cultura humana. E para ele literatura é arte e é "imitação" (mímese), entendida como revelação da plenitude do real.

Com Aristóteles e Platão começa, de certo modo, a crítica literária, embora não assumida como tal. Platão não é crítico nem trata sistematicamente de literatura, mas em sua obra, notadamente no livro X de *A república*, encontramos afirmações sobre literatura e arte que ganharam relevância na história da cultura ocidental. Para ele, a "imitação" configurada na obra de arte está muito afastada da "verdade" do real: a realidade é uma "imagem" (fantasma) das ideias eternas; se a obra de arte "imita" essa aparência, ela é imagem e não permite conhecer o real em profundidade. Eis os significativos pronunciamentos colocados na fala de Sócrates, ao dialogar com Glauco, na obra citada.

> Sócrates — Reflete agora sobre o que te vou dizer. Qual é o objeto da pintura? O de representar o que é, tal qual, ou o que parece, tal qual parece? Imita a aparência ou a realidade?
>
> Glauco — A aparência.
>
> Sócrates — Logo, a arte está muito afastada do verdadeiro; e a razão por que faz tantas coisas é que só toma uma pequena parte de cada uma e esta mesmo não passa de simulacro ou fantasma.
>
> (PLATÃO, 1970, p. 274)

E páginas adiante, em que pese a admiração reiterada pelo autor da *Ilíada* e da *Odisseia*, é ainda mais categórico:

> Digamos, portanto, de todos os poetas, a começar por Homero, que, ao tratarem da virtude ou de qualquer outra matéria em suas ficções, não são mais que imitadores de fantasmas e jamais chegam à realidade. (...) O fazedor de fantasmas, ou imitador, só conhece a aparência dos objetos e nada do que têm de real.
>
> (PLATÃO, 1970, p. 277)

Entende Platão que o poeta vive no erro e que a poesia não tem qualquer utilidade. As palavras de Sócrates são decisivas:

> (...) a pintura e, em geral, toda a arte imitativa, por um lado está muito afastada da verdade em tudo que tem por seu objeto e por outro a parte de nós mesmos com que ela se une em relação de amizade está muito distanciada da sabedoria e nada se propõe de verdadeiro e sólido.
>
> (PLATÃO, 1970, p. 279-80)

Por tudo isso, não há lugar para o poeta na sociedade ideal caracterizada pelo filósofo.

> Visto que surgiu nova ocasião de falar em poesia, já ouviste o que tenho a dizer sobre o assunto para provar que, sendo o que é, tivemos razão de desterrá-la de uma vez por todas de nossa república; porquanto, fora impossível resistir à força dos motivos que a isso nos levaram.
>
> (PLATÃO, 1970, p. 284).

Nesse espaço, num posicionamento acentuadamente ético, ele só abre exceção para os hinos dos deuses e os louvores aos cidadãos honestos:

> (...) não esqueças que, em nossa república, só se hão de tolerar como obras poéticas os hinos em louvor dos deuses e os elogios de homens ilustres. Porque assim que aí deres entrada à musa mais voluptuosa da

poesia lírica ou épica, desde esse momento o prazer e a dor reinarão no Estado em lugar da lei e da razão, cuja excelência todos os homens reconheceram sempre.

(PLATÃO, 1970, p. 284)

18   Platão escreve também sobre tragédia, comédia, ditirambo e poesia épica e traz, em sua obra, referências que permitem depreender uma preocupação com a unidade e a universalidade da obra artística, em termos de gêneros literários. E entende, por exemplo, que a tragédia é moralmente perniciosa e negativa.

19   E mais: para ele, a obra de arte é um "instrumento" que deve transmitir uma "mensagem" filosófica, política ou religiosa ou documentar uma época, uma raça, uma sociedade, uma personalidade. Ao "crítico", portanto, cumpriria aferir-lhe o grau de eficiência nesse sentido. Por outro lado e em outro livro (*As leis*) o filósofo prega a submissão da poesia ao legislador:

> O poeta não poderá compor nada que possa contradizer o que a cidade considera legal, justo, belo ou bom; uma vez escrito seu poema, não poderá dá-lo a conhecer a nenhum dos simples particulares, antes de ter sido lido e aprovado pelos juízes que para esse fim tiverem sido designados pelos guardiães das leis.
>
> (PLATÃO, 1981, p. 1397)

20   Já para seu discípulo Aristóteles, como demonstrou Hölderlin, e como já assinalamos, a arte, através da mímese, envolve uma imitação que é muito mais do que "copiar" a realidade: converte-se, antes, num produzir análogo ao que caracteriza a própria natureza. Implica "imitação das essências". É um mergulho na direção do ser; logo, ao contrário do que propõe Platão, um veículo de pleno conhecimento (LIMA, 1980, p. 47).

21   A arte, na visão aristotélica, seleciona, na direção do geral e do necessário, busca a essência ideal das coisas.

22   Aristóteles entende também que "a poesia é mais filosófica e de caráter mais elevado do que a história, porque a poesia permanece no universal e a história estuda apenas o particular" (ARISTÓTELES, 1964, p. 278).

23   Refere-se à poesia narrativa, à poesia dramática, à comédia e à tragédia e estabelece distinções apoiadas na natureza dos assuntos tratados e nos elementos formais, como a métrica e a linguagem figurada.

24   Em Platão e Aristóteles já aparece a distinção entre poesia lírica, épica e dramática apoiada no "modo de imitação" (ou de "representação"): a poesia lírica é a "pessoa" do próprio poeta; na poesia épica, o poeta

fala em parte em primeira pessoa, como narrador, e em parte faz falar suas personagens em estilo direto (narração mista); no teatro, o poeta desaparece através da distribuição de papéis (WELLEK E WARREN, 1966, p. 397-8).

Ainda no âmbito do pensamento grego, cabe registrar o tratado intitulado *Do sublime*, durante muito tempo atribuído a Longino, erudito e crítico ligado ao círculo de Plotino, que viveu entre os anos 213 e 273, aproximadamente; de acordo, entretanto, com vários estudiosos, o texto não é de sua autoria. Teria sido escrito, provavelmente, por um anônimo mestre de retórica de origem grega. Nele se considera a retórica como arte e, como tal, sob muitos aspectos, uma atividade criadora. Por outro lado, é uma das primeiras obras escritas sobre o assunto que dá título ao trabalho. O tratado traz ao exame da arte literária preocupações com o escritor e com o efeito que a linguagem, ao atingir a "sublimidade", provoca no leitor. Caracteriza a sublimidade como uma "eminência e excelência da linguagem" e aponta como fontes de culminância de tal excelência duas de caráter natural e três de caráter artificial: as primeiras são a apreensão de grandes pensamentos e a paixão; as segundas, as figuras de linguagem, a dicção e a composição. O texto influenciou significativamente as reflexões sobre o assunto e suas relações com o belo, e o conceito tem sido objeto de inúmeras e distintas interpretações, entre elas as de Burke e Kant (MORA, 1968, p. 90). Está também na origem da futura crítica psicológica desenvolvida no século XVIII.

Também os retóricos da Grécia e de Alexandria, vinculados à famosa biblioteca desta última cidade, deixaram alguma contribuição aos estudos do texto literário, notadamente em termos do material linguístico de que este se utiliza.

Ao poeta Horácio coube codificar e levar a Roma as teorias gregas, inspirando-se, principalmente, nas doutrinas platônicas e aristotélicas. Na *Epístola aos Pisões*, também conhecida como a sua *Arte poética*, o venusino apresenta as normas de realização da obra de arte que deveriam ser seguidas pelo escritor. A *Epístola* constitui-se de cerca de quinhentos versos. Trata das múltiplas relações entre a arte e o artista. Entre outras observações, propõe que este adote o estilo adequado ao gênero, que a apresentação do caráter das personagens seja adequada ao tipo representado nos mesmos (decoro); preconiza a tradição dos cinco atos no teatro, o uso do coro como ator e que os preceitos morais sejam buscados na filosofia grega. Defende também a tradição literária apoiada nos estudos dos modelos helênicos. É platônico quando considera que a literatura deve ser *dulce* e *utile* (doce e útil) e que *aut prodesse volunt aut delectare poetae*, isto é, que "os poetas querem ser úteis ou proporcionar prazer". Representa ele também em Roma a linha aristotélica, mas horacianamente codificada, acrescida da visão "prática", judiciante, moralista, ética, que era própria dos romanos" (COUTINHO, 1968, p. 76-7).

28   Outros, em Roma, trataram de literatura: Cícero, por exemplo, enfatiza a noção de tempo, o critério histórico na apreciação de fato literário e preconiza, como dignas de imitação, as boas qualidades de Demóstenes; Quintiliano, por sua vez, tem por primeira virtude do escritor "a claridade, a propriedade das palavras, a boa ordem, o ser comedido nas frases e que, por fim, não falte nem sobre nada" (apud BONET, 1959, p. 13).

29   Também Tácito, Demétrio, Dionísio se pronunciaram; mas a influência maior que dominará a Idade Média, chegará ao Renascimento, ao Barroco e com grande força informará o Neoclassicismo, estilos epocais adiante explicitados, está na dogmática horaciana. É na base dessa dogmática que floresce a "crítica literária" do quinhentismo, apesar das traduções e comentários que estudiosos italianos faziam da obra de Aristóteles. No Renascimento, a obra de arte literária era, portanto, valorizada à luz das normas greco-romanas, acrescidas de exame, polêmicas, discussões, liberdade de pensar.

30   No Barroco, as normas básicas prevalecem, mas há o predomínio do gosto sobre o dogma. Varia, segundo a subjetividade do crítico, a sua posição diante da controvertida arte de seu tempo e alteram-se alguns termos da área.

31   No Neoclassicismo, encontramos ainda o gosto, mas apoiado sobretudo nas "normas de Horácio", e com uma "consciência de", com uma "análise de posições". Costuma-se mesmo afirmar que o século XVIII é um "século normativo", onde se impõe um "gosto oficial". Até a metade da centúria, porém, predominam os princípios resultantes, nos termos que assinalamos, das poéticas de Aristóteles e Horácio, da tradição retórica codificada por Quintiliano e mesmo do tratado *Do sublime*, como assinala René Wellek, que acrescenta: "O Neoclassicismo é uma fusão de Aristóteles com Horácio, uma reafirmação dos seus princípios e opiniões, a qual sofreu alterações relativamente pequenas durante quase três séculos" (WELLEK E WARREN, 1966, p. 5). O final do século, entretanto, assiste à desestruturação de todo o sistema da crítica até então vigente, notadamente nos termos em que vigorou na Itália e na França: começam, nessa época, a surgir as novas tendências que se desenvolverão no século seguinte, trazendo como uma das principais novidades a ênfase na dimensão histórica dos acontecimentos humanos. Algumas dessas tendências estendem-se até a atualidade, no multifacetado mosaico que caracteriza os estudos literários na cultura ocidental.

32   No século XIX, é a presença do pensamento platônico que se destaca, através das repercussões da posição de Horácio, das ideias contidas

no tratado *Do sublime* e da doutrina dos retóricos da Grécia e de Alexandria.

33 Entre as repercussões da posição horaciana podemos assinalar:

33.1 **A crítica que encara a obra de arte literária como instrumento moralizador.** A valorização da obra literária se prende à sua maior ou menor eficácia como veículo de ação moral, divulgador de princípios éticos que devam ser obedecidos. Assim, por exemplo, no Brasil, há quem valorize a literatura de Anchieta não por suas características estéticas, mas em função do que significou como elemento catequizador do gentio.

33.2 **A crítica participante,** que considera o fato literário na medida de sua significação política. Quanto mais atuante, mais valorizada é a obra.

33.3 **A crítica determinista,** onde desponta o francês Hippolyte Taine preconizando que a literatura é um produto do meio, da raça e do momento, tese que deita raízes profundas na França e que teve forte influência inclusive na crítica brasileira. Com Taine, aliás, atingem plenitude os princípios deterministas lançados por Mme de Staël nos começos do século XIX.

33.4 **A crítica histórica,** preocupada fundamentalmente com surpreender nas motivações profundas da época a origem da obra literária. Exemplo da atitude é a metodologia adotada por Gustave Lanson.

33.5 **A crítica sociológica,** que vê o fato literário como decorrência das origens sociais do escritor e dos efeitos do contexto social sobre a sua obra. A posição, caracterizada por múltiplos matizes, ganhou tal desenvolvimento, que na época atual é frequente a referência à **sociologia da literatura** como campo de estudos na área. A crítica marxista, por exemplo, é uma das manifestações da crítica sociológica e, entre outros posicionamentos, tem-se preocupado com "explicar a literatura pelas suas origens sociais, dar as razões da atitude de um escritor em termos de sua posição na estrutura de classe da sociedade e julgar determinada obra ou um dado autor conforme a tendência que revelem em favor da causa política ou econômica propugnada pelo crítico" (DAICHES, 1967, p. 364).

33.6 **A crítica culturalista,** que se preocupa com descrever de que modo o clima cultural de um período afeta a produção e a apreciação da literatura (DAICHES, 1967, p. 365), e procura estabelecer a vinculação entre a obra literária e a cultura de que é representativa.

34 As repercussões do tratado *Do sublime* corporificam-se em dois posicionamentos:

34.1 **A crítica psicológica,** que discute o estado de espírito que estaria na base da criação literária e as repercussões do texto no receptor em termos emocionais. Centraliza-se no ato criador e no estado psicológico dos autores.

A crítica biográfica, que surge quase por extensão da crítica psicológica. Centra-se na vida do autor como explicação para a sua obra. O grande representante dessa posição é o francês Saint-Beuve.

A repercussão das doutrinas dos retóricos da Grécia e de Alexandria está na base da crítica filológica, preocupada com a palavra como instrumento da criação literária, mas sem considerar a dimensão estética, o tratamento especial por que o material linguístico passa nas mãos do artista.

Como se observa, em todas essas manifestações do pensamento crítico a obra literária é examinada a partir de elementos extrínsecos que a envolvem, é encarada como um "documento".

Cumpre ainda ressaltar que é comum a associação de posições, por exemplo a crítica histórica com a sociológica, a sociológica buscando fundamentação na psicologia etc.

O final do século XIX assinala o aparecimento de uma atitude crítica especial, de inspiração esteticista, que se contrapõe ao que ditavam o positivismo e o racionalismo então dominantes. Coincide com a projeção de Nietzsche, Bergson e Benedetto Croce e com a valorização da intuição e da filosofia irracionalista. Trata-se da crítica impressionista, preocupada fundamentalmente com as reações que a obra literária desperta no crítico. O texto serve ainda de pretexto, e Anatole France, alto representante dessa posição, assim se pronuncia:

> Tal como eu a entendo (...) a crítica é, como a filosofia e a história, uma espécie de romance para uso de espíritos alertas e curiosos. O bom crítico é o que narra as aventuras de sua alma através das obras-primas (...). Não há crítica objetiva, como não há arte objetiva (...). A verdade é que nunca saímos de nós mesmos. É uma de nossas maiores misérias.
> (apud BONET, 1959, p. 75-6)

Essa corrente da crítica encontrou terreno fértil no Brasil e caracteriza, por exemplo, os trabalhos de Ronald de Carvalho.

No começo do século XIX, assiste-se à redescoberta de Aristóteles no plano da arte em geral e da literatura. Esta passa a ser examinada como "arte da palavra". A tal pensamento se ligam as posições de várias correntes da crítica moderna, desenvolvida ao longo daquele século e dentre as quais destacamos o formalismo russo, o *new criticism* anglo-americano, a crítica de base estilística e o estruturalismo, posicionamentos de que passamos a apontar as linhas gerais.

O formalismo russo

- Considera-se o texto literário como o elemento a ser estudado e parte-se do princípio de que este é um produto verbal, portanto feito com palavras.
- A crítica preocupa-se então com os traços que configuram a "literalidade", ou seja, o que faz uma obra literária ser considerada como tal.
- Nesse sentido, os estudos realizados caracterizam, sobretudo, uma teoria da linguagem poética.
- O centro de preocupação é fundamentalmente a modalidade de linguagem que se concretiza no texto.
- Busca-se estabelecer a diferença entre a linguagem poética e a chamada linguagem prática, própria do discurso cotidiano. Linguagem prática, para os formalistas, é "todo enunciado de discurso que tem como alvo principal comunicar o conteúdo extralinguístico"; em contraposição, a linguagem poética poderia ser definida como "um enunciado que se orienta para a expressão, na qual a comunicação objetiva fica em segundo plano" (STEMPEL, apud LIMA, 1983, v. 1, p. 397).
- À luz de tal procedimento, a linguagem poética é considerada um sistema de signos de natureza específica, um "sistema de procedimentos", enquanto a linguagem prática é um "sistema de signos automatizados". Por sistema entende-se "um conjunto de entidades organizadas que mantêm entre si relação de interdependência e que se ordenam para a consecução de determinada finalidade" (SILVA, 1976, p. 569).
- Adota-se um método descritivo e morfológico, centrado no texto literário, ou, como explicita o formalista B. Eikhenbaum:

  > O nosso método é habitualmente designado como formalista. Preferia chamá-lo morfológico, a fim de o diferençar de outros processos de análise, como o psicológico, o sociológico e semelhantes, nos quais o objeto não é a obra em si mesma, mas o que segundo a opinião do crítico está refletido na obra.
  >
  > (apud ERLICH, 1969, p. 171)

- Privilegia-se a dimensão fônica dos signos. A palavra é encarada não no seu significado, mas particularmente no significante. Alguns chegam a admitir uma poesia feita de significantes despojados de significados.
- Sempre com base no material sonoro do texto literário, examinam-se o ritmo, a linguagem figurada e mesmo a sintaxe. Já se percebe a presença relevante do verbo como centro de interesse. Vale lembrar, com Krystyna Pomorska:

> (...) desde o começo da história da arte e, pelo menos na Rússia até a segunda metade do século XIX, a literatura artística foi identificada apenas com a poesia, e, consequentemente, a linguagem poética sempre significou a linguagem da poesia.
>
> (POMORSKA, 1972, p. 42)

- Os formalistas, entretanto, não desprezaram a prosa, já com forte presença em seu tempo. Em princípio, também se preocuparam em focalizá-la a partir dos elementos fônicos. Posteriormente, passaram a estudar a própria narrativa e outros elementos que nela contribuem para o efeito artístico, como o enredo, as personagens, o tema etc., com a convicção de que todos se integram num todo para a constituição da estrutura da obra literária.

- Cumpre descrever exaustivamente os elementos que constituem a obra literária, lembrando que todos eles são considerados "formais", pois, de acordo com Tinianov, "não são ligados por um signo de igualdade e de adição, mas por um signo dinâmico de correlação e de integração. A forma da obra literária deve ser sentida como uma forma dinâmica" e "a forma dinâmica não se manifesta nem pela reunião, nem pela sua fusão (...) mas por sua interação e, em consequência, pela promoção de um grupo de fatores que dependem de outro" (apud TODOROV, 1965, p. 117-8). Desaparece, para os formalistas, a separação entre fundo e forma na análise de um texto de literatura.

- Admite-se ainda, num segundo momento da história do grupo ligado a essa corrente da crítica, certa perspectiva histórica no exame das obras literárias, dentro da concepção dinâmica a que nos referimos. São esclarecedoras, a respeito, as palavras de V. V. Vinogradov:

  > Como tudo é muito importante para a solução dos problemas próprios da linguística geral, o estudo funcional e imanente dos estilos individuais não é o único objetivo da estilística. Para ela, a criação linguística do escritor é importante, não apenas como um microcosmo, com seu sistema de relações entre os elementos linguísticos e com as leis de suas ligações, mas ainda como um dos elos na cadeia geral dos estilos artísticos sucessivos. Esta aproximação expulsa as obras do poeta da consciência individual e as determina em um nível geral. Um confronto artístico com as obras anteriores de outros artistas, do mesmo gênero ou de gênero diferente, estabelece o lugar de uma obra particular nas linhas complexas das tradições (...)
  >
  > O historiador dos estilos poéticos estabelece as relações entre estas obras e os estilos da época contemporânea e dos tempos passados e

observa as sombras mutáveis que elas projetam sobre os períodos seguintes, provocando assim a criação de novas formas linguísticas.

(apud TODOROV, 1965, p. 112)

- Em síntese, as atividades dos formalistas caracterizam-se, sobretudo num primeiro momento, aproximadamente entre 1916 e 1921, por uma tendência dominante: o estudo da poética do verso e da prosa considerados enquanto padrões peculiares, dotados, sobretudo em função de sua estrutura fônica, de valores expressivos, acentuada a atenção na oposição linguagem poética x linguagem cotidiana. (POMORSKA, 1972, p. 52) E Jakobson, em conferência de 1935, explicita ainda mais, ao dizer que "os três primeiros estágios da pesquisa formalista foram sumariamente caracterizados do seguinte modo: 1) análise dos aspectos fônicos do trabalho literário; 2) os problemas do significado no interior da trama poética; 3) integração de som e sentido num todo inseparável" (apud LIMA, 1983, p. 485). A partir de dois textos críticos de Tinianov – "O problema da linguagem em verso" (1924) e "A ode como gênero oratório" (1927) –, a preocupação crítica passou a centralizar-se também num tipo concreto de obra literária e não apenas na noção geral de linguagem poética: começa a ganhar destaque a noção de estrutura, que será formulada por Roman Jakobson em tese apresentada no 1º Congresso Internacional de Linguistas (Haia, 1928) com o título "Proposition au Premier Congrès International des Linguistes". Na base do conceito, a configuração dinâmica de elementos vinculados por um signo de inter-relação e integração a que já nos referimos.
- Sobre o mesmo assunto e no mesmo ano, Jakobson e Tinianov publicam "Problemas do estudo da literatura e da linguagem", onde defendem, entre outros procedimentos, que "os estudos da literatura deveriam representar o estudo '(...) das funções construtivas, que são as funções intraliterárias dos diversos gêneros' e da 'função social da sequência literária em diversos períodos'" (POMORSKA, 1972, p. 53). Na fundamentação da posição crítica assumida pelos formalistas, quatro fontes, como assinala Krystyna Pomorska:

a) **A metodologia geral dos estudos humanísticos.** O grupo dos formalistas assume suas posições em meio ao antipositivismo que se desenvolve na Europa nos anos 1880. Tal posicionamento conduziu, no âmbito dos estudos literários, ao abandono da causalidade mecanicista e à busca de novas formas de análise da obra de literatura. Nos começos da centúria atual, assiste-se à mudança significativa de orientação na área dos fenômenos "históricos", na terminologia contemporânea, estudos humanísticos. Para

Wilhelm Dilthey, por exemplo, esses fenômenos, "ao contrário do que acontece com os fenômenos naturais, surgem através de signos e/ou símbolos, sendo perceptíveis como tais" (POMORSKA, 1972, p. 24). Heinrich Richett, por seu turno, afirma que "todos os fenômenos ideográficos" (segundo a terminologia de Dilthey), isto é, os estudos humanísticos, "são parte do sistema de valores estabelecidos por uma determinada cultura" (POMORSKA, 1972, p. 25).

b) **A filosofia fenomenológica de Husserl (1859-1938).** Para esse filósofo, todos os fenômenos não materiais tinham existência independente e "só podiam ser estudados através de sua essência, que se manifestava em sua pura forma em cada um deles individualmente" (POMORSKA, 1972, p. 25).

c) **A metodologia da linguística moderna.** Nesses começos do século XX, linguistas russos do Círculo Linguístico de Moscou desenvolviam as ideias de Saussure relacionadas com a sincronia e a diacronia da linguagem e, como o mestre genebrino, conferiam prioridade aos estudos situados no âmbito da sincronia. Valiam-se também da descrição da linguagem enquanto sistema e não adotavam qualquer interpretação histórica. Entre outros elementos, destacavam a dicotomia *langue/parole* (POMORSKA, 1972, p. 25).

d) **A teoria e a prática da arte moderna.** A arte e sua respectiva teoria viviam, na época, notável momento revolucionário. É a hora do renovador livro de H. Wölfflin, *Princípios básicos da história da arte* (1915), marcado por um dimensionamento descritivo, por uma "análise formal dos estilos". Por outro lado, era também o momento do Cubismo, cuja influência na linguística moderna é testemunhada pelo próprio Jakobson, ao referir-se à aplicação do princípio da relatividade à operação linguística.

> Fomos positivamente arrastados a essa direção pelo espetacular desenvolvimento da física moderna e pela *Teoria e prática pictórica do Cubismo*, em que tudo está baseado na relação e interação entre a parte e o todo, a cor e a forma, entre a representação e o representado.
>
> (apud POMORSKA, 1972, p. 27).

Também o Futurismo teve grande influência, como lembra Wolf-Dieter Stempel:

> A estética de produção do futurismo russo, sob muitos aspectos revolucionários, e quase insuperável nas suas exigências, estimulou nova reflexão teórica sobre a constituição verbal da poesia, que logo depois iria levar a uma nova forma de considerar a literatura em geral. O fato de

fazer justiça às construções do futurismo russo, sob muitos aspectos externas e líricas, que (como de certo modo no caso de Khliebnikov) põem em questão o próprio conceito de poesia, concedeu ao mesmo tempo uma compreensão nova e profunda da poesia em geral.

(apud LIMA,1983, p. 387)

Vários formalistas, como explicita ainda Krystyna Pomorska, evoluíram com o Futurismo:

> O futurismo dos meados da década de 20 se diferencia enormemente de seu período inicial. O próprio nome mudou, o programa mudou, os membros são um tanto diferentes. Os antigos futuristas, ou como chamavam a si mesmos em 1918, *comfúti* – comunistas-futuristas – se agruparam durante os anos de 1923-1928 em torno dos jornais *Lef* (*Lévi Front Iskustva*: Frente Esquerda das Artes) e *Nóvi Lef* (Nova Frente Esquerda das Artes) (...) A obra literária agora se iguala ao trabalho dos operários (...) o *slogan* generalizado é 'literatura-fato' (*literatura facta*).
> Alguns dos membros iniciais da *Opoiaz*, tais como Chklóvski e Eikhenbaum, seguiram esse novo modelo literário em suas análises críticas. Essa fase no desenvolvimento da 'escola formal' recebeu o nome de 'sócio-formalismo' (*sótzio-formalism*). O nome se refere à tendência para considerar a literatura como um 'fato social' num sentido particular.

(POMORSKA, 1972, p. 57-8)

- A corrente formalista da crítica começou a desenvolver-se na segunda década do século passado. No inverno russo de 1914-1915, um grupo de estudantes da Universidade de Moscou fundou, sob os auspícios da Academia de Ciências, o Círculo Linguístico de Moscou, que se propunha desenvolver os estudos de linguística e poética. Nos fins de 1916 e começos de 1917, forma-se, em São Petersburgo, a Sociedade de Estudos da Linguagem Poética, que será, mais tarde, conhecida pela sigla OPOIAZ, ou OPOJAZ (do russo *Obstchchestivo po izutchéniiu poetítcheskovo iazika*), e que manterá estreita relação com o "Círculo". A revolução de outubro de 1917 não interrompeu, de início, os trabalhos dos formalistas, mas, no final do primeiro quartel do século, suas doutrinas já começam a ser criticadas pelos dirigentes e teóricos marxistas e, em 1930, cessam as suas atividades.
- É relevante notar que, a partir de 1920, Roman Jakobson, um dos líderes do movimento desde as primeiras atividades do "Círculo" – do qual inclusive foi presidente (1915-1920) –, passa a residir em Praga, na Tchecoslováquia. Nessa cidade, participará, juntamente com N. S. Trubetzkoy, Jan Mukarovsky, René Wellek e outros, do famoso

Círculo Linguístico de Praga, cuja primeira reunião ocorre em 6 de outubro de 1926. As ideias dos formalistas exercem notável influência sobre os estudiosos de literatura que aí se congregam.

- Com o término da Segunda Guerra Mundial, também chegam ao fim as atividades do Círculo Linguístico de Praga. A invasão da Tchecoslováquia pelos nazistas, aliás, já obrigara Jakobson a abandonar o país em 1939. Sua saída contribui para o declínio do "Círculo".

O *new criticism* anglo-americano

- É uma corrente que surge na década de 1930, nos Estados Unidos. Sua designação fixa-se a partir do livro do crítico e poeta estadunidense John Crowe Ransom: *The new criticism*, publicado em 1941. Ransom trata, nesse livro, da obra crítica de T. S. Eliot, Ivor A. Richards e Yvon Winters e vale-se da expressão para designar a "crítica contemporânea".

- O sintagma, sobretudo quando traduzido ("nova crítica"), tem conduzido a confusões, em termos de estudos de literatura em nosso país. Afrânio Coutinho, a propósito, esclarece, em 1968, no prefácio da 2ª edição de *A literatura no Brasil*, reiterado na 3ª edição, revista e atualizada, de 1986:

> Circulam inúmeros equívocos a propósito da nova crítica. Em primeiro lugar é a confusão entre a nova crítica e o *new criticism* anglo-americano. O *new criticism* é apenas um aspecto, ou antes, uma técnica da nova crítica (...). A nova crítica, insista-se, é toda uma atividade em face da literatura, importando desde uma filosofia literária, segundo o qual o fenômeno literário é visto como fenômeno estético e não como 'documento' social, até uma série de métodos de abordagem e acesso ao mesmo, com o fim de analisá-lo, interpretá-lo, julgá-lo.
>
> (COUTINHO, 1986, p. 66)

- Em publicação de 1975, ao referir-se às "diferentes alternativas de compreensão literária", Eduardo Portella é ainda mais preciso:

> A partir do esforço de verticalização, quando a consciência crítica da literatura assumiu o comando dos estudos literários, aposentando o palpite emocionado mas ingênuo, ou o simples jogo de azar, a investigação literária registrou algumas atitudes básicas. A primeira delas, reunida sob o rótulo abrangente de *nova crítica*, desde a análise estilística alemã ou espanhola, até o *new criticism* anglo-americano.
>
> (1975, p. 91)

- O *new criticism* anglo-americano, desde que se constitui, não corresponde a uma unidade rígida de princípios e métodos que caracteriza um grupo de críticos literários. Ressalvadas, entretanto, as posições individuais, podem ser apontadas como traços da corrente:

    a) Preocupação exclusiva com o objeto literário, excluídas, portanto, as reações meramente pessoais do leitor-crítico, num posicionamento marcado pela objetividade no juízo sobre os valores estéticos da obra literária.

    b) A obra dever ser encarada como um todo autônomo em que os elementos constitutivos se relacionam organicamente numa estrutura. Importa, pois, um estudo dos "elementos intrínsecos" da obra de arte literária (tema, estilo, imagem, personagem, enredo, ritmo, rima, cenário etc.). A obra é o que é, e não o que desperta no leitor.

    c) A crítica literária deve se preocupar com o literário da linguagem. A linguagem literária é multissignificativa, e como tal deve ser considerada na análise; assim, os significados da obra literária só podem ser realmente percebidos dentro do contexto, só significam naquela estrutura dada, e não fora dela. Por essa razão, deixa de ter sentido parafrasear o texto literário.

    d) A estrutura da obra literária não admite divisão entre fundo e forma: é um todo indivisível. O significado de um poema, por exemplo, não é redutível a resumo ou a assertivas lógicas.

    e) Também é irrelevante para a análise o estudo das influências, das fontes e dos movimentos; ele nada acrescenta ao conhecimento da imagística, do ritmo, do tema, da intriga, da caracterização das personagens que constituem uma obra dada.

    f) Cada obra exige uma abordagem específica, o que impede o estabelecimento de esquematizações prévias aplicáveis às obras literárias em geral.

    g) Há uma tendência para evitar, na análise literária, a consideração de fatores históricos, psicológicos ou sociológicos. Propugna-se a análise "imanente" do texto literário (*close reading*), na busca do modo de utilização da linguagem que nele se realiza.

    h) Verifica-se uma tendência à atomização na análise do texto, objeto de descrição minuciosa dos elementos que o constituem enquanto linguagem: imagens, palavras-chave, valores denotativos e conotativos das palavras etc.

    i) Adota-se a defesa de um método indutivo de leitura crítica do texto literário.

j) Caracteriza-se uma tendência à eliminação da história literária e, consequentemente, da consideração dos períodos históricos.

k) Denunciam-se as quatro falácias (ou "ilusões") relacionadas à tradição dos estudos do texto literário:

1ª) **a falácia da intenção** – nega-se a possibilidade de reconstituição do estado de alma do autor no momento em que escreveu o seu texto; caracteriza-se, portanto, uma posição contrária à sublimidade e às ideias de Croce, por exemplo.

2ª) **a falácia da afetividade**, vinculada ao antipsicologismo que é defendido ardosamente.

3ª) a **falácia do mimetismo e da expressividade da forma**.

4ª) **a falácia da comunicação** – entende-se que, pelo menos diretamente, a linguagem poética não é comunicativa.

- Entre os nomes estreitamente ligados ao *new criticism*, cumpre citar T. E. Hulme, crítico e pensador inglês falecido em 1917, cujas ideias foram desenvolvidas notadamente por T. S. Eliot; Ivor A. Richards, também crítico inglês, de quem se podem ler *Principles of literary criticism* (1924) e *Practical criticism* (1929), entre outros livros. Considera-se que os dois críticos citados e T. S. Eliot exerceram poderosa e decisiva influência na formação dessa corrente da crítica literária moderna. A contribuição de Richards, entretanto, não é abrangente: se, por um lado, suas posições semânticas e linguísticas marcaram presença, seu psicologismo e a dimensão que concedeu à subjetividade longe estavam de ser aceitas pelos *new critics*. Mais adequado é situá-lo, como fazem alguns críticos, entre eles José Guilherme Merquior, como representante de uma corrente específica da crítica: a semântica literária de I. A. Richards (1971, p. 7).

- Além, obviamente, de John C. Ransom, os principais adeptos do *new criticism* são Cleanth Brooks, Allen Tate, W. K. Winsatt Jr., Monroe C. Beardsley, R. Pen Warren.

- A partir dos anos 1950, o movimento chega ao declínio, sobretudo em função de divergências internas e críticas externas, notadamente diante das posições assumidas em relação à história literária e por força da negação da teoria dos gêneros. Deixou, entretanto, marcas relevantes no quadro da crítica literária e do ensino de Literatura nos Estados Unidos, além de estender sua presença aos estudos literários da Europa e da América do Sul, com bastante destaque, em certo momento, na realidade brasileira.

39.3 A crítica de base estilística

- A estilística aplicada à análise literária origina-se, como assinalamos, da posição idealista de Karl Vossler, vale dizer, associada à doutrina estética de Benedetto Croce.
- Lembremo-nos de que Charles Bally, o fundador da disciplina, não se preocupa com a linguagem literária, limitando o seu campo de ação à língua cotidiana. Assim é que procura caracterizar os elementos expressivos que os falantes escolhem na língua para manifestar-se. Sua posição, reiteremos, configura não uma "estilística da fala", mas uma "estilística da língua".
- Em Jules Marouzeau, como vimos, já aparece preocupação com a linguagem da literatura, mas ainda presa à posição de Bally.
- Para Vossler e seus seguidores, vale também recordar, o objeto de estudo da estilística é a linguagem literária, considerada como criação do indivíduo. Claro está que, para a crítica estilística, o centro de atenções continua sendo o texto, a obra. Não nos esqueçamos, aliás, de que é o mesmo Vossler que denomina "estilística estética" ou "crítica estética" à disciplina que estuda a linguagem enquanto criação individual e artística.
- Entre os representantes da corrente, encontramos Leo Spitzer, Helmut Hatzfeld, Dámaso Alonso, Carlos Bousoño, entre outros. A crítica de base estilística, aliás, frutificou de modo notável entre os espanhóis e ainda nos anos de 1980 continuava com presença altamente prestigiada no país.
- Para uma ideia das posições, lembremos as seguintes atitudes:
  a) Preocupação com a obra literária como elemento de estudo. Permanece, portanto, o estudo **imanente** do texto literário.
  b) Consideração de que o ponto de partida para a análise do texto literário é a intuição. A esse respeito são esclarecedoras as palavras de Dámaso Alonso, em *Poesía española*:

  > Porque este livro quer mostrar precisamente que não existe uma técnica estilística, que o acesso estilístico é sempre um problema daqueles que os matemáticos chamam de "feliz ideia". Isto é, que a única maneira de entrar no recinto é um afortunado salto, uma intuição.
  >
  > (ALONSO, 1952, p. 11)

  c) Destacado, nesse "salto no escuro" um aspecto qualquer do material linguístico, o crítico procura, a partir dele, por associação, apreender todos os elementos que se estruturam na constituição da obra literária.

d) A crítica depende, assim, da sensibilidade e da capacidade do crítico:

> Toda intuição é querençosa, é ato de amor, ou que supõe o amor.
> (ALONSO, 1952, p. 11)

> A capacidade para tal sensibilidade, porém, está profundamente enraizada na vida e na educação anteriores do crítico e não exclusivamente em sua formação profissional.
> (SPITZER, 1970, p. 53)

e) Para o "salto" inicial, não há possibilidade de antecipação racional:

> Quantas vezes, com toda a minha experiência do método, experiência que fui acumulando ao longo dos anos, permaneci completamente igual a um dos meus alunos principiantes, com os olhos em branco sobre uma página que não queria entregar-me seu segredo! O único caminho para sair desse estado de esterilidade é ler e reler, pacientemente, com segurança e confiança, num esforço para ficarmos penetrados, valha a expressão, pela atmosfera da obra. Repentinamente, uma palavra, um verso destacam-se e sentimos que uma corrente de afinidade se estabeleceu entre nós e o poema.
> (SPITZER, 1970, p. 50)

f) Cada estilo exige então uma abordagem única, sempre diferente.

g) A atividade do crítico pressupõe três etapas: a primeira é intuitiva e podemos chamá-la de "primeira impressão"; a segunda consiste na "análise dos elementos estilísticos" que caracterizam a obra em exame; a terceira consiste na "avaliação da obra", na emissão de um juízo de valor. Essa posição se configura com nitidez em Dámaso Alonso, por exemplo, embora o crítico espanhol afirme que o mistério da obra literária jamais será inteiramente decifrado.

h) A crítica de base estilística tem como centro de atenção a palavra, considerada na sua condição de significado e significante. Mas não podemos perder de vista as definições de estilo feitas por Helmut Hatzfeld, transcritas anteriormente, para que tenhamos a colocação exata dessa posição. Convém ainda lembrar que o posicionamento crítico de Leo Spitzer (1887-1960), segundo ele mesmo esclareceu em 1960, evolui de um psicologismo freudiano inicial, em que situa seus estudos de 1920-1925, para uma crítica estilística de base vossleriana, centrada na "explicação das obras particulares enquanto organismos poéticos em si, sem recurso à psicologia do autor", posição que denomina estruturalista.

O estruturalismo

- O estruturalismo é a mais do que uma simples corrente de crítica literária. A palavra, como assinala Eduardo Prado Coelho, "não designa um objeto preciso, definido, mas é o termo conveniente e *indispensável*, para englobar um certo tipo de *atividade* (segundo Barthes) e uma certa forma de linguagem" (COELHO, 1968, p. X).
- Trata-se de uma posição científica geral que se aplica a todas as áreas do conhecimento humano e que se estendeu, notadamente a partir da década de 1960, à análise do fenômeno literário.
- Sua formulação parte do *Cours de linguistique générale* (1916), de Ferdinand de Saussure, publicado por seus discípulos Charles Bally e Sechehaye. Ao Círculo Linguístico de Praga coube ampliar as ideias saussurianas na área, ampliação caracterizada sobretudo nas teses apresentadas pelo "Círculo" no 1º Congresso de Filólogos Eslavos realizado em Praga, em 1929, conhecidas como as "Teses de 1929". Entre os integrantes da entidade encontrava-se Roman Jakobson, a essa altura, como já registramos, egresso do Círculo Linguístico de Moscou e da **Opoiaz** e já dedicado, há algum tempo, a trabalhos na linha de um pensamento estruturalista, especialmente no campo da fonologia. Nos anos 1940, em Nova Iorque, o antropólogo Claude Lévi-Strauss trava contato com Jakobson e suas ideias. Desse encontro resulta a influência da fonologia sobre os estudos antropológicos realizados por Lévi-Strauss. As reflexões estruturalistas ganhavam assim amplo espaço no terreno das ciências sociais e, nos anos 1960, estendiam-se à ação crítica de significativo grupo de estudiosos franceses de literatura, ainda que sem um tratamento homogêneo e sob o impacto de acirrados questionamentos.
- Estruturalismo *stricto sensu*, como atitude específica para o estudo do fenômeno literário, converteu-se, na verdade, num posicionamento polêmico e multifacetado, que, após ganhar notável impulso na França, estendeu-se, com maior ou menor fortuna, por outros países, entre eles o Brasil, onde constituiu durante algum tempo modismo de grande voga em alguns círculos universitários.
- Em sentido amplo e na área da crítica contemporânea, várias posições podem ser consideradas estruturalistas na medida em que privilegiam o texto e a análise imanente do texto literário.
- Assim, é estruturalista a atitude do formalismo russo, a primeira contribuição relevante para a visão estrutural da literatura; lembremos a função dinâmica assinalada quando tratamos do assunto, só para citar um dos aspectos caracterizados.

- Também estruturalista é a posição do *new criticism* quando enfatiza a importância do contexto linguístico.
- Estruturalista denomina Leo Spitzer a sua posição de subordinar "a análise estilística à explicação das obras particulares enquanto organismos poéticos em si sem recursos à psicologia do autor".
- Em que pese a heterogeneidade de pensamento e procedimento dos estudiosos que especificamente o adotaram na área, podemos assinalar alguns elementos caracterizadores da aplicação do estruturalismo aos estudos de literatura, à luz dos posicionamentos teóricos, bastantes numerosos:
a) A chamada crítica estruturalista centraliza suas atenções no "universo de signos" que, afinal, constitui a obra literária. Tais signos situam-se no material linguístico e se fazem de sons, formas, palavras e frases (GENETTE, apud COELHO, 1968, p. 367-92).
b) O texto literário é considerado mais uma construção verbal do que a representação de uma realidade (TODOROV, apud DUCROT, 1968, p. 101).
c) Toda e qualquer obra é considerada a manifestação de uma estrutura abstrata muito mais geral, da qual é apenas uma das realizações possíveis (TODOROV, apud DUCROT, 1968, p. 102).
d) O que deve preocupar a crítica é a propriedade abstrata que faz a singularidade do fato literário: a literariedade (TODOROV, apud DUCROT, 1968, p. 102).
e) Estendendo ao âmbito global da literatura o que Mukarovsky diz a propósito da "obra de poesia", podemos entender ainda que as relações recíprocas entre os componentes de uma obra literária "constituem a sua estrutura, uma estrutura dinâmica, que inclui convergência e divergência e que constitui um todo artístico indissociável no qual cada um dos componentes adquire precisamente o seu valor em termos de sua relação com a totalidade" (SILVA, 1976, p. 651).
f) "O método estruturalista constitui-se como tal no momento preciso em que se reencontra a mensagem no código, determinado por uma análise das estruturas imanentes e já não imposto do exterior por preconceitos ideológicos" (GENETTE, apud COELHO, 1968, p. 372).
g) "A análise estrutural deve permitir determinar a ligação que existe entre um sistema de formas e um sistema de sentido, substituindo a procura das analogias termo a termo pela das homologias" (GENETTE, apud COELHO, 1968, p. 373).
h) Mas, para Claude Lévi-Strauss, por exemplo, o método estrutural, na antropologia como na linguística, "consiste em descobrir

formas invariantes no interior de conteúdos diferentes. A análise estrutural, a que indevidamente recorrem alguns críticos e historiadores da literatura, consiste, ao invés, em procurar sob as formas variáveis conteúdos recorrentes" (apud COELHO, 1968, p. 393). E defende um critério em que aparece para a análise estrutural uma posição diacrônica ao lado da sincronia:

> A crítica literária e a história das ideias podem, pois, tornar-se estruturais, com a condição, porém, de irem buscar nelas mesmas os instrumentos estruturais de uma dupla verificação objetiva. Ora bem, não é difícil descobrir onde se encontram estes instrumentos. Por um lado, ao nível de análise linguística e talvez fonológica, em que o controle pode ser exercido independentemente das elaborações conhecidas pelo autor e pelo seu analista, e, por outro lado, ao nível da indagação etnográfica, ou seja, para sociedades como a nossa, ao nível da história externa. Não somente os métodos dos estruturalistas podem ser canalizados numa tradição crítica predominantemente historicista, senão que só a existência desta tradição histórica pode fornecer uma base às operações estruturais.
>
> (apud COELHO, 1968, p. 395)

E para o autor de *Tristes trópicos* e da *Antropologia estrutural*, uma estrutura "consiste em elementos combinados de tal forma que qualquer modificação num deles implica uma modificação de todos os outros" (apud COELHO, 1968, p. XXI). A estrutura caracteriza-se assim pela "independência" e pela "totalidade".

- A crítica estruturalista está, entretanto, longe da posição homogênea e unânime de seus propugnadores.
- Para Todorov, por exemplo, o seu objetivo é "propor uma teoria da estrutura e do funcionamento do discurso literário", tendo por objeto "os mecanismos, as convenções e as regras que tornam possível, condicionam e tornam inteligível o texto literário concreto e particular" (1973, p. 20) que devem ser descritos e classificados, o que é, de certo modo, corroborado por Barthes, quando afirma que a análise estruturalista "não dará, nem mesmo encontrará nenhum significado, mas descreverá segundo que lógica os significados são engendrados de maneira que possa ser aceitável pela lógica simbólica dos homens, exatamente como as frases da língua francesa são aceitáveis pelo 'sentimento linguístico' dos franceses (1966, p. 63).
- Em contrapartida, L. Goldmann destaca o "caráter coletivo" da criação literária e entende que "as estruturas do universo da obra são

homólogas das estruturas mentais de certos grupos sociais ou estão em relação inteligível com elas" (1965, p. 345).

- A propósito, Eduardo Portella, em artigo publicado no número especial da revista *Tempo Brasileiro* dedicada ao estruturalismo, situa a questão desse modo:

> O crítico será tanto mais literário, o que significa tanto mais criador, quanto menos controlador ele é, quanto mais colhido ele está. Precisa de uma mobilidade estrutural para ser um cada vez, diante de cada obra. É falsa a distinção simplificada de Gérard Genette entre o crítico *bricoleur* e o criador "engenheiro". Sem dúvida a crítica não pode prescindir do seu instrumental; só com os recursos técnicos apropriados ela penetrará verdadeiramente na obra. E na literatura todo e qualquer conjunto de princípios técnicos está ligado à estrutura da linguagem: ontem devedora da morfologia, hoje enriquecida pela semântica. Ainda aqui não é difícil perceber que os recursos técnicos dependem da experiência vivida de cada autor: poeta, pintor, escultor. Roland Barthes é muito lúcido quando conclui que "o estruturalismo é essencialmente uma atividade de imitação, e é nisto que não há propriamente nenhuma diferença técnica entre o estruturalismo científico de um lado, e a literatura, em particular a arte, de outro: todos dois vêm de uma *mimesis* fundada não sobre a analogia das substâncias (como na dita arte realista) mas sobre a das funções (que Lévi-Strauss chama homologia)".
>
> (PORTELLA, 1968)

Vale acrescentar que, nos começos da década de 1980, o saldo do estruturalismo francês era significativo: basta lembrar as obras de Claude Lévi-Strauss e, no âmbito das atividades críticas mais diretamente vinculadas ao texto literário, os estudos de Roland Barthes (primeira fase), Claude Brémmond, Gérard Genette, Algirdas-Julien Greimas e Tzvetan Todorov, entre outros. Já há algum tempo, porém, a tendência entrou em acentuado declínio. No Brasil, foi mais uma onda que passou, refluiu e atualmente perde-se no fluxo das águas da crítica nacional, notadamente ao espaço da universidade.

Nos meios universitários brasileiros, aliás, duas outras contribuições ligadas aos estudos de literatura presentificaram-se, com alguma repercussão, a partir da década de 1970: a contribuição bakhtiniana e as teorias da estética da recepção e do efeito.

A contribuição bakhtiniana

- As obras e as ideias do pensador e teórico russo Mikhail Bakhtin (1895-1975) começam a ganhar notoriedade nos países ocidentais a partir dos anos 1960 e mais intensamente nos anos 1970, embora sua atuação na pátria de origem date dos começos do século.
- Em 1970 são lançadas as traduções francesas de seus estudos sobre Dostoiévski (*Problemas da poética de Dostoiévski*, originariamente editado em 1929 e reeditado em 1963 como *Problemas da obra de Dostoiévski*) e sua tese sobre Rabelais (*A obra de François Rabelais e a cultura popular da Idade Média e a Renascença*, datada de 1965) (BAKHTINE, 1970).
- Com esses textos, abrem-se amplamente, a partir da França, as discussões ocidentais sobre as proposições do lúcido professor soviético.
- As teorias bakhtinianas trazem a marca da complexidade e, em alguns casos, até da contradição; isso, entretanto, não invalida a relevância de sua contribuição, em muitos aspectos rica e original.
- A ele se devem, por exemplo, entre outras proposições, a noção de **dialogismo**, o redimensionamento e a valorização da **paródia** como categoria relevante nos estudos de literatura e a introdução de outro conceito operacional não menos enriquecedor: a **carnavalização**.
- Sua obra é marcada por uma multifacetada evolução. Conhecê-la em todos os matizes implica, é claro, a leitura de seus textos e a consulta, como fonte de diálogo, a uma bibliografia crítica mínima, da qual fazem parte lúcidos ensaios de autores brasileiros, como Boris Schnaiderman, Flávio Kothe, Dirce Riedel, Selma Calasans Rodrigues e Affonso Romano de Sant'Anna, entre outros.
- À luz dessa ressalva apontamos, a seguir, alguns elementos que configuram as posições do teórico soviético:

    a) Para Bakhtin, a consciência individual é um fato socioideológico, e a linguagem implica um contexto histórico-social: o homem transforma-se num ser histórico e social a partir dos signos que lhe comunicam o mundo, portanto a partir de uma linguagem: esses signos são sempre impregnados de ideologia, uma vez que esta reflete as estruturas sociais.

    b) As palavras de um enunciado estariam assim carregadas de significação vinculada a inúmeros contextos vividos, e toda a comunicação envolveria a interação de um falante, um destinatário e uma personagem (de que se fala) à luz de um horizonte comum que possibilita a compreensão dos elementos ditos e não ditos.

c) A realização de qualquer comunicação ou interação verbal envolve uma troca de enunciados, situa-se na dimensão de um diálogo. Por consequência, como explicita Volochinov, para Bakhtin "o estilo é, pelo menos, dois homens, ou mais exatamente, o homem e seu grupo social, encarnado por seu representante acreditado, o ouvinte, que participa de fala interior e exterior do primeiro" (apud TODOROV, 1981, p. 212).

d) Em função desses princípios, o discurso literário abrange, assim, um diálogo de vários textos, ou, como esclarece Julia Kristeva, "um cruzamento de superfícies textuais, um diálogo de várias escritas: a de quem escreve, a do destinatário (ou da personagem), a do contexto cultural atual ou anterior" (1969, p. 144). Converte-se, pois, num mosaico de citações, envolve "a absorção e a transformação" de outros textos, consciente ou inconscientemente aproveitados pelo escritor.

e) Tal cruzamento implica, ainda segundo a mesma estudiosa, a coincidência de um eixo horizontal e de um eixo vertical: em termos de horizontalidade, "a palavra no texto pertence simultaneamente ao sujeito da escrita e ao destinatário; verticalmente, a palavra no texto é orientada na direção do *corpus* literário anterior ou ao sincrônico" (KRISTEVA, 1969, p. 145). A tais eixos Bakhtin denomina **diálogo** e **ambivalência**. Por considerar que nos textos bakhtinianos não se encontram claramente diferenciados esses conceitos, Julia Kristeva propõe, para substituí-los, o termo "intertextualidade". A questão, porém, é mais uma que escapa à simplicidade e se encontra aberta a discussões e interpretações.

f) A caracterização da intertextualidade, porém, permite "ler", por exemplo, em *Grande sertão: veredas*, de Guimarães Rosa, a presença de *Os sertões*, de Euclides da Cunha, e do discurso da Bíblia; o texto bíblico, aliado ao texto da mitologia clássica e ao da história do Brasil, aparece em *Esaú e Jacó*, de Machado de Assis, como demonstrou Affonso Romano de Sant'Anna (1973); a mesma Bíblia, a história da conquista da América e o mito edipiano cruzam-se em *Cem anos de solidão*, de Gabriel García Márquez, como comprova Selma Calasans Rodrigues.

g) A partir da ideia de dialogismo, Bakhtin conceitua a paródia. Ele a entende como "um discurso que estabelece um diálogo com outro discurso, sem reverenciá-lo, antes assumindo uma atitude crítica e marcadamente irônica em relação a ele". Tal conceito afasta-se, assim, dos sentidos de "canto paralelo" ou de "imitação burlesca" tradicionalmente atribuídos ao termo.

h) Vale dizer que Bakhtin se preocupa sobretudo com "a paródia de registro essencialmente cômico, que revira o texto parodiado e nos dá o farsesco, o sexual, o coprológico, a grande gargalhada das ruas e das praças, o carnavalesco, a irrupção do riso, a caçoada com os grandes temas, a irreverência do espírito popular, sua esfuziante alegria, posta de lado durante séculos pela cultura oficial" (SCHNAIDERMAN, 1983, p. 112).

i) Ao conceito de paródia vincula-se, por seu turno, o de carnavalização.

j) Para Bakhtin, é do carnaval, como fonte cultural, que emergem os gêneros cômico-sério-críticos, e a paródia é um dos seus mais frequentes procedimentos.

k) Entenda-se o carnaval, nos termos bakhtinianos, em suas dimensões antiga e medieval. Trata-se, importa dizê-lo, de "uma modalidade de *espetáculo sincrético*, de caráter ritual" riquíssimo, que, "a partir de uma base carnavalesca comum, desenvolve diferenças marcantes em função das épocas, dos povos e das festividades particulares" (BAKHTINE, 1970, p. 169).

l) Nesse sentido, são marcas do carnaval, segundo Bakhtin:
- ausência de separação entre "atores" e "espectadores": vale dizer, participação ativa de uns e de outros;
- configuração de uma espécie de mundo invertido: suspendem-se as leis, as interdições, as restrições que determinam a estrutura e o bom desenvolvimento da chamada vida normal, não carnavalesca;
- substituição da distância entre as pessoas por um contato livre e familiar: impõe-se "um caráter particular à organização das ações de massa";
- instalação de um modo novo de relações humanas: oposto às relações sócio-hierárquicas todo-poderosas da vida corrente;
- excentricidade: permite a expressão concreta pelo homem de tudo o que ele traz em si de repressão;
- contato íntimo de tudo o que a hierarquia separa e dispersa: o carnaval aproxima o sagrado e o profano, o alto e o baixo, o sublime e o insignificante, a sabedoria e a estultice etc.;
- profanação: ou seja. "os sacrilégios, todo um sistema de degradação e de conspirações carnavalescas, as inconveniências relativas às forças genésicas da terra e do corpo, as paródias de textos e falas sagradas etc." (1970, p. 171).

m) O carnaval envolve atos caracterizadores, entre os quais se incluem: "em primeiro plano, a entronização bufa e depois a destituição do rei do carnaval" (1970, p. 171); a duplicidade das imagens carnavalescas; a ambivalência do riso carnavalesco.

n) O riso leva à natureza carnavalesca da paródia: "na Antiguidade, a paródia era inerente à percepção carnavalesca do mundo. Ela criava um *duplo desentronizador* que não era senão o 'mundo invertido'" ("*Le monde à l'envers*") (1970, p. 175). Importa lembrar que, "na paródia literária formal, no atual sentido restrito, o vínculo com a percepção carnavalesca desaparece quase totalmente. Durante o Renascimento, porém, esteve bem presente" (1970, p. 176).

- Para Bakhtin, "no curso dos séculos, as categorias carnavalescas e, antes de todas, a familiarização do homem e do mundo transpuseram-se à literatura, principalmente em sua corrente dialógica" (1970, p. 171).

o) Assim, **literatura carnavalesca** é "aquela que recebeu diretamente, sem intermediários, ou indiretamente, depois de uma série de estágios transitórios, a influência de tal ou qual aspecto do folclore carnavalesco (antigo ou medieval)" (1970, p. 152). **Carnavalização** é a transposição do carnaval à literatura.

- No domínio do cômico-sério, encontramos um primeiro exemplo desse tipo de literatura: os textos "não se apoiam na tradição (...) optam *deliberadamente* pela *experiência* (...) e pela livre invenção. As relações com a tradição são, na maioria das vezes, marcadamente críticas". Por outro lado, os gêneros cômico-sérios caracterizam-se pela "pluralidade intencional de estilos e de vozes; renunciam à unidade estilística (ao monoestilo, se se pode dizer) da epopeia, da tragédia, da retórica elevada, da poesia lírica (...) sua marca é a multiplicidade de tons na narrativa, é a mistura do sublime e do vulgar, do sério e do cômico" (1970, p. 153). Misturam cartas, manuscritos encontrados, diálogos, paródias de gêneros elevados, citações caricaturais etc. Em alguns casos, misturam prosa e verso. Todos eles, em suma, estão, em maior ou menor medida, impregnados de uma visão carnavalesca do mundo.

- Essa percepção carnavalesca é poderosamente regeneradora e transfiguradora e traz em si uma inesgotável vitalidade, como afirma Bakhtin, que acrescenta: "é por essa razão que, ainda em nossos dias, os gêneros que mantêm um vínculo, mesmo o mais tênue, com as tradições do cômico-sério guardam o fermento carnavalesco que os distingue mais claramente de todos os demais" (1970, p. 152).

- Por esses motivos e entre outros, podem-se admitir, segundo Bakhtin, três raízes principais para o gênero romanesco: a **epopeia**, a **retórica** e o **carnaval**. "De acordo com a predominância de cada um, teríamos, na evolução do romance europeu, três grandes correntes: a épica, a retórica, a carnavalesca." E aqui já estamos entrando no terreno da tese defendida pelo teórico soviético, à qual se opõem outras posições, como a de Lukács, por exemplo. A apreciação de tais divergências escapa, entretanto, aos limites deste nosso livro.

- É importante lembrar que a carnavalização ganhou foros de tradição em termos de sua presença em inúmeras manifestações literárias em todos os tempos, em função da natureza e da prática do próprio carnaval.

- Na Antiguidade Clássica, na Idade Média e no Renascimento, a carnavalização e o carnaval, enquanto festa, prática social, são bastante próximos. Quando o carnaval muda sua feição e já não atua tão diretamente, sua presença continua a repercutir na arte literária, uma vez que as marcas carnavalescas já se incorporaram a determinadas dimensões da linguagem da literatura. Para usarmos outro conceito bakhtiniano: a tradição carnavalizante modifica-se em função do "cronotopo" (a "força" do tempo) da obra. Assim, há carnavalização na obra de Rabelais e Cervantes, como há em Kafka, Joyce, García Márquez, Jorge Amado, Roberto Drummond, Nélida Piñon e Márcio Souza, só para citar alguns exemplos.

- O processo de carnavalização caracterizado numa obra envolve, além da presença da paródia, entre outros traços relevantes, figuras de linguagem com a **repetição**, que se vinculam à lógica ou ao ilogismo do desfile, à sua multiplicidade, o **oxímoro** (união de contágios), que se associa ao paradoxo carnavalesco, e a **hipérbole**, configuradora do desmesurado, do exagero.

- Intertextualidade, paródia, carnavalização, nova visão dos gêneros literários oferecem, como se pode concluir, ampla perspectiva de incursão no polissêmico universo do texto literário. É mais um riquíssimo veio que, graças a Bakhtin, se abre nesse maravilhoso espaço.

- Em relação às correntes da crítica que lhe são contemporâneas, há pontos de contato entre as posições de Bakhtin e o formalismo russo, que, entretanto, foi por ele vigorosamente combatido.

- O pensador russo deixa também explícitas suas divergências teóricas com o estruturalismo, o que não impede que vários adeptos dessa tendência tenham manifestado interesse por sua obra.
- Na verdade, separa-o dessas correntes, bem como da crítica estilística e do *new criticism*, o seu não conceder exclusividade ao texto em seus posicionamentos críticos.

40.2 A estética da recepção e do efeito

- Formalismo russo, *new criticism*, crítica de base estilística, estruturalismo, excetuados um ou outro posicionamento, têm um ponto em comum: todas essas correntes concentram basicamente os estudos no texto literário. Tal atitude corresponde ao que se inaugurara na literatura contemporânea, sobretudo na manifestação em verso, com o advento da modernidade: o privilégio da linguagem no processo de criação literária.
- Bakhtin e o "Círculo" que leva seu nome constituem uma exceção nesse quadro.
- O ano de 1967, entretanto, marca o início de uma nova tomada de posição nos estudos de literatura: começa a ganhar forma a chamada "estética da recepção e do efeito", que tem como núcleo deflagrador um grupo de professores alemães da Universidade de Konstanz, na Suíça. Entre os teóricos da nova corrente, destacam-se Hans Robert Jauss, Wolfgang Iser, Hans Gumbrecht e Karlheinz Stierle.
- O ponto de partida é a aula inaugural de Jauss, proferida naquele ano, na Universidade citada, com o título *Literaturgeschichte als Provokation der Literaturwissenschaft* (*História literária como desafio à ciência literária*).
- O que se propõe é por ele mesmo explicitado, naquele texto:

> O meu programa para superar a distância entre literatura e história, entre conhecimento histórico e estético, aproveita-se dos resultados finais de ambas as escolas (o formalismo e o marxismo). Os seus métodos veem o fato literário dentro de um círculo fechado de estética da produção e da representação. Prescindem de uma dimensão da literatura, fundamental, dados o seu caráter estético e a sua função social: a dimensão da sua recepção e os efeitos que ela ocasiona.
>
> (JAUSS, 1974, p. 37)

Em outro documento, o mesmo Jauss é ainda mais esclarecedor (vale a citação, ainda que longa):

> Diante do êxito mundial do estruturalismo linguístico e do triunfo mais recente da antropologia estrutural, assinalava-se, nas velhas ciências do espírito (*Geisteswissenschaften*), em todos os campos, o abandono dos paradigmas da compreensão histórica. Via então a oportunidade de uma nova teoria da literatura, exatamente não no ultrapasse da história, mas sim na compreensão ainda não esgotada da historicidade característica da arte e diferenciadora da sua compreensão. Urgia renovar os estudos literários e superar os impasses da interpretação, que apenas servia a si mesma ou a uma metafísica da "*écriture*". E os impasses da literatura comparada, que tomava a comparação como um fim em si. Tal propósito não seria alcançável através da panaceia das taxinomias perfeitas, dos sistemas semióticos fechados e dos modelos formalistas de descrição, mas tão só através de uma teoria da história que desse conta do processo dinâmico de produção e recepção e da relação dinâmica entre autor, obra e público, utilizando-se, para isso, da hermenêutica da pergunta e da resposta.
>
> (apud LIMA, 1979, p. 47-8)

- Entre os antecipadores de sua proposta, Jauss cita o estruturalismo de Praga, que desenvolvera o formalismo russo, mais notadamente a semiologia da arte de Jan Mukarowski; como os pressupostos metodológicos inquestionáveis que estão na base do seu projeto, aponta a teoria da experiência hermenêutica de Hans-Georg Gadamer, autor de *Wahrheit und Methode* (*Verdade e método*) (1960).
- Ao texto de Jauss, seguiram-se as contribuições de seus colegas de Konstanz, mas, como assinala Luiz Costa Lima, os defensores da estética da recepção não formam um grupo uno (1979, p. 13).
- É possível, porém, como fizemos com outras correntes, assinalar alguns traços definidores da posição crítica, com algumas questões em aberto. Eis os principais elementos caracterizadores:

    a) Prioridade analítica à recepção do texto pelo destinatário.

    b) Centralização do interesse na figura do leitor.

    c) Abertura "do horizonte de significação da literatura e da contribuição iniludível do receptor que, antes de mais nada, realiza e articula essa abertura" (STIERLE, apud LIMA, 1979, p. 133-4).

    d) A literatura envolve a relação autor/texto/leitor, mas "o significado da obra literária não é apreensível nem pela análise isolada da obra, nem pela relação da obra com a realidade, mas tão só pela análise do processo da recepção, em que a obra se expõe, por assim dizer, na multiplicidade dos seus aspectos" (STIERLE, apud LIMA, 1979, p. 134).

e) A recepção "é sempre o momento de um *processo* que se inicia pelo 'horizonte de expectativa' de um primeiro público"; em seguida envolve um movimento de uma lógica interpretativa de pergunta e resposta que "relaciona a posição do primeiro receptor com os seguintes e assim resgata o potencial do significado da obra, na continuação do diálogo com ela" (STIERLE, apud LIMA, 1979, p. 134).

f) O horizonte de expectativa do leitor vincula-se a fatores múltiplos – ideológicos, sociológicos, culturais, históricos etc. – que condicionam a sua relação com o texto literário: faz-se de "um conjunto de regras preexistentes que orienta sua compreensão e lhe permite uma recepção apreciativa" (DUCROT E TODOROV, 1972, p. 195). A leitura crítica de um texto envolve a proposta triádica que Gadamer redescobriu para o processo hermenêutico, por ele entendido como uma unidade de três momentos: a compreensão (*intelligere*), a interpretação (*interpretare*) e a aplicação (*applicare*).

g) A análise feita por Jauss de "Spleen II", poema de Charles Baudelaire, ajuda a entender tal processo. Ela envolver três "leituras" sucessivas:

  i) os horizontes de uma primeira leitura de percepção estética;
  ii) uma segunda leitura de interpretação retrospectiva;
  iii) uma terceira leitura, a histórica, que começa com a reconstrução do "horizonte de expectativa" no qual o poema se inseriu com o aparecimento das *Fleurs du mal* e que depois acompanhará a história de uma recepção ou "leituras", até a mais recente, a do autor.

- O crítico entende que "a descoberta do caráter estético, característico do texto poético, mas não do teológico, jurídico ou também filosófico, deve seguir a orientação dada à percepção estética pela disposição do texto, pela sugestão do ritmo e pela realização gradativa da forma" (JAUSS, apud LIMA, 1983, v. 2, p. 307).

- Admite que aproveitou e desenvolveu resultados introduzidos na análise dos processos de recepção por seu colega Wolfgang Iser e por M. Riffaterre e Roland Barthes, o que demonstra a inter-relação da proposta da recepção com outras experiências críticas. Aliás, ele mesmo afirma que espera ter experimentado na prática o postulado teórico da união da análise estrutural e semiológica com a interpretação fenomenológica e a reflexão hermenêutica" (JAUSS, apud LIMA, 1983, v. 2, p. 309).

- Na primeira leitura do texto, Jauss adota um processo extremamente detalhista: examina verso a verso o texto baudelairiano; toma conhecimento, assim, segundo ele mesmo, do todo forma e significado, mas não do significado pleno do poema nem do seu "sentido global". Nessa etapa, por exemplo, busca entender o sentido da palavra *spleen* do título, a partir das seguintes perguntas que o poema sugere ao leitor contemporâneo: "O que quer dizer *spleen* e o que esta palavra pode significar justamente como título de um poema? Ela indica um estado de espírito como a melancolia ou apenas a extravagância de uma pessoa? Alguém irá falar de si mesmo, do mundo, do nosso mundo também ou apenas do seu mundo?" (JAUSS, apud LIMA, 1983, v. 2, p. 316).

- As respostas, como se pode depreender, envolvem a repercussão do texto no leitor, a partir do texto do poema e à luz de um contexto amplo que vai desde o próprio sistema de signos que é o poema até o universo de toda a obra lírica, responsável por uma expectativa capaz de conferir ao corriqueiro e ocasional um significado profundo ou capaz de revitalizar um significado antigo e esquecido.

- No prosseguimento da leitura, são examinados inúmeros elementos, como a organização da frase, seu ritmo, o jogo de átonas e tônicas, a distribuição simétrica das sílabas etc.: material sintático e material fônico e sua estreita relação com a área semântica.

- A segunda leitura parte dos resultados da primeira e envolve uma interpretação em que "o leitor, no ato da compreensão interpretativa, admite que, de agora em diante, pode concretizar um entre outros significados possíveis da poesia, relevante para ele, sem que exclua a possibilidade de que outros discordem" (JAUSS, apud LIMA, 1983, v. 2, p. 311). Agora o leitor-crítico volta ao início, retorna de todo às partes, na busca do esclarecimento dos detalhes que permanecem obscuros a partir do todo da forma já apreendida; ele pretende "esclarecer no contexto a série de conjecturas e procurar aspectos do sentido que ainda ficaram em aberto na sua coerência do conjunto significativo". Daí surgem novas perguntas e novas respostas, na procura de "algum princípio de unidade latente, reconhecível somente a partir do horizonte da segunda leitura" e retomam-se ritmo e dimensões sintáticas, inclusive em função do comportamento poético de Baudelaire e mesmo de elementos biográfico-psicológicos ligados ao poeta.

- Na terceira leitura, a preocupação do crítico envolve uma interpretação "de acordo com as premissas válidas na época do poeta e as indagações passam a ser, entre outras, por exemplo: 'Que expectativas dos seus leitores contemporâneos pode 'Spleen II' ter satisfeito ou negado, qual era a tradição literária, qual era a situação histórica e social à qual o texto pode ter-se referido? Como o próprio autor pode ter entendido seu poema, que sentido lhe atribuiu a primeira recepção, que significados só foram vistos no decorrer das recepções posteriores?'" (JAUSS, apud LIMA, 1983, v. 2, p. 334-5)

- Percebe-se nitidamente o papel efetivo da capacidade do leitor nesse processo, e, por outro lado, fica evidenciado que o caráter estético que assim se configura possibilita "uma série de interpretações para cada texto literário, distintas na explicação, mas compatíveis em relação ao texto concretizado (...). A percepção estética não é um código universal atemporal, mas como toda experiência estética está ligada à experiência histórica" (JAUSS, apud LIMA, 1983, v. 2, p. 314).

- Em texto de 1979, já a partir das críticas feitas à sua aula-manifesto de 1967, Jauss elabora o seguinte "programa": "para a análise da experiência do leitor ou da 'sociedade de leitores' de um tempo histórico determinado, necessita-se diferençar, colocar e estabelecer a comunicação entre os dois lados da relação texto e leitor. Ou seja, entre o **efeito,** como o momento condicionado pelo texto, e a **recepção,** como o momento condicionado pelo destinatário, para a concretização do sentido como duplo horizonte – o interno ao literário, implicado pela obra, e o mundivivencial (*lebensweltlich*), trazido pelo leitor de uma determinada sociedade" (JAUSS, apud LIMA, 1979, p. 49-50).

- As teorias de Jauss e de seus companheiros da Universidade de Konstanz ganharam de imediato inúmeros adeptos e também passaram a ser objeto de debates, discussões, ampliações e reavaliações que envolvem inclusive seus próprios seguidores, como acabamos de verificar, e que ainda perduram nos anos 1980.

Eis alguns dos muitos caminhos. E não tratamos, especificamente, por escaparem aos propósitos deste livro, da semântica literária de Ivor Armstrong Richards, embora a ele tenhamos feito referência, do neo-aristotelismo da Escola de Chicago, da estilística estrutural de M. Riffaterre, das contribuições do grupo **Tel Quel**, das posições de Algirdas-Julien Greimas, do estruturalismo genético de Lucien Goldmann, das posições de Georg Lukács e sua teoria do reflexo, das contribuições de Derrida, de Alain Badiou, da psicocrítica lacaniana. São posicionamentos cuja bibliografia é significativa e que abrem ainda mais as possibilidades de acesso ao mistério da arte literária.

Desde a década final do século passado, avolumam-se, no âmbito dos estudos literários, instâncias de crise, seja no âmbito do objeto, seja no espaço da leitura interpretativa. A natureza da própria literatura e, no limite, a interpretação textual e a crítica, e ainda conceitos operacionais tradicionalmente consagrados, como gênero literário, por exemplo, são colocados sob suspeição. Fratura-se o cânon. Digladiam-se modalidades de interpretação textual. Buscam-se, no amplo espaço da Cultura, novos paradigmas. Consequentemente, multiplicam-se, e seguem multiplicando-se distintos e vários caminhos na compreensão do fenômeno literário, que, a diferença do passado, são simultâneos.

43 Entre os críticos nacionais, Alceu Amoroso Lima assim resume, em 1956, os critérios por meio dos quais se pode examinar uma realidade literária.

43.1 **Critério genético ou específico:** estuda-se a obra de arte literária segundo sua origem e natureza, isto é, "em suas raízes, em suas fontes e em suas participações vitais". De acordo com tal princípio, dois elementos mereceriam a atenção primeira do estudioso da literatura brasileira: o homem e o meio (LIMA, 1956, p. 99-115).

43.2 **Critério cronológico:** divide-se a história da literatura segundo a disposição das várias fases no tempo. A nossa literatura, por exemplo, estende-se por cinco séculos, que admitem três fases literárias: iniciação (1553-1768), emancipação (1768-1836), independência (1836 até hoje) (LIMA, 1956, p. 99-118).

43.3 **Critério geográfico:** é o estudo da literatura segundo sua disposição no espaço interno, "a posição, por assim dizer, geográfica, que a literatura nacional apresenta, dentro de suas fronteiras e segundo a sua localização interna". Seriam então estudadas na literatura brasileira, por exemplo, as diferenciações espaciais internas norte/sul, litoral/sertão, cidade/campo. Poderíamos tratar também da repercussão de literaturas alienígenas na nossa (LIMA, 1956, p. 99 e 130-69).

43.4 **Critério estético ou literário:** a realidade literária é examinada segundo o espírito dominante e o ideal de expressão procurado. Para o crítico, há quatro aspectos principais sob os quais se apresenta uma literatura quando a consideramos do ponto de vista estético: a personalidade literária, isto é, o autor marcante de obra escrita ou oral; a escola literária, um conjunto de personalidades e obras unidas por análogo ideal estético; a corrente literária, o aspecto dinâmico de uma escola, no qual predominam um tema ou uma influência comum; o gênero literário, uma modalidade de expressão segundo a sua finalidade (LIMA, 1956, p. 99 e 171-90).

44 Tais critérios, como se observa, situam-se mais no âmbito histórico-cultural do que no âmbito da estilística; mesmo o último, dito estético, prende-se mais ao autor do que à obra.

45 É aproximadamente de acordo com esses princípios que se encontra dividida a história da literatura brasileira, até o advento de *A literatura no Brasil*, dirigida por Afrânio Coutinho. Aliás, como se verá, à exceção desta última, as divisões apresentadas não se baseiam numa concepção

do processo de evolução literária, antes de "critérios interpretativos estranhos ao fenômeno literário, que não é considerado na sua natureza própria, como manifestação de caráter autônomo, porém como simples reflexo da atividade social – política" (COUTINHO E COUTINHO, 1986, p. 23).

46 A respeito do assunto, cremos útil mais uma citação, e esta encontra-se na "Introdução geral" da citada *A literatura no Brasil*, dirigida por Afrânio Coutinho. Referindo-se ao que mostra a monografia do Committee on Research Activities da Modern Language Association of America publicada com o título *The aims and methods oh scholarship in modern languages and literatures* (New York, Modern Language Association, 1963), o crítico assim se pronuncia:

> A história literária pode ser concebida também como a história de uma arte, encarada a literatura como esta arte, isto é, as obras produzidas pela imaginação: poesia, romance, drama, epopeia. As obras de arte são, assim, vistas não como 'documentos' mas como 'monumentos'. Mesmo entendendo dessa maneira a literatura, a história literária pode assumir duas formas: de um lado aquela que estuda essa arte literária em termos de causalidade histórica, acentuando a análise das circunstâncias externas ou históricas (políticas, sociais, econômicas) que lhe condicionam o nascimento; foi o método de Taine e é o dos marxistas. É o método histórico-sociológico-econômico, ao qual se ligam também os trabalhos de interpretação biográfica, psicológica e psiquiátrica e de análise ideológica. Todos exageram a dependência da literatura em relação ao ambiente e ao autor, no pressuposto de que há um nexo causal absoluto entre esses fatores e a obra, O outro tipo de história literária é o que considera as obras em termos da tradição literária, no processo de desenvolvimento da própria literatura, como arte, em relativa independência de cena, ambiente, ou autor, relacionando as obras com as outras do mesmo gênero e do mesmo estilo, identificando períodos pela similitude de traços estilísticos e convenções estéticas, analisando os artifícios literários, os temas, os gêneros, as convenções ou técnicas, os elementos estruturais, os recursos linguísticos etc. (...) É para esse último tipo que se voltam as atenções dos que aspiram a uma história literária da literatura, próxima da estética e da linguística.
>
> (COUTINHO E COUTINHO, 1986, p. 10-1)

47 Estabelecidos os critérios, conhecidas as posições, como ficamos quanto à periodização da literatura brasileira, em termos de estilos epocais?

48 Se na história das artes modernas, entre elas a literatura, prevaleceram como unidades periodológicas, como estilos de época, o Renascimento, o Barroco, O Neoclassicismo, o Rococó, o Romantismo, o Realismo, o

Simbolismo, o Impressionismo e o Modernismo, cremos poder concluir que, diante da realidade nacional, desenvolvem-se literariamente no Brasil os seguintes principais estilos:

- Barroco
- Neoclassicismo (Arcadismo)
- Romantismo
- Realismo
- Naturalismo
- Parnasianismo
- Simbolismo
- Impressionismo
- Modernismo

Cabe assinalar que, para a exata configuração do Simbolismo, do Impressionismo, do Modernismo e das manifestações contemporâneas, em que pese a vasta bibliografia existente, carecemos ainda de uma visão totalizante de cada um deles, fundamentada na leitura de obras representativas. E mais: a partir dos anos 1950, inúmeros acontecimentos literários marcaram a realidade cultural brasileira, entre eles o aparecimento e o desenvolvimento de vários movimentos de vanguarda, além de obras configuradoras de novos caminhos na arte literária. Esses movimentos completam compulsoriamente, por força do quadro sócio-histórico vivido pelo País após 1964, o seu ciclo de atuação como manifestações coletivas. Exaurem-se. A marca da poesia brasileira, desde os anos 1970, é a multiplicidade de tendências. Ao longo dos últimos quarenta anos, a produção poética distribui-se num universo de individualidades. Configura-se o que podemos chamar de "Movimento de dispersão". Esses fatores justificam a hipótese de estarmos diante de um novo estilo epocal, ainda que fragmentariamente caracterizado e que, cautelosamente, vem sendo identificado, em algumas histórias da literatura, como "manifestações contemporâneas" ou "tendências contemporâneas", mas que alguns, entre os quais nos incluímos, já denominam, provisoriamente, Pós-modernismo, em que pese, na atualidade, a rapidez do processo histórico-cultural e a heterogeneidade dos fatos que o configuram.

Torna-se necessário esclarecer ainda que os grandes autores de cada período nem sempre são os melhores exemplos: claro que nas obras maiores encontramos os traços que irão constituir as marcas do estilo de época, mas seus autores frequentemente transcendem, nos seus escritos, os limites do período.

Nos escritores de segundo plano é mais fácil encontrar maior soma de elementos caracterizadores: eles fazem uso do material geral, como que a suprir a sua falta de potencialidade artística, a carência de fogo sagrado que unge os verdadeiros artistas; como diria Garcia Lorca, falta-lhes *duende*; e então se valem das formas muitas vezes estereotipadas que marcam um momento literário.

A título de comparação: Alceu Amoroso Lima divide os quatro séculos de nossa história literária em cinco escolas – clássica, romântica, naturalista, simbolista e moderna ou modernista – e assim as situa:

I – FASE COLONIAL (1550-1830)
Classicismo
Século XVI – Recife
Século XVII – Bahia
Século XVIII – Minas Gerais
Século XIX – Rio de Janeiro

II – FASE IMPERIAL (1830-1890)
Romantismo (1830-1870)
Realismo e Parnasianismo (1870-1890)

III – FASE MODERNA (1890-19..)
Simbolismo (1890-1900)
Pré-modernismo (1900-1920)
Modernismo (1920-1945)
Neomodernismo (l945-19..)

(LIMA, 1969, p. 11-2)

Como se observa, o critério usado nessa divisão é eclético.

Mais recentemente, Alfredo Bosi divide a sua *História concisa da literatura brasileira* em oito partes – "A condição colonial", "Ecos do Barroco", "Arcárdia e Ilustração", "O Romantismo", "O Realismo", "O Simbolismo", "Pré-Modernismo e Modernismo" e "Tendências contemporâneas" –, sem preocupação com limites temporais rígidos (BOSI, 1995).

Em confessado e assumido critério eclético, Luciana Stegagno Picchio assim divide a sua *La letteratura brasiliana*, publicada na Itália em 1972: "Le 'grandezze' del Brasile e La catechesi gesuitica"; "Il Barocco brasiliano"; Il Settecento: dalle accademie barocche alle società indipendentiste"; "L'Ottocento: autonomia e indipendenza"; "L'Ottocento: il grande romanticismo brasiliano"; "L'Ottoceno: Socialità e Realismo"; "L'Ottocento: Machado de Assis"; "La poesia del Parnaso al Crepuscolo: Realisti e Parnasiani"; "La poesia del Parnaso al Crepuscolo: Simbolisti, Neoparnasiani, Crepuscolari"; "La prosa del Parnaso al Crepuscolo: istinto di nazionalità e letteratura regionalista"; "La prosa del Parnaso al Crepuscolo: impegno sociale el edonismo verbale";

"Il Modernismo: gli anni dell'avanguardia"; "Stabilizzazione della coscienza creatice e nazionale"; "Le lettere brasiliane dal 1945 al 1971" (PICCHIO, 1972).

Em ensaio de 1973, Merquior sumariza esquematicamente os grandes períodos estilísticos da literatura ocidental moderna, isto é, os sucessivos estilos de época desde a Renascença, e o faz da seguinte maneira, situando neles as manifestações literárias do Brasil:

> O Classicismo humanista da Renascença (começos de 1340/começos de 1550)
> Maneirismo (começos de 1530/começos de 1620)
> Barroco (começos de 1570/começos de 1730)
> Rococó (começos de 1715/começos de 1780)
> Pré-romantismo (começos de 1720/começos de 1800)
> Neoclassicismo (começos de 1700/começos de 1830)
> Romantismo (começos de 1800/começos de 1850)
>
> **O complexo estilístico pós-romântico – dentro do qual inclui:**
>
> Realismo, Naturalismo, Parnasianismo, Impressionismo e Simbolismo (começos de 1850/começos de 1920)
> Modernismo (começos de 1910/começos de 1950)
> Pós-Modernismo (começos de 1940...)
>
> (MERQUIOR, apud PORTELLA,1975, p. 40-92)

E, em 1977, o mesmo Merquior lança *De Anchieta a Euclides: breve história da literatura brasileira – I*, com a seguinte periodização:

> Cap. I – A literatura da era barroca no Brasil (até os começos de 1770)
> Cap. II – O Neoclassicismo (começos de 1760-1836)
> Cap. III – O Romantismo (1836- começos de 1875)
> Cap. IV – O segundo Oitocentismo (1877-1902)

(Sob este último título, trata, entre outros tópicos, do que chama os estilos pós-românticos do Oitocentos e destaca o Naturalismo, o Parnasianismo, a poesia "decadente" e simbolista, Machado de Assis e a prosa impressionista) (MERQUIOR, 1977, p. VI)

A literatura no Brasil, idealizada e dirigida por Afrânio Coutinho, adota, na primeira edição (3 volumes, publicados entre 1956 e 1959) e na segunda (6 volumes, publicados de 1968 a 1971), o seguinte critério:

- A parte I – "Generalidades" – inclui, entre outras considerações, um panorama renascentista.

- A parte II inclui Barroco, Neoclassicismo, Arcadismo, Romantismo, Realismo, Naturalismo, Parnasianismo, Simbolismo, Impressionismo e Modernismo.
- A parte III é dedicada a: Nota explicativa, Evolução da literatura dramática, Evolução do conto, Literatura e jornalismo, Ensaio e crônica, Literatura e filosofia, Literatura e artes, Literatura e pensamento jurídico, Literatura infantil, Conclusões, Bibliografia, Índices. (COUTINHO, 1986)

Já na terceira edição (1986, 6 volumes), revista e atualizada, que tem codireção de Eduardo de Faria Coutinho, altera o quadro e assume um inesperado ecletismo, como se depreende dos títulos e subtítulos que integram o Plano Geral da obra:

VOLUME 1

PRELIMINARES — Prefácio da primeira edição (1955)
Prefácio da segunda edição (1968)
Prefácio da terceira edição (1986)
Literatura brasileira (Introdução)

PRIMEIRA PARTE — GENERALIDADES
O Panorama renascentista
A língua literária
O folclore: literatura oral e literatura popular
A escola e a literatura
O escritor e o público
A literatura e o conhecimento da terra
Gênese da ideia de Brasil
Formação e desenvolvimento da língua nacional
 brasileira

VOLUME 2

SEGUNDA PARTE — ESTILOS DE ÉPOCA
— Era barroca
O Barroco
As origens da poesia
A literatura jesuítica
Antônio Vieira
Gregório de Matos
O mito do ufanismo
A oratória sacra
O movimento academicista

- Era neoclássica
- Neoclassicismo e Arcadismo. O Rococó
- A literatura do Setecentos
- O Arcadismo na poesia lírica, épica e satírica
- Prosadores neoclássicos
- Do Neoclassicismo ao Romantismo

VOLUME 3

SEGUNDA PARTE – ESTILOS DE ÉPOCA
- Era romântica
- O movimento romântico
- Os pródromos do Romantismo
- Gonçalves Dias e o indianismo
- O individualismo romântico
- Castro Alves
- José de Alencar e a ficção romântica
- A crítica literária romântica
- Manuel Antônio de Almeida

VOLUME 4

SEGUNDA PARTE – ESTILOS DE ÉPOCA
- Era realista
- Realismo. Naturalismo. Parnasianismo
- A crítica naturalista e positivista
- A ficção naturalista
- A renovação parnasiana na poesia
- Machado de Assis
- Raul Pompeia
- Joaquim Nabuco. Rui Barbosa
- Euclides da Cunha
- Lima Barreto. Coelho Neto
- O regionalismo na ficção
    - Ciclo nortista
    - Ciclo nordestino
    - Ciclo baiano
    - Ciclo central
    - Ciclo paulista
    - Ciclo gaúcho
- Era de transição
- Simbolismo. Impressionismo. Modernismo
- Presença do Simbolismo
- O Impressionismo na ficção

ESTILOS DE ÉPOCA E PERIODIZAÇÃO • CAPÍTULO 4   99

              A crítica simbolista
              Sincretismo e transição: o Penumbrismo
              Sincretismo e transição: o Neoparnasianismo
              A reação espiritualista

VOLUME 5

SEGUNDA PARTE – ESTILOS DE ÉPOCA
                   – Era modernista
                    A revolução modernista
                    O Modernismo na poesia
                    Vanguardas
                    O Modernismo na ficção
                    A crítica modernista

VOLUME 6

TERCEIRA PARTE – RELAÇÕES E PERSPECTIVAS
                    Nota explicativa
                    Evolução da literatura dramática
                    Evolução do conto
                    Literatura e jornalismo
                    Ensaio e crônica
                    Literatura e filosofia
                    Literatura e artes
                    Literatura e pensamento jurídico
                    Literatura infantil
                    O verso: permanência e evolução
                    CONCLUSÃO
                    A nova literatura brasileira (o romance, a poesia, o conto)
                    Visão prospectiva da literatura no Brasil
                    Historiografia literária em novo rumo
                    Visão final

                                         (COUTINHO, 1986, p. VIII A XX)

Eclética é também a *História da literatura brasileira*, em três volumes, lançados em 1999, idealizada e dirigida por Silvio Castro, com a participação de vários autores, que "elege para sua realização uma metodologia polissêmica, dialética e aberta, que se confronta com conceitos como literatura, texto, história, sociedade, território, espaço e tempo, e que se renova constantemente a partir de tais confrontos" (CASTRO, 1999, p. 11).

E a literatura portuguesa? Esta ainda se prende ao critério histórico-cultural; senão vejamos:

60.1 **Fidelino de Figueiredo:**

Era medieval (1189-1502) – desde o mais antigo documento datável até o início do teatro de Gil Vicente, pela recitação do "Monólogo do vaqueiro":

a) Primeira época (1189-1434) – das origens até a criação do cargo de cronista-mor do reino pelo rei D. Duarte, a qual marca o começo da prosa histórica.

b) Segunda época (1434-1502) – da criação do cargo de cronista-mor à recitação do "Monólogo do vaqueiro".

Era clássica (1502-1825) – desde o início da carreira de Gil Vicente até a aparição do poema de *Camões*, de Garrett.

a) Primeira época (1502-1580) – do "Monólogo do vaqueiro" à morte de Camões.

b) Segunda época (1580-1756) – da morte de Camões à fundação da Arcádia Lusitana.

c) Terceira época (1756-1825) – da fundação da Arcádia Lusitana à publicação de *Camões*, de Garrett.

Era romântica (1825-atualidade) – desde a aparição do poema *Camões* até os nossos dias.

a) Primeira época (1825-1871) – de *Camões* às conferências democráticas do Cassino Lisbonense.

b) Segunda época (1871-1900) – das conferências democráticas do Cassino à morte de Eça de Queirós.

c) Terceira época (1900/atualidade) – da morte de Eça aos nossos dias.

(FIGUEIREDO, 1966, p. 42-3)

60.2 **Mendes dos Remédios:**

Época medieval – séculos XII a XV – infância, iniciação.

Época clássica – séculos XVI a XIX – epopeia nacional, fundação do teatro, imitação de gregos e latinos.

Época romântica – 1825/atualidade – fusão dos elementos medievais com elementos populares e nacionais.

60.3 **Óscar Lopes e António José Saraiva: Assim é dividida a sua *História da literatura portuguesa*:**

1ª época: das origens a Fernão Lopes.

2ª época: de Fernão Lopes a Gil Vicente.

3ª época: o Renascimento.

4ª época: a época barroca.

5ª época: o século das luzes.
6ª época: o Romantismo.

(É de se notar que a 6ª época – o Romantismo – inclui poetas realistas e parnasianos e correntes literárias modernas.)

61 Como se depreende, há uma preocupação marcante com a delimitação no tempo e no espaço, o que acarreta designações imprecisas, como época, era, fase; tais designações, se, por didáticas, ajudam a compreensão, por outro lado podem levar a um falso conceito do fenômeno literário, como tem acontecido.

62 Parece-nos também que, ao se delimitar a história da literatura portuguesa, por exemplo, não houve maior preocupação que a de dividir para compreender e não se deu mais atenção ao problema mesmo da periodologia e de sua importância.

63 Os três respeitáveis exemplos que acabamos de citar, Fidelino, Mendes dos Remédios e mesmo Saraiva, repetem-se com algumas variações.

64 Até o momento em que escrevemos, não temos notícia de nenhuma obra de vulto que se libertasse, em terra de Camões, dos princípios de uma história literária histórica e adotasse a aplicação de qualquer método com perspectivas novas da literatura. Assinale-se a posição de Hernâni Cidade, quando se propõe procurar, através das obras que julga mais representativas, fixar, em concreto, os rasgos que definem a época e o seu estilo literário e "tentar pô-los em melhor evidência, comparando-os com os que nas outras formas de arte ou da vida lhes são afins, de modo que resulte viva, pela integração de todos, a unidade espiritual que neles se manifesta", como esclarece o prefácio de seu precioso livro *Lições de cultura luso-brasileira*, sobre épocas e estilos na literatura e nas artes plásticas, cuja primeira edição é de 1960. Trata-se, entretanto, de um estudo que não se limita ao fato literário.

65 Como se pode depreender dos conceitos anteriores, acreditamos que, em matéria de visão diacrônica da literatura, é admissível e pertinente uma posição em que se aproveitem as várias experiências dos estudiosos, tendo em vista, porém, que o centro das preocupações deve ser a obra de arte literária. E, à luz desse princípio, cremos que a categoria **estilo da época**, tal como a entendemos e definimos neste livro, permanece válida como uma opção crítica pertinente e adequada a uma visão diacrônica da literatura ocidental e, no seu âmbito, da literatura brasileira.

66 Numa tentativa de esquematização, apresentamos, a seguir, um gráfico representativo dos caminhos dessa literatura, em suas grandes linhas:

Mitologia Paganismo	**I** CLASSICISMO (Antiguidade Clássica) Regras de Aristóteles e Horácio
Deus Cristianismo	**II** IDADE MÉDIA Séc. XII/XV Adaptação da cultura clássico-pagã
Homem em equilíbrio	**III** RENASCIMENTO Séc. XVI Retorno às regras clássicas
Homem em conflito	**IV** BARROCO Séc. XVII Evolução das regras renascentistas Ideologia da Contrarreforma
Homem em equilíbrio (rigidez)	**V** NEOCLASSICISMO Séc. XVIII Restauração mais rigorosa da perspectiva clássica
Homem em liberdade (*liberté, égalité, fraternité*)	**VI** ROMANTISMO Séc. XIX/1ª metade Liberdade para criação artística
Busca do homem na dimensão científica	**VII** REALISMO Séc. XIX/2ª metade (Naturalismo/Parnasianismo) Criação artística: observação e análise
Busca do homem na dimensão psicológica (homem/alma)	**VIII** SIMBOLISMO Séc. XIX/fins Séc. XX/começos Criação artística: "eu profundo"
	IX IMPRESSIONISMO Século XIX /fins Século XX/começos Criação artística: impressões do real
	X MODERNISMO Século XX Cubismo • Futurismo • Dadaísmo • Surrealismo • Purismo Criação artística: liberdade plena, pluridimensionalidade
Homem influenciado pela tecnociência	**XI** PÓS-MODERNISMO Séc. XX/2ª metade Criação artística: ênfase na hiper-realidade, mistura de estilos

67   A aparente oposição dos primeiros momentos não significa que os períodos são células estanques; literatura é continuidade; e nesse jogo disciplina/liberação a arte literária tem seguido um linha ascensional, se pensarmos que, na história do homem, a sua procura de soluções para os problemas da vida associativa tem caminhado para um aprimoramento cada vez maior.

68   Assim, para tornarmos didático o nosso pensamento, corremos o risco da generalização e propomos outro gráfico:

```
Pós-Modernismo
                              Modernismo
Simbolismo
                              Realismo
Romantismo
                              Neoclassicismo
Barroco
                              Renascimento
Idade Média
```

69   Como se depreende de um rápido exame, há uma área comum na interseção dos movimentos; é o instante limítrofe em que o estilo de época já não se delineia com muita nitidez, quando os escritos revelam a passagem para uma nova atitude literária que começa a configurar-se. É o caso da obra literária de Bocage, de Jean-Jacques Rousseau, de G. Adolfo Bécquer, de alguns dos nossos árcades, de parte da obra de Manuel Bandeira, para só citar alguns exemplos.

70   Com base nos conceitos que acabamos de expor, tentaremos, nos próximos capítulos, resumir cada um dos estilos de época em suas características básicas, a partir do renascimento.

71   Para melhor compreensão do problema, com relação à história da literatura brasileira, damos notícia, a seguir, de alguns dos mais importantes

estudos e divisões com ela relacionados, além de já citada divisão proposta por Alceu Amoroso Lima.

71.1 A primeira referência à literatura nacional como um conjunto independente da literatura portuguesa deve-se ao crítico Ferdinand Denis (1798-1890), parisiense que veio para o Brasil em 1816. Seu destino era a Índia, mas acabou ficando primeiro no Rio de Janeiro e depois na Bahia, até 1819. Dessa estada, talvez tenha nascido o seu interesse por assuntos ibéricos, sul-americanos e brasileiros, revelado numa vasta bibliografia da qual destacamos o *Résumé de l'histoire littéraire du Portugal, suivi de l'histoire littéraire du Brésil*, datado de 1826.

71.2 Já em 1831, Januário da Cunha Barbosa (Rio de Janeiro, 1780-1846) publica o seu *Parnaso brasileiro* (atentar para o título), onde, pela primeira vez, surge uma tentativa de reunir o que se conservava oralmente ou em escritos esparsos de produção literária dita nacional. Januário da Cunha Barbosa era padre, tendo sido pregador da Capela Real, além de professor catedrático de Filosofia Moral e Racional. Interessante observar que participou da campanha preparatória da Independência e fundou, com Gonçalves Ledo, o jornal *Revérbero Constitucional Fluminense*.

71.3 Segue-se em 1841 a tentativa histórico-literária de Joaquim Norberto de Souza e Silva (Rio de Janeiro, 1820 – Niterói, 1891) – estudioso de literatura, que escreveu vários romances, novelas, peças de teatro, poemas e cujos trabalhos crítico-biográficos são importantes pelo "esforço documentário e a coordenação" – com o seu "Bosquejo da história da poesia brasileira", publicado no livro de versos *Modulações poéticas*.

71.4 Domingos José Gonçalves de Magalhães, autor do famoso ensaio sobre a história da literatura no Brasil, publicado na *Niterói, Revista Brasiliense* (artigo que se tornou um verdadeiro manifesto de Romantismo brasileiro), divide a literatura nacional em dois períodos: antes e depois de 1808.

71.5 É finalmente em 1863 que o professor austríaco Ferdinand Wolf recebe do imperador Pedro II, por indicação de Gonçalves de Magalhães, a missão de resumir sistematicamente a história da nossa literatura, bem como de divulgá-la através da tradução. Wolf aproveita o critério cronológico de Joaquim Norberto, com pequena modificação, e divide a história de nossa literatura em cinco períodos:

- Do descobrimento até o fim do século XVII.
- Primeira metade do século XVIII.
- Segunda metade do século XVIII.
- Da segunda metade do século XVIII até 1840.
- De 1840 a 1863.

Observação: o texto de Wolf está escrito em francês, mas o volume termina com uma antologia, em português, de textos escolhidos de autores brasileiros.

71.6 Segue-se em 1872 outra divisão, esta de autoria do cônego Joaquim Caetano Fernandes Pinheiro (Rio de Janeiro, 1825-1875), professor no Colégio Pedro II e no Seminário Episcopal, autor, entre outros trabalhos, de biografias e estudos sobre Elói Ottoni, Monte Alverne, Gonçalves Dias, Antônio José e as Academias dos Esquecidos e dos Renascidos:

- Fase de formação (séculos XVI e XVII).
- Fase de desenvolvimento (século XVIII).
- Reforma (século XIX) subdividida, quando examina o período, no decorrer de seu trabalho, em três épocas:

   1ª) do princípio do século até a proclamação da Independência;

   2ª) desta até a maioridade de D. Pedro II;

   3ª) abrange tempos contemporâneos.

71.7 Depois de Fernandes Pinheiro, com seu critério ainda ligado ao Romantismo, irá surgir uma divisão presa a nova orientação; é a de Sílvio Romero, sergipano, nascido em 1851, que se formou em Direito no Recife e viveu no Rio a maior parte de sua vida, tendo sido professor de Filosofia no Colégio Pedro II e na Faculdade de Direito, além de deputado federal por Sergipe. Assim se pronuncia, em 1882, aquele que se tornaria um dos mais importantes críticos de nossa literatura:

- Período de formação (1500-1750).
- Período de desenvolvimento autonômico (1750-1830).
- Período de transformação romântica (1830-1870).
- Período de reação crítica (1870 em diante).

Essa primeira divisão foi posteriormente modificada pelo mesmo Sílvio Romero para:

- Período de formação (1592-1768).
- Período de desenvolvimento autonômico (1768-1836).
- Período de reação romântica (1836-1875).
- Período de reação crítico-naturalista (1875-1893 ou 1900)

E ainda uma vez:

- Período clássico (1549-1836).
- Período romântico (1836-1870).
- Período antirromântico (1870-1900).

E numa quarta proposição:
- Período clássico (1592-1792).
- Período de transformações ulteriores (1792-...)

71.8 Em José Veríssimo, influenciado pela cultura francesa, como Sílvio Romero pela germânica, lemos:

> As duas únicas divisões que legitimamente se podem fazer no desenvolvimento da literatura brasileira são, pois, as mesmas da nossa história como povo: período colonial e período nacional. Entre os dois pode marcar-se um momento, um estádio, de transição, ocupado pelos poetas da plêiade mineira (1769/1795), e, se quiserem, os que seguiram até os primeiros românticos.
>
> (VERÍSSIMO, 1954, p. 10).

71.9 Num salto no tempo, vamos encontrar, em Ronald de Carvalho, já uma voz do Modernismo nacional, a seguinte opinião:

> Seria mais acertado, talvez, dividir a história de literatura brasileira em três períodos distintos:
> 1º) período de formação, quando era absoluto o predomínio do pensamento português (1500/1750);
> 2º) período de transformação, quando os poetas da escola mineira começaram a neutralizar, ainda que palidamente, os efeitos da influência lusitana (1750/1830);
> 3º) período autonômico, quando os românticos e os naturalistas trouxeram para a nossa literatura novas correntes europeias (1830 em diante).
>
> (CARVALHO, 1953, p. 49)

71.10 De Arthur Mota temos:
- Época da formação (com quatro períodos: embrionário, de elaboração, de iniciação, de diferenciação) até Gregório de Matos.
- Época de transformação (com quatro períodos: mineiro, patriótico, religioso, de transição).

- Época de expansão autonômica: Romantismo (emancipação literária, 1836; fase religiosa, indianismo, ceticismo, nacionalismo concreto, poesia patriótica, condoreiros).

- Época de expansão autonômica: Realismo (reação antirromântica da poesia científica e social, naturalismo, psicologismo, parnasianismo, simbolismo, futurismo).

(apud COUTINHO E COUTINHO, 1986, p. 31)

Ainda em nosso tempo, Afrânio Peixoto propõe:

Literatura colonial (de imitação da Metrópole, em três fases: Classicismo, Cultismo, Arcadismo).

Literatura reacionária (reação contra a Metrópole: nativismo político e literário, idealização do selvagem).

Literatura emancipada (problemas nacionais: abolição, guerra, república, posse dos sertões, regionalismo).

Influências estrangeiras (europeias, naturalismo, parnasianismo, simbolismo) norte-americanas e outras.

(apud COUTINHO E COUTINHO, 1986, p. 31)

Acrescentem-se as recentes divisões adotadas por Alfredo Bosi, Luciana Stegagno Picchio, José Guilherme Merquior, Afrânio Coutinho, José Aderaldo Castello e Sílvio Castro anteriormente citadas.

Como se depreende das várias sistematizações apresentadas, marca-as, de certa forma, o estilo de época a que cada um dos seus autores estaria vinculado; assim, só para aclarar com exemplos: a visão de Fernandes Pinheiro é romântica; Sílvio Romero é realista; José Veríssimo também participa, a seu modo, do pensamento realista; Ronald de Carvalho é modernista.

A título de informação, acrescentamos algumas obras sobre a história da literatura brasileira que nos parecem importantes para o estudo das questões que vimos de examinar:

BOUTERWEK, Friedrich. *Geschichte der portugiesischen Poesie und Beredsamkeit* (*História da poesia e da eloquência portuguesa*). Goettingen: J. F. Rower, 1805. 4 v. 412 p. Existe versão inglesa: *History of Spanish and Portuguese literature*. London, Boosey and Sons, 1823. 2 v. Bouterwek é o primeiro crítico universal que trata da literatura brasileira, e o faz através da citação "dois vultos nascidos no Brasil e representantes de novos rumos das letras portuguesas: Antônio José, que ele não chega a nomear, e Cláudio Manuel da Costa, cujo nome mutila" (LIMA, 1956).

74.2 SISMONDI, J. C. L. Siamonde de. *De la littérature du midi de l'Europe*. 3ª ed. Paris: Treuttel &Wuertz, 1829 (tomo IV, 1812). O crítico francês cita alguns poetas brasileiros e vaticina:

> Talvez já se aproxime a época em que o império do Brasil produza, em língua portuguesa, dignos sucessores de Camões.
>
> (LIMA, 1956, p. 71)

74.3 DENIS, Ferdinand. *Résumé de l'historie littéraire du Portugal et du Brésil*. Paris: Lecointe et Durey, 1826, 625 p. (Denis, reiteramos, é o primeiro a destacar a literatura brasileira da portuguesa.)

74.4 BARBOSA, J. da Cunha. *Parnaso brasileiro ou coleção das melhores poesias dos poetas do Brasil, tanto inéditas como já impressas*. Rio de Janeiro: Imperial e Nacional, 1829/1832. (Constitui-se de oito cadernos reunidos em dois tomos, de 280 e 259 p. Atende a conselhos de Denis.)

74.5 VARNHAGEN, Adolfo. *Florilégio da poesia brasileira*. Lisboa: Laemmert, 1850. 3 v. 359, 360 e 309 p. (2ª ed. Rio de Janeiro: Academia Brasileira de Letras, 1946, 3 v. 410, 389 e 398 p.)(É importante documento histórico.)

74.6 PINHEIRO, J. C. Fernandes. *Curso elementar de literatura nacional*. Rio de Janeiro: Garnier, 1862. 568 p. (2ª ed. Rio de Janeiro: Garnier, 1883. 600 p.).

74.7 WOLF, Ferdinand. *Le Brésil littéraire*. Berlim: Ascher, 1863. 242 p.

74.8 ROMERO, Sílvio. *História da literatura brasileira*. Rio de Janeiro: Garnier, 1888. 2 v. 682 e 804 p. (2ª ed. Rio de Janeiro: José Olympio, 1943. 5 v. 337, 358, 370, 385 e 481 p. (trata-se de reedição revista e aumentada, a que se acrescentam trabalhos dispersos do autor para completar a obra, que, na segunda edição, termina com os poetas da última geração romântica; foi organizada por Nélson Romero); *A literatura – 1500/1900*. Rio de Janeiro: Imprensa Nacional, 1900. 125 p.; *Evolução do lirismo brasileiro*. Recife: Edelbrook, 1905.

74.9 ROMERO, Sílvio e RIBEIRO, João. *Compêndio da história da literatura brasileira*. 2ª ed. Rio de Janeiro: Francisco Alves, 1909. 550 p.

74.10 VERÍSSIMO, José. *História da literatura brasileira*. Rio de Janeiro: Francisco Alves, 1916. 435 p.

74.11 MOTA, Arthur. *História da literatura brasileira*. São Paulo: Nacional, 1930. 2 v.

74.12 PEIXOTO, Afrânio. *Noções de história da literatura brasileira*. Rio de Janeiro: Francisco Alves, 1931. 252 p.

74.13   LE GENTIL, Georges. *La littérature portugaise*. Paris: Armand Colin, 1935. (Literatura brasileira: tratada em 98 p.)

74.14   CARVALHO, Ronald de. *Pequena história da literatura brasileira*. 3ª ed. Rio de Janeiro: Briguiet, 1935, 381 p. (Há outras edições, essa é a última revista pelo autor.)

74.15   SODRÉ, N. Werneck. *História da literatura brasileira:* seus fundamentos econômicos. São Paulo: Cultura Brasileira, 1938 (2ª ed. Rio de Janeiro: José Olympio, 1960. 546 p.; 4ª ed. Rio de Janeiro: Civilização Brasileira, 1964. 596p.

74.16   FREITAS, Bezerra de. *História da literatura brasileira*. Porto Alegre: Globo, 1939. 332 p.

74.17   OLIVEIRA, J. Osório de. *História breve de literatura brasileira*. Lisboa: Inquérito, 1939. 120 p. (2ª ed. São Paulo: Martins, 1956. 180 p.).

74.18   LACERDA, Virgínia Cortes de. *Unidades literárias:* história da literatura brasileira. São Paulo: Nacional, 1944. 376 p.

74.19   MARQUES, Xavier. *Evolução da crítica brasileira no Brasil e outros estudos*. Rio de Janeiro: Imprensa Nacional, 1944.

74.20   BANDEIRA, Manuel. *Apresentação da poesia brasileira*. Rio de Janeiro: Casa do Estudante do Brasil, 1946. 432 p.

74.21   AMORA, Antônio Soares. *História da literatura brasileira* (séculos XVI/XX). São Paulo: Saraiva, 1955. 169 p. (4ª ed. revista em 1963).

74.22   LIMA, Alceu Amoroso. *Quadro sintético da literatura brasileira*. 2ª ed. rev. e aum. Rio de Janeiro: Agir, 1959. 161 p.; *Estudos literários*. Rio de Janeiro: Aguiar, 1966. 1.069 p. (ed. Organizada por Afrânio Coutinho com assistência do autor.)

74.23   COUTINHO, Afrânio (dir.) e COUTINHO, Eduardo de Faria (codir.). *A literatura no Brasil*. 3ª ed. rev. e atual. Rio de Janeiro: José Olympio; Niterói, UFF – Universidade Federal Fluminense, 1986. 6 v. 466, 312, 356, 640, 660 e 476 p.; *Da crítica e da nova crítica*. Rio de Janeiro: Civilização Brasileira, 1957. 205 p.; *O instinto de nacionalidade na crítica brasileira*. Rio de Janeiro: 1954. (Tese de concurso para preenchimento da cadeira de Literatura Brasileira da Faculdade Nacional de Filosofia da Universidade do Brasil.)

74.24   CANDIDO, Antonio. *Formação da literatura brasileira:* momentos decisivos – 1750-1880. São Paulo: Martins, 1959. 2 v. 792 p. (10ª ed. rev. pelo autor.)

74.25   MILLIET, Sérgio. *Panorama da moderna poesia brasileira*. Rio de Janeiro: MEC, 1952.

74.26   MARTINS, Wilson. *A crítica literária no Brasil*. Rio de Janeiro: Francisco Alves, 1983, 2 v. 1176 p.

74.27   CANDIDO, Antonio e CASTELO, José A. *Presença da literatura brasileira*. São Paulo: Difel, 1964. 3 v. 378, 356 e 380 p. (História e antologia.)

74.28   CARPEAUX, Otto Maria. *Pequena bibliografia crítica da literatura brasileira*. 3ª ed. rev. e aum. Rio de Janeiro: Letras e Artes, 1964.

74.29   CASTELO, José A. *Manifestações literárias da era colonial (1500/1808/1836)*. 2ª ed. rev. e aum. São Paulo: Cultrix, 1965. (Volume 1 de *A literatura brasileira*.); e *História da literatura brasileira: origens e unidade. 1500-1960*. São Paulo: Edusp, 1999. 3. v.

74.30   AMORA, Antônio Soares. *O Romantismo (1833/1838/1878/1881)*. São Paulo: Cultrix, 1967. (Volume 2 de *A Literatura brasileira*.)

74.31   PACHECO, João. *O realismo (1870/1900)*. São Paulo: Cultrix, 1963. (Volume 3 de *A literatura brasileira*.)

74.32   MOISÉS, Massaud. *O simbolismo (1893/1902)*. São Paulo: Cultrix, 1966. (Volume 4 de *A literatura brasileira*.)

74.33   BOSI, Alfredo. *O pré-modernismo*. São Paulo: Cultrix, 1965. (Volume 5 de *A literatura brasileira*.)

74.34   MARTINS, Wilson. *O modernismo (1916/1945)*. São Paulo: Cultrix, 1965. (Volume 6 de *A literatura brasileira*). Esses seis últimos volumes foram publicados sob o título comum de *Roteiro das grandes literaturas*.)

74.35   PAES, José Paulo e MOISÉS, Massaud. *Pequeno dicionário de literatura brasileira*. São Paulo: Cultrix, 1967.

74.36   BOSI, Alfredo. *História concisa da literatura brasileira*. São Paulo: Cultrix, 1970. (32ª ed. 1995.)

74.37   PICCHIO, Luciana Stegagno. *La letteratura brasiliana*.Bologna: Sansoni-Accademia, 1972. Foi editada em português: *História da literatura brasileira*. 2ª ed. rev. e atual. Rio de Janeiro: Nova Aguilar, 2004.

74.38   MERQUIOR, José Guilherme. *De Anchieta a Euclides:* breve história da literatura brasileira – I. Rio de Janeiro: José Olympio, 1977.

75   E para terminar, uma breve indicação bibliográfica sobre a literatura portuguesa:

75.1   BARROS, João de. *Pequena história da poesia portuguesa*. Lisboa: Cosmos, 1941.

75.2   BELL, Aubrey. *A literatura portuguesa*. Coimbra: Imprensa da Universidade, 1931.

75.3   BRAGA, Teófilo. *História da literatura portuguesa*. Porto: Chardron, 1870.

75.4 CIDADE, Hernâni. *O conceito de poesia como expressão da cultura*. 2ª ed. Coimbra: Arménio Amado, 1957; *Portugal histórico-cultural*. Salvador: Livraria Progresso, 1957; *Lições de cultura luso-brasileira:* épocas e estilos na literatura e nas artes plásticas. Rio de Janeiro: Livros de Portugal, 1960; *Lições de cultura e literatura portuguesa*. 1º v. (séculos XV, XVI e XVII). 4ª ed. corr., atual. e ampl. Coimbra: Coimbra Ed., 1959; e 2º v. (da reação contra o formalismo seiscentista ao advento do Romantismo). 4ª ed. do "Ensaio sobre a crise mental do século XVIII", corr., atual. e ampl. Coimbra: Coimbra Ed., 1959.

75.5 FERREIRA, Joaquim. *História da literatura portuguesa*. Porto: Domingos Barreira, s/d.

75.6 FIGUEIREDO, Fidelino de. *Literatura portuguesa*. Rio de Janeiro: Acadêmica, 1941; *História literária de Portugal:* séculos XII-XX. 3ª ed. São Paulo: Nacional. 1996 (1ª ed., 1944).

75.7 SAMPAIO, Albino. *História da literatura portuguesa*. Lisboa: Ailand e Bertrand, 1929-1942. 4 v. (ilustrada).

75.8 LOPES, Óscar e MARTINS, Júlio. *Manual elementar de literatura portuguesa*. 3ª ed. Lisboa: Didáctica, 1955.

75.9 MENDES DOS REMÉDIOS, J. *História da literatura portuguesa*. 6ª ed. Coimbra: Atlântida, 1930.

75.10 SARAIVA, A. José e LOPES, Óscar. *História da literatura portuguesa*. Porto: Porto Ed., [s/d].

75.11 SARAIVA, A. José. *História da literatura portuguesa*. Lisboa: Europa-América, 1950. (Col. Saber.)

BIBLIOGRAFIA

TEXTOS TEÓRICOS

ALONSO, Amado. *Materia y forma en poesia*. Madrid: Gredos, 1995.

_____. *Poesia españõla:* ensayo de métodos y límites estilísticos. 2. ed. aum. e corr. Madrid: Gredos, 1952.

AMBROSIO, Ignacio. *Formalismo e avanguardia in Russia*. Roma: Editori Riuniti, 1968.

AMORA, Antônio Soares. *História da literatura brasileira (séculos XVI/XX)*. São Paulo: Saraiva, 1953.

_____. *Introdução à teoria da literatura*. 2. ed. São Paulo: Cultrix, 1973.

ARISTÓTELES. *Arte retórica e arte poética (Art réthorique et art poétique)*. São Paulo: Difel, 1964.

_____. *La poétique*. Tradução e notas de leitura por Roselyne Dupont Roc e Jean Lallot. Prefácio de Tzvetan Todorov. Paris: Seuil, 1980.

AUERBACH, Erich. *Mimésis*. Paris: Gallimard, 1968.

AUZIAS, Jean-Marie. *Clefs pour le structuralisme*. Paris: Seghers, 1967.

AZEVEDO FILHO, Leodegário A. et alii. *Teoria da literatura*. Rio de Janeiro: Gernasa, 1973.

BADIOU, Alain. *Le concept de modèle*. Paris: Maspero, 1969.

BAEZ SAN JOSÉ, Valerio. *La estilística de Dámaso Alonso*. Sevilla: Publicaciones de La Universidad, 1971.

BAKHTINE, M. *Esthétique et théorie du Roman*. Paris: Gallimard, 1978.

_____. *La poétique de Dostoiévski*. Paris: Seuil, 1970.

_____. *L'oeuvre de François Rabelais et la culture populaire au Moyen Âge et sous La Renaissance*. Paris: Gallimard, 1970.

BALLY, Charles. *Traité de stylistique française*. 2. ed. Heidelberg: Winter, s/d.

BANDEIRA, Manuel. *Apresentação da poesia brasileira*. Rio de Janeiro: Casa do Estudante do Brasil, 1946.

BANN, S. e BOWLT, J. (ed.). *Russian formalism*. London: Chatto Scottish Academic Press, 1973.

BARTHES, Roland. *Critique et vérité*. Paris: Seuil, 1966.

_____. *Essais critiques*. Paris: Seuil, 1964.

_____. *Le degré zéro de l'écriture suivi de éléments de sémiologie*. Paris: Gonthier, s/d.

_____. *Le plaisir du texte*. Paris: Seuil, 1973.

_____. *S/Z*. Paris: Seuil, 1970.

BASTIDE, Roger. (ed.). *Sens et usages du terme structure dans les sciences humaines et sociales*. Gravenhage: Mouton, 1962.

BEAUVOIR, S. de et alii. *Que peut la littérature?* Paris: L'Inédit, 1965.

BENJAMIN, W. et alii. *Storia e scienza della letteratura*. Cremona: Convegno, 1970.

BENVENISTE, Émile. *Problèmes de linguistique générale*. Paris: Gallimard, 1966.

BERND, Zilá (org.). *Antologia da poesia afro-brasileira*.Belo Horizonte: Mazza Editores, 2011.

BERRIO, A. Garcia. *Significado actual del formalismo ruso*. Barcelona: Planeta, 1973.

BONET, Carmelo M. *La crítica literaria*. Buenos Aires: Nova, 1959.

BOSI, Alfredo. *História concisa da literatura brasileira*. 32. ed. São Paulo: Cultrix, 1995.

BOUDON, Raymond. *À quoi sert la notion de structure?* Paris: Gallimard, 1968.

BOURDIEU, Pierre. *As regras da arte: gênese e estrutura do campo literário*. São Paulo: Cia das Letras, 1996.

BOUSOÑO, Carlos. *Épocas literarias y evolución*. Madrid: Gredos, 1981. 2. v.

_____. *Teoría de la expresión poética*. 2. ed. Madrid: Gredos, 1956.

BOYD, John D. *The function of mimesis and its decline*. Cambridge (Mass.): Harvard University Press, 1968.

BRÉMOND. Claude. *La logique du récit*. Paris: Seuil, 1973.

BROOKS, Cleanth. *The well wrought urn*: studies in the structure of poetry. New York: Harcourt, Brace and World, Inc. 1947.

BUTCHER, H. S. *Aristotle's theory of poetry and fine arts*. 4. ed. London: MacMillan, 1927.

CÂMARA JR., J. Mattoso. *Para o estudo da fonêmica portuguesa*. Rio de Janeiro: Simões, 1953.

CAMPOS, Haroldo de. *Deus e o diabo no Fausto de Goethe*. São Paulo: Perspectiva, 1981.

CANDIDO, Antonio. *Formação da literatura brasileira. Momentos decisivos*. 1750-1880. 1. ed. rev. pelo autor. Rio de Janeiro: Academia Brasileira de Letras/Ouro sobre Azul, 2006.

_____. *Literatura e sociedade*. São Paulo: Nacional, 1965.

CARILLA, Emilio. *Manierismo y barroco en las literaturas hispánicas*. Madrid: Gredos, 1983.

CARPEAUX, Otto Maria. *Pequena bibliografia crítica da literatura brasileira*. 3. ed. rev. e aum. Rio de Janeiro: Letras e Artes, 1964.

CARVALHO, Ronald de. *Pequena história da literatura brasileira*. 9. ed. rev. Rio de Janeiro: Briguiet, 1953.

CASTELLO, José Aderaldo. *A literatura brasileira: origens e unidade (1500-1960)*. São Paulo: Edusp, 1999. 3 v.

_____. *Manifestações literárias da era colonial*. São Paulo: Cultrix, 1967.

_____. *O movimento academicista no Brasil*. São Paulo: CEC. 10 v.

CASTRO, Sílvio (dir.). *História da literatura brasileira*. Lisboa: Alfa, 1999.

CHARTIER, Roger e JULIA, Dominique. Le monde à l'envers. In: *L'Arc*. Le Roy Ladurie. Paris, 65, p. 43-53, 1976.

CHATMAN, Seymour (ed.). *Literary style*: a symposium. London, New York: Oxford University Press, 1971.

CHAVES, Flávio Loureiro et alii. *Aspectos do modernismo brasileiro*. Porto Alegre: UFRGS, 1970.

CIDADE, Hernâni. *Lições de cultura e literatura portuguesa;* séculos XV, XVI e XVII. 4. ed. corr., atual. e ampl. Coimbra: Coimbra Ed., 1959. v. 1.

_____. *Lições de cultura luso-brasileira*: épocas e estilos na literatura e nas artes plásticas. Rio de Janeiro: Livros de Portugal, 1960.

CLARK, Katerina e HOLQUIST, Michael. *Mikhaïl Bakhtine*. Cambridge, Massachusetts and London, England: Belknap Press and Harvard Univ. Press, 1984.

COELHO, E. Prado (org.). *Estruturalismo: antologia de textos teóricos*. Lisboa: Portugália, 1968.

COELHO, J. do Prado. *Problemática da história literária*. Lisboa: Ática, 1972.

COHEN, Jean. *Structure du langage poétique*. Paris: Flammarion, 1966.

COHEN, Keith. Le new criticism aux États-Unis (1935-1950). *Poétique*. Paris: Seuil, n. 10, 1972.

Communications 8. Paris: Seuil, 1966.

CORTI, Maria e SEGRE, Cesare (eds.). *I metodi attuali della critica in Italia*. Torino: Einaudi, 1970.

COSERIU, Eugenio. *Sincronía, diacronía e historia*. 2. ed. Madrid: Gredos, 1973.

_____. *Teoría del lenguaje y lingüística general*. Madrid: Gredos, 1962.

COUTINHO, Afrânio. *Crítica e poética*. Rio de Janeiro: Acadêmica, 1968.

_____. *Da crítica e da nova crítica*. 2. ed. Rio de Janeiro: Civilização Brasileira, 1975.

_____. (dir.) e COUTINHO, Eduardo de Faria (codir.). *A literatura no Brasil*. 3. ed. rev. e atual. Rio de Janeiro: José Olympio. Niterói: UFF – Universidade Federal Fluminense, 1986. 6 v.

CRESSOT, B. *Estetica come scienza dell'espressione e linguistica generale*. Bari: Laterza, 1946.

_____. *La poesia*. Bari: Laterza, 1949.

_____. *Problemi di estetica*. Bari: Laterza, 1949.

DACANAL, José Hildebrando. *Realismo mágico*. Porto Alegre: Movimento, 1970.

DAICHES, David. *Posições da crítica em face da literatura (Critical approaches to literature)*. Rio de Janeiro: Acadêmica, 1967.

DAIX, Pierre. *Nouvelle critique et art moderne*. Paris: Seuil, 1968.

DERRIDA, J. *L'écriture et la différence*. Paris: Seuil, 1967.

DEVOTO, G. *Nuovi studi di stilistica*. Firenze: Le Monnier, 1962.

_____. *Studi di stilistica*. Firenze: Le Monnier, 1950.

DÍAZ-PLAJA, Guillermo. *El estudio de la literatura: los métodos historicos*. Barcelona: Sayma, 1963.

DOUBROVSKY, Serge. *Pourquoi la nouvelle critique: critique et objectivité*. Paris: Mercure de France, 1966.

DUCROT, O. et alii. *Qu'est-ce que le structuralisme?* Paris: Seuil, 1968.

_____ e TODOROV, T. *Dictionnaire encyclopédique des sciences du langage*. Paris: Seuil, 1972.

ECO, Humberto. *L'oeuvre ouverte (Opera aperta)*. Paris: Seuil, 1965.

El Círculo de Praga. Tesis de 1929. Madrid: A Corazón, 1970.

ENKVIST, Nills Erik; SPENCER, John; GREGORY, Michael J. *Linguística e estilo (Linguistics and style)*. São Paulo: Cultrix, 1970.

ERLICH, Viktor. *Russian formalism: history-doctrine*. 3. ed. The Hague, Paris: Mouton, 1969.

ESCARPIT, Robert (ed.). *Le littéraire et le social: elements pour une sociologie de la littérature*. Paris: Flammarion, 1970.

_____. *Sociologie de la littérature*. Paris: PUF, 1958.

ESCOBAR, C. Henrique (ed.). *O método estruturalista*. Rio de Janeiro: Zahar, 1967.

FAGES, J. B. *Comprendre le structuralisme*. Paris: Privat, 1967.

FIGUEIREDO, Eurídice (org.). *Conceitos de literatura e cultura*. 2. ed Rio de Janeiro: EdUFF / Ed. UFRJ, 2010.

FIGUEIREDO, Fidelino de. *História literária de Portugal: séculos XII-XX*. 3. ed. São Paulo: Nacional, 1966.

FISCHER, Ernst. *La nécessité de l'art*. Paris: Sociales, 1965.

FOUCAULT, Michael. *Les mots et les choses*. Paris: Gallimard, 1966.

FRAZER, Sir James. *O ramo de ouro*. Rio de Janeiro: Zahar, s/d.

FRYE, Northrop. *Anatomia da crítica (Anatomy of criticism)*. São Paulo: Cultrix, s/d.

_____. *O caminho crítico (The critical path)*. São Paulo: Perspectiva, 1973.

GENETTE, Gérard. *Figures*. Paris: Seuil, 1966.

_____. *Figures II*. Paris: Seuil, 1969.

_____. *Figueres III*. Paris: Seuil, 1972.

_____. *Palimpsestes*. Paris: Seuil, 1982.

GLICKSBERG, Charles (.ed.). *American literary criticism – 1900/1950*. New York: Hendricks House, 1952.

GOLDMANN, L. *Dialética e cultura*. Rio de Janeiro: Paz e Terra, 1967.

_____. *Pour une sociologie du roman*. Paris: Gallimard, 1965.

GREIMAS, A. J. *Du sens*. Paris: Seuil, 1970.

_____. *Sémantique structurale*. Paris: Larousse, 1966.

_____ et alii. *Essais de sémiotique poétique*. Paris: Larousse, 1972.

_____ et alii. *Signe-language-culture*. Paris: Mouton, 1970.

GUINSBURG, J. (org.). *Círculo Linguístico de Praga*. São Paulo: Perspectiva, 1978.

GUIRAUD, P. *La stylistique*. Paris: Presses Universitaires de France, 1957. v. 646 (Col. Que sais-je?).

HATZFELD. *A critical bibliography of the new stylistics applied to the romance literatures (1953/1965)*. Chapel Hill: University of North Carolina Press, 1966.

_____. *Initiation à l'explication des textes français*. 2. ed. corr. et augm. Munchen: Max Hueber Verlag, s/d.

_____. *Bibliografía crítica de la nueva estilística*. Madrid: Gredos, 1955.

HAYMAN, David. Um passo além de Bakhtin: por uma mecânica dos modos. *Tempo Brasileiro*, Rio de Janeiro, 62, p. 29-52, 1980.

HUTCHEON, Linda. Ironie et parodie: stratégie et structure. *Poétique*. Paris, 36, p. 467-77, 1978.

INGARDEN, Roman. *A obra de arte literária (Literarisches Kunstwerk)*. Lisboa: Calouste Gulbenkian, 1973.

JAKOBSON, Roman. *Essais de linguistique générale*. Paris: Minuit, 1966.

_____. *Questions de poétique*. Paris: Seuil, 1973.

JAUSS, Hans Robert. *História literária como desafio à ciência literária*. Porto: Soares Martins, 1974.

_____. *Pour une esthétique de la réception*. Paris: Gallimard, 1978.

JOHN, C. *The world's body*. New York: Scribner's Sons, 1938.

KOTHE, Flávio. A não circularidade do Círculo de Bakhtin. *Tempo Brasileiro*, Rio de Janeiro, 51, p. 17-33, 1977.

_____. *O herói*. São Paulo: Ática, 1985.

KRISTEVA, J. *La révolution du langage poétique*. Paris: Seuil, 1974.

_____. *Semeiotiké*: recherches pour une sémanalyse. Paris: Seuil, 1969.

LACAN, J. *Écrits*. Paris: Seuil, 1966.

LACERDA, Virgínia Cortes de. *Unidades literárias; história da literatura brasileira*. São Paulo: Nacional, 1944.

LANSON, Gustave. *Essais de méthode de critique et d'histoire littérarie*. Paris: Hachette, 1965.

LAURENT, Jenny. Le discours du carnaval. *Littérature*, Paris, 16, p. 19-36, 1974.

LAUSBERG, Heinrich. *Elementos de retórica literária*. Lisboa: Fundação Calouste Gulbenkian, 1966. 2 v.

LEFEBVRE, H. *Au-delà du structuralisme*. Paris: Anthoropos, 1971.

_____; GOLDMANN, L.; MAKARIUS, R. L. *Debate sobre o estruturalismo*. São Paulo: Documentos, 1968.

LE GENTIL, G. *La littérature portugaise*. Paris: Armand Colin, 1935.

LEMON, Lee T. e REIS, Marion J. (org.). *Russian formalist criticism*. Lincoln: University of Nebraska Press, 1965.

LÉVI-STRAUSS, C. *Anthropologie structurale*. Paris: Plon, 1958.

_____. *Anthropologie structurale deux*. Paris: Plon, 1973.

LIMA, Alceu Amoroso. *Estudos literários*. Rio de Janeiro: J. Aguilar, 1966.

_____. *Introdução à literatura brasileira*. Rio de Janeiro: Agir, 1956.

_____. *Quadro sintético da literatura brasileira*. 2. ed. rev. e aum. Rio de Janeiro: Agir, 1969.

LIMA, Luiz Costa. (org.). *A literatura e o leitor*: textos de estética da recepção. Rio de Janeiro: Paz e Terra, 1979.

_____. *Estruturalismo e teoria da literatura*. Petrópolis: Vozes, 1973.

_____. *Mimesis e modernidade*: formas das sombras. Rio de Janeiro: Graal, 1980.

_____. (org.). *Teoria da literatura em suas fontes*. 2. ed. rev. e ampl. Rio de Janeiro: Francisco Alves, 1983. 2 v.

LITTÉRATURE ET SOCIÉTÉ. *Problèmes de méthodologie en sociologie de la littérature*. Bruxelles: Université Libre de Bruxelles, 1967.

LOPES, Óscar e SARAIVA, A. José. *História da literatura portuguesa*. Porto: Porto Ed., s/d.

LUKÁCS, Georg. *A teoria do romance (Die Theorie des Romans)*. Lisboa: Presença. s/d.

_____. *Ensaios sobre literatura*. 2. ed. Rio de Janeiro: Civilização Brasileira, 1968.

_____. *La signification présente du réalisme critique*. Paris: Gallimard, 1960.

_____; BAKHTIN, Mikhaïl et alii. *Problemi di teoria del romanzo*: metodologia letteraria e dialettica storica. A cura di Vittorio Strada. Torino: Einaudi, 1978.

MARKOV, V. *Russian futurism*: a history. London: Macgibbon & Kee, 1969.

MAROUZEAU, Jules. *Précis de stylistique française*. 3. ed. Paris: Masson, 1950.

MENDES DOS REMÉDIOS, J. *História da literatura portuguesa*. 6. ed. Coimbra: Atlântida, 1930.

MERQUIOR, J. G. *De Anchieta a Euclides*: breve história da literatura brasileira – I. Rio de Janeiro: José Olympio, 1977.

_____. *Formalismo e tradição moderna*: o problema da arte na crise da cultura. Rio de Janeiro: Forense Universitária; São Paulo: Edusp, 1974.

_____. *O elixir do apocalipse*. Rio de Janeiro: Nova Fronteira, 1983.

_____. *O fantasma romântico e outros ensaios*. Petrópolis: Vozes, 1980.

_____. Sobre alguns problemas da crítica estrutural. *Colóquio/Letras 1*, Lisboa, mar. 1971.

MESCHONIC, Henri. *Pour la poétique – I*. Paris: Gallimard, 1970.

MESNIL, Marianne. *Trois essais sur la fête*; du folklore à l'ethno-sémiotique. Bruxelles: Université de Bruxelles, 1974.

MICHAUD, Guy. *L'oeuvre et ses techniques*. Paris: Nizet, 1957.

MOISÉS, Massaud e PAES, José Paulo (dir. e org.). *Pequeno dicionário de literatura brasileira*. São Paulo: Cultrix, 1967.

MORA, José Ferrater. *Diccionario de filosofía*. 5. ed. Buenos Aires: Editorial Sudamericana, 1968.

MOTA, Arthur. *História da literatura brasileira*. São Paulo: Nacional, 1930. 2 v.

NEJAR, Carlos. *História da literatura brasileira*: da carta de Caminha aos contemporâneos. São Paulo: Leya, 2011.

OLIVEIRA, Dionísio de (org.). *Teoria da literatura*: formalismos russos. Porto Alegre: Globo, 1976.

PALMA-FERREIRA, João. *Literatura portuguesa*: história e crítica. Lisboa: Imprensa Nacional/Casa da Moeda, 1985. v. 1.

PIAGET, Jean. *Le structuralisme*. Paris: PUF, 1968.

PICARD, Raymond. *Nouvelle critique ou nouvelle imposture*. Paris: Pauvert, 1965.

PICCHIO, Luciana Stegagno. *História da literatura brasileira*. 2. ed. rev. e ampl. Rio de Janeiro: Lacerda Ed./Academia Brasileira de Letras, 2004.

_____. *La letteratura brasiliana*. Bologna: Sansoni-Accademia, 1972.

PLATÃO. *A república*. São Paulo: Hemus, 1970.

PLATÓN. *Obras completas*. 2. ed. Madrid: Aguilar, 1981. (Tradução do grego, preâmbulos e notas por Maria Araújo, Francisco Garcia Yagüe, Luís Gil, José Antonio Miguez, Maria Rico, Antonio Rodriguez Huescan e Francisco de P. Samanach.

Introdução de José Antonio Rodriguez.)*Poétique*. Révue de théorie et d'analyse littéraire, Paris, Seuil, n. 39, set. 1979. N. especial.

Poétique. Révue de théorie et d'analyse littéraire, Paris, Seuil, n. 64, nov. 1985.

POMORSKA, K. *Jornalismo e futurismo*: a teoria formalista e seu ambiente poético *(Russian formalist theory and its poetic ambiance)*. São Paulo: Perspectiva, 1972.

_____. *Russian formalism and its poetic ambiance*. The Hague/Paris: Mouton, 1968.

PORTELA, Eduardo. Crítica literária e estruturalismo. In: *Tempo Brasileiro*. Rio de Janeiro, 15-6: 75-6, 1968.

_____ et alii. *Teoria literária*. Rio de Janeiro: Tempo Brasileiro, 1975.

POULET, Georges, dir. *Les chemins actuels de la critique*. Paris: Union Générale d'Éditions, 1968.

PROENÇA FILHO, Domício. *A linguagem literária*. 8. ed. rev. e ampl. São Paulo: Ática, 2007.

_____ (org.). *Concerto a quatro vozes*. Rio de Janeiro: Record, 2006.

PROPP, Wladimir Ja. *Morphologie du conte (Morfologija skazki)*. Paris: Gallimard, 1970.

RANSON, John C. *The new criticism*. Norfolk. Con.: New Directions, 1941.

REYES, Alfonso. *La crítica en la edad ateniense*. México: El Colegio de México, 1941.

RICHARDS, Ivor A. *Practical criticism*. London: Kegan Paul, 1929.

_____. *Principles of literary criticism*. London: Kegan Paul, 1924.

RICOEUR, Paul. *Le conflit des interpretations*. Paris: Seuil, 1969.

RIFFATERRE, Michael. *Essais de stylistique structurale*. Paris: Flammarion, 1971.

RODRIGUES, Selma Calasans. *Macondamérica*. A paródia em Gabriel García Márquez. Rio de Janeiro: Leviatã, 1992.

_____. *Paródia e discurso carnavalesco em "Cem anos de solidão"*. Rio de Janeiro: UFRJ – Faculdade de Letras, 1985 (tese de doutorado).

RODRÍGUEZ MONEGAL, Emir. Carnaval/antropofagia/paródia. *Tempo Brasileiro – Sobre a paródia*. Rio de Janeiro, 62, p. 6-17, 1980.

ROMERO, Sílvio. *História da literatura brasileira*. 2. ed. Rio de Janeiro: Garnier, 1902. 2 v.

ROSSI, Carlo Giuseppe. *Estudios sobre las letras en el siglo XVIII*. Madrid: Gredos, 1967.

ROUSSET, Jean. *Forme et signification*. Paris: José Corti, 1964.

SANT'ANNA, Affonso Romano de. *Análise estrutural de romances brasileiros*. Petrópolis: Vozes, 1973.

_____. *Paródia, paráfrase & cia*. São Paulo: Ática, 1985.

SANTIAGO, Silviano (sup.). *Glossário de Derrida*. Rio de Janeiro: Francisco Alves, 1976.

SARAIVA, S. José. *História da literatura portuguesa*. Lisboa: Europa-América, 1950. (Col. Saber.)

_____ e LOPES, Ó. *História da literatura portuguesa*. Porto: Porto Ed., s/d.

SAUSSURE, F. de. *Cours de linguistique générale*. Paris: Payot, 1968. (publicado por Charles Bally e Alberto Sechehaye, com a colaboração de Albert Riedlinger.)

SCHLOVSKY, V. *Una teoria della prosa*. Bari: De Donato, 1966.

SCHNAIDERMAN, Boris. *Turbilhão e semente*: ensaios sobre Dostoiévski e Bakhtin. São Paulo: Duas Cidades, 1983.

SCHULP, P. M. *Platon et l'art de son temps*. Paris: PUF, 1952.

SEGRE, Cesare. *I segni e la critica*: fra strutturalismo e semiologia. Torino: Einaudi, 1969.

SEMPOUX, A. Note sur l'historie des mots style et stylistique. *Révue Belge de Philologie et d'Histoire*, XXXIX, 1961.

SILVA, V. M. de Aguiar e. *Teoria da literatura*. São Paulo: Martins Fontes, 1976.

SILVEIRA, Tasso da. *Literatura comparada*. Rio de Janeiro: GRD, 1964.

SOUZA, Roberto Acízelo de. *Uma ideia moderna de literatura*: textos seminais para os estudos literários (1688-1922). Chapecó, SC: Argos, 2011.

SPITZER, Leo. *Études de style*. Paris: Gallimard, 1970.

_____. *Les études du style et les différents pays. Langue et littérature*. Paris: Les Belles Lettres, 1961.

_____. *Linguística e história literária*. 2. ed. Madrid: Gredos, 1961.

TACCA, Óscar. *La historia literaria*. Madrid: Gredos, 1968.

Tempo Brasileiro, Rio de Janeiro, Tempo Brasileiro, 15/16, 1968.

THOMPSON, Ewa M. *Russian formalism and anglo-american new criticism*. The Hague/Paris: Mouton, 1971.

TINIANOV, Iuri. *Avanguardia e tradizione*. Beri: Dedalo, 1968.

_____. *Formalismo e storia letteraria*. Torino: Einaudi, 1973.

_____. *O problema da linguagem poética I*: o ritmo como elemento construtivo do verso. Rio de Janeiro: Tempo Brasileiro, 1975.

_____. *O problema da linguagem poética II*: o sentido da palavra poética. Rio de Janeiro: Tempo Brasileiro, 1975.

TODOROV, T. Formalistes et futuristes. *Tel Quel*, 35, p. 42 et seq., 1968.

_____. *Littérature et signification*. Paris: Larousse, 1967.

_____. *Mikhaïl Bakhtine*: le principe dialogique suivi de écrits du Cercle de Bakhtine. Paris: Seuil, 1981.

_____. *Poétique*. Paris: Seuil, 1973.

_____ (org.). *Théorie de la littérature*: textes des formalistes russes. Paris: Seuil, 1965.

TOLEDO, Dionísio de Oliveira (org.). *Teoria da literatura*: formalistas russos. Porto Alegre: Globo, 1976.

VERÍSSIMO, José. *História da literatura brasileira*. 3. ed. Rio de Janeiro: José Olympio, 1954.

VIET, Jean. *Les méthodes structuralistes dans les sciences sociales*. Paris: Mouton, 1965.

VINOGRADOV, V. V. *Stilistica e poetica*. Milano: U. Mursia, 1972.

VOILQUIN, J. e CAPELLE, J. *Aristote, art réthorique et art poétique*. Paris: Garnier, 1944.

VOSSLER, Karl. *Positivismo e idealismo en la lingüística*. Madrid/Buenos Aires: Poblet, 1929.

_____; SPITZER, Leo; HATZFELD, Helmut. *Introducción a la estilística del romance*. Buenos Aires: Faculdad de Filosofía y Letras, 1942.

WELLEK, R. *Conceitos de crítica* (*Concepts of criticism*). São Paulo: Cultrix, s/d.

_____. *Discriminations*. London: Yale University Press. 1970.

_____. *História de la crítica moderna (1750-1950)*: la segunda mitad del siglo XVIII. Madrid: Gredos, 1959.

_____. e WARREN, *Teoría literaria* (*Theory of literature*). 4. ed. Madrid: Gredos, 1966.

WINSATT JR., William K. e BROOKS, Cleanth. *Literary criticism*: a short history. New York: Knopf, 1964.

ZUMTHOR, Paul. *Essais de poétique medievale*. Paris: Seuil, 1972.

CAPÍTULO 5

O Renascimento

> *(...) Que do mar e do céu, em poucos anos,*
> *Venham deuses a ser, e nós humanos.*
> (CAMÕES, 1947, p. 14)

1   Entendemos que, entre outras especificações, a literatura configura a revelação de uma realidade. Essa revelação, aliada à forma linguística por meio da qual ela se concretiza, permite identificar os vários estilos de época, unidades periodológicas a que já nos referimos anteriormente, a saber: Renascimento, Barroco, Neoclassicismo (Arcadismo), Romantismo, Realismo, Naturalismo, Parnasianismo, Simbolismo, Impressionismo, Modernismo e Pós-Modernismo.

2   É o que começamos a fazer a partir deste capítulo.

3   E tomamos como objeto de nossas reflexões as três primeiras estrofes de um conhecidíssimo poema.

4   Como se poderá observar, o exame do texto nos conduzirá:

- à caracterização do texto em função do estilo de época de que é representativo:
- à localização do poema no tempo e no espaço;
- à visão do Homem que dele se depreende;
- à posição do artista em face da obra de arte literária;
- à posição do artista diante da língua;
- à situação do poema com relação à literatura;
- à situação do poema nos quadros da cultura de que é representativo;
- a elementos importantes para a compreensão da história da literatura e sua vinculação à história das demais artes.

5   Identificados esses aspectos, verificaremos como a leitura ganha em fruição de prazer estético.

6   Vamos aos versos:

> I
>
> As armas e os barões assinalados,
> Que da ocidental praia lusitana,
> Por mares nunca de antes navegados,
> Passaram ainda além da Taprobana,
> Em perigos e guerras esforçados
> Mais do que prometia a força humana,
> E entre gente remota edificaram
> Novo Reino, que tanto sublimaram;
>
> II
>
> E também as memórias gloriosas
> Daqueles reis que foram dilatando
> A fé, o Império, e as terras viciosas
> De África e de Ásia andaram devastando;
> E aqueles que por obras valerosas
> Se vão da lei da Morte libertando
> — Cantando espalharei por toda a parte,
> Se a tanto me ajudar o engenho e arte.
>
> III
>
> Cessem do sábio grego e do troiano
> As navegações grandes que fizeram;
> Cale-se de Alexandro e de Trajano
> A fama das vitórias que tiveram;
> Que eu canto o peito ilustre lusitano,
> A quem Netuno e Marte obedeceram.
> Cesse tudo o que a Musa antiga canta,
> Que outro valor mais do alto se alevanta.
>
> (CAMÕES, 1947, p. 1-3)

7   Após a leitura, primeiro contato nosso com o texto, quando a obra de arte literária começa, realmente, a "existir" para nós, passemos a um breve resumo daquilo que as palavras trouxeram imediatamente à nossa compreensão:

7.1   Os versos resumem o que o poeta se propõe cantar.

7.2   Cantará os feitos de armas e os varões ilustres que, saídos das praias de Portugal, enfrentaram o mar desconhecido.

7.3 Tais varões passaram muito além da Taprobana, isto é, da ilha de Ceilão, limite oriental do mundo conhecido à época (alguns estudiosos creem que seja Sumatra).

7.4 A viagem foi marcada por guerras e perigos.

7.5 Os ilustres varões edificaram um novo reino, que é identificado como o Império português na Ásia (como facilmente se depreende, o texto exige, para sua compreensão plena, o conhecimento da história de Portugal, nascido da natural curiosidade despertada pela leitura).

7.6 Mas não é só o que pretende o poeta; vai também cantar as memórias gloriosas dos reis que ampliaram o Império e os domínios da Fé (religião) e que combateram por terras onde era adotada a religião maometana, que fazia *viciosos* os seus adeptos.

7.7 Cantará ainda aqueles cujas obras os libertaram da lei da morte, isto é, do esquecimento, conduzindo-os à imortalidade.

7.8 E vai cantá-los usando sua "faculdade conceptiva" (engenho) e seu "poder de realização artística" (arte).

7.9 Depreende-se um certo orgulho da terceira estrofe, quando o poeta ordena que Ulisses, Eneias, Alexandre Magno e o imperador romano Trajano sejam esquecidos para que apenas se lembre e se exalte um herói coletivo: "*o peito ilustre lusitano a quem Netuno* (o oceano, a oposição dos elementos da natureza) *e Marte* (a guerra, a hostilidade dos homens) *obedeceram*", e determina ainda que cessem todas as glórias do passado, que mais alto se elevam as que agora serão cantadas.

8 Estamos diante de um narrador que nos anuncia algo a ser apresentado em continuidade a essas primeiras estrofes.

9 Após esse nosso primeiro entendimento do texto, passemos a algumas considerações permitidas pelo material linguístico que estamos examinando:

9.1 As estrofes iniciam um cântico da expansão do povo português.

9.2 Esse povo está representado, na transfiguração permitida à poesia, não apenas por um herói, mas por uma galeria de personagens históricas que, sem deformação da própria biografia, representam um traço de fisionomia coletiva lusitana.

9.3 Transparece, pois, nítida a valorização dessa fisionomia coletiva.

9.4 E as personagens representativas são barões assinalados, reis, e "aqueles que por obras valerosas se vão da lei da morte libertando".

9.5 Também notamos a preocupação de cantar a "expansão da cristandade a novos horizontes" como elemento de alta valorização humana, traduzindo o "ideal de cruzada", a "missão providencial dos portugueses".

9.6 Depreende-se dos versos uma supervalorização do homem, o homem suplantando a si mesmo, o homem poderoso, capaz de vencer a Netuno e a Marte...

9.7 Há nas estrofes uma exaltação da aventura, na revelação de uma atitude em busca de novos horizontes onde o homem possa expandir-se, ampliando um mundo pequeno demais para o seu poder.

9.8 Transparece uma preocupação "marítima" (mar, céu e terra) em todos esses versos; não se trata de um poema voltado apenas para o céu e a terra (como a *Divina comédia*, de Dante Alighieri, por exemplo).

9.9 Nota-se ainda uma valorização do presente em relação ao passado (terceira estrofe), o que não elimina uma preocupação reveladora com a antiguidade greco-romana: eis Ulisses, Eneias, Trajano tão exaltados, que suplantá-los é a glória maior do peito ilustre lusitano; eis a musa antiga convidada a calar os feitos de outrora diante do novo homem que surge.

9.10 E o narrador? Aí está, a contar a história, sem interferir no rumo dos acontecimentos, mas escolhendo a linguagem de exaltação e amor de quem pretende cantar as glórias de todo um povo, seu povo, o povo português.

10 Quer nos parecer que, diante dessa interpretação, as três primeiras estrofes revelam os conceitos fundamentais de uma concepção geral da vida, concepção que repousa sobre três colunas básicas: **universalidade, antiguidade, humanidade**, como propõe Amoroso Lima.

- **Universalidade**: Expansão da cristandade a novos horizontes. "... a península ibérica, uma vez repelidos de Granada os últimos vestígios da dominação islâmica, logo se lançou na aventura dos descobrimentos transoceânicos que representam os novos tempos em um dos seus aspectos característicos. A civilização medieval fora essencialmente terrestre, a civilização renascentista ia ser eminentemente marítima. Daí figurarem a terra e o céu como dois elementos fundamentais da epopeia dantesca (expressão literária máxima da Idade Média) com acentuação do céu sobre a terra – e figurarem a terra, o mar, e o céu na epopeia camoniana (expressão típica do Renascimento) com acentuação marcada sobre o mar. O espírito de expansão, de irradiação, de universalidade é que domina o Renascimento" (LIMA, 1956, p. 24).

- **Antiguidade**: "Foi (...) o Renascimento que fez da volta ao pensamento, às formas estéticas e aos modelos políticos antigos, uma das novas atitudes perante a vida que marcaram a nova civilização que se formava sobre as ruínas da unidade medieval.

  A imitação dos antigos tornou-se um dos dogmas, particularmente estéticos, no novo espírito histórico. E o culto da antiguidade clássica é que iria marcar, por muito tempo, todo o caráter da literatura ocidental" (LIMA, 1956, p. 24).

- **Humanidade:** "Pelo espírito da universalidade, vinham somar-se novos continentes e novos mares ao mundo relativamente limitado do homem medieval. Pelo espírito de volta à antiguidade, vinham incorporar o mundo antigo ao mundo moderno de então e dele fazer mesmo o modelo para a sociedade que pretendia renascer. Pelo espírito de *humanidade*, surgia um novo conceito do homem, em que a noção de poder, como queria Bacon, iria constituir a expressão representativa da psicologia humana. Foi com o Renascimento que começou, para o Ocidente, o predomínio crescente das ciências naturais, da técnica e da ação, contra o predomínio anterior das ciências especulativas e da vida contemplativa sobre a vida ativa. O homem novo de então vinha trazer ao mundo um novo conceito do homem universal, do homem voltado para as coisas do mundo, da natureza, da vida terrena, da beleza criada, do saber, da cultura, do luxo, do requinte de viver, da aventura das letras humanas separadas ou distintas das letras divinas e voltadas para os modelos pagãos greco-romanos que se chamou de *humanismo*. Ao teocentrismo medieval se costuma opor então o antropocentrismo renascentista. A uma civilização voltada para o céu, sucedeu uma civilização voltada para a terra" (LIMA, 1956, p. 25).

11 Os versos examinados traduzem, pois, uma visão renascentista da realidade.

12 Por outro lado, essa preocupação com a fisionomia coletiva do povo luso, o narrador a contar um fato de ordem ampla e geral, autorizam-nos a declarar que se trata de uma epopeia, mais precisamente da "proposição" de uma epopeia clássica.

13 Prosseguindo em nosso exame do texto, e sabedores de que os traços característicos da linguagem literária se configuram, sobretudo, no vocabulário e na sintaxe e, no caso da manifestação em verso, no ritmo peculiar, analisemos os procedimentos estilísticos que marcam as estrofes:

14 Comecemos pelos aspectos da **seleção vocabular**.

- Algumas palavras utilizadas abrem-se a explicitações. O sentido especial de "arma", "barões", "remota", "viciosas" e "Taprobana" mostra-as afastadas de nosso tempo, e é altamente elucidativo; "engenho" e "arte" são expressões frequentemente vinculadas na poesia clássica, como, afinal, no próprio fenômeno da criação artística se associam à "faculdade conceptiva, ao poder de realização artística".

- Também a presença de "armas", "barões", "mares", "perigos e guerras", "Novo Reino", "memórias gloriosas", "reis", "fé", "Império", "obras valerosas", "morte", "navegações", "vitórias", "fama", "peito ilustre" e "musa" é essencial, com a sua denotação-conotação, para a criação da necessária ambiência sugestiva que marca o texto e o situa no plano da expansão do povo português.
- Os adjetivos empregados ora revelam juízos de valor, que traem o entusiasmo peculiar ao gênero do poema, ora configuram situações:

    As armas e os barões *assinalados*
    ocidental praia *lusitana*
    mares nunca de antes *navegados*
    em perigos e guerras *esforçados*
    força *humana*
    gente *remota*
    Novo Reino, memórias *gloriosas*
    terra *viciosas*, obras *valerosas*,
    navegações *grandes*, musa *antiga*, valor mais *alto*

- A ênfase nas ações traduz-se em advérbios ou locuções adverbiais de intensidade.

    nunca de antes navegados; passaram *ainda além*; *mais* do que prometia; *tanto* sublimaram; *toda a parte*; a *tanto* me ajudar; valor *mais* alto. (Cabe acentuar que o enfático não transpõe os limites do racional.)

- Com razoável comedimento, o autor emprega, sobretudo, a metonímia:

    armas (por *feitos d'armas*)
    dilatando a *Fé*
    dilatando o *Império*
    peito ilustre lusitano
    Netuno e *Marte*

- Também se utiliza de antonomásias:

    sábio grego
    troiano

- Há uma certa economia no uso da linguagem figurada; as figuras de que se vale o autor são, no entanto, significativas e atingem a grandiloquência; a sua carga de apelo parece chegar ao âmbito do entusiasmo. Todas são fundamentais para a criação da ambiência sugestiva; todas se referem exatamente aos elementos básicos da proposição; levam-nos a uma expectativa simpática por esses heróis e esses feitos, por essas aventuras e essas glórias, por esse vencer a morte que dignifica, eleva o ser humano. E, como seres humanos, como que nos solidarizamos (e até nos identificamos) com esses quase deuses.

- Os elementos fônicos também contribuem para a escolha dos vocábulos de que se vale o artista para a sua revelação, a começar pela opção por um tipo de estrofe característico: a oitava real, isto é, a estrofe de oito versos com um esquema que se repete nas três estrofes apresentadas, como se repetirá durante todo o poema 1.102 vezes.

O gráfico facilita a compreensão:

```
1._____ A 10 (6-10)      13._____ D 10 (6-10)
2._____ B 10 (5-10)      14._____ E 10 (6-10)
3._____ A 10 (6-10)      15._____ F 10 (6-10)
4._____ B 10 (6-10)      16._____ F 10 (6-10)
5._____ A 10 (6-10)      17._____ G 10 (6-10)
6._____ B 10 (6-10)      18._____ H 10 (6-10)
7._____ C 10 (6-10)      19._____ G 10 (6-10)
8._____ C 10 (6-10)      20._____ H 10 (6-10)
9._____ D 10 (6-10)      21._____ G 10 (6-10)
10._____ E 10 (6-10)      22._____ H 10 (6-10)
11._____ D 10 (6-10)      23._____ I  10 (6-10)
12._____ E 10 (6-10)      24._____ J 10 (6-10)
```

- Camões vale-se do verso decassílabo. É interessante examinar a distribuição das cesuras: versos heroicos, típicos da epopeia renascentista. O segundo verso da primeira estrofe permite, entretanto, dupla interpretação; há quem considere que a cesura recai na palavra "ocidental": "a dureza do ritmo vem da impossibilidade de pausa entre um adjetivo e seu substantivo, pois não podemos dividi-lo 'que da ocidental, praia lusitana'. Entretanto, a sílaba 'tal', fortemente acentuada, pede honras de cesura" (PROENÇA, 1955, p. 60-1).

Assim temos, graficamente:

```
                        /                    /
___ ___ ___ ___ ___ ___ ___ ___ ___ ___
(1º verso)
                    /                        /
___ ___ ___ ___ ___ ___ ___ ___ ___ ___
(2º verso)
                /                    /
___ ___ ___ ___ ___ ___ ___ ___ ___ ___
(3º verso)
```

Os que situam a cesura na palavra "praia" esclarecem que dessa forma todos os versos da proposição mantêm a solenidade do ritmo imponente com que se anunciam tão altos feitos de gente tão sublime. Acreditamos que a primeira escansão atenda melhor ao contexto: a dificuldade da leitura parece-nos ampliar a expressividade, traduzir a importância da dura experiência que era deixar a pátria e lançar-se no desconhecido, no tenebroso. Ambas as leituras são, entretanto, perfeitamente legítimas.

- Cumpre assinalar que a utilização do verso decassílabo é uma das características dos escritores portugueses do século XVI.
- É sabido que "desde o século XIII praticava-se na Itália um novo tipo de verso e de composição poética, o chamado *dolce stil nuovo*. Esse novo estilo impunha o verso de dez sílabas, o decassílabo acentuado obrigatoriamente ou na 4ª e 8ª ou na 6ª sílaba – então denominado 'hendecassílabo' (isto é, verso de onze sílabas), visto que se contava, segundo o sistema italiano, a sílaba postônica se a última palavra era grave. Sendo mais longo, admitindo maior variedade de acentos e de pausa, o decassílabo é muito mais flexível e dúctil, presta-se a maior número de combinações que o redondilha, e consente, portanto, maior liberdade ao poeta" (LOPES E SARAIVA, s.d. p. 205).
- Quem introduziu a novidade em Portugal foi Francisco de Sá de Miranda (1481-1558), após regressar em 1526 de uma viagem que fez à terra de Petrarca.
- Camões, que tem a seu dispor a "medida velha" e a "medida nova", escolhe esta última para o seu poema de supervalorização do "peito ilustre lusitano" e contribui, assim, decisivamente para consagrar o decassílabo como o verso renascentista por excelência.
- A rima é soante, pobre na maioria (ricas apenas lusit*ana*/Taprob*ana*/hum*ana*; troi*ano*/Traj*ano*/lusit*ano*); o arranjo das tônicas finais – /a/ (oral) e /ã/ (nasal) – parece contribuir para a maior musicalidade e para acentuar o tom declamatório das estrofes.

Também os aspectos sintáticos que o texto apresenta são de interesse para a determinação de como o autor utilizou-se do material linguístico para a realização da manifestação artística. Claro que não nos pode escapar à observação que dos aspectos ligados à sintaxe, e isto vale também para os demais aspectos do texto, só nos cabe destacar aqueles que, por sua singularidade, sejam capazes de constituir marcas de um estilo. Vamos a eles:

O RENASCIMENTO • CAPÍTULO 5   125

- O primeiro período vai até o último verso da segunda estrofe. E vejamos a primeira oração: "As armas e os barões assinalados (...) E também as memórias gloriosas daqueles reis (...) e aqueles (...) espalharei por toda a parte". Repare-se que toda a primeira estrofe consiste em orações adjetivas, cujo antecedente é o substantivo "barões" do primeiro verso; tal substantivo como que domina toda a primeira estrofe. Cumpre também assinalar a ordem rigorosamente racional: saíram da ocidental praia lusitana, passaram ainda além da Taprobana, lutaram e edificaram Novo Reino, que tanto sublimaram. O segundo elemento da oração principal, "aqueles reis", tem como referência duas orações adjetivas que ocupam dois versos e meio da segunda estrofe. Finalmente, "aqueles" aparece caracterizado no texto por uma oração adjetiva (um verso e meio). Quer-nos parecer que essa distribuição de atributos contribui para ressaltar o elemento central do poema, ou seja "os barões assinalados"; há como que uma gradação na qualificação dos elementos a serem valorizados.
- Vale ressaltar que a ordem de colocação das palavras no texto lança-nos diante dos olhos e da percepção o objeto da ação ("armas e barões assinalados", "aqueles reis" são objeto direto de "espalharei por toda a parte").
- O poema épico tem como centro não o narrador, mas o objeto da narração; a sintaxe, nesse caso, contribui para a caracterização disso.
- Também na segunda estrofe, a ordem das orações corresponde à ordem lógica das ações.
- A terceira estrofe compõe-se de dois períodos. O primeiro, feito de três blocos coordenados:

    1º bloco:
    Cessem do sábio grego e do troiano/As navegações grandes que fizeram;
    2º bloco:
    Cale-se de Alexandro e de Trajano/A fama das vitórias que tiveram;
    3º bloco:
    Que eu canto o peito ilustre lusitano, /A quem Netuno e Marte obedeceram.

    O segundo período da estrofe é resumidor e reiterativo: há na primeira oração um indefinido característico: "tudo"; e a segunda oração é explicativa, não sem razão: "que outro valor mais alto se alevanta".

- Quanto às figuras de sintaxe, é de observar-se o emprego de hipérbatos expressivos, em que se verifica a colocação em destaques dos elementos centrais ("armas e barões assinalados"/ "aqueles reis"/ "aqueles"), e também o uso, na terceira estrofe, de imperativos que iniciam as orações, como que a preparar a conclusão.

- Aliás, o emprego dos tempos e modos é também característico no texto: "armas", "barões assinalados", "aqueles reis" aparecem com verbos no pretérito perfeito; aparece no gerúndio a ação de libertar-se da lei da morte, que é na realidade um fato permanente; na terceira estrofe, coloca-se o imperativo presente, porque presente e permanente é o levantar-se de um valor mais alto.

De posse de todos esses elementos, podemos afirmar: estamos realmente diante de versos característicos do Renascimento; forma e fundo num bloco inseparável permitem-nos essa conclusão.

Teremos atingido os oito objetivos que nos propusemos? Vejamos:

Estilo de época:
O texto é característico do Renascimento.

Localização no tempo e no espaço:
Apresenta características do século XVI; em se tratando da proposição de Os *lusíadas*, é mais fácil concluir; mas, se fosse posta em dúvida e data da primeira edição do poema (1572), a comparação com outros textos, a presença dos decassílabos, o assunto, o motivo seriam argumentos suficientes para a localização, pelo menos no século; e nem se pense que se trata de um lado irrelevante: ajuda-nos a penetrar mais fundo na mensagem do poema. Os versos referem-se a Portugal, como um todo, como um povo, como uma cultura em desenvolvimento.

Visão do homem:
O homem, centro de tudo, o super-homem do século XVI, homem que se lança por mares nunca dantes navegados, dilata a Fé, o Império, funda um Reino e descobre novos mundos, eis o que se depreende nos versos de Camões.

Posição do artista diante da obra de arte literária:
Vemos, através desses versos, o artista que domina o seu instrumento de comunicação, o artista que conhece o seu idioma e o trabalha com mestria e, por isso mesmo, atinge as culminâncias da arte. O poeta consegue em 24 decassílabos sintetizar o canto de sua pátria, e faz Portugal crescer ainda mais aos olhos do mundo e impor-se aos séculos com a

grandeza de uma nação, exigindo do mundo veneração e respeito. E isso se fez com palavras.

17.5 **Posição do artista diante da língua:**
São 24 versos que sintetizam uma história contada em 8.816. São formas de uma língua em fase de afirmação; é um escritor a solidificar as bases do idioma; é um clássico que surge.

17.6 **Situação do poema em relação à literatura:**
As três estrofes são pouco para conclusões mais amplas; mas já se percebe a altura a que se alçará o grande poema aqui resumido.

17.7 **Situação do poema nos quadros da cultura:**
Os versos permitem vislumbrar a valorização de uma cultura; é o homem do Renascimento que aí aparece, traduzindo elementos de uma cultura humanista.

17.8 **Compreensão do poema diante da história da literatura e sua vinculação com as demais artes:**
As estrofes permitem comparar; é o Renascimento; é a mudança de uma atitude diante da vida e da literatura, que deitará raízes até os nossos dias e acompanhará inclusive a literatura brasileira. Se aqui o homem do Renascimento está representado no "peito ilustre lusitano a quem Netuno e Marte obedeceram", nas figuras de Miguel Ângelo ele surge nas hercúleas e gigantescas representações do homem supervalorizado. E as três estrofes, como preposição, revelam não somente aquilo que o poeta se propõe cantar, mas toda uma concepção de vida através da qual se exalta, na figura mítica do povo lusitano, o homem renascentista. E ainda se nota a grandeza do poeta, pois essas estrofes têm uma tal unidade, que lhes confere a validade de um poema isolado, anunciador de um posterior desenvolvimento; unidade capaz de autorizar as conclusões a que chegamos.

17.9 Por tudo isso e por muito mais, Camões é grande, o seu poema vive. Por tudo isso, as palavras de seus versos ainda nos entusiasmam e Portugal cresce de dentro delas e nós acreditamos cada vez mais na poesia, oxigênio do espírito, no homem e na sua capacidade, na literatura, arte indispensável.

17.10 E olhamos confiantes para o futuro, enquanto os navegantes continuam por espaços "nunca dantes navegados" a procurar o caminho das estrelas.

18   Depreendemos do texto examinado uma concepção de realidade literariamente apoiada na razão e revelada através da "liberdade de pensar". Claro está que tal concepção se fundamenta nos três conceitos básicos de vida que apontamos como caracterizadores de uma faixa de tempo na história da civilização ocidental: universalidade, antiguidade, humanidade (LIMA, 1956).

19   Os elementos marcantes do Renascimento, assim sintetizados, permitem um breve desenvolvimento, numa visão geral.

19.1   **Culto de antiguidade greco-romana:**

- O Renascimento fez do retorno ao modo de pensar, às formas estéticas e aos modelos políticos greco-romanos uma das novas atitudes perante a vida. Isso não significa, porém, que a Idade Média representou um período de total esquecimento daquelas atitudes do espírito coletivo; nem era possível que todo o imenso patrimônio da antiguidade surgisse de repente, no século XVI. Como temos afirmado, os movimentos literários não são estanques, e a literatura é um contínuo caminhar em atitudes artísticas.

- A cultura medieval guarda os manuscritos antigos nos seus mosteiros e universidades e baseia a sua filosofia de vida em pensadores como Aristóteles e Platão, mas buscando cristianizá-los, conformar a sua mensagem com os padrões religiosos da época.

- Já no Renascimento, considera-se que a literatura e as artes plásticas atingiram com os gregos e os romanos a mais alta realização. Cumpre, portanto, imitá-los.

- E o que se imita são as normas ditadas por Aristóteles e Horácio, a epopeia de Virgílio, os poetas latinos; há que se observar **ordem, regularidade, precisão formal,** e os assuntos devem ser **nobres** para serem belos (note a coincidência entre esta última afirmação e o *status* social vigente; veja-se, por exemplo, como em *Os lusíadas* o peito ilustre lusitano é representado por uma galeria de varões ilustres). Havia a obrigação da estrofe regular, da rima regular. Era norma observar, para o teatro, a lei das três unidades.

- Para citar um exemplo: No seu *Auto dos Enfatriões*, Camões observa rigorosamente a referida lei. Assim, toda a ação da peça se passa junto da porta da casa de Anfitrião, numa mesma noite e ligada ao mesmo problema central (unidades de tempo, lugar e ação).

- É importante ressaltar que as formas literárias em que se traduz a ideologia renascentista esbarram em sérios problemas, como explicitam A. J. Saraiva e Óscar Lopes:

> As normas literárias prescritas pela *Poética* de Aristóteles, pela *Arte poética* de Horácio, pelos preceitos retóricos de Cícero, Quintiliano e Plínio, o Moço, só limitadamente poderiam aproveitar aos escritores quatrocentistas e quinhentistas de mentalidade diferente (embora nem sempre tendo consciência disso) e embaraçados por um meio linguístico também diferente, que não permitia, por exemplo, a versificação antiga.
>
> (LOPES E SARAIVA, s.d., p. 147)

Diante disso (são os mesmos autores que nos esclarecem), "os escritores do 'quatrocento' italiano fizeram os primeiros esforços nesse sentido, realizando as primeiras sínteses entre a tradição literária medieval e os modelos 'clássicos', isto é, os grandes modelos da antiguidade. O classicismo europeu do século XVI consistiu, por isso, numa latinização ou italianização das diversas literaturas nacionais, quase sempre feita com o desequilíbrio, o exagero de todas as inovações. Foi o que aconteceu com o grupo francês da "Pléiade", cujo manifesto, *Défense et illustration de la langue française*, redigido em 1549 por Joachim du Bellay, só concebe o enriquecimento do idioma nacional pela imitação sistemática, pela 'pilhagem' dos clássicos antigos e pelo virtuosismo formal" (LOPES E SARAIVA, s.d., p. 147).

Mas que elementos estão ligados a essas atitudes culturais? Vejamos:

- Nos começos do século XVI, permanece o panorama anárquico do final da centúria anterior.
- Desenvolvem-se novas camadas sociais.
- Modificam-se os quadros sociais anteriores diante do desenvolvimento do comércio e da manufatura.
- A Igreja enfrenta grave crise, em parte por efeito desse mesmo desenvolvimento, no bojo do qual camadas burguesas e de artesãos passam a depreender do Evangelho mensagem emancipadora oposta à disciplina clerical.
- Manifesta-se na literatura, nas artes em geral e na filosofia "uma confiança nova nas possibilidades do indivíduo e na natureza em geral, uma reabilitação na espontaneidade natural, contra os limites transcendentes até então impostos à iniciativa humana".
- Ocorrem os descobrimentos científicos e geográficos.

- Desenvolve-se o comércio marítimo no Mediterrâneo e no Norte europeu.
- Com a queda do Império romano do Oriente, em 1453, os eruditos, os artistas e os "professores" refugiam-se na Itália.
- Estes começam a divulgar cultura em novos moldes e princípios.
- O espírito da civilização greco-romana passa a ser a grande novidade revolucionária.
- O ideal da educação passa a ser o desenvolvimento harmonioso da personalidade.

Em suma, a literatura e as demais artes greco-romanas encontram, na Europa do século XVI, as condições que permitem a possibilidade de assimilação dos antigos ideais tornados novos.

Na Itália, foco primeiro dos novos princípios, despontam Boccaccio, Petrarca, Poliziano, cujas obras exercerão importante influência na literatura ocidental, notadamente na literatura portuguesa, como se observa, por exemplo, com relação a Petrarca, na lírica camoniana.

E não nos esqueçamos de que a invenção da imprensa permite a ampla divulgação dos novos conceitos, o acesso direto às obras dos antigos; a bússola possibilita a ampliação dos horizontes com maior segurança, apesar das superstições e do desconhecido; a pólvora é empregada para o êxito na guerra ou a garantia da paz. Tudo isso constitui elementos de alta importância para esse encontro do homem consigo mesmo, para esse antropocentrismo que marca a época e que assume tamanha importância na história da humanidade.

Humanismo:

O termo pode provocar certo equívoco; esclarecemos: significa, como já tivemos oportunidade de assinalar, "interesse pelo homem", por tudo que ele pode realizar de alto, profundo e glorioso, como nos demonstra *Os lusíadas*. Mas traduz também "primazia do homem", "expansão universal da civilização cristã", "incorporação da cultura clássica greco-romana". Daí decorrem:

- O conceito de "homem integral", senhor do mundo e sequioso de conhecê-lo totalmente "desde a paisagem imediatamente próxima, até os confins mais distantes", homem a quem cabe fruir as delícias deste mundo, aproveitando a vida com todos os seus prazeres, como revela este exemplo do francês Ronsard:

QUAND VOUS SEREZ BIEN VIEILLE

Quand vouz serez bien vieille, au soir, à la chandelle
Assise auprès du feu, dévidant et filant,
Direz, chantant mes vers, en vous émerveillant:
"Ronsard me célébrait du temps que j'étais belle!"

Lors, vous n'aurez servante oyant telle nouvelle,
Déjà sous le labeur à demi sommeillant,
Qui, au bruit de Ronsard, ne s'aille réveillant,
Bénissant votre nom de louange immortelle.

Je serai sous la terre, et, fantôme sans os,
Par les ombres myrteux je prendai mon repos.
Vous serez au foyer une vieille accroupie,

Regrettant mon amour et votre fier dédain.
Vivez, si m'en croyez, n'attendez à demain,
Cueillez dès aujourd'hui les roses de la vie.

(apud VAGANAY, s.d., p. 262-3)

Em tradução livre:

QUANDO VOCÊ FOR VELHINHA

Quando você for velhinha, à noite, à luz da vela,
Sentada ao pé do fogo, enovelando e fiando,
Dirá, cantando meus versos, em se maravilhando:
"Ronsard me celebrava no tempo em que era bela!"

Então não terá serva a ouvir tal novidade
Por força do labor já meio adormecida
Que à fama de Ronsard, não vá se despertando,
A bendizer seu nome com imortal louvor.

Eu estarei sob a terra e, fantasma sem osso,
Sob os sombrios mirtos encontrarei repouso.
Você será à lareira uma velha agachada,

A lamentar meu amor e seu desprezo altivo.
Viva, se crê no que digo, não espere o amanhã,
Colha, desde hoje, as rosas dessa vida.

ou este outro do espanhol Garcilaso de La Vega:

SONETO

En tanto que de rosa y azucena
se muestra la color en vuestro gesto,
y que vuestro mirar ardiente, honesto,
enciende al corazón y lo refrena;

y en tanto que el cabello, que en la vena
del oro se escogió, con vuelo presto
por el hermoso cuello blanco, enhiesto,
el viento mueve, esparce y desordena;

coged de vuestra alegre primavera
el dulce fruto, antes que el tiempo airado
cubra de nieve la hermosa cumbre.

Marchitará la rosa el viento helado,
todo lo mudará la edad ligera,
por no hacer mudanza en su costumbre.

(apud RIQUER, 1953, p. 79)

Em tradução livre:

Enquanto que de rosa e de açucena
se mostra a viva cor do vosso gesto
e que o vosso olhar, ardente, honesto,
acende o coração e o refreia;

e enquanto o seu cabelo que no veio
do ouro foi escolhido, em voo presto
pelo formoso colo branco, ereto,
o vento move, espalha e desordena;

colhei de vossa alegre primavera
o doce fruto antes que o tempo airado
cubra de neve este formoso cume.

Pois murchará a rosa o vento frio
E tudo alterará ligeira a idade
Para não trazer mudança ao seu costume.

e ainda este, do italiano Angelo Poliziano:

LE ROSE

I'mi trovai, fanciulle, un bel mattino
di mezzo maggio in un verde giardino

Eran d'intorno violette e gigli
fra l'erba verde, e vaghi fior novelli
azzurri gialli candidi e vermigli:
ond'io porsi La mano a côr di quelli
per adornar e' mie' biondi capelli
e cinger di grillanda el vago crino.

I'mi trovai, fanciulle...

Ma po' chi'i' ebbi pien di friori un lembo,
vidi le rose e non pur d'un colore:
io corsi allor per empier tutto el grembo,
perch'era sì soave il loro odore
che tutto mi senti' destar el core
di dolce voglia e d'un piacer divino.

I'mi trovai, fanciulle...

I'posi mente: quelle rose allora
mai non vi potre' dir quant'eran belle:
quale scoppiava dalla boccia ancora:
qual'erano un po' passe e qual nouvelle.
Amor mi disse alor: — Va', cô'di quelle
che più vedi fiorite in sullo spino.

I'mi trovai, fanciulle…

Quando la rosa ogni sua' foglia spande,
quando è più bella, quando è più gradita;
allora è buona a mettere in ghirlande,
prima che sua belleza sia fuggita;
sicchè, fanciulle, mentre è più fiorita,
cogliàn la bella rosa del giardino.

I'mi trovai, fanciulle...

(1952, p. 101)

Em tradução livre:

> Eu me encontrei, meninas, numa bela manhã,
> em meio a maio, num verde jardim.
>
> Havia em torno violetas e lírios
> entre a erva verde e vagas flores novas,
> azuis, amarelas, brancas e vermelhas
> nas quais eu pus a mão, para colher algumas
> para adornar os meus louros cabelos
> e cingir de guirlanda os belos fios.
>
> Eu me encontrei, meninas...
>
> Mas depois que enchi de flores uma borda,
> eu vi as rosas e não apenas de uma cor:
> eu as colhi então para encher todo o regaço
> porque era tão suave o seu perfume
> que todo me senti despertar o coração
> de doce desejo e de um prazer divino.
>
> Eu me encontrei, meninas...
>
> Eu pensei: aquelas rosas então
> jamais poderei dizer quanto eram belas,
> qual rebentava do botão ainda,
> quais eram um pouco velhas, quais as novas.
> Amor me disse então: — Vá, colhe daquelas
> que mais vê florescente em seu espinho.
>
> Eu me encontrei, meninas...
>
> Quando a rosa todas as suas pétalas espalha,
> quando é mais bela, e é mais agradável,
> então está boa para compor guirlandas
> antes que sua beleza desapareça;
> assim, meninas, enquanto são mais floridas
> colham as belas rosas do jardim.
>
> Eu me encontrei, meninas...

Trata-se de um tema que procede do poeta Ausônio, e traduz bem o princípio horaciano: *carpe diem* (aproveita o dia de hoje).

- A supervalorização do ser humano configurada no poema camoniano e que traduz o antropocentrismo renascentista, em contraste com o teocentrismo medieval, transparece muito significativamente nas esculturas da época, como, por exemplo, no *Moisés* de Miguel Ângelo, gigantesco, musculoso, perfeito nos mínimos detalhes, inclusive trazendo em si algo de divino. Aliás, é essa crença na própria capacidade que se configura nos homens que se lançam a "mares nunca de antes navegados/em perigos e guerras esforçados/mais do que prometia a força humana".

- Mas não só como homem de aventuras se apresenta o renascentista: ele é também o cortesão, que dança, sabe música e letras. É ainda Camões que nos oferece o exemplo, ao definir-se diante do rei: "Para servir-vos braço às armas feito/Para cantar-vos, mente às musas dada" (CAMÕES, 1947, p. 262).

- Com o humanismo vem também a tentativa de reformar, de "humanizar a prática religiosa, reduzindo a doutrina aos ensinamentos morais de Cristo e abolindo quanto possível as formas rituais exteriores" do culto. Como se observa, o culto à antiguidade não significou volta ao paganismo. Houve inclusive "quem tentasse (...), como Marcelo Ficino, a reconciliação do paganismo com o cristianismo, erguendo ao mesmo culto Homero e Dante, Platão e São Tomás, como expressões de duas fases do mesmo progresso dirigido pela Providência Divina: e houve ainda quem, como Rabelais, com mais audácia, preferisse a primeira fase à segunda, por mais conforme à lei de uma natureza considerada boa, como criatura do divino *Plasmateur*" (CIDADE, 1960, p. 99-100).

- Ainda dentro do espírito humanista, vemos o homem curioso da cultura universal, e, para ficarmos na área ibérica, é de novo Camões quem serve de exemplo, com a sua epopeia reveladora de amplo conhecimento geográfico, histórico, náutico, social, literário, científico, da cultura de seu tempo.

- O humanismo também se traduz no homem na condição de soldado, que luta não para ganhar o céu, mas para deixar no mundo a sua presença "en los presentes y en los venideros siglos" para libertar-se da "lei da Morte".

- É o homem que aspira, numa visão mais profunda, a ascender "das belezas físicas às espirituais e a conhecer por meio das belezas inferiores e sensíveis as belezas superiores e intelectuais" (HEBREO, apud DÍAZ-PLAJA, 1937, p. 85).

Homem que, na sua ânsia de absoluto, retorna à filosofia de Platão e cria poeticamente o seu mundo ideal, mundo que nasce de um processo de idealização.

O motor que pode conduzir o homem a esse conhecimento superior das coisas é o amor.

Claro está que não se pode compreender a palavra amor aqui, senão no seu sentido amplo, filosófico. É aquele amor de que tratamos ao examinar o soneto de Camões, por exemplo; e é o amor pelas coisas do mundo, pois, segundo essa concepção do universo, o poeta estará sempre encontrando diante de seus olhos o resplendor da beleza em todas as coisas criadas. Daí a inclinação à poesia bucólica, a contemplação do universo cósmico, pois até a celeste harmonia com que se movem os astros canta a glória de Deus. Também a expressão poética do amor humano produz-se de acordo com essa ideologia. A mulher é um divino esplendor da beleza. Em resumo, a idealização da natureza, da mulher, todos elevados ao âmbito do universal e do absoluto, ânsia de atingir a máxima fruição do mundo através do amor idealizado.

Fácil é compreender que ao artista do Renascimento interessava representar na obra de arte a realidade idealizada, com uma preocupação de beleza transcendente ou de verdade transcendental.

Importa esclarecer – e estamos pensando em Cervantes – que ao lado dessa idealização surgem, sobretudo na prosa, como uma antítese valorizada ou como revelação do choque existente entre a vontade de idealizar e a realidade circundante, as figuras dos anti-heróis, como os pícaros e o próprio escudeiro de Quixote (mesmo porque com Cervantes já estamos chegando a outro estilo de época); mas, no plano da mais alta poesia, o aspecto marcante é a idealização neoplatônica. Não nos esqueçamos de que os movimentos literários, ou antes os estilos de época, se configuram de acordo com os traços dominantes, que não representam atitudes fixas, senão contínuas; e veremos, desde logo, como o movimento literário subsequente irá se caracterizar pelo exarcebamento dessas e de outras antíteses essenciais.

19.3   É importante considerar ainda, no exame do quadro cultural ligado à literatura renascentista, a reforma religiosa. De acordo com Alceu Amoroso Lima:

> A reforma representou o triunfo da modernidade contra a tradição, do particularismo contra a unidade, da heresia contra a autoridade, do indivíduo contra a Igreja, da secularização contra o espírito sobrenatural e do fanatismo contra o relaxamento.
>
> (1956, p. 35)

O RENASCIMENTO • CAPÍTULO 5   137

E mais:

> Quanto à literatura, podemos dizer que começou com o Renascimento e a Reforma uma existência de importância muito crescente na vida social e individual. (...) longe de querer deslocar, como o fizeram alguns setores do Renascimento italiano, o centro da vida, de Deus para o homem, do céu para a terra, – o que a reforma queria era aumentar nos homens o sentimento da divindade, o conhecimento dos Testamentos e a consciência do Cristo. A Reforma se insurgia contra o secularismo do Renascimento. Apenas, como operava uma falsa reforma, baseada no espírito de revolta e não no do amor, a consequência foi contrária à da sua intenção. E Lutero, que reagia contra as preocupações estéticas do Renascimento, acabou sendo um fator de um movimento que, pouco a pouco, se tornou campeão do secularismo estético e da independência total da arte em relação à fé.
>
> (1956, p. 57)

19.4 Como decorrência de tudo o que examinamos, percebemos que o século do Renascimento se caracteriza pela revelação de uma realidade que se faz à luz sobretudo do raciocínio. O clássico gosta de raciocinar para compreender. Parece mesmo seduzido pela construção ordenada, pela arquitetura intelectual, pela clareza ao analisar. Os escritores são "intelectuais", melhor diríamos, intelectualizados.

20 Acabamos de ver em linhas gerais o que é Renascimento; trataremos, na sequência, do Barroco e, após, do Neoclassicismo. Entretanto, muitos manuais englobam com a designação "época clássica" ou "Classicismo" as três etapas citadas, considerando-as modalidades de uma mesma atitude literária. Tal denominação justifica-se pela imitação dos antigos, que é ponto comum em todos esses movimentos.

21 A partir da definição já examinada de estilo de época e tendo em vista os conceitos de literatura que vêm norteando os nossos comentários, e inclusive com o apoio nos estudos de modernos especialistas, quer-nos parecer que seja mais adequado separar como unidades, com características próprias, aqueles estilos. Mesmo porque, como veremos, chega a existir, de certa forma, um caráter antitético entre eles. Toda revolução é, em princípio, um movimento contra. E os diversos movimentos literários que têm marcado a história da literatura, seja brasileira ou portuguesa, não fogem a essa tendência. Assim, para maior clareza:

Classicismo: vem do latim *classis*, conjunto de professor e alunos. Daí, já entre os latinos, ser empregada a expressão "autor clássico" para designar o escritor lido em classe. No Renascimento, Barroco e Neoclassicismo, houve o culto dos escritores "clássicos", por isso as expressões "literatura clássica", "escola clássica", "classicismo" são usadas para designar ora o Renascimento, ora os três movimentos em conjunto.

Por outro lado, como os escritores "clássicos" eram considerados modelos a serem imitados, e os bons autores que os imitaram a partir do Renascimento eram tidos como mestres na arte da palavra, o adjetivo ampliou a sua significação e passou a ser sinônimo de modelar, representativo. Assim, Herculano, ainda que romântico, é um escritor "clássico".

Diante de todos esses esclarecimentos, começamos a perceber melhor a força do lirismo de Petrarca, a entender o alcance de *Os lusíadas*, a compreender a figura de Sá de Miranda, a penetrar com mais segurança na lírica camoniana.

Aliás no que se refere a Portugal, o novo espírito introduz-se desde D. Afonso V, quando já se nota interesse pelos humanistas italianos. O rei D. João II, inclusive, corresponde-se com Angelo Poliziano; D. João III contrata o humanista flamengo Nicolau Clenardo (1495-1592) para instruir seus dois irmãos menores. Surgem humanistas portugueses como Aires Barbosa, professor de Grego em Salamanca, Jerônimo Cardoso, autor do primeiro dicionário latino-português, André de Resende (1495-1573), latinista e historiador, e ainda o erudito Damião de Góis. É D. João III que funda, em 1548, o Colégio de Artes, em Coimbra, confiado a uma equipe de pedagogos, humanistas de alto renome, e dirigido por André de Gouveia, fundador do Colégio de Guienne, em Bordéus. Mas é sobretudo com Francisco de Sá de Miranda que o *dolce stil nuovo* entra na literatura lusitana. É ele que faz a medida nova, o verso decassílabo, as canções e os sonetos de Petrarca, a elegia, os tercetos de Dante, a sextina, a oitava de Ariosto, Boccaccio e Poliziano. É a substituição dos versos de medida velha, das trovas e das redondilhas pela métrica italiana.

Acrescentemos a preferência pela metonímia e teremos um panorama razoável do estilo de época na terra de Camões.

No Brasil, descobertos que fomos em 1500, tivemos apenas pálidas repercussões nas primeiras manifestações literárias que surgem no século XVI. Assinalava-se, entretanto, através delas, a presença do pensamento renascentista nas terras da América.

E se "Camões é o Renascimento", através de uma influência nos nossos escritores, desde os primeiros momentos até os nossos dias, dentro da evolução de nossa literatura, marca-se a linha daquele humanismo tão característico. Mas, evidentemente, não se pode falar de Renascimento, como tal, na literatura brasileira.

BIBLIOGRAFIA

TEXTOS LITERÁRIOS

AUSONE. *Oeuvres en vers et en prose*. Paris: Garnier, s/d.

CAMÕES, Luís de. *Obras completas*. Lisboa, Sá da Costa 1947. Prefácio e notas de Hernâni Cidade.

HORÁCIO, *Oeuvres complètes*. Nouvelle éd. rev. et corr. Paris: Garnier, 1950. 2 v. Tradução, introdução e notas por François Richard.

HUGO, Victor. *Théatre complet*. Paris: Bibliothèque de la Pléiade, 1963.

LAPA, M. de. *Obras completas de Tomás Antônio Gonzaga*. Rio de Janeiro: INL, 1957.

RIQUER, M. de. *Antologia de la literatura española, siglos X/XX*. Barcelona: Teide, 1953.

VAGANAY, Hugués (org.). *Oeuvres complètes de Ronsard*; texte de 1578. Paris: Garnier.

TEXTOS TEÓRICOS

BARTHES, Roland. *Le degré zéro de l'écriture suivi de éléments de sémiologie*. Paris: Gonthier, s/d.

BERGSON, Henri. *La pensée et le mouvant*. 5. ed. Paris: Félix Alca, 1934.

BOILEAU, N. *L'art poétique*. Paris: Larousse, s/d.

BOSI. Alfredo. *História concisa da literatura brasileira*. São Paulo: Cultrix, 1970.

BOUSOÑO, Carlos. *Teoría de la expresión poética*. 2. ed. Madrid: Gredos, 1956.

BRUNETIÈRE, Ferdinand. *L'évolution des genres dans l'histoire de la littérature*. Paris: Hachette, 1890.

CÂMARA JR., J. Mattoso. *Dicionário de filologia e gramática referente à língua portuguesa*. 2. ed. ref. Rio de Janeiro: J. Ozon, 1964.

CANDIDO, Antonio. *Formação da literatura brasileira: momentos decisivos – 1750-1880*. Rio de Janeiro: ABL/Ouro sobre Azul, 2006.

CIDADE, Hernâni. *Lições de cultura luso-brasileira*: épocas e estilos na literatura e nas artes plásticas. Rio de Janeiro: Livros de Portugal, 1960.

_____. *Luís de Camões nos autos e nas cartas*. Lisboa: Sá da Costa, 1956.

COUTINHO, Afrânio (dir.). *A literatura no Brasil*. 2. ed. Rio de Janeiro: Sul-Americana, 1968. v. 1.

_____. *Aspectos da literatura barroca*. Rio de Janeiro, 1950. (Tese de concurso para o provimento de uma cadeira de Literatura no Colégio Pedro II.)

_____. *Introdução à literatura no Brasil*. 8. ed. Rio de Janeiro: Civilização Brasileira, 1976.

_____ (dir.) e COUTINHO, Eduardo de Faria (codir.). *A literatura no Brasil*. 3. ed. rev. e atual. Rio de Janeiro: José Olympio, Niterói: UFF – Universidade Federal Fluminense, 1986. 6 v.

CROCE, Benedetto. *Estética*. 8. ed. Bari: Laterza, 1946.

CURTIUS, E. R. *Literatura europeia e Idade Média latina*. Rio de Janeiro: INL, 1957.

DES-GRANGES, C. M. *Histoire de la littérature française*: des origines à nos jours. 46. ed. entièrement révue et mise à jour par J. Boudot. Paris: A. Hatier, 1952.

DÍAZ-PLAJA. *Historia de la literatura española encuadrada en la universal*. 31. ed. española nuevamente refundida y completada. Barcelona: La Espiga, 1966.

_____. Guillermo. *La poesía lírica española*. Barcelona: Labor, 1937.

DUCROT, Oswald e TODOROV, Tzvetan. *Dictionnaire encyclopédique des sciences du langage*. Paris: Seuil, 1972.

GENETTE, Gerard et alii. *Théorie des genres*. Paris: Seuil, 1986.

HATZFELD, Helmut. *Estudios sobre el Barroco*. 2. ed. Madrid: Gredos, 1964.

HAUSER, Arnold. *Historia social de la literatura y el arte*. Madrid: Guadarrama, 1968. 3 v.

HEGEL, W. *Estética*: poesia. Lisboa: Guimarães, 1980.

JAKOBSON, Roman. *Essais de linguistique générale*. Paris: Minuit. 1966.

JAUSS, Hans Robert. Littérature médiévale et théorie des genres. *Poétique*, 1, p. 79-101, 1970.

KAYSER, Wolfgang. *Fundamentos da interpretação e da análise literária*. Rio de Janeiro: Acadêmica, 1940. 2 v.

KONRAD, H. *Étude sur la métaphore*. 2. ed. Paris: J. Vrin, 1958.

LIMA, Alceu Amoroso. *Introdução à literatura brasileira*. Rio de Janeiro: Agir, 1956.

LIMA, Luiz Costa (org.). *A literatura e o leitor*: textos de estética da recepção. Rio de Janeiro: Paz e Terra, 1979.

LOPES, Óscar e SARAIVA, A. José. *História da literatura portuguesa*. 4. ed. corr. Porto: Porto Ed., s/d.

MARQUES, Oswaldino. *Ensaios escolhidos*. Rio de Janeiro: Civilização Brasileira, 1968.

MERQUIOR, J. G. *Saudades do carnaval*: introdução à crise da cultura. Rio de Janeiro: Forense, 1972.

_____. et alii. *Teoria literária*. Rio de Janeiro: Tempo Brasileiro, 1976.

MOISÉS, Massaud. *A criação literária*. São Paulo: Melhoramentos, 1967.

MURRY, J. Middleton. *O problema do estilo* (*The problem of style*). Rio de Janeiro: Acadêmica, 1968.

PEYNE, Henri. ¿*Qué es el clasicismo?* 1. ed. en español. México: Fondo de Cultura Económica, 1953.

PRAT, Ángel Valbuena. *Historia de la literatura española*. 4. ed. Barcelona: Gustavo Gili, 1953. 3 v.

PROENÇA, M. Cavalcanti. *Ritmo e poesia*. Rio de Janeiro: Simões, 1955.

SARAIVA, A. José. *História da literatura portuguesa*. 6. ed. corr. Lisboa: Europa-América, 1961.

SHIPLEY, Joseph T. *Diccionario de la literatura mundial*. Barcelona: Destino, 1962.

STAIGER, Emil. *Conceitos fundamentais da poética* (*Grundebegriffe der Poetik*). Rio de Janeiro: Tempo Brasileiro, 1969.

TODOROV, Tzvetan. *Introduction à la littérature fantastique*. Paris: Seuil, 1970.

ULLMAN, Stephen. *Semântica:* uma introdução à ciência do significado (*Semantics:* an introduction to the science of meaning). Lisboa: Calouste Gulbenkian, 1967.

VAN-TIEGHEM, Paul. La question des genres littéraires. *Helicon*, 1, p. 95-101, 1938.

VAN-TIEGHEM, Philippe. *Petite histoire des grandes doctrines littéraires en France*. Paris: Presses Universitaires de France, 1960.

WEINBERG, Bernard. *A history of literary criticism in the italian renaissance*. Chicago: The University of Chicago Press, 1961.

WEISBACH, Werner. *El Barroco:* arte de la contrarreforma. 2. ed. Madrid: Espasa-Calpe, 1948.

WELLEK, René e WARREN, Austin. *Teoria literária*. 4. ed. Madrid: Gredos, 1966.

CAPÍTULO 6

O Barroco

> ... ¡Gloria vana!
> ¡mentido gusto! ¡estado nunca fijo!
> ¿Quién fía a tu verdor vida inconstante?
> (MIGUEL DE BARRIOS apud DÍAZ-PLAJA, 1937, p. 201)

1   Se a passagem da literatura medieval para a renascentista não se deu de maneira brusca e repentina, vamos encontrar uma segunda metade do século XVI também significativa a esse respeito.

2   O quadro cultural começa a se modificar, notadamente no que se refere à Península Ibérica. Eis alguns acontecimentos relevantes:

- Encerra-se a época de transformações que marcaram o início da centúria. Estabilizam-se, na Europa, os Estados nacionais.
- Há a consolidação da Reforma na Inglaterra, na Holanda, nas cidades do Reno e do Báltico; entretanto, na Espanha, em parte da Itália em parte dos Países Baixos, na Áustria e em parte da Alemanha, que constituíam o império dos Habsburgos, a vaga reformista é contida.
- Funda-se, em 1540, a Companhia de Jesus.
- A península passa a ser o centro da Contrarreforma, caracterizada, sobretudo, por uma tentativa de conciliar a novidade renascentista com a tradição religiosa que vinha da Idade Média.
- Reúne-se de 1545 a 1563, o Concílio de Trento, núcleo de importantes decisões relacionadas com a permanência da forte presença religiosa na vida social da época e com o consequente refortalecimento da Igreja.
- Desenvolve-se o método experimental; são descobertas as leis da mecânica e os esquemas do processo de circulação do sangue. A ciência

caminha. É a hora de Galileu Galilei (1564-1642), de Nicolau Copérnico (1473-1543), de Isaac Newton (1642-1727), de René Descartes (1596-1650). O antropocentrismo renascentista começa a ser posto em questão.
- É também o grande momento do capitalismo mercantilista.

Não é difícil depreender que novos princípios ideológicos estarão marcando o homem da época, à luz, sobretudo, da tensão que envolve o teocentrismo e o racionalismo. À Contrarreforma e ao Concílio é que se devem os traços relevantes em termos de pensamento, concepções sociais e políticas, arte e, naturalmente, religião. Se o Renascimento foi uma revolução de amplo sentido que procurou substituir os ideais da Idade Média, colocando em seu lugar os valores da antiguidade greco-romana e fazendo do homem a medida de todas as coisas, as novas atitudes surgem "como uma reação e essas tendências, sob a direção da Contrarreforma católica, numa tentativa de reencontrar o fio perdido da tradição cristã procurando exprimi-la sob moldes intelectuais e artísticos" (COUTINHO, 1976, p. 98).

Tais moldes configuram um estilo da época: o Barroco.

E de imediato se depreende que o homem barroco se debate num conflito oriundo desse duelo entre espírito cristão e espírito secular, que leva a contrições como esta atribuída a Gregório de Matos, o Boca do Inferno:

> Pequei, Senhor: mas não porque hei pecado,
> Da vossa Alta Piedade me despido:
> Antes, quanto mais tenho delinquido,
> Vos tenho a perdoar mais empenhado.
>
> Se basta a vos irar tanto pecado,
> A abrandar-vos sobeja um só gemido:
> Que a mesma culpa que vos há ofendido,
> Vos tem para o perdão lisonjeado.
>
> Se u'a Ovelha perdida, já cobrada,
> Glória tal e prazer tão repentino
> Vos deu, como afirmais na sacra História:
>
> Eu sou, Senhor, Ovelha desgarrada;
> Cobrai-a; e não queirais, Pastor Divino,
> Perder na vossa Ovelha a vossa glória.

(apud BANDEIRA E MERQUIOR, 1963, p. 25)

6   Assim, o pensamento cristão, herança medieval, não desapareceu diante do racionalismo renascentista: manteve-se subterraneamente para voltar à evidência com o Barroco, claro que com novas características. (Ver os gráficos do capítulo 4.)

7   A consideração de traços que caracteriza o novo estilo de época pode ser assim pormenorizada:

7.1   Cosmovisão marcada pelo conflito entre pensamento cristão e pensamento secular. Como vimos, o Renascimento buscou nos valores da antiguidade greco-romana a base para uma concepção de vida que veio de encontro à tradição medieval. Se, num primeiro instante, os novos ideais prevaleceram, a reação não demorou, e a tentativa de conciliação entre razão e fé gerou a crise revelada nos textos representativos do Barroco. Por outro lado, como acentua José Guilherme Merquior, "com o Barroco a 'arte do homem' da Renascença vira 'arte do mundo', naturalismo liberto de qualquer antropolatria" (1975, p. 49).

7.2   Culto do contraste. No plano estético, isso se dá, por exemplo, através de recurso ao exagero nos relevos, ao choque de colorido; na área das ideias, através do contraste entre elementos como amor e sofrimento, vida e morte, juventude e velhice, ascetismo e mundaneidade, carne e espírito, religiosidade e erotismo, realismo e idealismo, naturalismo e ilusionismo, céu e terra, numa tentativa de conciliar polos opostos, considerados irreconciliáveis, como a razão e a fé (DÍAZ-PLAJA, 1937, p. 171). Daí:

7.3   Oposição entre o homem voltado para o céu e o homem voltado para a terra.

7.4   Humanização do sobrenatural. Céu e Terra misturam-se na visão do mundo. E, nesse procedimento, transparece, sobretudo nas artes plásticas, forte presença de sensualismo e mesmo de erotismo.

7.5   Preferência por aspectos dolorosos, cruéis, sangrentos e até repugnantes. Caracteriza-se através de impressões sensoriais e dentro do culto do contraste, buscando mostrar a miséria da condição humana.

7.6   Pessimismo. Está vinculado ao conflito entre o eu e o mundo, no interior daquele dualismo-chave que já assinalamos e que leva inclusive a um bifrontismo do homem, santo e pecador. Muitos textos barrocos revelam uma concepção lúgubre da vida terrena, em contraste com a luminosidade e a exalação da vida celestial.

7.7   Fusionismo. Fusão de sons, de luz e treva, daí decorrendo o uso até abusivo de figuras de linguagem, fusão do racional com o irracional, anulação de linhas limítrofes, de passagens entre partes e capítulos.

7.8 Intensidade. Caracteriza-se pelo "desejo de exprimir intensamente o sentido da existência, expressa no abuso da hipérbole, na exacerbação das paixões e sentimentos, na intensidade da dor amorosa, do ciúme, do arrependimento (até conduzindo à loucura), do desejo sexual, traduzido em palavras de fogo, levando até ao assassinato, à violação, ao incesto; nos excessos de desespero, no orgulho desmesurado, no gosto das emoções fortes, do espetáculo aterrador da morte, do macabro, das alucinações, do fantástico" (LEBÈGUE, apud COUTINHO, 1976, p. 93).

7.9 Acumulação de elementos.

7.10 Impulso pessoal mais do que normas ditadas por modelos.

7.11 Niilismo temático. A angústia "em que se debate o poeta, carente dos grandes motivos vitais – o amor e a guerra – que lhe legou o Renascimento. Sua temática será, pois, mínima ou inexistente; bastará que lhe sirva de pretexto para a habilidade poética, para o grupo de recursos retóricos que deseja colocar em evidência" (DÍAZ-PLAJA, 1937, p. 170).

7.12 Tendência para a descrição, levada até a inverossimilhança.

7.13 Culto da solidão. O poeta é um ser raro que cria o seu mundo particular e nele se isola. Nesse sentido, o Barroco está na raiz do futuro movimento romântico, e convém lembrar que as tendências barrocas penetram pelo controvertido século XVIII, século de entrecruzamento ideológico, como veremos.

7.14 Linguagem trabalhada, adornada, rica em figuras. O texto barroco caracteriza-se pela sintaxe rebuscada e pelo emprego frequente de antíteses, hipérbatos, paradoxos, hipérboles e metáforas.

7.15 Uso marcante de repetições e da técnica do paralelismo.

7.16 Preocupação com a linguagem culta. Um dos recursos que a evidenciam é a utilização do latim não só como referência, mas ainda para criar novas palavras e formular construções frasais que acabarão por incorporar-se ao idioma em número significativo.

8 Desse modo, o Barroco é entendido como um estilo que apresenta características bem definidas tanto nas artes plásticas como na literatura, e que, na Europa, tem seu momento de relevância no século XVII. Vale lembrar que, num sentido totalizador, a designação "Barroco" cobre um período que vai da segunda metade do século XVI até as primeiras décadas do século XVIII.

9 A partir desse princípio, o termo costuma também ser compreendido de várias outras maneiras:

9.1 Como um estilo de vida e de arte, de pensamento, de ação, de divertimento, de governo, de prosa e verso, até de atividade religiosa, que se seguiu ao Renascimento. É tudo que há de mais contrário à clareza, ao tipo linear, à nitidez de contornos, da civilização no tempo do Renascimento. "Sem que signifique uma repulsa daqueles ideais, mas uma tentativa de conciliação, de incorporação, de fusão (o fusionismo é o traço predominante no Barroco), do ideal medieval, espiritual, supraterreno, com os novos valores que o Renascimento pôs em relevo: o humanismo, o gosto da arte, as satisfações mundanas e carnais. A tática decorreu da Contrarreforma, no intuito, consciente ou inconsciente, de combater o moderno espírito, absorvendo-o no que tinha de mais aceitável. Dessa tática nasceu o barroco, o novo estilo de vida" (COUTINHO, 1976, p. 93).

9.2   Para René Wellek, a literatura barroca "distinguir-se-ia, quanto ao estilo, pela abundância de ornatos, pela elaboração formal, pelo abuso de *concetti*; seria identificada pelo estilo trabalhado, ornado, ricamente entretecido de figuras, das quais as preferidas seriam a antítese, o assíndeto, a antimetábole, o oxímoro, o paradoxo e a hipérbole. Em suma, seria uma literatura dominada pelo senso do decorativo e resultado de um deliberado emprego da técnica para a obtenção de efeitos específicos" (apud COUTINHO, 1950, p. 25).

9.3   "Intensificação no pormenor e densificação no conjunto", é a definição de Dámaso Alonso, em *La lengua poética de Góngora*, encarado o barroco como fenômeno linguístico e poético (1961, p. 16).

9.4   Óscar Lopes e A. J. Saraiva, quando situam o Barroco no império dos Habsburgos, entendem-no como "exagero patético, expressão de um ascetismo marcado ou de misticismo exaltado, oposição da sublimidade espiritual ao grotesco da carne, do idealismo perfeito ao pícaro burlesco; um misto de bizarria fidalga e de pitoresco folclórico; obsessão do irracional, tido como suprarracional; pesquisa dos recessos da alma, evasão para o inefável, sugestão do inapreensível, do sutil, do fugidio" (LOPES E SARAIVA, s/d, p. 318).

9.5   O Barroco ainda é entendido como um conglomerado de **cultismo** e **conceitismo**, assim compreendidos:

9.5.1   **Cultismo**, na dupla interpretação que se pode atribuir à palavra "cultura", de que esse termo se origina: de um lado, trabalho, esforço; de outro, memória do passado intelectual. Um fato poético se "culturaliza" através do neologismo, da metáfora, do hipérbato. Há uma preocupação com tornar a linguagem culta. O artista utiliza o latim para criar novas palavras, que acabarão por incorporar-se deliberadamente ao idioma; há uma tentativa de aristocratizar a expressão literária. O uso do hipérbato, isto é, da inversão da frase, é imitação da sintaxe latina, e obedece à mesma preocupação. Claro está que neologismos, hipérbatos, metáforas e mitologias já existiam na literatura antes do Barroco. O que se observa nesse momento é uma intensificação dessas atitudes, que passam a ser a tônica do estilo. Na metáfora o autor encontra uma forma de poetizar os objetos vulgares através de objetos poéticos, dentro da intenção geral de aristocratizar a linguagem. Acrescente-se ainda a exibição de um amplo conhecimento da mitologia.

9.5.2 **Conceitismo**, linguagem de conceitos "ato do entendimento que expressa a correspondência que há entre os objetos", e nesse sentido é ainda a metáfora o instrumento característico, a metáfora no seu aspecto intelectual (DÍAZ-PLAJA, 1937, p. 171).

9.6 Numa definição ampla, o barroco também é compreendido como um conceito psicológico abstrato, para designar um tipo de expressão que pode ocorrer em qualquer cultura histórica e reaparecer em vários estágios do desenvolvimento. Nessa acepção é que podemos descobrir o barroco num soneto de Alberto de Oliveira, ou mesmo em autores brasileiros modernos; e ouve-se até falar em moda feminina barroca em pleno século XX. Contra essa ampliação do campo semântico da palavra, Afrânio Coutinho manifesta-se afirmando que "seria destruir por completo o conceito aplicá-lo à definição de manifestações distantes do século XVII, onde e somente as condições espirituais foram convenientes para o seu desenvolvimento; fazendo com que o aspecto formal encarnasse um estado de espírito que se lhe ajustava à maravilha" (COUTINHO, 1966, p. 96). Considerado o Barroco como um estilo de época, a conceituação deixa, de fato, de ter sentido. A extensão de terminologias é, aliás, frequentemente tentadora: fenômeno semelhante ocorre com as palavras "classicismo", "romantismo" e "realismo", para só citar três exemplos.

9.7 Quanto às características do estilo em termos de meios de expressão linguística, Evelyn E. Uhrhan, ao estudar a obra de Góngora, "estabeleceu seis padrões que denominou os seis princípios que regulam o estilo barroco: **transposição** (anteposição e posposição); **separação** (interpolação numa expressão de um elemento que não é parte desta expressão); **duplicação** (ligação de partes de sentenças – palavras, frases ou expressões de ação – por certos meios linguísticos: paralelismo, repetição, elemento comum); **assimetria** (um elemento de uma expressão é consideravelmente mais longo do que outros); **modificação** (modificação horizontal, vertical, total); **substituição** (em lugar de um só elemento, que seria gramaticalmente suficiente, são usados vários tipos de construção de frase ou cláusula)" (apud COUTINHO, 1966, p. 11)

10 Wölfflin, comparando Barroco e Renascimento, estabelece alguns princípios fundamentais que definem a passagem do tipo de representação tátil para o visual, isto é, da arte renascentista para a barroca. Dessa maneira:

10.1   O Barroco representa não um declínio, mas o desenvolvimento natural do Classicismo renascentista para um estilo posterior.

10.2   Esse estilo, diferentemente do renascentista, já não é tátil, porém visual, isto é, não admite perspectivas não visuais, e não revela sua arte, mas a dissimula.

10.3   A mudança executa-se consoante uma lei interna, e os estágios de seu desenvolvimento em qualquer obra podem ser demonstrados graças a cinco categorias:

RENASCIMENTO	BARROCO
1. *linear* – caracterização centrada em limites claros e precisos;	1. *pictórica* – caracterização desviada dos limites do objeto e centrada na acumulação de elementos;
2. *composta em superfície* – encadeamento de formas sobre um mesmo plano;	2. *composta em profundidade* – a percepção visual envolve os elementos mais próximos e os mais distantes;
3. *partes coordenadas de igual valor;*	3. *partes subordinadas a um conjunto;*
4. *fechada* – limitada em si mesma;	4. *aberta* – efeito completado pelo observador;
5. *claridade absoluta.*	5. *claridade relativa.*

(COUTINHO, 1966, p. 90)

10.4   A propósito, destaque-se que a percepção em profundidade traduz a ânsia de espaço típica da arte barroca; entre os exemplos, podemos citar manifestações como Versalhes e seus jardins, a Praça São Pedro, em Roma, *As meninas*, famoso quadro de Velasquez. O pictórico envolve o colorido dos quadros e, em certos casos, o caráter descritivo de determinados textos; a "abertura" barroca implica a participação ativa do observador ou do leitor.

11   Para completar a série de conceitos, recorremos às palavras de Hatzfeld, que se encontram no seu livro *Estudios sobre el Barroco*, leitura indispensável para quem pretenda uma noção legítima da amplitude terminológica e da significação do estilo epocal:

> Faz alguns anos que, na história da arte, se chama Barroco, em sentido totalizador, o estilo de época que se estende desde o Renascimento até o Rococó. Dividindo-se, porém, essa época de acordo com o desenvolvimento de variantes ou estilos "geracionais", fala-se (...) melhor em Maneirismo, que tem origem no alargamento e distorção das formas do último Renascimento; em Barroco clássico, com formas ao mesmo tempo majestosas e sóbrias, dentro de sua pomposa ostentação; e em Barroquismo, que exagera a linha barroca, quer no sobrecarregado excesso de ornamentação espanhol, quer no mais leve e brincalhão Rococó francês.
>
> (1966, p. 52)

Para ele, Maneirismo é uma forma tardia de Renascimento, um estilo pré-barroco que se caracteriza pela ausência de realismo e de impressionismo e apresenta aspectos ornamentais marcantes (HATZFELD, 1966, p. 54); o Barroco, o verdadeiro Barroco, apresenta-se marcado por tensão psicológica, anseio de paz espiritual, gosto depurado na expressão, simplicidade nos enredos, nobreza e discernimento no estilo (HATZFELD, 1966, p. 57); o Barroquismo é marcado pelo rebuscamento no engenho, adornos sem qualquer função estrutural, abuso nas descrições, feitas por simples prazer, e metáforas que buscam apenas o surpreendente (HATZFELD, 1966, p. 57).

É esclarecedora a sua síntese:

> Fazendo um resumo de nossas considerações, a situação em que atualmente se encontra o problema do Barroco, no que se refere a seus períodos e a suas faces geracionais, é a seguinte: o Barroco é a evolução do Renascimento hispanizado no momento em que se celebra o Concílio de Trento. Começa, portanto, na Itália, na atmosfera espanhola de Nápoles, e na Roma dos papas. Obtém na Espanha uma excelente acolhida, enquanto na Itália, após alcançar uma breve perfeição com Tasso, degenera-se e corrompe-se. Na Espanha, depois de conseguir com Cervantes um equilíbrio de curta duração, perde-o com o "barroquismo" de Quevedo e Calderón. Passa à França, onde entretece o fio de ouro da moderação com o maneirismo de Corneille e Rotrou. Numa das pontas desse fio está Malherbe; na outra Racine, Pascal e Bossuet. Nesse ponto, o fio cresce e confunde-se com o desenho do tecido.
>
> (HATZFELD, 1966, p. 70)

Acrescentemos o quadro-resumo do mesmo Hatzfeld, por sobejamente esclarecedor, em termos de predomínio do estilo e de nomes representativos:

FASES	ITÁLIA	ESPANHA	FRANÇA
Renascimento	1500/1530 Ariosto 1474/1533	1530/1580 Luis de Léon 1527/1591	1550/1590 Ronsard 1524/1585
Maneirismo	1530/1570 Miguel Ângelo 1475/1564	1570/1600 Góngora 1561/1627	1590/1640 Malherbe 1555/1628
Barroco	1570/1600 Tasso 1544/1595	1600/1630 Cervantes 1547/1616	1640/1680 Racine 1639/1699
Barroquismo	1600/1630 Marino 1569/1625	1630/1670 Calderón 1600/1681	1680/1710 Fénelon 1651/1715

(1966, p. 72-3)

Vale dizer que o emprego da terminologia para o período na área da literatura em exame não é pacífico e que sua adoção tem variado de país para país. A França, por exemplo, que até 1945 ainda relutava quase unanimemente em adotá-la, passou posteriormente a assumir o termo, com ressalvas, entretanto, acerca de sua aplicação ao Classicismo francês; na Itália, após uma atitude de negação peremptória, sobretudo por parte de Benedetto Croce, ganhou espaços de interesse e discussão, tendo sido objeto de três congressos, realizados, respectivamente, em 1954, 1957, 1962. Alemanha, Espanha e Portugal adotaram-na com tranquilidade. Na Rússia, após alguma aceitação, a terminologia praticamente saiu de cena, mantendo alguma presença na Tchecoslováquia. Entre os ingleses, o termo não fez grande fortuna no que diz respeito aos estudos literários. Nos Estados Unidos foi bem acolhido (WELLEK, 1963, p. 107-17) e no Brasil, sobretudo a partir dos anos 1950, praticamente incorporou-se aos estudos literários e da arte em geral.

Por outro lado, a partir da década de 1940, o Maneirismo ganhou honras de movimento autônomo, na área de sua aplicação aos estudos literários. Gustav René Hocke, por exemplo, dedica à tendência o seu *Maneirismus in der Literatur*, livro de 1959 com tradução italiana de 1965 (*Il Manierismo nella letteratura*). Ainda em 1965 sai em espanhol o livro de Arnold Hauser, *El Manierismo: crisis del Renascimento y origen del arte moderno* (Editiones Guadarrama), cuja última parte ganhou volume próprio em 1969 com o título *Literatura y manierismo*, lançado pela mesma editora. Emilio Carilla situa-o na literatura de língua espanhola com o seu *Manierismo y Barroco en las literaturas hispánicas* (1983), lembrando que, no século atual, uma corrente de críticos cada vez mais numerosa considerou insuficiente o conceito de Barroco para cobrir as manifestações do período cultural citado. No Brasil, José Guilherme Merquior, no já referido ensaio "Os estilos históricos na literatura ocidental", situa-o autonomamente e chega a estabelecer uma relação apoiada em nítidas diferenças com o Barroco; segundo ele, "o Maneirismo fora o estilo da desintegração; o Barroco seria o estilo da reintegração" (1975, p. 46).

17 Com apoio basicamente nas observações desses estudiosos, podemos afirmar que o Maneirismo envolve uma atitude "intelectualista e socialmente exclusiva" (Hauser), enquanto o Barroco caminha numa direção emocional. O estilo do primeiro é refinado, carregado de refrações e saturado de vivências culturais, diante de um Barroco instintivo. O Maneirismo, lembra Merquior, corresponde a uma "estética do humanismo angustiado" e traduz-se numa "arte da contradição sem síntese", que se revela, por exemplo, no conflito do "epos marcial" e do erotismo elegíaco de um Camões (1524-1580), nas contradições do eu ondulante e diverso de Manrique (1533-1592), nos paradoxos na lírica simultaneamente coloquial e intelectualista de um John Donne (1573-1631), nos "dilemas cerebrinos e pateticamente existenciais" do Hamlet shakespeariano, na problematização do ato criador. Enfim, o Maneirismo traduz-se numa literatura ao mesmo tempo de crise e de reflexão sobre o próprio ato criador. No Barroco, o que se observa é a tentativa de resolver, numa síntese, tensões marcadas pelo Maneirismo. É ainda Merquior, citando Wölfflin, quem se refere à "inquieta busca do poder" apontada por C. J. Friedrich como uma das molas propulsoras da alma barroca e que "se manifestaria plenamente, não só no autoritarismo do Estado e das Igrejas, mas também no erotismo despótico ou subversivo das tragédias de Racine, no monumentalismo amplificatório da arquitetura, nos elementos *voluntaristas* da pintura e da escultura (as diagonais vigorosas, as espirais expansivas) e, sobretudo, em todas essas artes, no triunfo da profundidade sobre o plano" (1975, p. 48).

18 A matéria continua em aberto; estendendo, porém, a lição de Hatzfeld aos estudos de literatura brasileira e portuguesa, cremos ser bastante, numa visão geral, usar o termo "Barroco" para marcar o estilo de época, permitindo-nos assinalar comportamentos maneiristas ou caracterizadores de barroquismo nesta ou naquela manifestação artística produzida nos dois países, sobretudo no Brasil, onde no século XVII ainda se encontram uma arte literária incipiente e uma organização

social que começa apenas a esboçar-se. Afinal, em princípio, Maneirismo é antecipação, é pré-barroco; Barroquismo é decorrência de um Barroco que designa uma atitude central e dominante (1966, p. 71).

Quanto à etimologia da palavra, acreditamos importantes alguns esclarecimentos, já que o assunto não se apresenta como um problema simples a quem dele se acerca.

Em italiano a palavra significa "acumulação"; na ourivesaria, "barroca" é a designação de uma pedra irregular; atribui-se a Cellini a aplicação do termo à arquitetura pela primeira vez; também é usada para designar uma figura de silogismo; durante o Renascimento, era empregada como alusão pejorativa aos elementos medievais, restaurados no século XVII; aliás, nos séculos XVI e XVII costumava-se usá-la para significar um tipo de raciocínio que confundia o falso e o verdadeiro, que traduzia uma argumentação fugidia. É com esse sentido pejorativo que a palavra chega até o século XIX, e inclusive entre nós brasileiros, durante muito tempo, foi considerada como degeneração ou distorção da perfeita arte renascentista. Mas a partir da segunda metade do século XIX começa uma revisão do conceito, que passa a ganhar nova significação, traduzida nas várias opiniões aqui apresentadas e em outras que podem ser encontradas na vasta bibliografia sobre o assunto.

Por outro lado, é interessante observar, a respeito da nomenclatura, que o Barroco tem sido designado também por termos locais, ligados às variadas manifestações de cada país: é **Conceitismo** e **Culteranismo** na Espanha e em Portugal; **Marinismo** (de Marini, 1569-1625, principal representante italiano do estilo) e **Seiscentismo** (do século de seiscentos) na Itália; **Eufuísmo** (da novela *Euphués*, do escritor inglês John Lyly, 1553-1606) na Inglaterra; **Preciosismo** na França; **Silesianismo** (do principal escritor barroco alemão Angelus Silesius, 1624-1677) na Alemanha; e ainda **Gongorismo** (de Luís de Góngora, 1561-1627, figura maior do movimento) na Espanha. A todos se deve preferir modernamente o termo **Barroco**.

No que se refere ao Brasil, as várias divisões da história de nossa literatura obrigam-nos a esclarecimentos:

- "A literatura nasceu no Brasil sob o signo do Barroco, 'pela mão barroca dos jesuítas'. E foi ao gênio plástico do barroco que se deveu a implantação do longo processo de mestiçagem, que constitui a principal característica da cultura brasileira, adaptando as formas europeias ao novo ambiente, à custa da 'transculturação' de que fala Fernando Ortiz, conciliando dois mundos – o europeu e o autóctone" (COUTINHO, 1966, p. 113). A tese, defendida por Afrânio Coutinho, é muito importante porque vai de encontro a muitas opiniões.

- Claro está que a nossa literatura incipiente, aliás negada por alguns como literatura brasileira, é literatura barroca de qualidade inferior, ressalvadas as raras exceções. Entre os autores dignos de estudo despontam os jesuítas, notadamente Anchieta e Vieira, e os poetas Gregório de Matos Guerra e Manuel Botelho de Oliveira. A *Prosopopeia*, de Bento Teixeira, costuma ser apontada por alguns críticos como exemplo de poesia maneirista.

Em Portugal, as manifestações barrocas vão das meditações em estilo cuidado e mais simples do padre Manuel Bernardes aos exaltados sermões e "cartas espirituais" do frei Antônio das Chagas. Ao lado de Vieira, disputado pelas duas literaturas, a portuguesa e a brasileira, destaca-se ainda D. Francisco Manuel de Melo, poeta, moralista, historiador, ensaísta e teatrólogo. É o momento da *Arte de furtar*, violenta "denúncia da corrupção geral da época, sobretudo no alto funcionalismo e na burguesia financeira" (SARAIVA, 1961, p. 82). A obra, anônima, é atribuída a Vieira.

A título de exemplo de literatura barroca, transcrevemos e comentamos brevemente o início da "Soledad primera", de Luís de Góngora:

> Era del año la estación florida
> en que el mentido robador de Europa
> – media luna las armas de su frente,
> y el sol todos los rayos de su pelo –,
> luciente honor del cielo,
> en campos de zafiro pace estrellas;
> cuando el que ministrar podía la copa
> a Júpiter mejor que el garzón de Ida,
> – náufrago y desdeñado, sobre ausente –
> lagrimosas de amor dulces querellas
> da al mar; que condolido,
> fue a las ondas, fue al viento
> el mísero gemido,
> segundo de Arión dulce instrumento.
>
> (apud RIQUER, s/d, p. 129)

Em tradução livre:

> Era do ano a estação florida
> em que o farsante roubador da Europa
> – meia-lua as armas da cabeça
> e o sol todos os raios do seu pelo –
> luzente honra do céu,

em campos de safira cuida estrelas;
quando o que ministrar podia a taça
a Júpiter melhor que o moço de Ida,
– naúfrago e desdenhado além de ausente –
lacrimosas de amor suas doces queixas
lança ao mar; que condoído
foi para as ondas, para o vento
o mísero gemido,
segundo de Arion doce instrumento.

Mesmo traduzido, o texto necessita de explicações:

- A estação florida a que o texto se refere é aquela em que o Sol entra no signo de Touro (signo do zodíaco que recorda a transformação de Júpiter em touro para raptar Europa); era, portanto, o mês de abril (não nos esqueçamos que em abril na Europa é primavera).
- Por essa época, o touro (signo do zodíaco que tem na cabeça a meia-lua formada pelos chifres) reluz, iluminado pelo sol, de tal forma que os raios solares e os pelos do animal se confundem.
- O touro parece apascentar, cuidar das estrelas no azul do céu, pois que as mesmas empalidecerem ante o seu brilho.
- Nessa ocasião, um jovem tão belo que podia, melhor do que Ganimedes, ser o copeiro de Júpiter, lança ao mar as suas queixas.
- O jovem, além de náufrago, está longe da amada e é desdenhado por ela.
- Suas mágoas são tão sentidas que os seus gemidos acalmam os ventos e as ondas, à semelhança da lira de Arion.
- O músico Arion, é necessário esclarecer, passou por uma situação parecida. Quando navegava da Itália a Corinto, os marinheiros, para apoderar-se das riquezas que levava, decidiram lançá-lo ao mar. Arion pediu para cantar, antes de morrer; ao tocar a sua lira, vieram os golfinhos. Ao verificar que os marinheiros não voltariam atrás na decisão tomada, lançou-se às águas, mas um golfinho tomou-o sobre o lombo e levou-o para a terra.

(Observem-se no texto as metáforas, os hipérbatos, os elementos mitológicos.)

Para que se tenha mais uma ideia do estado de espírito dominante ainda na poesia, veja-se este soneto atribuído a Gregório de Matos:

> A vós correndo vou, braços sagrados
> Nessa Cruz sacrossanta descobertos;
> Que para receber-me estais abertos,
> E por não castigar-me estais cravados.
>
> A vós, Divinos olhos, eclipsados,
> De tanto sangue e lágrimas cobertos;
> Pois para perdoar-me estais despertos,
> E por não condenar-me estais fechados.
>
> A vós, pregados Pés por não deixar-me:
> A vós sangue vertido para ungir-me:
> A vós Cabeça baixa por chamar-me:
>
> A vós, Lado patente, quero unir-me:
> A vós, Cravos preciosos, quero atar-me,
> Para ficar unido, atado, e firme.
>
> (apud BANDEIRA, 1960, p. 26)

Ou este outro de Góngora, que retoma o tema daquele outro de Garcilaso, onde o *carpe diem* de Horácio está manifesto nitidamente, para acrescentar-lhe insistentemente a nota fúnebre da eternidade:

> Mientras por competir con tu cabello,
> oro bruñido al sol relumbra en vano,
> mientras con menosprecio en medio el llano
> mira tu blanca frente el lilio bello;
>
> mientras a cada labio por cogello,
> siguen más ojos que al clavel temprano,
> y mientras triunfa con desdén lozano
> de el luciente cristal tu gentil cuello;
>
> goza cuello, cabello, labio y frente,
> antes que lo fue en tue edad dorada
> oro, lilio, clavel, cristal luciente,
>
> no sólo en plata o víola troncada
> se vuelva, mas tú y ello juntamente
> en tierra, en humo, en polvo, en sombra, en nada.
>
> (apud FITZMAURICE-KELLY, 1953, p. 474)

Em tradução livre:

> Enquanto por competir com teu cabelo
> ouro polido ao sol rebrilha em vão
> enquanto com menosprezo na planície
> olha tua branca fronte o lírio belo
>
> enquanto cada lábio por colhê-lo
> seguem mais olhos que ao cravo temporão
> e enquanto triunfa com desdém loução
> do luzente cristal teu gentil colo;
>
> goza colo, cabelo, lábio e fronte
> antes que o que foi em tua dourada idade
> ouro, lírio, cravo, cristal luzente
>
> não só em prata ou violeta truncada
> se torne, mas tu e isso tudo juntamente
> em terra, em fumo, em pó, em sombra, em nada.

26 E para uma visão do estilo em prosa, pode-se ler o "Sermão do mandato", do padre Antônio Vieira. Para isso, transcreveremos um trecho que pode ser comparado, para efeito de estudo, com o soneto de Camões "Sete anos de pastor...".

> Quatro ignorâncias podem concorrer em um amante, que diminuam muito a perfeição e merecimento de seu amor: Ou porque não se conhecesse a si; ou porque não conhecesse a quem amava; ou porque não conhecesse o amor; ou porque não conhecesse o fim onde há de parar, amando.
>
> ....
>
> A segunda ignorância que tira o merecimento ao amor, é não conhecer quem ama a quem ama. Quantas coisas há no mundo muito amadas, que, se as conhecera quem as ama, haviam de ser muito aborrecidas! Graças logo ao engano e não ao amor. Serviu Jacó os primeiros sete anos a Labão, e ao cabo deles, em vez que lhe darem a Raquel, deram-lhe a Lia. Ah enganado pastor e mais enganado amante!
>
> Se perguntarmos à imaginação de Jacó por quem servia, responderá que por Raquel. Mas se fizemos a mesma pergunta a Labão, que sabe o que é, e o que há de ser, dirá com toda a certeza que serve por Lia. E assim foi. Servis por quem servis, não servis por quem cuidais. Cuidais que vossos trabalhos e os vossos desvelos são por Raquel, a amada, e trabalhais e desvelais-vos por Lia, a aborrecida. Se Jacó soubera que

> servia por Lia, não servira sete anos nem sete dias. Serviu logo ao engano e não ao amor, porque serviu para quem não amava. Oh quantas vezes se representa esta história no teatro do coração humano, e não com diversas figuras, se não na mesma! A mesma que na imaginação é Raquel, na realidade é Lia; e não é Labão o que engana a Jacó, senão Jacó o que se engana a si mesmo. Não assim o divino amante, Cristo. Não serviu por Lia debaixo da imaginação de Raquel, mas amava a Lia conhecida como Lia. Nem a imaginação lhe roubou o merecimento ao amor, nem o engano lhe trocou o objeto ao trabalho. Amou e padeceu por todos, e por cada um, não como era bem que eles fossem, senão assim como eram. Pelo inimigo, sabendo que era inimigo; pelo ingrato, sabendo que era ingrato; e pelo traidor, "sabendo que era traidor": *Sciebat enim quisnam esset, qui traderet eum*.
>
> Deste discurso se segue uma conclusão tão certa como ignorada; é que os homens não amam aquilo que cuidam que amam, Por quê? Ou porque o que amam não é o que cuidam; ou porque amam o que verdadeiramente não há. Quem estima vidros, cuidando que são diamantes, diamantes estima e não vidros; quem ama defeitos, cuidando que são perfeições, perfeições ama e não defeitos. Cuidais que amais diamantes de firmeza, e amais vidros de fragilidade; cuidais que amais perfeições angélicas, e amais imperfeições humanas. Logo, os homens não amam o que verdadeiramente não há; porque amam as coisas, não como são, senão como as imaginam; e o que se imagina, e não é, não o há no Mundo. Não assim o amor de Cristo, sábio sem engano: *Cum dilexisset suos, qui erant in Mundo*.
>
> (VIEIRA, 1960, p. 59 e 64-5)

27 Um breve comentário ajuda a entender melhor:

27.1 Partindo de uma passagem bíblica (*Gênesis* 29, 15-30), o autor dela se vale, através de interpretação pessoal, para chegar, por comparação, à valorização do que lhe interessa destacar, o tema central da passagem, ou seja, o amor místico de Cristo.

27.2 O fragmento anuncia o assunto de que se vai tratar em termos amplos as "quatro ignorâncias que podem concorrer em um amante". Para efeito de exemplificação, restringimo-nos apenas à transição da segunda, o que não nos impede de perceber, no primeiro parágrafo, a organização lógica e sistemática do discurso anunciado.

27.3   Temos, a seguir:
- uma tese:
    "A segunda ignorância que tira o merecimento ao amor, é não conhecer quem ama a quem ama".
- um conceito dela derivado:
    "Quantas coisas há no mundo muito amadas, que, se as conhecera quem as ama, haviam de ser muito aborrecidas!"
- uma conclusão:
    "Graças logo ao engano e não ao amor".
- a demonstração da tese, apoiada na história bíblica de Jacó e Raquel:
    De "Serviu Jacó" até "se engana a si mesmo".
- outra conclusão ligada ao tema central:
    De "Não assim o divino amante, Cristo" até *traderet eum*.
- um corolário:
    "Deste discurso se segue uma conclusão tão certa como ignorada; é que os homens não amam aquilo que cuidam que amam".
- a demonstração do corolário e outra conclusão:
    De "Por quê?" até "não amam aquilo que cuidam que amam".
- Finaliza-se o fragmento com mais uma inferência do corolário anterior e com a conclusão final:
    De "Logo, os homens" até *"qui erant in Mundo"*.

27.4   Como se percebe, o desenvolvimento do texto faz-se rigorosamente dentro de padrões lógicos de raciocínio; nada fica sem explicação, ainda que esteja presente na interpretação dos fatos a imaginação do autor.

27.5   Há uma apresentação gradativa, geométrica, de diversos aspectos ligados ao tema; de superposição em superposição, chega-se ao fundamental: o amor de Cristo.

27.6   E quando se pensa que terminou a argumentação, volta-se ao assunto, para corroborar-se o que se acabou de afirmar, numa ampliação em termos absolutos: "O que se imagina, e não é, não o há no Mundo".

27.7   O texto apresenta notável frequência de conceituações. Observe-se:

"A segunda ignorância que tira o merecimento ao amor, é não conhecer quem ama a quem ama".

"Quantas coisas há no mundo muito amadas, que, se as conhecera quem as ama, haviam de ser muito aborrecidas!"

"Servis por quem servis, não servis por quem cuidais".

"Os homens não amam aquilo que cuidam quem amam".

"Quem estima vidros, cuidando que são diamantes, diamantes estima, e não vidros".

"Quem ama defeitos, cuidando que são perfeições, perfeições ama e não defeitos".

"Cuidais que amais diamantes de firmeza, e amais vidros de fragilidade".

"Cuidais que amais perfeições angélicas, e amais imperfeições humanas".

"O que se imagina, e não é, não o há no Mundo".

27.8 Cada uma das afirmações é ilustrada frequentemente com exemplos.

27.9 Depreendem-se dois planos na exposição:

a) o amor na realidade humana;

b) o amor na transcendência divina.

27.10 Ressalta nítido o confronto entre o humano e o divino, traduzindo preocupação religiosa com a existência. Configura-se a celebração do amor místico de Cristo.

27.11 Em conclusão:

- O episódio bíblico serviu de base para o desenvolvimento de um raciocínio, consubstanciado numa interpretação bastante pessoal.
- A argumentação serve, no entanto, para demonstrar a tese à luz da religião.
- O tema é examinado com termos filosóficos, com apoio na razão, mas permitindo certa liberdade.
- O expositor, na sua apreciação, parte do periférico para o central, através de um raciocínio dedutivo; o texto obriga a pensar, mas envolve também uma atmosfera emocional.

27.12 Na área semântica podem-se assinalar alguns traços marcantes:

- Há três campos semânticos insistentemente caracterizados através de repetições, cognatos e palavras próximas:

  área 1 – AMOR – Repetições: "amor": cinco vezes; "ama": cinco vezes; "amada(s)": duas vezes; "amante": duas vezes; "amais": quatro vezes; "amam": oito vezes; "estima": duas vezes.

  área 2 – ENGANO – Repetições: "ignorância": duas vezes; "engano": duas vezes; "engana": duas vezes; "enganado": duas vezes; "aborrecida(s)": duas vezes; não repetidas: "não conhecer", "não amava", "ignorada", "não amam", "imperfeições", "não é".

área 3 – SERVIR – Repetições: "serviu": quatro vezes; "servia": duas vezes; "servis": três vezes; não repetidas: "serve", "trabalhais", "desvelais-vos".

Não há um conceito em que não figure pelo menos uma dessas palavras; assim, a questão fundamental é permanentemente lançada diante do ouvinte.

- O texto apresenta, a cada momento, antíteses caracterizadoras das relações de oposição que o constituem. Exemplos: muito amadas/aborrecidas; engano/amor; Raquel/Lia; Jacó/Labão; servis/cuidais; Raquel, a amada/Lia, a aborrecida; serviu/não amava; vidros/diamante; perfeições/imperfeições; firmeza/fragilidade; angélicas/humanas.

- Há metáforas de elaboração apoiada em relacionamentos bastante objetivos. Exemplos: "teatro do coração humano"; "o divino amante, Cristo"; "nem a ignorância lhe roubou o merecimento ao amor"; "diamantes de firmeza"; "vidros de fragilidade".

- Cumpre observar o sentido especial dos verbos "amar" e "servir", o primeiro identificado com o amor-contemplação, o segundo na linha do lirismo medieval, traduzindo o preito à pessoa amada, como no poema de Camões apresentado no capítulo 2.

- O uso do indefinido "quem" contribui para a ideia de generalização que envolve o tratamento da questão central: "A segunda ignorância que tira o merecimento ao amor, é não conhecer *quem* ama a *quem* ama"; "*Quem* estima vidros..."; "*quem* ama defeitos...".

- As frases latinas, comuns nos textos religiosos dessa modalidade, aparecem nesse sermão para conferir, por força do livro de que são retiradas, maior validade à argumentação.

Na área sintática, assinalemos:

- a frequente simetria na disposição das orações e dos termos. Exemplos:

    "Não conhecer quem ama a quem ama".

    "... servis por quem servis, não servis por quem cuidais".

- o uso constante das condicionais, traço do tipo de raciocínio desenvolvido. Exemplos:

    "*Se* as conhecera quem as ama".

    "*Se* perguntarmos à "imaginação de Jacó".

    "*Se* Jacó soubera que servia por Lia".

    "*Se* fizermos a mesma pergunta a Labão".

(Repare-se que a condicionalidade está situada sempre no plano do humano; quando se trata do amor de Cristo, não há hipóteses, há certeza.)

- a repetição de estruturações frasais.
- a frequência de orações incisivas, curtas, como convém à oratória, segundo a tradição.

27.14 Tudo o que assinalamos permite melhor perceber o que se traduz no texto: o contraste amor humano/amor divino, com a valorização deste último. E mais: a arte e o engenho do autor, na utilização do idioma, na técnica da exposição.

27.15 Estamos diante de um fragmento de um sermão, modalidade de expressão em princípio ligada a uma verdade de correspondência, onde a função referencial da linguagem ganha necessariamente relevo. No caso de Vieira, entretanto, a função poética também se caracteriza com bastante nitidez. O seu trabalho e o de outros oradores sacros fazem com que o sermão, em determinados casos, ganhe foros de modalidade de linguagem literária.

28 Após tudo o que dissemos, é fácil concluir que o Barroco não representa uma oposição ao Renascimento; é antes um desenvolvimento natural da linha renascentista, em caminho que vai das limitações à liberdade, do regular ao tumultuoso. Vimos também que o estilo barroco, num sentido restrito, tem, no seu momento prévio, a atitude maneirista, e pouco a pouco se transforma em barroquismo, isto é, em exagero, em decadência. É quando nos encontramos com o espírito setecentista, com novas condições de vida que despontam no século XVIII.

BIBLIOGRAFIA

TEXTOS LITERÁRIOS

BANDEIRA, Manuel. *Poesia do Brasil*. Rio de Janeiro: Editora do Autor, 1960.

_____ e MERQUIOR, J. C. *Poesia do Brasil*. Rio de Janeiro: Editora do Autor, 1963.

RIQUER, M. de. *Antología de la literatura española* – siglos X/XX. Barcelona: Teide, s/d.

VIEIRA, A. *Sermões*. 2. ed. Rio de Janeiro: Agir, 1960.

TEXTOS TEÓRICOS

ALONSO, Dámaso. *De los siglos oscuros al de oro*. Madrid: Gredos, 1958.

_____. *Estudios y ensayos gongorinos*. Madrid: Gredos, 1965.

_____. *La lengua poética de Góngora*. 3. ed. corr. Madrid: CISC, 1961.

AMORA, Antônio Soares. *Teoria da literatura*. 4. ed. São Paulo: Clássico-Científica, 1961.

ÁVILA, Affonso. *O lúdico e as projeções do mundo barroco*. São Paulo: Perspectiva, 1971.

BOSI, Alfredo. *História concisa da literatura brasileira*. São Paulo: Cultrix, 1979.

CARILLA, Emilio. *Manierismo y Barroco en las literaturas hispánicas*. Madrid: Gredos, 1983.

CÉSAR, Guilhermino. *O Barroco e a crítica literária no Brasil*. Coimbra, Coimbra Ed., 1965 (Separata das atas do V Colóquio Internacional de Estudos Luso-Brasileiros.)

CIDADE, Hernâni. *Lições de cultura luso-brasileira:* épocas e estilos na literatura e nas artes plásticas. Rio de Janeiro: Livros de Portugal, 1960.

COUTINHO, Afrânio. *Aspectos da literatura barroca*. Rio de Janeiro: 1950. (Tese de concurso para o provimento da cadeira de Literatura no Colégio Pedro II.)

_____. *Conceito de literatura brasileira*. Rio de Janeiro: Acadêmica, 1960.

_____. *Introdução à literatura no Brasil*. 3. ed. Rio de Janeiro: São José, 1966.

_____. *Introdução à literatura no Brasil*. 8. ed. Rio de Janeiro: Civilização Brasileira, 1976.

_____ (dir.) e COUTINHO, Eduardo de Faria (codir.). *A literatura no Brasil*. 3. ed. rev. e atual. Rio de Janeiro: José Olympio, Niterói, UFF – Universidade Federal Fluminense, 1986.

CURTIUS, Ernst Robert. *Literatura europeia e Idade Média latina*. Rio de Janeiro: MEC/INL, 1957.

DES-GRANGES, C. M. *Historie de la littérature française:* des origines à nos jours. 46. ed. Paris: A. Hatier, 1952. (Edição inteiramente revista e atualizada por J. Boudout.)

DÍAZ-PLAJA, Guillermo. *La poesía lírica española*. Barcelona: Labor, 1937.

DUBOIS, Claude-Gilbert. *Le Baroque: profondeurs de l'apparence*. Paris: Larousse, 1973.

FITZMAURICE-KELLY, J. *The Oxford book of Spanish verse – XIIIth century/XXth century*. 2. ed. Oxford: J. B. Trend, 1953.

HATZFELD, Helmut. *A critical bibliography of the new stylistics applied to the romance literatures (1953/1965)*. Chapel Hill: The University of North Caroline Press, 1966.

_____. *Bibliografia crítica de la nueva estilística aplicada a las literaturas románticas*. Madrid: Gredos, 1955.

_____. *Estudios sobre el Barroco*. 2. ed. Madrid: Gredos, 1966.

HAUSER, Arnold. *El Manierismo; crisis del Renascimento y origen del arte moderno*. Madrid: Guadarrama, 1965.

_____. *Historia social de la literatura y el arte (The social history of art)*. 2. ed. Madrid: Guadarrama, 1968. 3 v.

_____. *Il Manierismo la crisi del Rinascimento e l'origine dell'arte moderna*. Torino: Einaudi, 1965.

_____. *Literatura y Manierismo*. Madrid: Guadarrama, 1969.

HOCKE, Gustav René. *El mundo como laberinto:* el Manierismo en el arte y en la literatura. Madrid: Guadarrama, 1961.

_____. *Il Manierismo nella letteratura (Manierismus in der Literatur)*. Milano: Il Saggiatore, 1965.

_____. *Maneirismo: o mundo como labirinto (Die Welt als Labyrinth)*. São Paulo: Perspectiva/Edusp, 1974.

LAPIÉ, Victor-Lucien. *Le Baroque*. Paris: PUF, 1963.

LIMA, Alceu Amoroso. *Introdução à literatura brasileira*. Rio de Janeiro: Agir, 1956.

LOPES, Óscar e SARAIVA, A. José. *História da literatura portuguesa*. 4. ed. corr. Porto: Porto Ed., s/d.

MERQUIOR, José Guilherme. Os estilos históricos na literatura ocidental. In: PORTELLA, Eduardo et alii. *Teoria literária*. Rio de Janeiro: Tempo Brasileiro, 1975.

_____. *De Anchieta a Euclides:* breve história da literatura brasileira – I. Rio de Janeiro: José Olympio, 1977.

MURRY, J. Middleton. *O problema do estilo (The problem style)*. Rio de Janeiro: Acadêmica, 1968. (1. ed. 1922.)

PEYNE, Henri. *¿Qué es el Clasicismo?* 1. ed. en español. México: Fondo de Cultura Económica, 1953.

PORTELLA, Eduardo et alii. *Teoria literária*. Rio de Janeiro: Tempo Brasileiro, 1975.

RAYMOND, Marcel. *Baroque et renaissance poétique*. Paris: José Corti, 1964.

SARAIVA, A. José. *História da literatura portuguesa*. 6. ed. corr. Lisboa: Europa-América, 1961.

SARDUY, Severo. *Barroco*. Buenos Aires: Sudamericana, 1974.

_____. El Barroco y el Neobarroco. In: FERNÁNDEZ MORENO, César. *América latina en su literatura*. México: Siglo Veintiuno, 1972.

TAVARES, Hênio. *Teoria literária*. 3. ed. Belo Horizonte: Bernardo Àlvares, 1967.

WEISBACH, Werner. *El Barroco*, arte de la Contrarreforma. 2. ed. Madrid: Espasa-Calpe, 1948.

WELLEK, René. *Conceitos de crítica (Concepts of criticism)*. São Paulo: Cultrix, 1963.

WÖLFFLIN, Enrique. *Conceptos fundamentales en la historia del arte*. 4. ed. Madrid: Espasa-Calpe, 1961.

CAPÍTULO 7

O Neoclassicismo

Inutilia truncat (Corta o que é inútil)

1   Século XVIII, o Século das Luzes: momento de racionalismo, de investigação científica; é o instante do emprego da energia a vapor na indústria têxtil inglesa. É o tempo do espírito enciclopédico (no saber e na experiência).

2   E "o homem deste momento histórico, senhor do mundo pelo conhecimento, modificador do mundo pela técnica", crê no poder da ciência, capaz de modificar as condições da humanidade, crê que é possível eliminar as superstições negativas, causa principal de todos os sofrimentos (SARAIVA, 1961, p. 39).

3   A ciência e a razão é que constituem as "luzes" atribuídas à centúria, razão e ciência que "iluminam", que ilustram, que esclarecem os homens, que os conduzem a uma crença otimista em suas amplas possibilidades. Daí as palavras iluminismo e ilustração, que caracterizam as manifestações culturais do momento, o conjunto das tendências características do século, de origem francesa e inglesa na maioria, e que traduzem o termo alemão *Aufklaerung*.

4   O ser humano acredita no saber do ser humano e preocupa-se com mudanças radicais. A busca de uma nova estrutura social traduz-se em "crítica à ordem social vigente implícitas ou explícitas no iluminismo: a negação das desigualdades, a afirmação de que a sociedade é produto do arbítrio e da iniquidade e deve ser racionalmente reformada" (SARAIVA, 1961, p. 90).

É o momento de Voltaire, de Montesquieu, de Rousseau e dos famosos "déspotas esclarecidos": Frederico II, da Prússia, Catarina II, da Rússia, José II, da Áustria, o Marquês de Pombal, em terras portuguesas. Hora de crise. E de revolução cultural. A burguesia substitui os aristocratas na liderança da História. Os enciclopedistas franceses consubstanciam e divulgam as novas ideias. E não nos esqueçamos da *Declaração dos Direitos do Homem*, de 1789.

Importa, entretanto, esclarecer que o "século XVIII é uma encruzilhada de correntes espirituais e estéticas", quando "enciclopedismo e iluminismo ou filosofia da ilustração confundem-se num movimento sobretudo intenso entre 1715 e 1789, de que a *Enciclopédia* foi a bíblia e a burguesia a classe social que o aplicou na vida, na economia, na corte, criando o tipo de sociedade dominada pela técnica, pela máquina, pela indústria. O iluminismo tece a sua repercussão política antes da Revolução Francesa (1789), que foi, com a Revolução Americana (1776), sua consequência natural, na forma do despotismo esclarecido de alguns monarcas e chefes de Estado, políticos-filósofos que acreditaram poder conciliar a estrutura do Antigo Regime com o espírito reformista do enciclopedismo" (COUTINHO, 1976, p. 121-2).

Nesse entrecruzar-se de atitudes, de um lado permanecem manifestações do Barroco, de outro, do Rococó, e, com maior presença, a emergência do Neoclassicismo, marcado por múltiplas facetas que o caracterizam. Começam também a corporificar-se tendências que já anunciam um novo movimento e que justificam, para alguns, a caracterização de um Pré-Romantismo.

Em termos de Neoclassicismo, há, basicamente, um movimento de restauração de alguns aspectos do espírito renascentista, como se verifica, por exemplo, neste poema de Iriarte:

> **EL BURRO FLAUTISTA**
> Cerca de unos prados
> que hay en mi lugar
> pasaba un borrico
> por casualidad.
> Una flauta en ellos
> halló que un zagal
> se dejó olvidada
> por casualidad.
> Acercóse a olerla
> el dicho animal,
> y dio un resoplido

por casualidad.
En la flauta el aire
se hubo de colar,
y sonó la flauta
por casualidad
"¡Oh! dijo el borrico,
¡qué bien se tocar!
¿Y dirán que es mala
la música asnal?"
Sin reglas de arte
borriquitos hay
que una vez aciertan
por casualidad.

(apud RIQUER, 1953, p. 181)

Em tradução livre:

Bem perto de uns prados
de minha cidade
passava um burrico
por casualidade.
Uma flauta por sorte
achou que um zagal
deixou esquecida
por casualidade.
Chegou-se a cheirá-la
o dito animal
e deu sopro forte
por casualidade.
E na flauta o sopro
o som fez vibrar
e a flauta tocou
por casualidade.
Oh! disse o burrico
Como sei tocar!
e dirão não ser boa
a música asnal?
Sem regras de arte
muitos burros há
que uma vez acertam
por casualidade.

Regras de arte: regras rígidas do Renascimento, fundadas em Aristóteles via Horácio, numa volta regulamentar, racional e reflexiva à imitação dos antigos gregos e romanos. Nesse sentido, o século XVIII é um século normativo; e as normas vêm através dos manuais da época: a *Art poétique* de Nicolas Boileau, a *Poética* do espanhol Luzán e outros. E, variando de nação para nação, as diversas tendências "compreendem em geral o culto da sensibilidade, a fé na razão e na ciência, o interesse pelos problemas sociais, podendo-se talvez reduzi-las à seguinte expressão: o natural é o racional. A leitura seria, consequentemente, expressão racional da natureza, para assim manifestar a verdade, buscando, à luz do espírito moderno, uma última encarnação da *mimesis* aristotélica" (ANTONIO CANDIDO, 1964, p. 47).

Para Boileau, a primeira virtude do artista é a razão:

> Aimez donc la raison; que toujours vos écrits empruntent d´elle seule et leur lustre et leur prix.
>
> (s/d, p. 66)

> (Ame, portanto, a razão; que sempre os seus escritos emprestem somente dela o seu brilho, o seu valor.) (TRADUÇÃO LIVRE.)

Racional, assinala René Wellek, não significa, entretanto, exclusão da imaginação, do sentimento ou mesmo do inconsciente; em contrapartida, não se admite que a produção poética emerja de um processo subconsciente: a elaboração do poema, a imaginação criadora necessita, segundo os postulados neoclássicos, do controle limitador da razão.

À valorização do natural associa-se notadamente a simplicidade; tais traços, nesses termos, convertem-se no ponto de contato entre os ideais neoclássicos e o conceito de sublime, que se faz também presente nas produções do Neoclassicismo, por outro se converte num fator de dissolução do próprio movimento, abrindo-o para o viçejar da estética pré-romântica (SILVA, 1976, p. 453). Vale lembrar que Boileau traduziu, no mesmo ano do lançamento de sua *Art poétique* (*Arte poética*), o *Traité du sublime* (*Tratado do sublime*), do pseudo-Longino.

A poesia é entendida como "imitação da natureza no universal e no particular, feita com versos para utilidade ou para deleite dos homens ou para uma e outra coisa juntamente", diz Luzán (apud DÍAZ-PLAJA, 1937, p. 224), na trilha horaciana. E um bom exemplo, no caso, são as "fábulas" de La Fontaine.

A verdade e a natureza, mas ambas conhecidas através da experiência. "À emoção quinhentista do mundo descoberto em superfície, sucede, depois de aproximadamente um século de alheamento, a emoção da realidade vista em profundidade e pormenor. As novidades espantosas que antes se pediam aos nautas e exploradores de continentes esperam-se agora dos investigadores de laboratório, de todos os observadores dos fenômenos da terra e do céu, munidos de microscópios e telescópios. Analogicamente é à razão, a que Descartes confiava a audaciosa como que recriação do universo, de que a dúvida metódica fizera tábua rasa, que recorrem moralistas e legisladores, que tentam a reforma nacional dos costumes e das instituições tradicionais. A razão, livre da pressão da fé, na solução dos problemas do cognoscível; a natureza, minuciosamente observada." (CIDADE, 1960, p. 199).

Mas ainda estamos diante de uma estrutura social em que razão e bom-senso se vinculam à educação no ambiente aristocrático (CIDADE, 1960, p. 199). Isso leva a uma redução de temas, a uma linguagem limitada. Com apoio nesse princípio, o conceito de **beleza** associa-se ao conceito de **razão**, e "razoável" é o que é real: "*Rien n'est beau que le vrai; le vrai seul est aimable*" (BOILEAU, apud DÍAZ-PLAJA, 1937, p. 223). Esclareça-se que a "imitação da natureza", entendida como "cópia", alterna-se com a imitação da "natureza geral", vale dizer, dos princípios e da ordem da natureza, o que significava a exclusão do meramente concreto, local ou individual.

Razão, verdade, exemplo dos antigos gregos e latinos, finalidade didática da obra de arte. E mais: separação de gêneros, observância da regra das três unidades para o teatro, disciplina, norma, cálculo.

Em suma, o Neoclassicismo surge no século XVIII como uma tentativa geral das artes na Europa, cabendo assinalar a forte presença e influência francesas. Nasceu da aplicação de princípios abstratos, de um rígido código de normas, valores críticos, fórmulas literárias que consubstanciavam a imposição de um gosto oficial. A preocupação primeira era a satisfação intelectual e lógica, antes da emoção; havia que cuidar da elegância exterior em vez da unidade interna na obra de arte. De tudo isso decorrem o caráter decorativo, a ausência de sentimentos, de paixão, de fantasia; se ocorrem em algum texto da época, é porque ele já não se integra na modelização vigente.

O estado de espírito, a atitude geral neoclássica, cujas características muito sumariamente acabamos de examinar, surgem em Portugal através da corrente chamada Arcadismo, que apresenta certas divergências com o padrão geral, como, por exemplo, a ausência de anticlericalismo. Basta dizer que a Arcádia, que dará nome ao movimento, tinha como patrono o Menino Jesus.

Essa arcádia tem origem em Roma. Foi fundada em 1690 pelos amigos da rainha Cristina, ex-soberana da Suécia. Filha de Gustavo Adolfo, a jovem Cristina abdicara do trono e do luteranismo e convertera-se à religião católica. Fixando residência na Itália, reunia em seu palácio eruditos e estudiosos para discutir problemas ou ler trabalhos literários e científicos. Morre a soberana em 1689, e os participantes das reuniões não querem deixar perder-se o bom hábito: com regulamento-programa, presidente e 16 membros, fundam a agremiação.

18 Seus integrantes denominavam-se "pastores" e adotavam nomes pastoris gregos ou latinos. O presidente era o guardião-geral. Por patrono tinham o Menino Jesus, símbolo de simplicidade, como já dissemos. As reuniões realizavam-se em jardins ou parques das grandes vilas romanas.

19 Em linhas gerais, o Arcadismo apresenta os seguintes traços característicos:

19.1 Reação ao mau gosto do Barroquismo.

19.2 Culto da teoria aristotélica da arte como imitação da natureza, entendendo-se que o guia da arte é, nesse caso, a razão. Não se trata de "reproduzir" simplesmente a natureza, mas sim de "apreender a forma imanente", isto é, "uma verdade ideal. O belo é verdadeiro porque este é o natural filtrado pela razão" (CANDIDO, 1964, p. 69). Poesia, por exemplo, é imprimir verdade na imaginação.

19.3 Persistência das normas ditadas pela antiguidade clássica, consubstanciadas rigorosamente nas artes poéticas e nos manuais da época.

19.4 Retorno ao equilíbrio e à simplicidade dos modelos greco-romanos, diretamente ou através dos modelos renascentistas, notadamente de Petrarca.

19.5 Presença marcante do bucolismo, da exaltação da vida campesina, com sua paisagem, seus pastores e seu gado e a simplicidade dos costumes da vida rural.

19.6 Imposição de uma disciplina literária nacional, com predomínio da "autoridade literária", do dogma sobre o gosto.

19.7 Simplicidade, mas correção e nobreza de linguagem.

19.8 Defesa de uma função social para a literatura, que deve ter caráter didático e doutrinário.

19.9 Preocupação com a finalidade moral da literatura.

19.10 Preocupação com o homem natural, entendido tanto "no sentido próprio, de primitivismo, como no figurado, de obediência ao que em nós é sangue e nervo" (CANDIDO, 1964, p. 63).

19.11 Preocupação com alindar a possível feiura da realidade.

19.12 Tendência, na poesia, a pintar situações, mais do que emoções.

19.13 Separação, em termos clássicos, dos gêneros literários.

O NEOCLASSICISMO • CAPÍTULO 7   169

19.14   Condenação da rima.

20   Em Portugal instalou-se, em 1756, a Arcádia Lusitana, uma academia com propósitos reformadores, fundada por três bacharéis em Direito: Cruz e Silva, Esteves Negrão e Gomes de Carvalho. A reforma da poesia portuguesa, por exemplo, seria feita pela imitação dos clássicos latinos, à luz dos princípios ditados por Aristóteles, Horácio e Longino, sobretudo através das lições dos teorizadores da época, como o citado Boileau, por exemplo. A intenção era, sobretudo, antibarroca.

21   Ficou do Arcadismo luso a importância de uma atividade crítica e doutrinária. E mais:

> Os poetas arcádicos oscilam entre um convencionalismo solene apropriado à pompa do absolutismo monárquico, que tentava revestir-se da grandeza imperial romana, e, por outro lado, o realismo do cotidiano burguês, o prosaísmo, a desmitificação do lirismo tradicional. Do absolutismo monárquico conservavam estes poetas – quase todos funcionários da administração – a pompa; do iluminismo, que quase todos professavam, o seu racionalismo antibarroco e antiescolástico; de sua origem burguesa, o gosto descritivo de certos ambientes concretos e certos temas da vida cotidiana.
>
> (SARAIVA, 1961, p. 97)

22   Portugal conhece ainda a Nova Arcádia, em fins do século XVIII.

23   Passemos agora ao **Rococó**.

24   Para muitos especialistas, trata-se de um movimento altamente representativo, no cruzamento de tendências que, como assinalamos, marca o século XVIII. Alguns chegam mesmo a considerá-lo um estilo de época autônomo, situado no mesmo nível, por exemplo, do seu coetâneo, o Neoclassicismo. Tal dimensionamento ganha presença a partir de meados do século passado e, apesar de algumas opiniões em contrário, o Rococó já integra, com maior ou menor destaque, a terminologia dos estilos de época, inclusive no Brasil (COUTINHO E COUTINHO, 1986, p. 212).

25   A palavra deriva de *rocaille*, que se refere a rochedo, grutas. As conchas (*coquille*, sem o molusco, *coquillage*, com o mesmo) eram elementos de ornamentação na época.

26   Para caracterizá-lo, voltemos a Hatzfeld, que, ao estudar o século XVIII francês, "como a expressão do rococó nas artes e literatura, em termos aplicáveis às outras manifestações artísticas fora da França", nos esclarece sobre o que seja o espírito rococó: "1. Uma gama de amor, do namoro ao idílio, à lascívia, ao erotismo; 2. A natureza com o lugar ideal para o prazer voluptuoso (*fêtes champêtres*, paisagens eróticas

etc.); 3. Intimidade na vida e nas instituições sociais (interiores, música de câmara, *bijoux*, cenas íntimas etc ...); 4. Máscaras e disfarces, como recurso intimista para velar e revelar; 5. *Esprit*, talvez o maior prejudicado do espírito rococó (ironia de Montesquieu e Voltaire)" (apud COUTINHO, 1976, p. 137).

O mesmo Hatzfeld, estendendo os seus estudos à Alemanha, Inglaterra, Itália, Espanha e Portugal, confirma a sua tese e, em livro de 1972, entende que a literatura rococó abrange todo um período. Na configuração do estilo, aponta ainda:

- ênfase na claridade, numa retomada de atitude renascentista;
- ênfase na ação, nos cenários, no vestuário;
- substituição do herói épico por heróis cômicos;
- visão superficial e cínica das paixões humanas;
- preferência pelo romance de costumes, pelo romance social, epistolar ou memorialista.

A esses elementos podemos acrescentar as marcas que José Guilherme Merquior aponta como também caracterizadoras do estilo:

a) Oposição a "senso cósmico do seiscentos, substituindo o parque monumental pelos jardins 'pitorescos'" de canteiros bordados, e a majestosa amplitude das paisagens à Poussin ou Claude pelas *vedute* ou *fêtes champêtres*: por vistas impressionistas da rua (Guardi) ou anedótas bucólicas (Watteau) nas quais as figuras humanas reconquistam ao quadro natural a condição de protagonistas de cena (apud PORTELLA, 1975, p. 52).

b) Culto do hedonismo, obsessão do prazer, e de tal maneira que "os próprios moralistas religiosos procurarão descrever a fé como volúpia, a virtude como gozo. Uma franca erotização invade dessublimatoriamente a cultura" (apud PORTELLA, 1975, p. 52). É a hora do amor "simultaneamente sensual e cerebral, tipificado em Casanova, réplica rococó ao D. Juan barroco" (apud PORTELLA, 1975, p. 52-3).

c) Culto da conversação e do *esprit*.

d) Ênfase no ludismo.

e) Presença forte da mulher, "pivô dos salões": "a literatura rococó tem seu público no salão e no café, berços da primeira opinião pública moderna. Ambientes 'informais', café e salão fomentaram a arte da conversação" (apud PORTELLA, 1975, p. 53).

Entre os autores representativos da literatura rococó, figuram, entre outros, Marivaux, o *abbé* Prévost, Diderot, Voltaire, Beaumarchais, Pope, Defoe, Lawrence Sterne (que tanta influência terá sobre Machado de Assis), Lessing, o jovem Goethe, Gravina, Muratori, Goldoni, Ramón de la Cruz, Meléndez Valdez.

As tendências pré-românticas que começam a despontar em meados do século voltam-se para a valorização do sentimento, a melancolia e a angústia; substituem-se as regras clássicas pelo culto do "gênio", abandonam-se os princípios da poética clássica. Aos quadros da manifestação literária da época acrescentam-se, entre outros exemplos, a presença da poesia inglesa, o noturno sepulcral de Edward Young, a mística de William Blake, a poesia do suíço-alemão Salomon Gessner, este último com sua concepção sentimentalista da poesia bucólica. Acrescente-se o movimento do *Sturm und Drang* (tempestade e assalto) dos alemães, com as contribuições de Klopstock, Herder, Goethe e Schiller, entre outros, e a forte presença do francês Jean-Jacques Rousseau.

No Brasil, as manifestações setecentistas vão refletir-se na atuação de academias e na produção nos poetas do chamado grupo mineiro, embora sem o rigor que as caracteriza nas letras europeias. A poesia de Tomás Antônio Gonzaga, Cláudio Manuel da Costa, Alvarenga Peixoto, Silva Alvarenga, Basílio da Gama e José de Santa Rita Durão traz, de um lado, como assinala Merquior, marcas de um "rococó ilustrado, (...), um misto de neoclassicismo e rococó" (apud PORTELLA, 1975, p. 55) e de outro já deixa vislumbrar pré-românticos. Não houve na Colônia nenhuma arcádia. Começa, entretanto, a nela ganhar presença uma consciência cultural, ainda estreitamente associada à metrópole. Essa conscientização exemplifica-se no movimento academicista. Evidencia-se em vários conglomerados urbanos no Brasil nascente, entre outros, Rio de Janeiro, Salvador, Recife, São Paulo, Ouro Preto. No cerne, a partir da classificação de José Aderaldo Castello, envolve "atos acadêmicos", ou seja, um único ato destinado a "fazer uma academia", e a criação desta modalidade de agremiação (CASTELLO, 1999).

O "ato acadêmico" envolvia programa específico e podia estender-se por dias e semanas. Um exemplo dos mais significativos: a instalação da Academia dos Seletos, no Rio de Janeiro, em 1752, cuja única sessão foi realizada em 30 de janeiro.

As academias eram associações permanentes, integradas por clérigos, religiosos, militares, com sede, estatutos, diretoria, e dedicadas à história, literatura, ciência. Mais de duas dezenas de academias do gênero emergiram ao longo do século XVIII, na esteira do movimento academicista florescente em Portugal e na França. Entre elas, três destaques: a Academia Brasílica dos Esquecidos, em Salvador, 1724-1725, que realizou cerca de 18 sessões; a Academia dos Felizes, no Rio de Janeiro, 1736-1740; a Academia Brasílica dos Renascidos, também na capital baiana, 1759-1760, que sobreviveu por cerca de 15 sessões. Produção: representativa em termos de documentação, testemunho e visibilidade do Brasil no exterior, em língua portuguesa.

Fundaram-se ainda na época duas sociedades de intelectuais, no Rio de Janeiro: uma científica (1772) e outra literária (1786). Ambas se preocuparam menos com problemas literários do que científicos, como flora indígena, inundações da cidade etc. ...

A título de exemplo da produção poética do citado grupo mineiro, leia-se a "Lira I", de Tomás Antônio Gonzaga:

LIRA

Eu, Marília, não sou algum vaqueiro
que viva de guardar alheio gado,
de tosco trato, de expressões grosseiro,
dos frios gelos e dos sóis queimado.
Tenho próprio casal e nele assisto;
dá-me vinho, legume, fruta, azeite;
das brancas ovelhinhas tiro o leite
e mais as finas lãs de que me visto.
    Graças, Marília bela,
    graças à minha Estrela!

Eu vi o meu semblante numa fonte
dos anos inda não está cortado;
os pastores que habitam este monte,
respeitam o poder de meu cajado.
Com tal destreza toco a sanfoninha,
que inveja até me tem o próprio Alceste:
ao som dela conserto a voz celeste,
nem canto letra que não seja minha.
    Graças, Marília bela,
    graças à minha Estrela!

Mas tendo tantos dotes da ventura,
só apreço lhes dou, gentil pastora,
depois que o teu afeto me segura
que queres do que tenho ser senhora.
É bom, minha Marília, é bom ser dono
de um rebanho, que cubra monte e prado;
porém, gentil pastora, o teu agrado
vale mais que um rebanho e mais que um trono.
    Graças, Marília bela,
    graças à minha Estrela!

Os teus olhos espalham luz divina,
a quem a luz do sol em vão se atreve;
papoila ou rosa delicada e fina,
te cobre as faces que são cor da neve.
Os teus cabelos são uns fios d´ouro;
teu lindo corpo bálsamo vapora.
Ah! não, não fez o céu, gentil pastora,
para glória de Amor igual tesouro.
  Graças, Marília bela,
  graças à minha Estrela!

Leve-me a sementeira muito embora
o rio, sobre os campos levantado;
acabe, acabe a peste matadora,
sem deixar uma rês, o nédio gado.
Já destes bens, Marília não preciso
nem me cega a paixão, que o mundo arrasta;
para viver feliz, Marília basta
que os olhos movas, e me dês um riso.
  Graças, Marília bela,
  graças à minha Estrela!

Irás a divertir-te na floresta,
sustentada, Marília, no meu braço;
aqui descansarei a quente sesta,
dormindo um leve sono em teu regaço:
enquanto a luta jogam os pastores,
e emparelhados correm nas campinas,
toucarei teus cabelos de boninas,
nos troncos gravarei os teus louvores.
  Graças, Marília bela,
  graças à minha Estrela!

Depois que nos ferir a mão da Morte,
ou seja neste monte, ou noutra serra,
nossos corpos terão, terão a sorte
de consumir os dois a mesma terra.
Na campa, rodeada de ciprestes,
lerão estas palavras os pastores:
"Quem quiser ser feliz nos seus amores,
Siga os exemplos que nos deram estes".
  Graças, Marília bela,
  graças à minha Estrela!

(apud LAPA, 1957, p. 94-6)

36 Observe-se:

36.1 As estrofes apresentam um expositor que se dirige a uma personagem feminina, Marília, dizendo de si mesmo, de sua situação na vida, de suas aspirações.

36.2 Depreende-se dos versos uma concepção tranquila e feliz da existência, uma visão confiante do mundo, valorizada por uma condição amorosa em que transparece a ausência de conflitos.

36.3 É exaltada a vida campesina nas suas mais simples condições.

36.4 Na primeira e na segunda estrofes, o expositor situa-se em termos físicos e sociais; diz de suas habilidades artísticas e faz referência a outro indivíduo, Alceste (atente-se para o nome), como termo de comparação.

36.5 Na terceira estrofe, dimensiona-se o sentimento, que, por comparação, aparece ultravalorizado, sem qualquer angústia.

36.6 A quarta estrofe apresenta uma figura-padrão de mulher, que, seja dito desde logo, corresponde à imagem ideal de figura feminina presente na literatura da época e que volta valorizada em sua significação na estrofe seguinte. Observe-se a tendência para o sentimentalismo.

36.7 A sexta estrofe define seu ideal típico de viver cotidiano, sempre à sombra da paisagem bucólica.

36.8 Culmina o trecho com a certeza de felicidade presente e com a segurança da felicidade que essa condição vital representa.

36.9 Há um refrão que se repete no final de todas as estrofes, marcando a "eleição" desse expositor privilegiado e, ao mesmo tempo, traduzindo uma atitude característica do ambiente social em que se insere poeticamente.

36.10 Se as condições vitais traduzidas no poema se fazem de simplicidade e naturalidade, também simples é a linguagem de que se constituem as estrofes.

36.11 A área semântica mostra-nos palavras e expressões capazes "de criar um mundo de formas ideais que exprimem objetivamente o mundo das formas naturais" (CANDIDO, 1964, p. 60).

36.12 Com raras exceções, a manifestação linguística está muito próxima da prosa e da denotação. O texto afasta-se dessa atitude apenas na quarta estrofe, quando a figura feminina é apresentada através de metáforas, hipérboles e comparações que, mesmo na época, já eram lugares-comuns; repare-se como a imagem é artificial e estereotipada.

36.13 O vocabulário é, em sua maioria, ligado ao campo. Se pensarmos na realidade brasileira do tempo, o século XVIII, é fácil verificar que não há no texto qualquer preocupação com caracterizá-la, seja em termos de imagem, seja em termos de exaltação; há, isto sim, uma caracterização geral de realidade campestre.

36.14   Na área da sintaxe, observa-se o rigor da norma gramatical, a estrutura frasal simples, com o uso de hipérbatos não violentos e nem mesmo expressivos: as inversões constituem mais um "comportamento", notadamente no que se refere aos adjetivos; estes são, em sua maioria, meramente descritivos; em cada estrofe, os quatros primeiros versos constituem sempre um período.

36.15   Na área fônica mantém-se o equilíbrio e a regularidade: o texto faz-se de sete estrofes, cada uma com oito versos decassílabos e um refrão composto de dois versos hexassílabos (heroicos quebrados); a matéria de que se trata distribui-se regularmente pelas estrofes. A cada uma corresponde um aspecto da realidade apresentada; o esquema rímico também se repete: ABABCDDCEE; não há preocupação com o emprego da rima rica, e algumas admitem vogais de timbre diverso: bela/Estrela; vapora/pastora; embora/matadora; ciprestes/estes.

36.16   Claro está que, para a compreensão plena das sete estrofes que estamos examinando, se torna necessário conhecer o livro *Marília de Dirceu*, de que são parte integrante. Mas mesmo esse reduzido material permite vislumbrar que "o princípio da mensagem gonzaguiana está numa poesia suave, de acentuado cunho realista, de concepção burguesa da vida, dentro do espírito moralizador e didático" (DUTRA, apud COUTINHO, 1968, p. 327) da época. Na verdade, na obra de Gonzaga evidenciam-se, ao lado de certas peculiaridades, nítidos traços do Arcadismo tal como se manifestou no Brasil.

37   Finalizemos com breves considerações sobre a variada terminologia com que se costumam designar as principais tendências do século que acabamos de examinar:

37.1   O Rococó vem sendo caracterizado por alguns críticos como o estilo dominante da centúria, notadamente depois dos estudos de Hatzfeld.

37.2   **Enciclopedismo** traduz a orientação da *Encyclopédie française*, publicada entre 1751 (primeiro volume) e 1772 (últimos volumes).

37.3   **Iluminismo** e **ilustração** indicam "o conjunto de tendências ideológicas próprias do século XVIII, de fontes inglesa e francesa, na maior parte" (CANDIDO, 1964, p. 45).

37.4   **Neoclassicismo**, outro termo empregado com frequência para caracterizar o estilo da época, prende-se à tendência a imitar os clássicos franceses, comum na Europa do século de setecentos, e, no que se refere às literaturas portuguesa e brasileira, identificaria a preocupação com combater o cultismo, imitar gregos e romanos, como Virgílio, Horácio,

Teócrito e Anacreonte, além de tomar como modelo as atitudes literárias do século XVI (CANDIDO, 1964, p. 45-6).

Arcadismo liga-se a Arcádia, agremiação que, originando-se em Roma, como vimos, será modelo de instituições do gênero fundadas em outros países.

Para alguns críticos, essa última designação, Arcadismo, "é melhor que as outras, dado o seu sentido histórico", desde que "tenhamos a preocupação de não restringi-la à convenção pastoral que evoca imediatamente" e consideremos que "engloba os traços ilustrados" (CANDIDO, 1964, p. 46).

De tudo o que dissemos sobre o século XVIII europeu, a conclusão é que nele não encontramos um estilo homogêneo e único, mas, como já ficou assinalado, um cruzar-se de correntes espirituais e estéticas. Cumpre lembrar, entretanto, que o Iluminismo lança as bases do liberalismo e da sociedade industrial que marcam a época em que vivemos.

Já nos fins do século XVIII, percebem-se os prenúncios de grande tempestade: a razão e a verdade logo cederão lugar ao sentimento e à imaginação.

É o que veremos no próximo capítulo.

BIBLIOGRAFIA

TEXTOS LITERÁRIOS
LAPA, M. Rodrigues. *Obras completas de Tomás Antônio Gonzaga*. Rio de Janeiro: INL, 1957.
RIQUER, M. de. *Antología de la literatura española – siglos X/XX*. Barcelona: Teide, 1953.

TEXTOS TEÓRICOS
BOILEAU, N. *L'art poétique*. Paris: Larousse, s/d.
BOSI, Alfredo. *História concisa da literatura brasileira*. São Paulo: Cultrix, 1970.
CANDIDO, Antonio. *Formação da literatura brasileira*; momentos. 2. ed. rev. São Paulo: Martins, 1964. 2 v.
CASTELLO, Aderaldo. *O movimento academicista no Brasil*. São Paulo: Comissão Estadual de Literatura, 1969/1971. v. 1, 5 t.
CASTRO, Sílvio. *História da literatura brasileira*. Lisboa: Alfa, 1999. v. 1.

CIDADE, Hernâni. *Lições de cultura luso-brasileira:* épocas e estilos na literatura e nas artes plásticas. Rio de Janeiro: Livros de Portugal, 1960.
COUTINHO, Afrânio (dir.). *A literatura do Brasil*. 2. ed. Rio de Janeiro: Sul-Americana, 1968. v. 1.
_____. *Aspectos da literatura barroca*. Rio de Janeiro: A Noite, 1950 (Tese de concurso para o provimento da cadeira de Literatura no Colégio Pedro II.)
_____. *Introdução à literatura no Brasil*. 8. ed. Rio de Janeiro: 1976.
_____ (dir.) e COUTINHO, Eduardo de Faria (codir.). *A literatura no Brasil*. 3. ed. rev. e atual. Rio de Janeiro: José Olympio, Niterói: UFF – Universidade Federal Fluminense, 1986.
CURTIUS, E. R. *Literatura européia e Idade Média latina*. Rio de Janeiro: INL, 1957.
DES-GRANGES, C. M. *Historie de la littérature française:* des origines à nos jours. 46. ed. Paris: A. Hatier, 1952. (Edição inteiramente revista e atualizada por J. Boudot.)

DÍAZ-PLAJA, Guillermo. *Historia de la literatura española encuadrada en la universal*. 31. ed. Barcelona: La Espiga, 1966. (Edição espanhola novamente reformulada.)

_____. *La poesía lírica española*. Barcelona: Labor, 1937.

HATZFELD, Helmut. *Estudios sobre el Barroco*. 2. ed. Madrid: Gredos, 1964.

_____. *Rococo: eroticism, wit and elegance in European literature*. New York: Pegasus, 1972.

HAUSER, Arnold. *Historia social de la literatura y el arte*. Madrid: Guadarrama, 1968. 3 v.

LIMA, Alceu Amoroso. *Introdução à literatura brasileira*. Rio de Janeiro: Agir, 1956.

MERQUIOR, José Guilherme. *De Anchieta a Euclides:* breves histórias da literatura brasileira I. Rio de Janeiro: José Olympio, 1977.

_____. *O fantasma romântico e outros ensaios*. Petrópolis: Vozes, 1980.

_____. Os estilos históricos na literatura ocidental. In: PORTELLA, Eduardo et alii. *Teoria literária*. Rio de Janeiro: Tempos Brasileiros, 1975.

MOISÉS, Massaud. *A criação literária*. São Paulo: Melhoramentos, 1967.

PEYNE, Henri. *¿Que es el Clasicismo?* México: Fondo de Cultura Económica, 1953.

PRAT, Ángel Valbuena. *Historia de la literatura española*. 4. ed. Barcelona: Gustavo Gili, 1953. 3 v.

PROENÇA FILHO, Domício. *A poesia dos inconfidentes*. 2 ed. rev. Rio de Janeiro: Nova Aguilar, 1999.

_____ (org.). *Arcadismo*. São Paulo: Global, 2006.

ROUANET, Sérgio Paulo. *As razões do iluminismo*. São Paulo: Cia. das Letras, 1987.

SARAIVA, A. José. *História da literatura portuguesa*. 6. ed. corr. Lisboa: Europa-América, 1961.

SHIPLEY, Joseph T. *Diccionario de la literatura mundial*. Barcelona: Destino, 1962.

SILVA, Vítor Manuel de Aguiar e. *Teoria da literatura*. São Paulo: Martins Fontes, 1976.

SYPHER, Wylie. *Do Rococó ao Cubismo na arte e na literatura (Rococo to Cubism in art and literature)*. São Paulo: Perspectiva, 1980.

VAN-TIEGHEM, Philippe. *Petite histoire des grandes doctrines littéraires en France*. Paris: Presses Universitaires de France, 1960.

WEISBACH, Werner. *El Barroco:* arte de la Contrarreforma. 2. ed. Madrid: Espasa-Calpe, 1948.

CAPÍTULO 8

O Romantismo

Casar assim o pensamento com o sentimento, a ideia com a paixão, colorir tudo isto com a imaginação, fundir tudo isto com o sentimento da religião e da divindade, eis a Poesia – A Poesia grande e santa – a Poesia como eu a compreendo sem a poder definir, como eu a sinto sem poder traduzir.

(GONÇALVES DIAS, 1959, p. 102)

Don Gonzalo: *Dame esa mano;*
no temas la mano darme
Don Juan: *¿Eso dices? ¿Yo temor?*
¡Que me abraso! No me abrases
con tu fuego.
Don Gonzalo: *Este es poco*
para el fuego que buscaste.
Las maravillas de Dios
son, Don Juan, investigables,
y así quiere que tus culpas
a manos de un muerto pagues.
Y si pagas de esta suerte,
"ésta es justicia de Dios:
Quien tal hace, que tal pague".

. . . .

Don Juan: *Deja que llame*
quien me confiese y absuelva.
Don Gonzalo: *No hay lugar; ya acuerdas tarde.*
Don Juan: *¡Que me quemo! ¡que me abraso!*
¡Muerto soy! (cae muerto)
Don Gonzalo: *"Ésta es justicia de Dios:*
quien tal hace, que tal pague.

(MOLINA, 1952, p. 168)

Assim morre o personagem Don Juan Tenorio, criação de Tirso de Molina, o mais fecundo dos dramaturgos espanhóis depois de Lope de Vega e que escreveu, ao que parece, cerca de 400 peças teatrais, entre os anos de 1606 e 1638. (A tradução dos poemas em língua estrangeira presentes neste capítulo encontram-se nas p. 207-8.) É esse o famoso D. Juan, mito na literatura mundial, que corre o mundo e os tempos e que surge das mãos do genial frei Gabriel Téllez ("Tirso de Molina" é pseudônimo), "levando em seu caráter toda a transbordante sensualidade do Renascimento italiano, no momento em que a serenidade clássica era substituída pela louca e insaciável carreira do estilo setecentista" (PRAT, 1952, v. 2, p. 404).

D. Juan, depois de uma vida desregrada de vícios e pecados, se vê assim conduzido às trevas infernais pela mão do fantasma de Don Gonzalo, cuja estátua tumular a sua ousadia convidara para a ceia. Estamos diante de um autor do século XVII, diante de uma peça de teatro onde, ao lado "do contraste entre libertinagem e teologia, Tirso adivinhou também outro mais universal e mais profundo: o do prazer e da dor, o da vida e da morte" (PRAT, 1952, v. 2, p. 405). D. Juan Tenorio terá essa morte excepcional pelas mãos desse sobrenatural convidado de pedra, que vem de além-túmulo para puni-lo do maior delito do homem: "*el goce sin medida*" (o gozo sem medida). "*Quien tal hace, que tal pague.*"

Mas, vamos a outro encontro com a personagem:

. . . .

Don Juan: *Déjadme morir en paz*
                 A solas con mi agonía.
                 Mas con esa horrenda calma,
                 ¿Que me auguráis sombras fieras?
                 ¿Que esperáis de mi?
Estatua: *Que mueras,*
                 Para llevarse tu alma,
                 Y adiós Don Juan; ya tu vida
                 Toca a su fin, y pues vano
                 Todo fue, dame la mano
                 En señal de despedida.
Don Juan: *¿Muéstrame ahora amistad?*
Estatua: *Sí, que injusto fui contigo,*
                 Y Dios me manda tu amigo
                 Volver a la eternidad.
Don Juan: *Toma, pues.*
Estatua: *Ahora, Don Juan,*
                 Pues desperdicias también
                 El momento que te dan,
                 Conmigo al infierno ven.

Don Juan: ¡Aparta, piedra fingida!
             Suelta, suéltame esa mano,
             Que aun queda el último grano
             En el reloj de mi vida.
             Suéltala, que si es verdad
             Que un punto de contrición
             Da a un alma la salvación
             De toda una etemidad,
             Yo, Santo Dios, creo en ti;
             Si es mi maldad inaudita,
             Tu piedad es infinita...
             Señor, ¡ten piedad de mí!
Estatua: Ya es tarde.

A esta altura, Don Juan cai de joelhos e estende ao céu a mão que não está segura pela estátua. Quando as sombras, os esqueletos etc. vão se lançar sobre ele, quem aparece? Dona Inês! Abre-se o túmulo de sua antiga namorada e esta surge, tomando-lhe a mão e dizendo:

             No; herne ya aquí,
             Don Juan; mi mano asegura
             Esta mano que a la altura
             Tendió tu contrito afán,
             Y Dios perdona a Don Juan
             Al pie de mi sepultura.

Don Juan: ¡Dios clemente! ¡Doña Inés!
. . . .
Doña Inés: Yo mi alma he dado por ti,
             Y Dios te otorga por mí
             Tu dudosa salvación.
             Misterio es que en comprensión
             No cabe de criatura,
             Y sólo en vida más pura
             Los justos comprenderán
             Que el amor salvó a Don Juan
             Al pie de la sepultura.

(ZORILLA, 1958, p. 404 v. 2)

Deus clemente, amor-mistério, arrependimento, religiosidade, sentimento, eis, entre outras, as tônicas dessa versão do mesmo tema, agora feita, entretanto, por um homem do século XIX, espanhol, cuja obra se insere num novo estilo de época, o escritor romântico José Zorrilla, cuja peça, *Don Juan Tenorio*, estreia em 1848.

Em que pese a permanência daquele senso de realidade que é uma constante em todos os momentos da literatura espanhola, percebemos uma atitude diversa nessa nova versão do texto, inclusive, como é óbvio, no uso do material linguístico de que se valem ambos os escritores: a Dona Inês de Zorrilla sente necessidade de explicar as razões do acontecimento milagroso, da duvidosa salvação, pois, afinal, desde a peça primitiva, Don Juan, diante do contexto, não merecia perdão, antes pelo contrário.

Na versão de Zorrilla percebemos o predomínio do sentimento e da imaginação sobre a razão e a realidade tanto da parte das personagens como da parte do autor.

A lenda do jovem conquistador que convida um esqueleto para cear e de seu castigo sobrenatural, a propósito, encontra-se em antigas formas populares da literatura espanhola, notadamente em "romances" das regiões de Galícia e Leão. Antes da peça de Tirso, a estátua viva aparece numa comédia atribuída a Lope de Vega, *Dineros son calidad*. Também a "Commedia dell'Arte" italiana utilizou-se do tema, mas está provado que a peça de Frei Gabriel é anterior. É através dos italianos, aliás, que a peça espanhola chega até Molière. Tirso de Molina foi o primeiro que recolheu a lenda, mas não a esgotou. De D. Juan trataram, entre outros, o citado Molière, Mozart, Byron, Bernard Shaw, Lenormand e Guerra Junqueiro.

Preferimos trazer como exemplo uma peça de teatro em função do caráter do gênero que atinge muito mais de perto o espectador ou o leitor, e que, por isso, precisa ser ainda mais representativo, ou, ao ser levada a peça à cena, correrá o risco de fracasso total.

A apresentação dos textos acima nos sugere a lembrança de que a literatura revela realmente, entre outros aspectos, traços marcantes do momento cultural em que se insere e corrobora a afirmação de que houve um homem do século XVII, como houve um homem do século XIX, nos seus começos, com sua maneira distinta de ver o mundo, de se ver no mundo, de ser no mundo, enfim.

Compreende-se que, para conhecer o panorama cultural que permite ou possibilita o florescimento de estilos de época como o Romantismo, um texto breve como esse é o mínimo. Permite-nos, entretanto, a partir dele, apontar as linhas mestras do pensamento dominante, as características fundamentais dos modos de viver, as marcas comuns aos escritores da época; permite que tenhamos uma visão geral que poderá e deverá ser ampliada com a consulta a uma bibliografia especializada, que, sobre o assunto, é bastante variada e vasta.

Um esclarecimento: cumpre, desde logo, estabelecer uma diferença entre "estado de alma romântico" e o "movimento literário" chamado Romantismo. Estado de alma ou temperamento romântico é uma constante universal caracterizada pelo relativismo, pela busca da satisfação na natureza, no regional, no pitoresco, e tendo na imaginação o meio para fugir do mundo, com o qual o eu do artista entra em conflito. Apoia-se na fé, na liberdade, na emoção. Idealiza a realidade.

Assim, mesmo um texto da antiguidade clássica ou da Idade Média, ou dos nossos dias, pode apresentar elementos que revelem um temperamento romântico.

Já o Romantismo, estilo de época, é um movimento estético que configura um estilo de vida e de arte predominante na civilização ocidental no período que compreende aproximadamente a segunda metade do século XVIII e, com forte presença, a primeira metade do XIX. Como facilmente se depreende, o citado estado de alma romântico encontra na época a sua plena manifestação, tornando-se realidade em todo o mundo ocidental.

Assim, vemos nas várias nações da Europa, como assinala René Wellek, "as mesmas concepções de poesia e dos produtos e natureza da imaginação poética, a mesma concepção de natureza e sua relação com o homem, e basicamente o mesmo estilo poético, com emprego de imagens, símbolos e mitos claramente distinto do emprego do neoclassicismo do século XVIII" (WELLEK, 1963).

Como já tivemos oportunidade de assinalar, o século XVIII representa uma encruzilhada de caminhos estéticos.

Também já acentuamos que um movimento literário não surge da noite para o dia, abruptamente. Ao contrário, é o resultado de uma complexa elaboração gradativa, que termina por eclodir numa determinada ocasião. E, nesse sentido, quase podemos dizer que o Romantismo começou com o Barroco, senão antes.

Por essa razão, não é possível determinar, entre outros aspectos, o exato lugar onde surgiu o movimento, ou a data precisa da erupção. Toda indicação a esse respeito é relativa e aproximada.

É com esse espírito que podemos aceitar as afirmações de Paul Van Tieghem de que se deve situar o início do Romantismo em fatos surgidos nos 13 anos entre 1797 e 1810: "A aparição da escola alemã, dos lakistas ingleses, de Walter Scott, Chateaubriand, Mme de Staël. Esses os marcos principais ao lado dos quais outros, em diferentes países, constituem a linha sinuosa que configura o período" (VAN TIEGHEM, apud COUTINHO, 1976, p. 142).

Os começos do movimento romântico, entendido como estilo de época, estão, portanto, situados na Alemanha e na Inglaterra.

O Romantismo alemão deve suas primeiras manifestações aos chamados pré-românticos: o poeta Klopstock (1724-1803), Herder (1744-1803), o jovem Goethe (1749-1832), Schiller (1759-1805); presentifica-se também na obra dos irmãos Schlegel – Friedrich (1772-1829), o romancista, e August (1767-1845), o crítico –, na poesia sentimental e mística de Novalis (1772-1801), no romance e na poesia de Tieck (1773-1853) e de Brentano (1778-1842), nos romances históricos de Arnim (1781-1831).

No âmbito inglês, a nova atitude literária surge na Escócia, com Allan Ramsay (1686-1758). Ressaltam ainda os nomes de Edward Young (1685-1763), com suas *Noites*, melancólicas e subjetivas, e Richardson (1689-1791), autor dos romances *Pamela, Clarisse Harlowe* e *História de Carlos Grandison*. Registrem-se o início do romance de assunto cavaleiresco com Horace Walpole (1717-1797), em O *castelo de Otranto*, o medievalismo das *Relíquias da poesia inglesa*, de Thomas Percy (1729-1811), e, sobretudo, os famosos poemas de Ossian (1760, 1762, 1763), de James Macpherson (1736-1796). E não nos esqueçamos, na continuidade do movimento, da poesia de Thomas Gray (1716-1771), William Collins (1721-1759), Thomas Chatterton (1752-1770) e Robert Burns (1759-1796) (MERQUIOR, apud PORTELLA et alii, 1975).

O movimento expande-se para a França com Mme. De Staël e os seus *De la littérature* (1800) e *De l'Allemagne* (1810) e a figura altamente significativa de Chateaubriand, com seu *Génie du christianisme* (1802), além do precursor Jean-Jacques Rousseau.

Na Itália, publica-se o primeiro manifesto romântico em 1816: *Carta semisséria de Crisóstomo*, de Giovanni Berchet (1783-1851). O movimento ainda ganha corpo em terras italianas com Ugo Foscolo (1778-1827), Leopardi (1798-1837) e Manzoni (1785-1873).

Em Portugal, tem como marco a publicação em 1825 do *Camões*, de Garrett (1799-1854); a Espanha vê a definição do estilo aproximadamente em 1835. No Brasil, costuma-se assinalar o início com a publicação de *Suspiros poéticos e saudades*, de Domingos José Gonçalves de Magalhães, em 1836.

Paul Van Tieghem aponta como datas iniciais 1795, para a Alemanha, e 1798, para a Inglaterra. Bowra muda a data inglesa para 1789, data da publicação de *Songs of innocence*, de Blake, e estabelece: Itália, 1816; Polônia, 1822.

27	Por volta de 1825 o Romantismo já é uma realidade em todos os países do Ocidente e, apesar das diferenças caracterizadoras da cultura de cada país, mantém uma série de traços comuns que o marcam, como dissemos, como um movimento de âmbito universal. Assim, aos nomes alemães já citados, vêm acrescentar-se os poetas Eichendorf (1788-1857), Uhland (1787-1862), Heine (1797-1856), também pensador, e o dramaturgo Kleis (1777-1811). Acrescente-se também Beethoven, no campo da música. Em terras inglesas, despontam William Blake (1757-1827), William Cowper (1731-1800), William Wordsworth (1770-1850), Samuel Coleridge (1772-1834), Lord Byron (1788-1824), Percy Shelley (1792-1882), John Keats (1795-1821), Walter Scott (1771-1852), William Goldsmith (1728-1774) e Thomas Carlyle (1795-1881), entre outros. Na França surgem ainda as obras de Alphonse Lamartine (1790-1869), Alfred Vigny (1797-1863), Victor Hugo (1802-1885), Alexandre Dumas, pai (1802-1870), e Alexandre Dumas, filho (1824-1895), George Sand (1804-1876), Stendhal (1783-1842), Prosper Merimée (1803-1870), Eugène Sue (1804-1857), Honoré de Balzac (1799-1850), Alfred de Musset (1810-1857) e Théophile Gautier (1811-1872). Em outros lugares, cabe destacar nomes como o do dramaturgo austríaco Franz Grillparzer (1791-1872) e seus conterrâneos, os poetas Per Daniel Amadeus Attenbom (1790-1859) e Nikolaus Lenau (1802-1850), o poeta polonês Adam Mickiewicz (1798-1855), o poeta russo Aleksandr Puchkin (1799-1837), o prosador dinamarquês Hans Christian Andersen (1805-1875), os poetas espanhóis José de Espronceda (1808-1842) e Gustavo Adolfo Bécquer (1836-1870), os norte-americanos Emerson (1803-1882), ensaísta, Nathaniel Hawthorne (1804-1864), Herman Melville (1819-1891), W. Irving (1783-1859) e Fenimore Cooper (1789-1851), ficcionistas; na América Latina, encontramos Andrés Bello (1781-1865), na Venezuela, Esteban Echeverría (1805-1851) e Domingo Faustino Sarmiento (1811-1888), na Argentina, José Eusebio Caro (1811-1853) e Jorge Isaacs (1837-1895), na Colômbia, Adolfo Berro (1819-1841), no Uruguai, e Ignacio Manuel Altamirano (1834-1893), no México, para só citar alguns nomes.

28	Na verdade, o Romantismo foi uma revolução de amplo sentido, em que a concepção do mundo e a atitude diante dele passaram a ser distintas daquelas que marcaram os séculos anteriores. E, como revolução, opôs-se, basicamente, aos princípios clássicos de vida e de arte.

29	O novo estilo associa-se a dois grandes acontecimentos históricos: a Revolução Industrial e a Revolução Francesa.

30	A partir de meados do século XVIII assiste-se ao desenvolvimento da indústria, notadamente na Inglaterra. Também avança a agricultura, com destaque para o cultivo de tubérculos e o aumento da produção de cereais; evoluem as ciências médicas; desenvolvem-se hábitos de higiene; constroem-se hospitais. No âmbito urbano, pavimentam-se ruas, instalam-se galerias de esgoto, utiliza-se água corrente: a existência começa a se tornar mais saudável (FALBEL, 1978, p. 13-50). Aumentam as populações; surgem as massas urbanas.

31   Por outro lado, é tempo de guerras e revoluções que alteram os quadros sociais e as formas de governo de vários países. Entre elas, destaca-se a citada Revolução Francesa (1789), responsável por profunda e radical mudança não apenas nos destinos da França, mas nos das nações europeias. Assinalem-se ainda a agitação nos Países Baixos austríacos (1787-1790) contra o regime absolutista de José II, a luta revolucionária na Polônia pela liberdade nacional (1788-1794) e a Revolução Americana (1770-1794), que conduziu ao governo institucional e democrático dos Estados Unidos.

32   Entre outras consequências, esses movimentos aboliram aristocracias dominantes e "privaram de sua base de vida a elite literária que se exprimia na tragédia e em outros gêneros clássicos", como afirma António José Saraiva que diz ainda:

> A burguesia, consciente de que transformou o mundo social e encontrando perante si amplas perspectivas de futuro, traz para a literatura a noção do progresso indefinido da humanidade e da relatividade e da evolução das civilizações.
>
> (1961, p. 105)

33   Nesse quadro, reiteramos, com Merquior:

> O horizonte da industrialização, o aparecer das massas urbanas em sentido demograficamente moderno, assinalaram o fim do predomínio cultural das camadas aristocráticas e o aburguesamento das elites.
>
> (apud PORTELLA et alii, 1975, p. 62)

34   Sobretudo surge um novo público, agora anônimo, não mais o dos salões. Não nos esqueçamos de que no centro das concepções de vida e arte do século XVIII estavam a verdade e o bom gosto ditados por uma elite aristocrática.

35   Entre outros traços, há, agora, a intensificação do sentimento de nacionalidade; disputa-se o gosto pelas tradições locais, pela poesia popular, pela história e pela literatura da Idade Média. O homem do novo tempo diz não aos modelos clássicos, até então norteadores da visão do mundo e das concepções da arte. E o aperfeiçoamento da imprensa alarga os horizontes da divulgação.

36   O movimento perdura na Europa até meados de 1850, quando se fecha o ciclo romântico, pois novas condições, novas forças, estão movendo o homem nos seus caminhos de cultura.

37   Vejamos agora como surgiu o termo:

37.1   O adjetivo "romântico" deriva do inglês *romantic*, e este, por sua vez, nasce do substantivo *romaunt*, de origem francesa (*romanz* ou *romant*) que designa os romances medievais de aventuras.

37.2   No século XVII é usada a palavra "romantismo" e seus derivados, na França e na Inglaterra, para designar "certo tipo de criação poética ligado à tradição medieval de 'romances', narrativas de heroísmo, aventuras e amor, em verso ou em prosa, cuja composição, temas e estrutura – particularmente evidenciados em Ariosto, Tasso e Spencer – eram sentidos em oposição aos padrões e regras da poética clássica" (COUTINHO, 1986, p. 139-40).

37.3   No século XVIII, em 1765, um viajante inglês, Borwell, descreve the *romantic aspect* da ilha de Córsega, e a palavra começa a ser mais conhecida.

37.4   Aliás, por "romance" entende-se, em espanhol, um tipo de composição poética de caráter narrativo, de assunto épico-lírico, feita em versos heptassílabos (octossílabos, em espanhol), que rimam quando pares:

ROMANCE DEL CONDE ARNALDOS

¡Quién hubiese tal ventura
sobre las aguas del mar,
como hubo el conde Arnaldos
la mañana de San Juan!
con un falcón en la mano
la caza iba a cazar,
vio venir una galera
que a tierra quere llegar.
Las velas traía de seda,

la ejarcia de un cendal,
marinero que la manda
diciendo viene un cantar
que la mar facía en calma,
los vientos hace amainar,
los peces que andan n'el hondo
arriba los hace andar,
las aves que andan volando
n'el mástel las faz posar;

Allí habló em conde Arnaldos,
bien oiréis lo que dirá:
— "Por Dios te ruego, marinero,
digasme ora ese cantar".
Respondióle el marinero,
tal respuesta le fue a dar:
— "Yo no digo esta canción
sino a quien conmigo va".

(apud RIQUER, 1953, p. 60-1)

37.5 Já em 1781, aparece, pela primeira vez, a oposição clássico/romântico, embora ainda sem o caráter que depois irá ganhar.

37.6 Assim, a palavra "romântico" começa no século XVIII a ser denotadora de uma literatura feita à semelhança dos "romances" da Idade Média.

37.7 Na Espanha, a palavra "romancistas" surge em 1805 na *Variedades de ciencias, literatura y artes*, de Madrid, para designar as novas tendências literárias. A partir de 1818 é termo corrente, com algumas resistências.

37.8 Portugal conhece o adjetivo em 1825, quando Garrett o introduz ao publicar seu *Camões*; e em nossa terra ele aparece em 1839, no prefácio de Gonçalves de Magalhães à tragédia *Antônio José*.

37.9 Outros estudiosos, como Luís Monteggia, por exemplo, em artigo de 1823, publicado em *El Europeo*, assim explicam a origem do termo:

> La lengua romanza (que es la que se hablaba en Europa mientras se iba perdiendo el uso de la latina y formándose las modernas) fue la que dio nombre a las poesías que se llamaron románticas.
>
> (A língua romance – que é a que se falava na Europa enquanto se ia perdendo o uso da latina e formando-se as modernas – foi a que deu nome às poesias que se chamaram románticas.)

37.10 O substantivo "romantismo" é encontradiço na Europa nos começos do século XIX.

37.11 Para ampliar as informações, sobre a terminologia, consultem-se, entre outros: WELLEK, R. The concept of Romanticism in literary history. *Concepts of criticism*. New Haven/London: Yale University Press, 1963 (pode-se ler a tradução brasileira); BALDENSPERGER, F. *"Romantique"; ses analogues et ses équivalents*. Tableau synoptique de 1650 a 1840. Cambridge (Mass.): Harvard University Press, 1937; VAN TIEGHEM, Paul. *Le Romantisme dans la littérature européenne*. Paris: Albin Michel, 1948; DÍAZ-PLAJA, Guillermo. *Introducción al estudio del Romanticismo español*. Buenos Aires: Espasa-Calpe, 1953.

38 **Características do Romantismo**

Na condição de estilo de época predominante na civilização ocidental entre a segunda metade do século XVIII e a primeira do século XIX, com pequenas variações cronológicas de manifestação nos vários países, o Romantismo é entendido, atualmente, como uma constelação de traços que evidencia a dominância do espírito romântico nesse período histórico. Tal constelação pode ser assim resumida, nos seus pontos mais luminosos:

O ROMANTISMO • CAPÍTULO 8   189

38.1   **Cosmovisão marcada pelo choque com o cotidiano imediato.** As profundas mudanças sociais, econômicas e demográficas emergentes desde o "Século das Luzes", sobretudo em suas dimensões utilitaristas e deslocadoras da consciência religiosa, tiveram consequências traumatizantes (MERQUIOR, 1980). O homem desse tempo, como bem resume Alfredo Bosi, "vive as contradições próprias da Revolução Industrial e da burguesia ascendente. Definem-se as classes: a nobreza, há pouco apeada do poder, a grande e a pequena burguesia, o velho campesinato, o operariado crescente. Precisam-se as visões da existência: nostálgica, nos decaídos do *Ancien Régime*; primeiro eufórica, depois pendente, nos novos proprietários; já inquieta e logo libertária nos que veem bloqueada a própria ascensão dentro dos novos quadros; imersa na mudez da inconsciência naqueles para os quais não soara em 89 a hora da Liberdade-Igualdade-Fraternidade" (BOSI, 1970, p. 99).

38.2   **Imaginação criadora.** Os escritos românticos revelam no artista uma capacidade de criar mundos imaginários, e de acreditar na realidade dos mesmos. Do choque do seu eu com o mundo, o escritor romântico evade-se na aspiração por esse outro mundo distinto, situado no passado ou no futuro e onde ele não encontra as dificuldades que enfrenta na realidade imediatamente circundante.

Há, portanto, da parte do escritor, uma capacidade de interpretar, a seu modo, o familiar e o transcendente que empresta eternidade ao mundo sensível que o cerca. Veja um exemplo, neste trecho de Mme de Staël:

> A alma da natureza se nos dá a conhecer em toda parte e sob mil formas diversas. O campo fértil, os desertos abandonados, o mar, as estrelas, estão submetidos às mesmas leis; e o homem contém em si mesmo as sensações, os poderes ocultos que correspondem ao dia, à noite, à tempestade: e é esta aliança secreta de nosso ser com as maravilhas do universo que confere à poesia sua verdadeira grandeza. O poeta sabe restabelecer a unidade entre o mundo físico e o mundo moral. Sua imaginação forma um elo entre um e outro. (*De l'Allemagne*)
>
> (apud CHARPIER e SEGHERS, 1956, p. 196)

E para citarmos também um dos nossos:

> Eu amo a noite taciturna e queda!
> Amo a doce mudez que ela derrama.
> E a fresca aragem pelas densas folhas
>   Do bosque murmurando;

> Então, malgrado o véu que envolve a terra,
> A vista, do que vela, enxerga mundos,
> E apesar do silêncio, o ouvido escuta
>   Notas de etéreas arpas.
>
> (GONÇALVES DIAS, 1959, p. 249-50)

38.3   **Subjetivismo**. Trata-se de um dos traços fundamentais do Romantismo. A realidade é revelada através da atitude pessoal do escritor. Não há a preocupação com modelos a seguir. O artista traz à tona o seu mundo interior, com plena liberdade. Aliás, essa característica está estreitamente ligada à imaginação criadora, como projeção deste mundo:

> Amoroso calor *meu* rosto inunda,
> Mórbida languidez *me* banha os olhos,
> Ardem sem sono as pálpebras doridas,
> Convulsivo tremor *meu* corpo vibra:
> Quanto *sofro* por ti! Nas longas noites
> *Adoeço* de amor e de desejos
> E nos *meus* sonhos desmaiando passa
> A imagem voluptuosa da ventura...
> *Eu sinto-a* de paixão encher a brisa,
> Embalsamar a noite e o céu sem nuvens...
>
> (ÁLVARES DE AZEVEDO, 1942, p. 52)

38.4   **Evasão** (ou **escapismo**). O poeta procura fugir para um mundo imaginário, idealizado a partir dos sonhos e das emoções pessoais. Pode ocorrer também que surja ainda um novo choque entre o mundo sonhado e o mundo real e a solução seja evadir-se para a solidão, para o desespero e para a evasão das evasões: o suicídio, a morte. Aliás, este último é um dos temas preferidos de uma das grandes correntes do movimento:

> Já sinto da geada dos sepulcros
> O pavoroso frio enregelar-me...
> A campa vejo aberta e lá no fundo
> Um esqueleto em pé vejo acenar-me...
>
> Entremos. Deve haver nestes lugares
> Mudança grave na mundana sorte;
> Quem sempre a morte achou no lar da vida,
> Deve a vida encontrar no lar da morte.
>
> (LAURINDO RABELO, 1946, p. 262-3)

> Não achei na terra amores
> Que merecessem os meus.
> Não tenho um ente no mundo
> A quem diga o meu – adeus.
>
> Não posso da vida à campa
> Transportar uma saudade.
> Cerro meus olhos contente
> Sem um ai de ansiedade.
>
> Por isso, ó morte, eu amo-te e não temo:
> Por isso, ó morte, eu quero-te comigo.
> Leva-me à região da paz horrenda,
> Leva-me ao nada, leva-me contigo.
>
> (JUNQUEIRA FREIRE, apud BANDEIRA, 1940, p. 216-7)

38.5 **Senso do mistério.** Decorre da visão pessoal da realidade, que "aparece envolvida de sobrenatural e terror". A vida surpreende o artista a cada instante, na medida em que varie o seu estado de espírito. Exemplo:

> Quem és tu, quem és tu, vulto gracioso,
> Que te elevas da noite na orvalhada?
> Tens a face nas sombras mergulhada...
> Sobre as névoas te libras vaporoso...
>
> Baixas do céu num voo harmonioso!...
> Quem és tu, bela e branca desposada?
> Da laranjeira em flor a flor nevada
> Cerca-te a fronte, ó ser misterioso!...
>
> Onde nos vimos nós? És d'outra esfera?
> És o ser que eu busquei do sul ao norte...
> Por quem meu peito em sonhos desespera?
>
> Quem és tu? Quem és tu? — És minha sorte!
> És talvez o ideal que est'alma espera!
> És a glória talvez! Talvez a morte!...
>
> (CASTRO ALVES, 1960, p. 174-5)

38.6 **Consciência da solidão.** Decorre ainda da inadaptação ao mundo "real". Não há lugar nele para o artista. Então, ele mergulha no seu mundo interior: o exterior não o compreende. Exemplos:

A morte é dura.
Porém longe da pátria é dupla a morte.
Desgraçado do mísero, que expira
Longe dos seus, que molha a língua, seca
Pelo fogo da febre, em caldo estranho;
Que vigílias de amor não tem consigo,
Nem palavras amigas que lhe adocem
O tédio nos remédios, nem um seio,
Um seio palpitante de cuidados,
Onde descanse a lânguida cabeça!

(LAURINDO RABELO, 1946, p. 267-8)

(...)
VIII
(...)
Passei como D. Juan entre as donzelas,
Suspirei as canções mais doloridas
    E ninguém me escutou...
Oh! nunca à virgem flor das faces belas
Sorvi o mel nas longas despedidas...
    Meu Deus! Ninguém me amou!

IX
Vivi na solidão – odeio o mundo
E no orgulho embucei meu rosto pálido
    Como um astro na treva...
Senti a vida um lupanar imundo –
Se acorda o triste profanado, esquálido
    — A morte fria o leva.

(ÁLVARES DE AZEVEDO, 1942, p. 52)

38.7 **Reformismo.** Também, em vez de isolar-se, o artista se propõe reformar o mundo. Essa preocupação leva-o ao sentimento revolucionário que o aproxima dos movimentos libertários, bastante numerosos na época, e à exacerbada admiração por grandes personagens políticas e militares. Como exemplo, vejam-se o poema "Pedro Ivo", de Álvares de Azevedo, e os poemas de Castro Alves ligados à problemática abolicionista.

38.8 **Sonho.** Trata-se de outra saída, como vimos. Traduz-se na aspiração por um mundo diferente, frequentemente representado em símbolos e mitos. Exemplo:

Oh! Ter vinte anos sem gozar de leve
A ventura de uma alma de donzela!
E sem na vida ter sentido nunca
Na suave atração de um róseo corpo
Meus olhos turvos se fechar de gozo!
Oh! Nos meus sonhos, pelas noites minhas
Passam tantas visões sobre meu peito!
Calor de febre meu semblante cobre,
Bate meu coração com tanto fogo!
Um doce nome os lábios meus suspiram
Um nome de mulher... e vejo lânguida
No véu suave de amorosas sombras
Seminua, abatida, a mão no seio,
Perfumada visão romper a nuvem,
Sentar-se junto a mim, nas minhas pálpebras
O alento fresco e leve como a vida
Passar delicioso... que delírios!
Acordo palpitante... Ainda a procuro;
Embalde a chamo, embalde as minhas lágrimas
Banham meus olhos, e suspiro e gemo
Imploro uma ilusão, tudo é silêncio!
Só o leito deserto, a sala muda!
Amorosa visão, mulher dos sonhos,
Eu sou tão infeliz, eu sofro tanto!
Nunca virás iluminar meu peito
Com um raio de luz desses teus olhos?

(ÁLVARES DE AZEVEDO, 1942, p. 152-3)

38.9 **Fé.** O escritor crê em si mesmo, no mundo ou mundos que cria, nas reformas que prega, na intuição. Mesmo contra os ditames da razão, mesmo contra a lógica.

38.10 **Ilogismo.** Opondo-se aos ditames da lógica, o poeta pode ser conduzido a uma instabilidade emocional traduzida em atitudes antitéticas ou paradoxais: alegria e tristeza, entusiasmo e depressão.

38.11 **Culto da natureza.** Na sua evasão, o romântico encontra na natureza o lugar de refrigério, de tranquilidade, onde o seu espírito pode encontrar a paz. É a natureza capaz de inspirá-lo, de cuidar dele, de velar a sua morte. Não nos esqueçamos que é sobretudo romântico o mito do "bom selvagem", do homem em estado natural, ainda não contaminado pela "civilização".

Trata-se, portanto, de uma natureza participante, marcada de expressividade e significação, e não apenas "pano de fundo", ou cenário. Por outro lado, esse refúgio na natureza liga-se à insatisfação com a cultura e a sociedade da época. Vejam-se exemplos em *Eurico, o presbítero*, de Alexandre Herculano, em *O guarani* e *Iracema*, de José de Alencar, e ainda em Gonçalves Dias, que afirma:

> Gosto de afastar os olhos de sobre a nossa arena política para ler em minha alma, reduzindo à linguagem harmoniosa e cadente o pensamento que me vem de improviso, e as ideias que em mim desperta a vista de uma paisagem ou do oceano – o aspecto enfim da natureza.
>
> (GONÇALVES DIAS, 1959, p. 102)

38.12 **Retorno ao passado.** Se o mundo atual leva ao conflito, então é no passado que se deve procurar algo de diferente. E as épocas antigas, sobretudo a Idade Média, oferecem-se como mais propícias. A era medieval tem a seu favor o ambiente misterioso e transcendental que a caracteriza, o identificar-se com as origens da nacionalidade; e mais: o caráter de oposição ao Classicismo leva o romântico a procurar a época anterior, a que, de certa forma, os clássicos por seu turno se opõem. No Brasil, tal atitude levou, inclusive, à exaltação do índio, e, como exemplo, apontamos ainda *O guarani*, de José de Alencar.

38.13 **Gosto do pitoresco.** Ainda a procura de novas situações conduz o romântico às terras distantes, às florestas virgens, às paisagens orientais, ligadas, como se depreende, a várias das características já apontadas. Repare-se como a preocupação com tais realidades, que passam pouco a pouco a ser reveladas sensorialmente, antecipam os caminhos de nova atitude.

38.14 **Exagero.** O romântico não admite meio-termo. As qualidades e os defeitos são radicalmente colocados. Por outro lado, a perfeição não existe no mundo circundante: situa-se num tempo ou lugar distante e sonhado (passado ou futuro). Vejam-se os heróis Peri e Eurico, de José de Alencar e Alexandre Herculano, respectivamente.

38.15 **Liberdade criadora.** Contra todas as regras dos clássicos, ditadas exclusivamente pela razão, o romântico proclama a independência pessoal para julgar o que seja belo ou verdadeiro; elimina os preceitos gerais que tendem a uniformizar os estilos e a cortar as asas da imaginação pessoal; exalta o gênio criador e renovador do artista. A regra das regras é a inspiração, como define G. Adolfo Bécquer:

> Há uma poesia magnífica e sonora: uma poesia filha da meditação e da arte, que se engalana com todas as pompas da língua, que se move com

uma cadenciada majestade, fala à imaginação, completa seus quadros e a conduz a seu capricho por um caminho desconhecido, seduzindo-a com sua harmonia e formosura.

Há outra natural, breve, seca, que brota da alma como uma faísca elétrica, fere o sentimento com uma palavra, foge e, desnuda de artifício, desembaraça-se numa forma livre, desperta, com uma que as toca, as mil ideias que dormem no oceano sem fundo da fantasia.

A primeira tem um valor dado: é a poesia de todo o mundo.

A segunda carece de medida absoluta: adquire as proporções da imaginação que impressiona; pode chamar-se a poesia dos poetas.

(apud DÍAZ-PLAJA, 1953, p. 40-1)

38.16 **Sentimentalismo.** Entendido como predomínio do sentimento sobre a razão. O amor vence a razão. É ainda o poeta espanhol que nos ajuda:

> A poesia é o sentimento, mas o sentimento não é mais que um efeito, e todos os efeitos procedem de uma causa mais ou menos conhecida.
>
> Qual será? Qual pode ser a deste divino ímpeto de entusiasmo, desta vaga e melancólica aspiração da alma, que se traduz na linguagem dos homens por meio de suas mais suaves harmonias, senão o amor?
>
> (BÉCQUER, apud DÍAZ-PLAJA, 1953, p. 60)

É fácil compreender agora que "o Romantismo reduz toda poesia ao lirismo, como a forma natural e primitiva, oriunda da sensibilidade e da imaginação individuais da paixão e do amor. Poesia tornou-se sinônimo de autoexpressão" (COUTINHO, 1986, p. 149).

A propósito da relação amorosa, vale lembrar, com Benedito Nunes:

> O amor romântico oscila entre extremos de sacrifício, quando exaltado, e de libertinagem e deboche suicida (*Rolla*, de Musset), quando decepcionado. Mas sempre com o estado de fruição estética, incorporando a antecipada melancolia que o envenena diante da transitoriedade da beleza. *Beauty that must die* (beleza que deve morrer) que Keats imprimiu na sua *Ode in melancoly*, o amor é, como dirá Max Scheler, mais a consciência reflexiva do amor do que o próprio amor.
>
> (NUNES in GUINSBURG, 1985, p. 72-3).

38.17 **Ânsia de glória.** Outra característica que pode marcar o escritor romântico é o seu desejo manifesto de "ser o centro da sociedade em que vive". É, como se vê, uma decorrência do egocentrismo que lhe é peculiar.

Por outro lado, o artista do século XIX já não é mais um "servidor" de um mecenas ou de um rei, como no Renascimento, e pode dizer:

> ¿Qué es el placer, la vida y la fortuna
> sin un sueño de gloria y de esperanza?
>
> (ZORRILLA, apud DÍAZ-PLAJA, 1953, p.65).

38.18 **Importância da paisagem.** Essa característica está associada ao culto da natureza. É de notar-se que, enquanto no Renascimento, no Neoclassicismo e no Naturalismo a paisagem apresentada permanece impassível, no Romantismo (bem como no Barroco) solidariza-se com o artista. É Díaz-Plaja quem esclarece:

> A plenitude do Romantismo equivale à vitória da paisagem como um desdobramento da dor humana – ruínas, solidão, noturno –, exceto quando a terra e os céus sorriem ao poeta porque ela olhou para ele. O Naturalismo, em suma – paralelo à fotografia –, dá seus clichês da paisagem, sem selecioná-la.
>
> (DÍAZ-PLAJA, 1953, p. 73)

38.19 **Gosto pelas ruínas.** Decorre do culto da natureza e pode ser entendido como "o triunfo da natureza sobre o esforço meditado da inteligência".

38.20 **Gosto pelo noturno.** Atende, ainda, à atmosfera de mistério, tão de preferência romântica. Eis um exemplo:

> Por que te havia eu de amar, ó sol, se tu és o inimigo dos sonhos do imaginar; se tu nos chama à realidade, e a realidade é tão triste? Pela escuridão da noite, nos lugares ermos e às horas mortas do alto silêncio, a fantasia do homem é mais ardente e robusta.
>
> É então que ele dá movimento e vida aos penhascos, voz e entendimento às selvas que se meneiam e gemem à mercê da brisa noturna.
>
> É então que ele colige as suas recordações; une, parte, transmuda as imagens das existências que viu passar ante si e estampa nas sombras que o rodeiam um universo transitório, mas para ele real.
>
> E é belo esse mundo de fantasmas aéreos, por entre cujos lábios descorados não transpiram nem perjúrio nem dobrez, e a cujos olhos sem brilho não assoma o reflexo de ânimos pervertidos.
>
> Aí há o repouso, a paz e a esperança que desapareceram da terra; porque o mundo das visões cria-o a mente pura do poeta: ela dá corpo e vulto ao que já só é ideal, e o passado, deixando cair o seu imenso sudário, ergue-se em pé, pondo-se diante do que medita, diz-lhe: — aqui estou eu!

E este o compara com o presente e recua de involuntário terror.

Porque o cadáver que se alevanta do pó é formoso e santo, e o presente que vive e passa e sorri é horrendo e maldito.

E o poeta atira-se chorando ao seio do cadáver e responde-lhe: — esconde-me tu!

É lá que esta alma, árida como a urze, sente, quando aí se abriga, refrescá-la como orvalho do céu.

(HERCULANO, 1963, p. 69-70)

38.21 **Idealização da mulher.** A mulher, entre os românticos, aparece convertida em anjo, em figura poderosa, inatingível, capaz de mudar a vida do próprio homem. Exemplos:

> Ah! Vem, pálida virgem, se tens pena
> De quem morre por ti, e morre amando.
> Dá vida em teu alento à minha vida,
> Une nos lábios meus minha alma à tua!
> Eu quero ao pé de ti sentir o mundo
> Na tu'alma infantil, na tua fronte
>
> Beijar a luz de Deus; nos teus suspiros
> Sentir as virações do paraíso;
> E a teus pés, de joelhos, crer ainda
> Que não mente o amor que um anjo inspira,
> Que eu posso na tu'alma ser ditoso,
> Beijar-te nos cabelos soluçando
> E no teu seio ser feliz morrendo!

(ÁLVARES DE AZEVEDO, 1942, p. 53)

> Yo soy ardiente, yo soy morena,
> Yo soy el símbolo de la pasión:
> De ansia de goces mi alma está llena,
> — ¿A mí me buscas? — No es a ti; no.
>
> — Mi frente es pálida; mis trenzas de oro;
> Puedo brindarte dichas sin fin;
> Yo de ternura guardo un tesoro.
> — ¿A mí me llamas? — No; no es a ti.
>
> Yo soy un sueño, un imposible
> Vano fantasma de niebla y luz;
> Soy incorpórea, soy intangible;
> No puedo amarte — ¡Oh, ven; ven tú!

(BÉCQUER, apud FITZMAURICE-KELLY, 1953, p. 336)

CAPÍTULO 8 • O ROMANTISMO

38.22   **Função sacralizadora da arte.** Traduz a repulsa ao sentido utilitarista da moral burguesa e reveste a arte, como assinala Max Weber, de uma função salvadora do mundo; nas suas palavras, a arte sagrada "proporciona uma *salvação* das rotinas da vida cotidiana e, especialmente, das crescentes pressões do racionalismo teórico e prático" (WEBER, 1971, p. 391).

Por essa e por outras dimensões é que o poeta romântico acaba por marginalizar-se, como acentua, a lucidez do crítico Benedito Nunes:

> Excepcional e solitário, guia obscuro da humanidade, tardio descendente da raça dos magos, dos profetas e dos videntes e sobretudo decifrador da Natureza que por ele se deixa ler como um livro aberto, detentor de verdades inacessíveis à maioria de que se dessolidariza, sentindo-se mais próximo, pela atividade não utilitária, não produtiva, e pela dependência à imaginação, das crianças e dos loucos, o poeta romântico, já habitante das metrópoles ao aproximar-se o meio do século, só à custa da vida boêmia poderá preservar o ócio, o *farniente* rousseauísta.
>
> (NUNES in GUINSBURG, 1985)

38.23   Quanto aos elementos não ligados à temática, podemos apontar como características estilísticas do Romantismo:

a)   Romanticism is the preference given to metaphor in contradistinction to Classicism which is mainly relying on metonymy.

The consequence of this linguistic behavior is a propensity to imagery in general, be it in epic (novelistic) description, be it in lyrical symbolism or allegory.

The intoxication of the eye and the stressing of sensation versus catharsis furthermore recurs to showy substantives and colorful epithets which in the long run shift the stress from the necessarily paler verbal style to a painterly nominal style in which even psychological shades are only expressed by physiognomical traits and gestures.

(HATZFELD, apud COUTINHO e COUTINHO, 1986, p. 148)

Traduzimos:

> O Romantismo é a preferência pela *metáfora*, por contraste com o Classicismo, que confia principalmente na *metonímia*.
>
> A consequência desse comportamento linguístico é a propensão à *imagística* em geral, seja na descrição épica (novelística), seja no simbolismo lírico, seja na alegoria.

A exaltação da *visão* e a ênfase na *sensação* contra a catarse recorrem, além disso, a *substantivos vistosos* e *epítetos coloridos*, os quais acabam, afinal, mudando a tônica de um estilo *verbal*, necessariamente mais pálido, para um estilo *nominal*, pictórico, no qual até as nuances psicológicas só logram expressar-se por traços e gestos fisionômicos.

Por novelística, aqui, cumpre entender o **romance**, e, para melhor esclarecer o problema, valemo-nos de Wolfgang Kayser:

> A narrativa do mundo *total* (em tom elevado) chamou-se *epopeia*, a narrativa do mundo particular num tom particular e feita a um leitor particular chama-se *romance*.
>
> (KAYSER, 1948, V. 2, p. 229)

b) **Mistura de gêneros literários.** Contrariando as normas clássicas, que limitavam, fixavam os gêneros literários, fazendo-os, inclusive, corresponder a uma hierarquia social, o Romantismo impõe a mescla, a evolução, a transformação, o desaparecimento dos gêneros, sem enriquecimento ou esclerose, e o nascimento de novos, a concomitância de diversos numa só obra; desaparece, assim, o espírito sistemático e absolutista que dominava a compreensão do problema, talvez em conformidade com o novo *status* social vigente após a Revolução Francesa.

c) **Nova feição na poesia.** Como decorrência da confusão de gêneros, as formas poéticas conhecidas e conceituadas, como ode, canção, silva, elegia etc., perderam sua significação antiga ou deixaram de ser usadas para ceder lugar a designações mais amplas de difícil caracterização precisa, como poesia lírica, poema. Por outro lado, o artista passa a gozar de liberdade na metrificação e distribuição rítmica. Não que ele chegue à libertação, por exemplo, que experimentarão os modernistas, mas já não se prende a normas ou preceitos rígidos: permite-se utilizar dos ritmos de que dispõe como bem lhe aprouver. E permite-se também, aliás, prática que vem desde o Arcadismo, a utilização do verso branco.

d) **Variação no romance.** Ganhou o romance grande evidência com o Romantismo:

- Privilegia-se o realismo na pintura dos caracteres e dos costumes.
- Os ficcionistas preferem as personagens-tipo, resultado de sínteses ideais que reúnem os mais variados traços.
- O romance passa a fundir realidade e fantasia, análise e invenção.

- Há uma tendência ao romance histórico.
- Também é comum o romance de terror, bem como o de aventuras, o social, o de costumes.

e) **Renovação no teatro.** Abandona-se a rigidez da regra das três unidades; permanece a unidade de ação ou de interesse, criada pela personagem, que constitui o seu centro.

O teatro, assim liberado, amplia a sua temática. Em busca da forma nova, da cor local dos costumes, privilegia o passado nacional e a história moderna, em detrimento da antiguidade greco-latina. Mas o drama romântico distingue-se ainda pela união do nobre e do grotesco, do grave e do burlesco, do belo e do feio, em suma, marca-se pelo contraste. E, em vez de se valer notadamente do verso, como faziam os clássicos, mistura verso e prosa.

Em resumo, deixemos falar Victor Hugo:

> Mettons le marteau dans les théories, les systèmes. Jetons bas ce vieux plâtrage qui masque la façade de l'art! Il n'y a ni règles, ni modèles; ou plutôt il n'y a d'autres règles que les lois générales de la nature qui planent sur l'art tout entier, et les lois spéciales qui, pour chaque composition, résultent des conditions d'existence propres à chaque sujet. Les unes sont éternelles, intérieures, et restent; les autres variables, extérieures, et ne servent qu'une fois.
>
> (HUGO, 1963, p. 434)

Traduzimos:

> Metamos o martelo nas teorias, nas poéticas e nos sistemas. Abaixo este velho reboco que mascara a fachada da arte! Não há regras nem modelos; ou melhor, não há regras além das leis da natureza, que planam sobre toda a arte, e das leis especiais que, para cada composição, derivam das condições próprias de cada assunto. As primeiras são eternas, interiores e permanecem; as outras, variáveis e exteriores, servem apenas uma vez.

Trata-se, portanto de um movimento que representa uma reação contra o racionalismo do século XVIII e que não se limita apenas ao âmbito literário, mas constitui, como o Renascimento, uma profunda revolução espiritual, ampla e complexa. Claro está que os caracteres gerais do movimento passaram por diversificações provocadas pelas particularidades de cada povo, que, ao traduzi-los, emprestou-lhes as marcas da respectiva nacionalidade.

O Romantismo em Portugal:

Vislumbrada nos fins do século XVIII, notadamente na rebeldia individualista de Bocage, a nova atitude é, em Portugal, de marcada influência francesa. "A influência inglesa é passageira, a alemã é superficial; e o que permanece de estável e aparece básico é a ideologia revolucionária francesa, assimilada pelos chefes do romantismo durante a emigração." (SARAIVA, 1961, p. 108)

E os chefes são, mais notadamente, Garrett e Herculano: o primeiro traz a experiência da cultura da Inglaterra, cujo ambiente literário o influenciou, aliada às leituras de Byron e Walter Scott; o segundo traz a influência da França; e com o poema *Camões* (1825) – dez cantos em verso solto, em que Garrett conta a história romantizada do autor de *Os lusíadas* –, ou, como prefere Saraiva, com "a fundação do *Panorama*, a publicação das poesias e das primeiras narrativas históricas de Herculano, o teatro romântico de Garrett e outras obras de categoria inferior" (SARAIVA, 1961, p. 11), costuma-se marcar o início do movimento.

O Romantismo no Brasil:

Dada a natureza deste livro, não cabe discorrer sobre o Romantismo brasileiro; apontaremos, apenas, alguns dados que nos permitam situá-lo sumariamente, como fizemos com o movimento em Portugal.

Costuma-se tomar como marco inicial a publicação, em Paris, em 1836, do livro *Suspiros poéticos e saudades*, de Gonçalves de Magalhães.

Isso não impede afirmarmos que o movimento se processou, no Brasil, como aliás em toda a Europa, através de vagas sucessivas, que apresentam alguns traços diferenciais quanto à escolha de temas e concepções de vida.

Há, inclusive, certa divergência entre os autores que têm procurado situar os grupos e subgrupos caracterizadores do Romantismo entre nós. São correntes as divisões de:

a) Ronald de Carvalho – admite quatro grupos (CARVALHO, 1935):

   1. poesia religiosa – ex.: Gonçalves de Magalhães;
   2. poesia da natureza – ex.: Gonçalves Dias;
   3. poesia da dúvida – ex.: Álvares de Azevedo;
   4. poesia social – ex.: Castro Alves.

b) Sílvio Romero – seis fases (ROMERO, 1902), depois reduzidas para cinco momentos:

1. de 1830, com a segunda escola fluminense e a segunda escola baiana;

2. de 1848, com a primeira escola paulista;

3. de 1855;

4. de 1858, com a escola maranhense;

5. de 1862 a 1870, com os condoreiros.

c) Otto Maria Carpeaux – divide nos seguintes grupos (CARPEAUX, 1955):

1. Pré-Romantismo (Gonçalves de Magalhães, Porto Alegre etc.).

2. Romantismo:

   a) Romantismo nacional e popular (Gonçalves Dias, Alencar etc.);

   b) Romantismo individualista (Álvares de Azevedo etc.);

   c) Romantismo liberal (Castro Alves etc.).

d) Afrânio Coutinho – divisão em quatro grupos (COUTINHO, 1976, p. 163-6):

1º grupo – Iniciação pelo grupo fluminense com o manifesto romântico de 1836, publicado na *Niterói*. Tendências contraditórias, de conservadorismo, aliadas aos princípios da nova estética; poesia religiosa e mística; nacionalismo lusófobo; influências inglesa e francesa; começos da ficção e do teatro; cultiva-se o jornalismo. Principais representantes: Domingos José Gonçalves de Magalhães, Manuel de Araújo Porto Alegre, Teixeira e Sousa, Martins Pena, Varnhagen, Joaquim Norberto de Sousa e Silva e outros.

2º grupo – (1840-1850) – Predomínio das descrições da natureza, panteísmo, idealização do selvagem, indianismo como expressão original do nacionalismo brasileiro, o selvagem como símbolo do espírito e da civilização nacionais em luta contra a herança portuguesa. Influências de Chateaubriand, Fenimore Cooper, Walter Scott, Eugène Sue, Honoré de Balzac. Poesia lírica e narrativa, ficção, teatro, crítica, história e jornalismo. Representantes: Joaquim Manuel de Macedo, Gonçalves Dias, Bernardo Guimarães, José de Alencar, Fernandes Pinheiro e outros.

3º grupo – (1850-1860) – Individualismo e subjetivismo, dúvida, desilusão, cinismo e negativismo boêmio; "mal do século"; poesia byroniana ou satânica. Influência de Byron, Musset, Espronceda, Leopardi, Lamartine. Poesia lírica; a ficção consolida-se ainda com José de Alencar, Joaquim Manuel de Macedo, Bernardo Guimarães, Franklin Távora, sob a forma indianista, sertanista, regionalista e urbana; surge a ficção histórica; a crítica adquire consciência de sua missão; o jornalismo continua. Principais representantes: Francisco Otaviano, Laurindo Rabelo, Manuel Antônio de Almeida, Álvares de Azevedo, Junqueira Freire, Casimiro de Abreu, Tavares Bastos, Fagundes Varela e outros.

4º grupo – (depois de 1860) – Romantismo liberal e social: intensa impregnação sociopolítica e nacionalista ligada às lutas pelo abolicionismo (especialmente depois de 1866) e à Guerra do Paraguai (1864-1870). Poesia intimista e amorosa e também um lirismo de metáforas arrebatadas e ousadas, que Capistrano de Abreu batizou de poesia "condoreira" ou "condoreirismo" (influência de Victor Hugo). Preocupação formal, que, aliada ao clima de realismo literário e filosófico, conduz a experiências que levam a poesia na direção do Parnasianismo. Representantes principais: Sousândrade (Joaquim de Sousa Andrade), Luís Delfino, França Júnior, Tobias Barreto, Machado de Assis, Taunay, Castro Alves.

Essas divisões são importantes para os comentários de textos, que constituem nossa preocupação; e se apresentamos tantos exemplos, fazemo-lo pensando em mostrar que o mais importante é examinar a obra do autor e captar tudo o que nela está contido, relativizadas as divisões e classificações, tomadas como elemento auxiliar e não como finalidade.

Repercussões:

O Romantismo é de tal forma importante para a nossa literatura que não poderíamos deixar de assinalar o que o caracteriza essencialmente em nossa terra e o que ficou de sua presença. Assim, cumpre acrescentar que, ressalvada a permanência de suas características universais (CF. COUTINHO, 1976):

- ganhou aspectos peculiares, por força do ambiente ao qual se aclimatou. Não existia, obviamente, no Brasil, a problemática cultural que marcou o Romantismo europeu. Os românticos brasileiros, entretanto, conseguiram ultrapassar os riscos da mera adoção dos modelos importados e conseguiram conferir marcas específicas e nacionais à arte que concretizaram;
- o Romantismo coincidiu com a afirmação do Brasil como nação e identificou-se com o modo de ser e de sentir do povo brasileiro; converteu-se, de certa maneira, num estilo de vida e traduziu muito da nossa individualidade e da nossa dimensão coletiva, sobretudo um marcante sentimentalismo nacional;
- nas sendas da afirmação da nacionalidade, elegeu o **indianismo** como a "mitologia" representativa da jovem nação que se afirmava. Um

indianismo peculiar: ao casar a doutrina do "bom selvagem" de Rousseau com as tendências antiportuguesas, o sentimento nativista brasileiro fez do índio e sua civilização um símbolo da independência espiritual, política, social e literária;
- a busca de inspiração em elementos nacionais encontrou eco num Brasil recém-independente, em plena fase de afirmação de sua personalidade como nação;
- em sua última fase, a mística indianista cedeu lugar à militância liberal, "e nisso acompanhou o itinerário geral dos romantismos latinos que começam tradicionalistas e terminam progressistas" (MERQUIOR, 1977, p. 55);
- nesse percurso, o movimento, no Brasil, foi marcado por forte caráter político e social;
- a preocupação com uma cor local característica levou à valorização da literatura popular como fonte original de criatividade literária. Daí não só o interesse pela cultura indígena da América, mas ainda a proliferação de estudos sobre o nosso folclore, ambos tomados inclusive como elementos de substituição dos modelos clássicos observados anteriormente;
- o culto da natureza encontrou campo propício na exuberante paisagem nacional;
- teve também significação marcante em nossa literatura romântica o conhecido "mal do século", ou seja, a sensação de mal-estar decorrente do desencanto diante da vida, notadamente em obras de poetas como Álvares de Azevedo, Junqueira Freire, Casimiro de Abreu e mesmo de prosadores como Joaquim Manuel de Macedo e José de Alencar, por exemplo;
- os românticos consolidaram brasileiramente os gêneros literários em nossa literatura. Afirmou-se a poesia, criou-se a ficção;
- os escritores românticos preocuparam-se com uma língua nacional e libertaram a língua usada no Brasil das normas clássicas dos escritores portugueses. E, a partir da ênfase na linguagem oral e desse posicionamento antilusitanizante, conseguiram instaurar uma língua literária brasileira;
- com o movimento romântico, acentua Afrânio Coutinho, constituiu-se no País a carreira literária e passou-se a compreender o homem de letras na comunidade sobretudo como agente de missão civilizadora, quer através de obra que realiza, quer através de sua responsabilidade como intelectual, sua ação social e política;

- também nos trouxe o movimento romântico a ampliação do público consumidor do romance, da poesia, do teatro;
- em síntese, com o Romantismo, desenvolve-se no Brasil uma literatura própria e com plena assunção de sua brasilidade.

Mas "mudam-se os tempos, mudam-se as vontades". O homem caminha. E a liberdade romântica vai conduzi-lo, no jogo oposição/continuidade dos movimentos literários, a uma nova revolução cultural de profunda, ampla e notável significação. É o que veremos a seguir.

BIBLIOGRAFIA

TEXTOS LITERÁRIOS

ÁLVARES DE AZEVEDO, M. Antônio. *Obras completas*. 8. ed. São Paulo: Nacional, 1942.

BANDEIRA, Manuel. *Antologia dos poetas brasileiros da fase romântica*. 2. ed. Rio de Janeiro: MEC, 1940.

CASTRO, Sílvio. *História da literatura brasileira*. Lisboa: Alfa, 1999. v. 2

CASTRO ALVES, Antônio de. *Poesia completa e prosa escolhida*. Rio de Janeiro: J. Aguilar, 1960.

GONÇALVES DIAS, Antônio. *Poesia completa e prosa escolhida*. Rio de Janeiro: J. Aguilar, 1959.

HAUSER, Arnold. *Historia social de la literatura y el arte*. Madrid: Guadarrama, 1968. 3 v.

HERCULANO, Alexandre. *Eurico, o presbítero*. São Paulo: Difel, 1963.

HUGO, Victor. *Théâtre complet*. Paris: Bibliothéque de la Pléiade, 1963.

LOBO, Luíza (trad. sel. e notas). *Teorias poéticas do Romantismo*. Porto Alegre: Mercado Aberto, 1987.

MOLINA, Tirso de. *El burlador de Sevilla*. 3. ed. Madrid: J. Aguilar, 1952.

RABELO, Laurindo. *Obras completas*. São Paulo: Nacional, 1946.

RAMOS, Péricles Eugênio da Silva. *Do Barroco ao Modernismo*. Rio de Janeiro: Livros Técnicos e Científicos, 1979.

RIQUER, M. de. *Antología de la literatura española – siglos X/XX*. Barcelona: Teide. 1953.

ZORRILLA. José. *Don Juan Tenorio seguido de poesías escogidas*. 6. ed. Buenos Aires: Sopena Argentina, 1958.

TEXTOS TEÓRICOS

AMORA, Antônio Soares. *História da literatura brasileira – séculos XVI a XX*. 4. ed. São Paulo: Saraiva, 1963.

_____. *Teoria da literatura*. 4. ed. São Paulo: Clássico-Científica, 1961.

AYRAULT, Roger. *La genèse du Romantisme allemand*. Paris: Aubier, 1970.

BANDEIRA, Manuel. *Antologia dos poetas brasileiros da fase romântica*. 2. ed. Rio de Janeiro: MEC, 1940.

_____. *Apresentação da poesia brasileira (seguida de uma antologia de versos)*. 2. ed. aum. Rio de Janeiro: CEB, 1954.

BOSI, Alfredo. *História concisa da literatura brasileira*. São Paulo: Cultrix. 1970.

BROCA, Brito. *Românticos, pré-românticos, ultra-românticos*: vida literária e Romantismo no Brasil. São Paulo: Polis, Brasília: INL, 1979.

CARPEAUX, Otto Maria. *História da literatura ocidental*. Rio de Janeiro: O Cruzeiro, 1959-1966. 8 v.

_____. *Pequena bibliografia crítica de literatura brasileira*. 2. ed. Rio de Janeiro: MEC, 1955.

CARVALHO, Ronald de. *Pequena história da literatura brasileira*. 5. ed. Rio de Janeiro: Briguiet, 1935.

CASTELLO, José Aderaldo. *A introdução do Romantismo no Brasil*. Rio de Janeiro: José Olympio, 1950.

CASTRO, Sílvio. *História da literatura brasileira*. Lisboa: Alfa, 1999. v. 2.

CHARPIER, Jacques e SEGHERS, Pierre (ed.). *L'art poétique*. Paris: Seghers, 1956.

COUTINHO, Afrânio. *Introdução à literatura no Brasil*. 8. ed. Rio de Janeiro: Civilização Brasileira, 1976.

_____ (dir.) e COUTINHO, Eduardo de Faria (codir.). *A literatura no Brasil*. 3. ed. rev. e atual. Rio de Janeiro: José Olympio, Niterói: UFF – Universidade Federal Fluminense, 1986. 6 v.

CUNHA, Fausto. *O Romantismo no Brasil: de Castro Alves a Sousândrade*. Rio de Janeiro: Paz e Terra; Brasília: INL, 1971.

DÍAZ-PLAJA, Guillermo. *Introducción al estudio del Romanticismo español*. Buenos Aires: Espasa-Calpe, 1953.

FALBEL, Nachman. Os fundamentos históricos do Romantismo. In: GUINSBURG, J. (org.). *O Romantismo*. 2. ed. São Paulo: Perspectiva, 1978.

FITZMAURICE-KELLY, J. (org.). *The Oxford book of Spanish verse X/XX century*. 2. ed. Oxford: J B. Trend, 1953.

HAUSER, Arnold. *Historia social de la literatura y el arte*. Madrid: Guadarrama, 1968. 3 v.

KAYSER, Wolfgang. *Fundamentos da interpretação e da análise literária*. São Paulo: Saraiva, 1948. 2 v.

LAFINUR, Álvaro M. *El romanticismo literario*. Buenos Aires: Columba, 1954.

LOBO, Luíza (org.). *Teorias poéticas do Romantismo*. Rio de Janeiro: UFRJ; Porto Alegre: Mercado Aberto, 1987.

MERQUIOR, José Guilherme. *De Anchieta a Euclides: breve história da literatura brasileira – I*. Rio de Janeiro: José Olympio, 1977.

_____. *O fantasma romântico e outros ensaios*. Petrópolis, Vozes, 1980.

_____. Os estilos históricos na literatura ocidental. In: PORTELLA, Eduardo et alii. *Teoria literária*. 3. ed. Rio de Janeiro: Tempo Brasileiro, 1979.

NUNES, Benedito. A visão romântica. In: GUINSBURG, J. (org.). *O Romantismo*. 2. ed. São Paulo: Perspectiva, 1985.

PEERS, E. Allison. *Historia del movimiento romántico español*. Madrid: Gredos, 1954. 2 v.

PICCHIO, Luciana Stegagno. *La letteratura brasiliana*. Bologna: Sansoni-Accademia, 1972.

PORTELLA, Eduardo et alii. *Fundamento da investigação literária*. Rio de Janeiro: Tempo Brasileiro, 1974.

_____ et alii. *Teoria literária*. Rio de Janeiro: Tempo Brasileiro, 1975.

PRAT, Ángel Valbuena. *Historia de la literatura española*. 4. ed. Madrid: Gustavo Gili, 1952. 3 v.

RAMOS, Péricles Eugênio da Silva. *Do Barroco ao Modernismo*. Rio de Janeiro: Livros Técnicos e Científicos, 1979.

ROMERO, Sílvio. *História da literatura brasileira*. 2. ed. Rio de Janeiro: Garnier, 1902.

SARAIVA, A. José. *História da literatura portuguesa*. 6. ed. corr. Lisboa: Europa-América, 1961.

SILVA, Vítor Manuel de Aguiar e. *Teoria da literatura*. São Paulo: Martins Fontes, 1976.

VAN TIEGHEM, Paul. *Le Romantisme dans la littérature européenne*. Paris: Albin Michel, 1948.

VERÍSSIMO, José. *História da literatura brasileira*. 3. ed. Rio de Janeiro: José Olympio, 1964.

WEBER, Max. *Ensaios de sociologia*. 2. ed. Rio de Janeiro: Zahar, 1971. (Organização e introdução de H. H. Genth e C. Wright Mills.)

WELLEK, René. *Concepts of criticism*. New Haven/London: Yale University Press, 1963.

TEXTOS TRADUZIDOS

p. 179

D. Gonçalo: Dá-me tua mão;
não tem as tua mão me dar.
D. Juan: O que dizes? Eu com medo?
Estou em brasas! Não me queimes
com teu fogo.
D. Gonçalo: Isto é pouco
para o fogo que buscaste.
As maravilhas de Deus
são, D. Juan, inescrutáveis,
e assim quer que tuas culpas
pelas mãos de um morto pagues.
E se desse modo pagas,
esta é a justiça de Deus:
Quem assim o faz, que assim o pague.
(...)
D. Juan: Deixa que chame
quem me confesse e absolva.
D. Gonçalo: Não há lugar; já acordas tarde.
D. Juan: Estou queimando! Estou em brasas!
Estou morto! (cai morto)
D. Gonçalo: Está é a justiça de Deus:
quem assim o faz, que assim o pague.

p. 180-1

D. Juan: Deixa-me morrer em paz,
A sós com minha agonia.
Mas com essa horrenda calma,
Que me augurais, feras sombras?
Que esperais de mim?
Estátua: Que morras,
Para levar tua alma,
E adeus, D. Juan; já tua vida
Chega ao fim, e já que tudo
Foi em vão, dá-me tua mão,
Em sinal de despedida.
D. Juan: Mostra-me agora amizade?
Estátua: Sim; eu fui injusto contigo,
E Deus me manda teu amigo
Voltar à eternidade.
D. Juan: Toma-a, pois.
Estátua: Agora, D. Juan,
Pois que também desperdiças
O momento que te dão,
Comigo vem para o inferno.
D. Juan: Sai pra lá, pedra fingida!
Solta, solta essa mão,
Que ainda me resta um grão
No relógio desta vida
Solta-a, que se é verdade
Que um pouco de contrição
Dá a uma alma a salvação
De toda uma eternidade,
Eu, Santo Deus, creio em ti;
Se minha maldade é inaudita,
Tua piedade é infinita...
Senhor, tem piedade de mim!
Estátua: Já é tarde.

(2ª parte)

D. Inês: Não; eis-me aqui,
D. Juan; é minha mão que te segura
Esta mão que às Alturas
Lançou teu contrito afã
E Deus perdoa Don Juan
Ao pé da minha sepultura.
D. Juan: Deus clemente! Dona Inês!
(...)
D. Inês: Eu dei minha alma por ti,
E Deus te outorga por mim
Tua incrível salvação.
Mistério é que ultrapassa
A compreensão das criaturas
E só em vida mais pura
Os justos compreenderão
Que o amor salvou D. Juan
No limiar da sepultura.
(...)

TEXTOS TRADUZIDOS
continuação

p. 187

Tivesse alguém tal ventura
por sobre as águas do mar
como teve o conde Arnaldos
na manhã de São João!
com um falcão sobre o punho
a caça ia caçar
quando vê uma galera
que à terra busca chegar.
Trazia velas de seda
a enxárcia de cenda!
marinheiro que comanda
vem dizendo uma canção
que as águas faz em calma
consegue o vento amainar
os peixes que estão no fundo
à tona os faz nadar
as aves que estão voando
no mastro as faz pousar;
Ali falou o conde Arnaldos;
bem ouvireis o que dirá:
— "Por Deus te rogo, marinheiro,
diga-me agora teu cantar".
Respondeu-lhe o marinheiro,
tal resposta lhe foi dar;
— "Eu só digo esta canção
a quem comigo navegar".

p. 197

Eu sou ardente, eu sou morena,
Eu sou o símbolo da paixão:
De ânsia de gozos minha alma está plena,
— A mim procuras? – Não é a ti, não.

— Minha fonte é pálida; as tranças de ouro;
Posso brindar-te felicidades sem fim;
Eu de ternura guardo um tesouro.
— A mim me chamas? — Não; não é a ti.

— Eu sou um sonho, um impossível,
Um vão fantasma de névoa e luz;
Sou incorpórea, sou intangível;
Não posso amar-te. – Oh, vem; vem tu!

CAPÍTULO 9

O Realismo

> O Romantismo era a apoteose do sentimento; o Realismo é a anatomia do caráter. É a crítica do homem. É a arte que nos pinta a nossos próprios olhos – para nos conhecermos, para que saibamos se somos verdadeiros ou falsos, para condenar o que houve de mau na nossa sociedade.
>
> (EÇA DE QUEIRÓS apud SARAIVA E LOPES, s/d, p. 794)

1   Eis-nos na segunda metade do século XIX. Novos princípios passam a marcar a atitude humana, a ponto de configurarem uma constelação de traços que configuram a estruturação de um novo estilo de época.

2   Esses princípios aparecem sistematizados nas correntes filosóficas que se destacam naqueles momentos e podem ser assim resumidos:

a) Predomina uma concepção materialista do mundo; e dissemos "predomina", pois é necessário lembrar que na época entrecruzam-se várias ideologias e tendências no panorama da cultura ocidental.

b) A realidade é interpretada como um todo orgânico em que o universo, a natureza e o homem estão intimamente associados e sujeitos, em igualdade de condições, aos mesmos princípios, leis e finalidades (AMORA, 1963, p. 83).

c) A realidade, criada por um princípio superior como um ser primitivo passa por um constante processo evolutivo, de acordo com "um sistema de leis naturais absolutamente definidas"(AMORA, 1963, p. 83).

d) Para compreender e explicar a realidade, o homem só pode valer-se do conhecimento científico, através de fatos.

e) É preciso, portanto, observar e analisar a realidade, para poder conhecê-la com precisão.

f) Não há transcendência: fatos psicológicos e sociais submetem-se às leis do universo e são manifestações materiais.

g) A natureza do homem, como a dos demais seres vivos, é determinada por circunstâncias exteriores: "nem a vontade, nem a razão podem agir independentemente de seu condicionamento passado" (HAYES, apud COUTINHO, 1976, p. 184).

h) A verdade, o bem e o belo existem nas coisas, independentemente de razões subjetivas (AMORA, 1944, p. 200).

i) Predomina uma visão determinista, antimetafísica e antiespiritualista da vida.

3   A literatura da época caracteriza-se nitidamente por elementos vinculados às concepções que acabamos de apontar. (Tenhamos presente que vinculação não significa determinismo.)

4   Assim, os escritos realistas pretendem mostrar essa nova visão do mundo. Os escritores assumem uma atitude semelhante à dos homens da ciência, e encontramos em suas obras:

4.1   Preocupação com uma verdade não apenas verossímil, mas exata. A verdade é procurada através da observação e análise da realidade, no que esta tem de perene e universal. Não a realidade idealizada através da razão, ou imaginada através dos sentimentos, mas a realidade materialmente verdadeira.

4.2   Preocupação com a observação e análise da realidade. Trata-se de uma análise em profundidade, a fim de evitar uma visão grosseira e deformada pela observação comum; é necessário assinalar os valores morais e estéticos do real.

4.3   Busca do perene humano no drama da existência. No seu exame da realidade, o escritor procura mostrá-la em seus elementos essenciais e universais, buscando verdades eternas, mas sem preocupações de ordem transcendente. A literatura realista deve constituir uma ação moral, e o artista tem consciência disso.

4.4   Equilíbrio e harmonia na visão orgânica e intencional da realidade.

4.5   Rigorosa lógica entre as causas (biológicas e sociais) que determinam o comportamento dos protagonistas. Nenhuma atitude de personagem realista é gratuita; há sempre uma explicação lógica e "cientificamente" aceitável para o seu comportamento.

4.6   Preocupação, sobretudo com uma mensagem, que revela, naturalmente, uma concepção materialista do homem.

4.7   Determinismo na atuação das personagens. O herói realista, mesmo quando se trata de um "herói coletivo" (como em O cortiço, de Aluísio Azevedo), é "um átomo do organismo cósmico" e é movido por forças atávicas e/ou sociais que determinam o seu comportamento. Capitu, por exemplo, se aceitamos a sua culpa, teria sido levada ao adultério por uma soma de circunstâncias pressionadoras que iriam da sua personalidade à simpatia e presença de Escobar, passando pela insegurança de Bentinho (ressalvada a situação ímpar de Machado de Assis nos quadros da literatura).

4.8 O drama de uma vontade em luta com as forças cegas e poderosíssimas do determinismo biológico, social e cósmico. Estamos pensando em *O crime do padre Amaro*, de Eça de Queirós, e em *O missionário*, de Inglês de Sousa. Aproveitemos para recordar: enquanto a personagem romântica foge, no seu choque com o mundo, para uma realidade imaginada ou para a própria morte, numa atitude pessoal, subjetiva, o herói realista é uma vontade em choque com o mundo que acaba vencida por ele, pois, afinal, como quer a concepção realista, o homem não tem sobre os outros seres quaisquer privilégios especiais: está sujeito às mesmas leis de evolução. Assim, o autor pode apontar as causas que, numa dada sociedade, provocam determinados efeitos e propugnar pela mudança do *status quo* vigente. O já citado Eça de Queirós, por exemplo, pretendia em várias de suas obras (*O crime do padre Amaro, O primo Basílio, A capital, O conde de Abranhos, Alves e companhia, Os Maias*) pintar metodicamente "a sociedade portuguesa tal qual a fez o constitucionalismo desde 1830". São palavras textuais que se encontram em carta escrita a Teófilo Braga (SARAIVA e LOPES, s/d, p. 794).

4.9 Preocupação revolucionária, atitude de crítica e combate. O exemplo ainda pode ser o Realismo em Portugal, com a Questão Coimbrã, as Conferências do Cassino, a traduzir a posição dos escritores.

4.10 A objetividade do escritor realista ao encarar a vida. Ele não se intromete na caracterização dos tipos que cria ou recria, no sentido de que não confunde seus próprios sentimentos com os de suas personagens. Pretende-se uma literatura de construção, mais do que de expressão.

4.11 As personagens, frutos de observação, como tipos concretos, vivos. Aluísio Azevedo, por exemplo, para compor a personagem central do romance *O mulato*, inspira-se em Celso Magalhães e em Gonçalves Dias. Do primeiro, vai-se aproveitar do drama a que assistiu, da perseguição, do ambiente hostil e rancoroso que levaram o grande companheiro à morte. Do cantor dos Timbiras vale-se do episódio do preconceito de cor, o poeta não se podendo casar com aquela que foi o grande amor de sua vida – Ana Amélia –, por ser mestiço (GOES, apud AZEVEDO, 1964).

4.12 Preferência marcada pela narração. Já que o escritor realista pretende sempre fornecer uma interpretação da vida, vai optar por essa modalidade, por ser a que mais se coaduna com o seu intento.

4.13 Focalização preferencial da vida contemporânea. Com a sua preocupação de observar e analisar, o autor realista retrata de preferência o seu tempo. Compare-se: O Romantismo volta-se para o passado ou para o futuro. Lembremos que, no mais das vezes, a personagem romântica está em choque com o mundo em que vive, e o autor romântico contamina a personagem com seu eu, com muito mais evidência.

4.14 Clareza, equilíbrio e harmonia na composição; correção gramatical, preocupação com a perfeição formal; retrato fiel das personagens, através de uma linguagem simples; linguagem próxima da realidade, sem rebuscamentos, natural; narrativa lenta; preocupação com minúcias.

4.15 Denúncia das desigualdades sociais. Representando, de certa forma, uma rebeldia contra "o idealismo romântico, relacionado com a classe alta, o Realismo logrou impor a pintura verdadeira da vida dos humildes e obscuros, os homens e mulheres comuns que estão habitualmente em torno de nós, vivendo uma vida compósita, feita de muitos opostos, bem e mal, beleza e feiura, rudeza e requinte, sem receio do trivial e do monótono" (COUTINHO, 1976, p. 184-5).

REALISMO E NATURALISMO

5 Cumpre, a propósito, esclarecer a confusão que costumava envolver os termos em alguns manuais de literatura, e não sem razão, dada a dificuldade de precisão conceitual, ainda que, há algum tempo, entretanto, admita-se a distinção, fato que nem sempre é perceptível com facilidade nas obras de arte literária e que conduz, no Brasil, à configuração de textos realista-naturalistas.

6 Numa frase resumidora, quase podemos afirmar, como bem sugeria José Carlos Lisboa, em aula universitária, que "o Realismo tende para uma visão biológica do homem; o Naturalismo encaminha-se para uma visão patológica". Ou, como quer Afrânio Coutinho, o Naturalismo "é um Realismo a que se acrescentam certos elementos que o distinguem e tornam inconfundível sua fisionomia em relação a ele" (COUTINHO, 1976, p. 188).

7 Quais serão estes elementos? Ei-los:

a) A concepção de que o homem é um autômato, guiado por leis físico-químicas, pela hereditariedade e pelo meio físico e social;

b) A concepção de que as decisões de ordem moral resultam de condições psicológicas e de outras de natureza física;

c) A tendência para a compreensão do homem como um "caso" que deve ser analisado cientificamente.

d) A preferência por temas da patologia social – miséria, adultério, criminalidade, desequilíbrio psíquico, problemas ligados ao sexo etc. –, com a mesma intenção realista de reformar a sociedade;

e) A despreocupação com a moral, desde que o fato observado e analisado tenha interesse. Daí o amoralismo.

Como facilmente se depreende, o Naturalismo como que amplia as características do Realismo, acentuando-as e acrescentando-lhes uma visão ainda mais nítida e radicalmente determinista do comportamento humano.

Aliás, como é sabido, o termo "naturalismo" caracteriza a doutrina filosófica que preconiza que só as leis científicas sobre a natureza é que são válidas; as concepções transcendentais, teológicas, carecem de valor.

Na literatura, é com o escritor francês Émile Zola que o termo entra definitivamente na nomenclatura literária da França e do mundo.

E, já que estamos tratando do assunto, "realismo" forma-se de "real" (do adjetivo latino *realis*, que deriva de *res*, coisa, fato), acrescido do sufixo "ismo"; significa "preferência pelos fatos, tendência a encarar as coisas tal como na realidade são". Nasce para a literatura em 1857, quando Jules Husson Champfleury edita um volume de ensaios onde expõe a nova doutrina e circula na França uma revista de arte, *Le Réalisme*, de responsabilidade do crítico Louis Duranty. A nova doutrina estética vê-se consagrada com a publicação, naquele mesmo ano, do famoso livro de Gustave Flaubert, *Madame Bovary*. Claro está que a palavra admite outras significações.

Zola, pois, está para o Naturalismo como Flaubert está para o Realismo.

Examinemos os primeiros parágrafos de *O mulato*, de Aluísio Azevedo, um exemplo de presença realista-naturalista na literatura brasileira:

> Era um dia abafadiço e aborrecido. A pobre cidade de São Luís do Maranhão parecia entorpecida pelo calor. Quase que se não podia sair à rua: as pedras escaldavam; as vidraças e os lampiões faiscavam ao sol como enormes diamantes; as paredes tinham reverberações de prata polida; as folhas das árvores nem se mexiam; as carroças de água passavam ruidosamente a todo instante, abalando os prédios; e os aguadeiros, em mangas de camisa e pernas arregaçadas, invadiam sem-cerimônia as casas para encher as banheiras e os potes. Em certos pontos não se encontrava viva alma na rua; tudo estava concentrado, adormecido; só os pretos faziam as compras para o jantar ou andavam no ganho.

A Praça da Alegria apresentava um ar fúnebre. De um casebre miserável, de porta e janela, ouviam-se gemer os armadores enferrujados de uma rede e uma voz tísica e aflautada, de mulher, cantar em falsete a "gentil Carolina era bela", do outro lado da praça, uma preta velha, vergada por imenso tabuleiro, sujo, seboso, cheio de sangue e coberto por uma nuvem de moscas, apregoava em tom muito arrastado e melancólico: "Fígado, rins e coração!" Era uma vendedeira de fatos de boi. As crianças nuas, com as perninhas tortas pelo costume de cavalgar as ilhargas maternas, as cabeças avermelhadas pelo sol, a pele crestada, os ventrezinhos amarelentos e crescidos, corriam e guinchavam, empinando papagaios de papel. Um ou outro branco, levado pela necessidade de sair, atravessava a rua, suando, vermelho, afogueado, à sombra de um enorme chapéu-de-sol. Os cães, estendidos pelas calçadas, tinham uivos que pareciam gemidos humanos, movimentos irascíveis, mordiam o ar, querendo morder os mosquitos. Ao longe, para as bandas de São Pantaleão, ouvia-se apregoar: "Arroz de Veneza! Mangas! Macajubas!"'Às esquinas, nas quitandas vazias, fermentava um cheiro acre de sabão da terra e aguardente. O quitandeiro, assentado sobre o balcão, cochilava a sua preguiça morrinhenta, acariciando o seu imenso e espalmado pé descalço. Da Praia de Santo Antônio enchiam toda a cidade os sons invariáveis e monótonos de uma buzina, anunciando que os pescadores chegavam do mar; para lá convergiam, apressadas e cheias de interesse, as peixeiras, quase todas negras, muito gordas, o tabuleiro na cabeça, rebolando os grossos quadris trêmulos e as tetas opulentas.

A Praia Grande e a Rua da Estrela contrastavam todavia com o resto da cidade, porque era aquela hora justamente a de maior movimento comercial. Em todas as direções cruzavam-se homens esbofados e rubros; cruzavam-se os negros no carreto e os caixeiros que estavam em serviço na rua; avultavam os paletós-sacos, de brim pardo, mosqueados nas espáduas e nos sovacos por grandes manchas de suor. Os corretores de escravos examinavam, à plena luz do sol, os negros e moleques que ali estavam para ser vendidos; revistavam-lhes os dentes, os pés e as virilhas; faziam-lhes perguntas sobre perguntas, batiam-lhes com a biqueira do chapéu nos ombros e nas coxas, experimentando-lhes o vigor da musculatura, como se estivessem a comprar cavalos. Na Casa da Praça, debaixo das amendoeiras, nas portadas dos armazéns, entre pilhas de caixões de cebolas e batatas portuguesas, discutiam-se o câmbio, o preço do algodão, a taxa do açúcar, a tarifa dos gêneros nacionais, volumosos comendadores resolviam negócios, faziam transações, perdiam, ganhavam, tratavam de embarrilar uns aos outros, com muita manha de gente de negócios, falando numa gíria só deles, trocando chalaças pesadas, mas em plena confiança de amizade. Os leiloeiros cantavam em

> voz alta o preço das mercadorias, com um abrimento afetado de vogais; diziam: "Mal-rais" em vez de mil-réis. À porta dos leilões aglomeravam-se os que queriam comprar e os simples curiosos. Corria um quente e grosseiro zun-zum de feira.
>
> (AZEVEDO, 1964, p. 33-4)

13.1 Trata-se de uma descrição, a partir da óptica do escritor, de uma cidade brasileira, identificada no texto: São Luís do Maranhão. O autor a situa num dia de calor. Vemo-la sem alindamentos; retratada à luz da realidade imediata, mas submetida aos juízos de valor do observador que a descreve.

13.2 A primeira frase como que prepara o espírito do leitor para uma visão antipática: "era um dia abafadiço e aborrecido". O adjetivo que qualifica a cidade é também sintomático: "a pobre cidade de São Luís do Maranhão".

13.3 As duas frases iniciais apresentam como que uma tese. A seguir vem uma sequência de elementos comprobatórios, todos de ordem material e todos situados na área das impressões sensoriais: pedras, lampiões, vidraças, paredes, folhas, carroças de água, aguadeiros, pretos. Todos remetem a uma realidade observada.

13.4 Repare-se ainda nos verbos: a denotação-conotação dos mesmos leva a sensação desagradável: escaldavam, faiscavam, tinham reverberações, passavam ruidosamente, abalando os prédios, invadiam; a seleção do material semântico, até aqui, revela má vontade. E os elementos humanos que surgem a compor a paisagem não amenizam as cores; pelo contrário, contribuem mais e mais para acentuar a pobreza da cidade: "os aguadeiros em mangas de camisa e pernas arregaçadas", "os pretos que faziam compras para o jantar ou andavam no ganho". Ao mesmo tempo, a presença desses aguadeiros e desses pretos, aqui apresentados dentro da paisagem como um elemento componente, já nos conduz a uma antevisão do panorama social que caracteriza essa cidade pobre.

13.5 Feita a apresentação, de modo geral, amplo, o texto dirige-nos para um conhecimento mais pormenorizado. É como se fôssemos chegando a São Luís e, inicialmente, víssemos o que o primeiro parágrafo nos mostrou. Agora, já chegamos, e vamos a uma incursão mais demorada.

13.6 Eis-nos Praça da Alegria; os olhos do narrador são o nosso cicerone. E que cicerone! A praça "apresentava um ar fúnebre". Observe-se a antítese carregada de ironia agressiva.

13.7 A seguir, o texto passa a focalizar a paisagem humana: um casebre "miserável", onde os armadores das redes "gemem", como a preparar a voz "tísica", que canta em falsete (com uma voz que não é autêntica) uma canção cujo título acentua o caráter antitético: a "gentil Carolina era bela". O material semântico continua a traduzir uma visão cruel da realidade, a começar do "casebre", com esse sufixo pejorativo, e essa metáfora que coloca a rede no âmbito humano, aumentando o ambiente sugestivo criado por todas essas palavras.

13.8 Se a voz é tísica (a mulher é que o é, evidentemente), a outra personagem característica é uma preta velha, cujo aspecto aumenta a náusea do observador, com estes adjetivos característicos: "sujo", "seboso"; e não falta a minúcia das moscas, do sangue e mesmo a reprodução do pregão: "fígado, rins, coração".

13.9 Ao lado da velhice, cuja miséria encontra uma explicação, surgem as crianças, e não são poupadas: "nuas, pernas tortas". Logo a explicação para o fato: "cavalgam as ilhargas maternas"; atente-se para o verbo usado. E mais esse "ventrezinhos" aparentemente afetivo, mas muito mais clínico (a ambiência semântica talvez nos preparasse para "barriga"...), com a ilusão logo a desaparecer diante da força do sufixo: "amarelento".

13.10 O branco, cuja chegada parecia amenizada, não escapa ao pincel forte do artista: é surpreendido "vermelho, afogueado".

13.11 Nem os cães são excluídos da fotografia: uivam, com uivos que "pareciam" gemidos humanos, numa tentativa de igualar homens e animais.

13.12 Continuando o passeio, as frases conduzem-nos para as bandas de São Pantaleão, e a novos pregões: "Arroz de Veneza! Mangas! Macajubas!" – alimentos, necessidades materiais.

13.13 E segue a caracterização do ambiente, na mesma linha, conduzindo-nos à quitanda, com "um cheiro acre de sabão da terra e aguardente" e novos detalhes sensoriais de um mundo rude representado ainda por uma personagem típica, cruamente fotografa em sua agressiva naturalidade. Outros seres também não individualizados, em termos de técnica de composição, completam o quadro: os pescadores, recém-chegados do mar, em perfeita conexão com as peixeiras, nas quais os elementos em destaque são de ordem sensual.

13.14 A descrição dinâmica volta-se para as artérias do movimento da cidade, que passa da calma antes mostrada para a azáfama da vida comercial intensa: a cidade vive diante de nossos olhos, mas ainda rudemente mostrada no rigor de sua realidade. Vejamos a galeria: homens esbofados e rubros; negros no carreto; corretores de escravos (dado importante para que situemos a narrativa no tempo cronológico); caixeiros, paletós-sacos (repare-se na desindividualização das personagens). E travamos contato com as atividades de comércio vil, a compra de escravos, contrastando com o alto comércio do algodão, do açúcar, as grandes transações entre comendadores, que também não são poupados na apresentação desfavorável. Não escapa ao arguto observador nem o abrimento das vogais característico de certas personagens. Termina o trecho em exame com uma conclusão bastante sintomática: "Corria um quente e grosseiro zun-zum de feira".

13.15 Permitamo-nos algumas conclusões:

- Há uma sequência lógica na apresentação do ambiente.
    a) Uma tese: "A pobre cidade de São Luís do Maranhão parecia entorpecida pelo calor".

    b) A demonstração: a cidade surge em todos os seus aspectos; materiais: todos ligados a elementos que nos impressionam os sentidos; humanos: preferência por tipos sociais de condição subumana, que vão dos velhos às crianças, da vendeira de fatos de boi e do quitandeiro de pé descalço aos comendadores: do mais baixo ao mais alto comércio.

- O texto retrata São Luís minuciosamente observada, e traduz preocupação com uma verdade que pretende ser exata e não apenas verossímil; o artista carrega nas tintas, poderíamos acrescentar.

- Sente-se, entretanto, que, mesmo retratando a realidade sem adornos que a enfeitem, o autor revela certa má vontade; quase diríamos que se trata de uma visão unilateral, pois não aparece sequer um aspecto positivo, nem na paisagem, nem nos homens, nem nas ações.

13.16 As palavras traduzem uma predileção pela miséria, pelo desequilíbrio social. São também uma análise das condições da cidade, até mesmo da província. O retrato pretende ser fiel, e se faz através de impressões sensoriais.

13.17 A descrição apresenta-se em discurso indireto, na tradicional técnica do contador de histórias: tudo o que vemos nos é apresentado por um narrador meticuloso.

13.18 Podemos apontar alguns traços do material semântico de que o narrador faz uso:

a) O autor utiliza-se sobretudo de adjetivos para criar a ambiência sugestiva: abafadiço, aborrecido, entorpecida, adormecido, fúnebre, miserável, enferrujados, tísica, velha, sujo, seboso, arrastado, melancólico; nuas, tortas, crestadas, amarelentas, crescidas, afogueado, irascível, acre, morrinhenta, monótonos, invariáveis, esbofados, rubros, mosqueados etc., quase todos envolvendo juízos de valor, análise.

b) Os verbos também são sintomáticos: escaldavam, faiscavam, invadiam, gemer, guinchavam, fermentava etc., aos quais podemos acrescentar as expressões "tinham reverberações", "passavam ruidosamente", "tinham uivos" etc.

c) Há ainda as palavras típicas regionais, que muito acrescentam à ambiência semântica: "vendedeira de fatos de boi", "macajubas", "esbofados", "andavam ao ganho", "embarrilar", "mal-rais".

d) Observe-se a natureza das figuras de linguagem: "dia abafadiço e aborrecido", "pedras escaldavam", "como diamantes", "de prata polida", "tudo estava adormecido", "ar fúnebre", "casebre miserável", "crianças guinchavam", "uivos que pareciam gemidos humanos", "avultavam os paletós-sacos" etc., todas nascidas de impressões sensoriais ou juízos de valor negativo. Cumpre reparar que até "opulentas", a técnica da comparação é um dos traços do estilo do autor.

13.19 Também o material sintático nos permite considerações:

a) O primeiro parágrafo apresenta uma frase inicial anunciadora de uma situação que domina toda a descrição; o terceiro período é feito de orações coordenadas breves, que traduzem a paisagem ao sol; de novo coordenadas no quarto período, a marcar o silêncio, o estático da paisagem.

b) O segundo parágrafo também abre com uma proposição geral seguida de aspectos humanos: a mulher que canta, a preta que apregoa; a seguir, um período é dedicado às crianças que correm e guincham; um outro, aos brancos; o seguinte, aos cães que uivam; o próximo, a mais um pregão. Segue-se o período dedicado às quitandas – o quitandeiro tem o próprio período; fecha-se o parágrafo com um período único que envolve pescadores e peixeiras.

c) Já o parágrafo final aglomera toda a atividade do comércio, apenas separando os períodos por assuntos determinados.

Como se observa, o esquema sintático obedece a uma rigorosa ordenação lógica, racional, nítida e clara; o autor vale-se sobretudo do processo da coordenação, como numa preocupação com simplicidade ao expressar-se com clareza ao descrever.

13.20 Um fragmento como esse, começo de uma narração mais ampla, onde se apresentam traços da ambiência em que algo certamente irá desenrolar-se, permite apenas que tentemos uma explicação e uma compreensão do mesmo e apenas dele. As conclusões sobre o estilo necessitam, para confirmar-se, do exame do contexto maior em que ele se insere. Isso, todavia, não invalida as conclusões a que já chegamos no decorrer da análise e às quais podemos acrescentar:

a) O texto é, ao mesmo tempo, fruto de observação e análise.

b) Há a preocupação com relatar verdade, a verdade de São Luís do Maranhão, em seus aspectos físicos e sociais.

c) Essa verdade pretende traduzir a exata visão da realidade, visão esta através de impressões dos sentidos do artista. O texto, entretanto, corresponde a uma imagem da realidade.

d) Há uma predileção pelos aspectos mórbidos, miseráveis da cidade.

e) Há a preocupação com o retrato fiel das personagens; todas tipos concretos, vivas, todas "típicas"; algumas quase caricaturais.

f) O narrador não se intromete na vida das personagens; apenas as vê com seus olhos de artista.

g) A preocupação com a minúcia, o material sintático utilizado, revelam precisão e fidelidade no pintar a realidade, sem evitar mesmo aqueles termos e aquelas situações capazes de chocar os menos avisados.

h) Tal preocupação torna lenta a descrição.

Após a exaustiva análise que acabamos de fazer, cremos que se pode compreender melhor a significação do romance de Aluísio Azevedo para a literatura realista-naturalista no Brasil.

O mulato, publicado em 1881, é considerado o romance-marco do estilo no Brasil. Entre as outras obras significativas, destacam-se ainda *O missionário* (1888) e *O coronel sangrado* (1877), de Inglês de Sousa, *A normalista* (1893) e *Bom-Crioulo* (1895), de Adolfo Caminha. Os romances produzidos na época por Machado de Assis constituem um caso à parte.

Sem que com isso diminuamos a extraordinária importância do movimento, inclusive para a nossa literatura e evolução cultural, não podemos esquecer que a visão da realidade como a configuram os realistas e os naturalistas acaba por ser unilateral, ao não levar em conta o inconsciente, as forças inexplicáveis que fazem o ser humano vencer, muitas vezes, os elementos exteriores. Por outro lado, frequentemente evidenciam-se nos seus textos apenas os aspectos negativos do que observam, de que fazem matéria em suas obras literárias.

O PARNASIANISMO

As novas tendências, de tanto êxito na prosa, vão consubstanciar-se numa atitude literária típica na poesia: o Parnasianismo.

Presos aos princípios do positivismo, do cientificismo, presos à objetividade dos realistas, os poetas tendem para:

a) uma poesia descritiva, marcada pela pintura de fenômenos naturais, fatos da história (ex.: "Vaso chinês", "O muro", de Alberto de Oliveira, "Satânia", "A tentação de Xenócrates", "O caçador de esmeraldas", de Olavo Bilac);
b) uma preocupação acentuadíssima com a composição, com a técnica do poema;
c) versos impassíveis, perfeição formal, cuidado com a rima, com o ritmo, com a seleção vocabular, como esclarece enfaticamente Olavo Bilac neste seu famoso poema:

> **PROFISSÃO DE FÉ**
> Le poète est ciseleur
> Le ciseleur est poète
>
> (VICTOR HUGO)
>
> Não quero o Zeus Capitolino,
> Hercúleo e belo,
> Talhar no mármore divino
> Com o camartelo.
>
> Que outro — não eu! — a pedra corte
> Para, brutal,
> Erguer de Atene o altivo porte
> Descomunal.
>
> Mais que esse vulto extraordinário,
> Que assombra a vista,
> Seduz-me um leve relicário
> De fino artista.
>
> Invejo o ourives quando escrevo:
> Imito o amor
> Com que ele, em ouro, o alto-relevo
> Faz de uma flor.
> Imito-o. E, pois, nem de Carrara
> A pedra firo:
> O alvo cristal, a pedra rara,
> O ônix prefiro.
>
> Por isso, corre, por servir-me,
> Sobre o papel

A pena, como em prata firme
Corre o cinzel.

Corre; desenha, enfeita a imagem,
A ideia veste:
Cinge-lhe o corpo a ampla roupagem
Azul-celeste.

Torce, aprimora, alteia, lima
A frase; e, enfim,
No verso de ouro engasta a rima,
Como um rubim.

Quero que a estrofe cristalina,
Dobrada ao jeito
Do ourives, saia da oficina
Sem um defeito:

E que o lavor do verso, acaso,
Por tão sutil,
Possa o lavor lembrar de um vaso
De Becerril.

E horas sem conta passo, mudo,
O olhar atento,
A trabalhar, longe de tudo
O pensamento.

Porque o escrever – tanta perícia,
Tanta requer,
Que ofício tal... nem há notícia
De outro qualquer.

Assim procedo. Minha pena
Segue esta norma,
Por te servir, Deusa serena,
Serena Forma!

Deusa! A onda vil, que se avoluma
De um torvo mar,
Deixa-a crescer; e o lodo e a espuma
Deixa-a a rolar!

Blásfemo, em grita surda e horrendo
Ímpeto, o bando
Venha dos Bárbaros crescendo,
Vociferando...

Deixa-o: que venha e uivando passe
— Bando feroz!
Não se te mude a cor da face
E o tom da voz!

Olha-os somente, armada e pronta,
Radiante e bela:
E, ao braço o escudo a raiva afronta
Dessa procela!

Este que à frente vem, e o todo
Possui minaz
De um Vândalo ou de um Visigodo,
Cruel e audaz;

Este, que, de entre os mais, o vulto
Ferrenho alteia,
E, em jacto expele o amargo insulto
Que te enlameia:

É em vão que as forças cansa, e à luta
Se atira; é em vão
Que brande no ar a maça bruta
À bruta mão.

Não morrerás, Deusa sublime!
Do trono egrégio
Assistirás intacta ao crime
Do sacrilégio.

E, se morreres porventura,
Possa eu morrer
Contigo, e a mesma noite escura
Nos envolver!

Ah! ver por terra, profanada,
A ara partida;
E a Arte imortal aos pés calcada,
Prostituída!

Ver derribar do eterno sólio
O Belo, e o som
Ouvir da queda do Acropólio,
Do Partenon!...

Sem sacerdote, a Crença morta
Sentir, e o susto

Ver, e o extermínio, entrando a porta
Do templo augusto!...

Ver esta língua que cultivo,
Sem ouropéis,
Mirrada ao hálito nocivo
Dos infiéis!...

Não! Morra tudo que me é caro,
Fique eu sozinho!
Que não encontre um só amparo
Em meu caminho!

Que a minha dor nem a um amigo
Inspire dó...
Mas, ah! que eu fique só contigo,
Contigo só!

Vive! Que eu viverei, servindo
Teu culto, e obscuro
Tuas custódias esculpindo
No ouro mais puro.

Celebrarei o teu ofício
No altar; porém,
Se inda é pequeno o sacrifício,
Morra eu também!

Caia eu também, sem esperança,
Porém tranquilo,
Inda, ao cair, vibrando a lança,
Em prol do Estilo!

(BILAC, 1957, p. 39-43)

d) um retorno aos motivos clássicos, assinalando ainda mais a posição antirromântica do movimento;
e) a "arte pela arte", a poesia pela poesia;
f) parcimônia no uso de metáforas e imagens.

Tudo isso pode ser nitidamente observado no seguinte soneto de Alberto de Oliveira:

VASO GREGO

Esta de áureos relevos, trabalhada
De divas mãos, brilhante copa, um dia,

> Já de aos deuses servir como cansada,
> Vinda do Olimpo, a um novo deus servia.
>
> Era o poeta de Teos que a suspendia
> Então, e, ora repleta ora esvasada,
> A taça amiga aos dedos seus tinia,
> Toda de roxas pétalas colmada.
>
> Depois... Mas o lavor da taça admira,
> Toca-a, e do ouvido aproximando-a, às bordas
> Finas hás de lhe ouvir, canora e doce,
>
> Ignota voz, qual se da antiga lira
> Fosse a encantada música das cordas,
> Qual se essa voz de Anacreonte fosse.
>
> (OLIVEIRA, apud COUTINHO, 1966, p. 98)

[20] Também com raízes francesas, o movimento retira seu nome do monte Parnassus, que na região grega de Fócida era, de acordo com a lenda, a morada dos poetas. O seu aparecimento é marcado pela publicação de antologias de poesia, que, com o nome de *Parnasse Contemporain*, foram lançadas na França em três fases: nos anos de 1866, 1871 e 1876. São importantes os nomes de Théophile Gautier, Charles Baudelaire, Leconte de Lisle e Théodore Banville.

REPERCUSSÕES

[21] O Realismo-Naturalismo encontra no Brasil uma sociedade em processo de transformação acentuado:

> De uma sociedade agrária, latifundiária, escravocrata, passava-se para uma civilização burguesa e urbana, fase preparatória da industrialização, mas já formadora de um marginalismo populacional, senão de um pequeno proletariado urbano. Paralela a essa revolução econômico-social, processava-se, como mostraram os trabalhos de Gilberto Freyre, idêntica transformação no campo da psicologia e da antropologia sociais: a conquista de cartas de branquidade pela população mestiça e a sua ascensão à participação ativa e larga na vida social, política e intelectual.
>
> (COUTINHO, 1976, p. 195-6)

[22] Vale também lembrar alguns acontecimentos que marcam esse meio século no nosso país: abolição do tráfico de escravos, Guerra do Paraguai, Questão Religiosa, Questão Militar, Questão Política, campanha abolicionista, problemas econômicos, Proclamação da República.

O REALISMO • CAPÍTULO 9   225

23 Diante de um movimento literário que tem como atitude básica a análise e a observação da realidade, e que se marca, inclusive, por uma intenção reformadora, claro está que o panorama social assume singular importância. Assim é que as personagens que se movem nesse quadro social, as situações em que se veem envolvidas, as residências coletivas, os elementos regionais, típicos, as relações homem – meio físico, o ambiente e a psicologia das personagens, tudo isso tem preferência sobre a trama.

24 Por outro lado, torna-se difícil entre nós distinguir perfeitamente obras realistas de obras naturalistas. Se alguns romances de Machado de Assis (*Memórias póstumas de Brás Cubas* – 1881; *Dom Casmurro* – 1900) trazem alguns traços das primeiras, Aluísio Azevedo (*O mulato* – 1881), Inglês de Sousa (*O Missionário* – 1888), Adolfo Caminha (*A normalista* – 1893; *O bom crioulo* – 1895) têm seus escritos principais entre as segundas. Mais adequado é falar de Realismo-Naturalismo em nossa literatura.

25 Importa assinalar, ao examinar as repercussões do estilo epocal no Brasil, que o movimento evoluiu para duas direções, que, literariamente enriquecidas, alcançaram plenitude no Modernismo e persistem ainda na época atual:

a) "A corrente social, atraída pelos problemas sociais, pelos temas urbanos, contemporâneos, pelos materiais comuns da vida cotidiana".

b) "O movimento regionalista, que põem em relevo a cor local, o papel da Terra, que é a verdadeira personagem dessa literatura" (COUTINHO, 1976, p. 196).

25.1 O Realismo consolidou a nacionalização da língua portuguesa falada no Brasil.

25.2 O movimento realista deu prosseguimento à nacionalização de nossa literatura.

26 O Parnasianismo, por seu turno, encontrou terreno fértil entre nós, começando por definir-se por volta de 1880, apoiado nos modelos franceses e revelado na poesia de Alberto de Oliveira, Raimundo Correia e Teófilo Dias.

27 Verdade que a reação contra a poesia sentimental e individualista dos românticos vinha avolumando-se desde 1870, através de uma "poesia científica e filosófica", em suma, "realista". Houve inclusive a chamada Batalha do Parnaso, em 1878: através das páginas do *Diário do Rio de Janeiro*, a "nova geração" digladia-se em versos (daí o nome da guerra) "quase sempre incorretos, na gramática e na metrificação, segundo os

cânones parnasianos posteriores" com os defensores do Romantismo moribundo (BANDEIRA, 1965).

28   A estética parnasiana ganha força definitiva com *Sonetos e poemas* (1866), de Alberto de Oliveira, *Versos e versões* (1887), de Raimundo Correia, *Poesias* (1888), de Olavo Bilac, e *Poemas e canções* (1908), de Vicente de Carvalho.

29   Sua repercussão chega até a época do Modernismo, com características que assim podemos resumir:

a) reserva nas efusões pessoais;

b) sobriedade no uso das imagens;

c) forma requintada;

d) predileção pelo soneto;

e) predileção acentuada pelo verso alexandrino;

f) linguagem cuidada; purismo.

30   Para concluir, lembremos que o Realismo assume ainda notável importância no campo da crítica literária.

31   Com ele, ganha pleno desenvolvimento a crítica determinista, iniciada no Romantismo com Mme. de Staël e reforçada por Saint-Beuve e outros. É, sobretudo, a hora de Taine. É a rigidez da ciência aplicada ao trabalho do crítico:

> Por trás da obra de um homem e sobre esse homem há três forças primordiais que o modelam: "a raça, o meio, o momento, isto é, a mola interior, a pressão de fora, o impulso já adquirido".
>
> (BONET, 1959, p. 57)

32   Como se vê, a crítica determinista preocupa-se inicialmente com explicar a obra mais do que com seu valor estético. Trata-se de uma atitude que não impõe normas: constata leis. E os seus representantes engrossam as fileiras da já numerosa família platônica da crítica literária: a literatura continua a ser encarada como um "instrumento", as atenções voltam-se para os elementos extrínsecos que se ligam ao fenômeno literário.

33   Realismo, Naturalismo, Parnasianismo: três estilos de época que dominam a segunda metade do século XIX e penetram, com certo vigor, no século XX. Mas a reação em breve se faz sentir. É o que veremos no próximo capítulo.

BIBLIOGRAFIA

TEXTOS LITERÁRIOS

AZEVEDO, Aluísio. *O cortiço*. São Paulo: Martins, 1965.

_____. *O mulato*. São Paulo: Martins, 1964.

BANDEIRA, Manuel. *Antologia dos poetas brasileiros da fase parnasiana*. Rio de Janeiro: Edições de Ouro, 1965.

BILAC, Olavo. *Poesia*. Rio de Janeiro: Agir, 1957.

CORREIA, Raimundo. *Poesia completa e prosa*. Rio de Janeiro: J. Aguilar, 1961.

QUEIRÓS, Eça de. *Obras completas*. Porto: Lello & Irmão, s/d.

TEXTOS TEÓRICOS

AMORA, Antônio Soares. *História da literatura brasileira – séculos XVI/XX*. 4. ed. rev. São Paulo: Saraiva, 1963.

_____. *Teoria da literatura*. São Paulo: Clássico-Científica, 1944.

AUERBACH, E. *Introdução aos estudos literários*. São Paulo: Cultrix, 1970.

_____. *Mimésis*. Paris: Gallimard, 1968.

BANDEIRA, Manuel. *Apresentação da poesia brasileira (seguida de uma antologia de versos)*. 2. ed. aum. Rio de Janeiro: CEB, 1954.

BARTHES, Roland. Introduction à l'analyse structurale des récits. *Communications*. Paris, 8.17.1966.

BONET, Carmelo M. *La crítica literaria*. Buenos Aires: Nova, 1959.

CANDIDO, Antonio et alii. *A personagem de ficção*. São Paulo: Perspectiva, 1968.

CARPEAUX, Otto Maria. *História da literatura ocidental*. Rio de Janeiro: O Cruzeiro, 1963. v. 5.

CASTRO, Sílvio (dir.). *História da literatura brasileira*. Lisboa: Alfa, 1999. v. 2.

CIDADE, Hernani. *Lições de cultura luso-brasileira*: épocas e estilos na literatura e nas artes plásticas. Rio de Janeiro: Livros de Portugal, 1960.

COUTINHO, Afrânio (dir.). *A literatura no Brasil*. 2. ed. Rio de Janeiro: Sul-Americana, 1968/1971. 6 v.

_____. *Antologia brasileira de literatura*. Rio de Janeiro: Distribuidora de Livros Escolares, 1966. v. 2.

_____. *Da crítica e da nova crítica*. Rio de Janeiro: Civilização Brasileira, 1957.

_____. *Introdução à literatura no Brasil*. 8. ed. Rio de Janeiro: Civilização Brasileira, 1976.

_____ (dir.) e COUTINHO, Eduardo de Faria (codir.). *A literatura no Brasil*. 3. ed. rev. e atual. Rio de Janeiro: José Olympio; Niterói: UFF – Universidade Federal Fluminense, 1986. 6 v.

DORCHAIN, Auguste. *L'art des vers*. Paris: Bibliothèque des "Annales Politiques et Littéraires", s/d.

DOUBROVSKY, Serge. *Pourquoi la nouvelle critique*. Paris: Mercure de France, 1966.

FERREIRA, Alberto. *Bom senso e bom gosto (Questão Coimbrã)*: textos integrais da polêmica. Lisboa: Portugália, 1966. v. 1.

_____. *Bom senso e bom gosto (Questão Coimbrã)*: textos integrais da polêmica. Lisboa: Portugália, 1968. v. 2.

FIGUEIREDO, Fidelino de. *História da literatura realista (1871/1890)*. 2. ed. Lisboa: Teixeira, 1946.

LIMA, Luiz Costa. *A metamorfose do silêncio*. Rio de Janeiro: Eldorado, 1974.

LUKÁCS, George. *Ensaios sobre literatura*. 2. ed. Rio de Janeiro: Civilização Brasileira, 1968.

MERQUIOR, José Guilherme. *De Anchieta a Euclides*: breve história da literatura brasileira – I. Rio de Janeiro: José Olympio, 1977.

_____. Os estilos históricos na literatura ocidental. In: PORTELLA, Eduardo et alii. *Teoria literária*. 3. ed. Rio de Janeiro: Tempo Brasileiro, 1979.

PACHECO, João. *O realismo (1870/1890)*: São Paulo: Cultrix, 1963 (v. 1 – *A literatura brasileira*)

PORTELLA, Eduardo. *Teoria da comunicação literária*. Rio de Janeiro: Tempo Brasileiro, 1970.

SARAIVA, António José. *História da literatura portuguesa*. 6. ed. Lisboa: Europa-América, 1961.

_____ e LOPES, Óscar. *História da literatura portuguesa*. Porto: Porto Ed. s/d.

SILVA, Vitor Manuel de Aguiar e. *Teoria da literatura*. São Paulo: Martins Fontes, 1976.

SODRÉ, Nelson Werneck. *História da literatura brasileira*: seus fundamentos econômicos. 4. ed. Rio de Janeiro: Civilização Brasileira, 1964.

TODOROV, T (org.). *Théorie de la littérature*: textes des formalistes russes. Paris: Seuil, 1965.

ZERAFFA, Michel. *Personne et personnage*: le romanesque des années 1920 aux années 1950. Paris: Klincksieck, 1971.

… CAPÍTULO 10 …

O Simbolismo

*Il doit y avoir énigme en poésie, et c'est le but de la littérature,
il n'y en a pas d'autres – d'évoquer les objets.*
(STÉPHANE MALLARMÉ, 1956)

1   Chegamos no capítulo anterior a um movimento literário altamente significativo (e é necessário dizê-lo) para as letras ocidentais e notadamente para a literatura brasileira. Tratávamos do Realismo-Naturalismo e seu correspondente poético, o Parnasianismo.

2   Analisemos agora um texto datado de fins do século XIX que nos revelará traços de uma nova atitude artística:

> **CÁRCERE DAS ALMAS**
>
> Ah! Toda a alma num cárcere anda presa,
> Soluçando nas trevas, entre as grades
> Do calabouço olhando imensidades,
> Mares, estrelas, tardes, natureza.
>
> Tudo se veste de uma igual grandeza
> Quando a alma entre grilhões as liberdades
> Sonha e sonhando, as imortalidades
> Rasga no etéreo Espaço da Pureza.
>
> Ó almas presas, mudas e fechadas
> Nas prisões colossais e abandonadas,
> Da Dor do calabouço, atroz, funéreo!

>

> *Nesses silêncios solitários, graves,*
> *Que chaveiro do Céu possui as chaves*
> *Para abrir-vos as portas do Mistério?!*
>
> (CRUZ E SOUSA, 1961, p. 185)

3   Passemos à interpretação.

3.1   Estamos diante de um soneto cujo título, "Cárcere das almas", nos permite, de início, supor ou compreender "prisão" num plano abstrato, num espaço espiritual.

3.2   No primeiro quarteto, após uma interjeição reveladora, há uma afirmação de ordem geral: "toda a alma" (o que pode ser entendido como qualquer alma, todas as almas de todos) anda presa num cárcere. As palavras revelam um conceito sobre a condição humana. A presença do artigo na estrutura do sintagma permitiria pensar-se em "a alma inteira", mas esse mesmo artigo no segundo quarteto, segundo verso – "Quando a alma entre grilhões as liberdades" –, e a flexão de plural no primeiro terceto – "ó almas presas" – eliminam por completo a hipótese.

3.3   Mas que cárcere será esse? Tal prisão não é, de nenhuma forma, amena: a alma "soluça nas trevas", e, o que é ainda mais grave, de sua "prisão" vê as "imensidades", mares, estrelas, tardes, natureza, isto é, o mundo em suas manifestações de infinito e plenitude, o mundo em sua totalidade (natureza); e o vê na realidade terrena e além dela. Como se percebe, a condição humana é angustiante, na visão revelada por essas palavras: o cárcere das almas pode ser entendido como o corpo, isto é, a condição material, a vida terrena.

3.4   O segundo quarteto é ainda esclarecedor: "tudo se veste de uma igual grandeza". Note-se o fundamental do adjetivo: tudo se iguala em valor, tudo é visto em plenitude, quando a alma presa "sonha" (outra palavra importante) "as liberdades" (este plural parece valorizar ainda mais o conceito do substantivo). A liberdade da alma só é possível através do sonho; e mais: é sonhando que ela vislumbra as "imortalidades" (atentemos para este plural, importante para as conclusões); é por meio da visão onírica que as coisas podem ser encontradas em plenitude, na plenitude das ideias puras, "no etéreo Espaço da Pureza". Mas é preciso entender esse sonho como o resultado "duma concepção luminosa e total da beleza como espelho da vida" (D'ANGEST, apud ANDRADE MURICY, 1952, p. 39).

3.5   Como se depreende, o soneto coloca-nos diante de um plano abstrato, imaterial, intelectivo, traduzindo uma ânsia de captar o mundo em sua potencialidade maior: a alma, do seu cárcere, contempla as ideias eternas.

3.6   O primeiro terceto é um lamento, uma trágica observação, que amplia a sugestão inicialmente traduzida pela interjeição "ah" do primeiro quarteto. E reitera-se a afirmação de que a condição material da vida humana não permite que as almas se realizem plenamente: estão "presas, mudas e fechadas" (observe-se a adjetivação). Ao mesmo tempo, essas palavras revelam ânsia de libertação. E o uso do adjetivo "funéreo" sugere a ideia de que tal situação não corresponde à verdadeira vida. Viver, assim, é estar no calabouço da Dor, com maiúscula alegorizante: a dor maior, a dor transcendental, a dor de viver.

3.7   E a vida interior, introspectiva, silenciosa, o homem voltado para dentro de si mesmo, provoca a dúvida, a pergunta angustiante: que chaveiro possui as chaves do Céu, capazes de abrir as portas do Mistério? As chaves que possibilitem à alma o encontro com a libertação da triste condição material, essa prisão que não permite o alcance da felicidade, o êxtase da contemplação das ideias eternas em sua verdade plena.

3.8   Eis um soneto marcado de angústia; não de "uma" angústia em face de "um" problema situado na área da existência pessoal apenas, mas, transcendendo os limites do individual, ponto de partida para uma indagação de ordem filosófica, geral, sobre a posição do homem na vida, que revela um conflito flagrante com o mundo.

3.9   Busca e desencontro. Perspectiva de solução através do sonho transcendente, o sonho além do consciente na marcha para o encontro com as origens primeiras... Eis o que revela ainda o poema.

3.10   Do conflito de um eu íntimo com um eu social surge a revelação de uma realidade poética, que, de imediato, identificamos com uma visão "platônica" do mundo, acrescida de uma angústia vital.

3.11   Mas esse platonismo parece confundir-se com algo de novo, revelado no último terceto: percebe-se uma angústia de ordem religiosa; as palavras permitem admitir que o poeta apresenta uma visão do ser humano à luz da transcendência do cristianismo. Nesse sentido, só a morte traz a possibilidade de contemplar a plenitude das coisas, só ela permite igualarem-se as coisas em grandeza, só a morte traz a libertação.

3.12   Podemos, a este passo do nosso comentário, permitir-nos algumas conclusões:

- O poema configura uma correspondência entre o mundo material e o mundo espiritual.
- O soneto, apesar da aparente objetividade, caracteriza uma preocupação à luz do individual, pois até mesmo a generalização revela o íntimo de um ser preocupado com a condição humana, a partir de "sua" dúvida pessoal.

CAPÍTULO 10 • O SIMBOLISMO

- Não são tratadas emoções periféricas ou vulgares; há uma preocupação de ordem mais elevada nesses versos; é como se o poeta se debruçasse à beira do seu cais interior e procurasse trazer do fundo das águas algo de que percebe o brilho intenso.
- Trata-se nitidamente de uma atitude de reflexão; a matéria da poesia apresenta-se em termos de elementos intelectuais.
- As palavras revelam uma concepção, ou, pelo menos, uma preocupação com uma concepção mística da vida.
- Há preocupação maior com a essência vital.

3.13   Como vemos, todas essas características revelam uma posição artística diferente da que examinamos antes. Como estamos longe da periférica preocupação filosófica de Raimundo Correia e das descrições sensoriais de Bilac, ou da "paisagem" de Alberto de Oliveira!

3.14   Mas vamos adiante em nossos comentários, examinando agora mais de perto o **material semântico**:

- De início, observamos que as palavras usadas ganham, em sua maioria, um caráter simbólico, que amplia, basicamente, a significação de cada uma e lhes confere um valor transcendente e abstrato. Exemplos: cárcere, trevas, mares, estrelas, tardes, natureza, liberdades, imortalidades, Pureza, prisões colossais, Dor.
- O autor vale-se de numerosas figuras de linguagem, notadamente metáforas: "almas presa num cárcere", alma "soluçando", "calabouço", "tudo se veste" de uma igual grandeza, alma "rasga imortalidades", almas "presas, mudas, fechadas", "silêncio solitário", "portas do mistério". Observe-se que as imagens pretendem concretizar abstrações; o autor relaciona adjetivos ou verbos de sentido concreto com substantivos abstratos.
- Tais figuras revelam a linguagem fora do campo da lógica, acentuam o caráter do trabalho do artista e contribuem para a atmosfera de abstração que domina todo o poema.
- A participação emocional traduz-se nitidamente nas exclamações da interjeição inicial e nos dois tercetos, mais acentuadamente no segundo.
- Note-se como as palavras escolhidas atendem também, pelo seu valor socialmente convencional, à atmosfera da mensagem do soneto: cárcere, trevas, grades, calabouço, etéreo, grilhões, presas, mudas, fechadas, prisões, abandonadas, atroz, funéreo, silêncios, solitários, graves, mistério.
- Há ainda a presença de elementos antitéticos, como para acentuar a gravidade do problema proposto (antíteses não extremamente obje-

tivas): "alma presa" (limitação) – "imensidades" (infinito); "grilhões" – "liberdades"; "almas fechadas" – abrir-vos.

3.15 Passemos ao **material sintático**:

- O soneto, como já afirmamos, começa com uma interjeição que é um lamento, a revelar a presença do indivíduo na colocação do problema apresentado.
- A utilização do verbo "andar", como verbo de estado, mas ao mesmo tempo lembrando a sua significação, está muito ligada ao problema: a alma anda (está) e anda (movimenta-se) no cárcere.
- O primeiro terceto ainda denota a presença do indivíduo nessa exclamação enfática, num vocativo de preocupação e angústia, a dirigir-se a uma segunda pessoa (almas), mas sobretudo a si mesmo.
- Há, no texto, verbos em forma finita, no presente – "anda", "veste", "sonha", "rasga", "possui" – e outros no infinitivo ou no gerúndio, o que contribui para acentuar a transitoriedade da prisão, a ação contínua e transitória.
- É de assinalar ainda que cada período coincide com uma estrofe e um aspecto da realidade apresentada.
- No último terceto, temos uma anástrofe a marcar a presença desse céu-solução; já no primeiro terceto, a anástrofe põe em destaque a dor (valorizada inclusive pelo ritmo, que obriga a uma pausa na elocução).

3.16 Vejamos agora o **material fônico**:

- **Estrofação**: Trata-se de um soneto, poema de forma fixa. A escolha dessa forma está, no caso, adequada perfeitamente ao tema, ao clima de prisão, de limitação que marca a mensagem do poema, o que não significa que o mesmo tema não pudesse ser apresentado sob outras formas, o que lhe daria, entretanto, caráter diverso, como é óbvio.
- **Rima**: O poema apresenta rima consoante, rica, em três momentos – pr*esa*/natur*eza*, fun*éreo*/Mist*ério*, gr*aves*/ch*aves* –, e o esquema rímico é:

A	A	C	E
B	B	C	E
B	B	D	D
A	A		

- É interessante observar o uso das vogais, para obter efeito expressivo; repare-se a insistência na vogal *a* – gr*a*des, imensid*a*des, m*a*res, t*a*rdes, liberdades, imensidades, fechadas, colossais, abandonadas, graves, chaves – talvez numa sugestão de claridade, amplidão.

- **Métrica:** Examinemos o esquema a seguir:

    1. Ah! to da a al ma num cár ce re an da pre sa,
    2. So lu çan do nas tre vas, en tre as gra des
    3. Do ca la bou ço olhan do i men si da des,
    4. Ma res, es tre las, tar des, na tu re za.
    5. Tu do se ves te de u ma i gual gran de za.
    6. Quan do a al ma en tre gri lhões as li ber da des
    7. So nha e so nhan do, as i mor ta li da des
    8. Ras ga no e té reo Es pa ço da Pu re za.
    9. Ó al mas pre sas, mu das e fe cha das
    10. Nas pri sões co lo ssais e a ban do na das,
    11. Da Dor no ca la bou ço, a troz, fu né reo!
    12. Ne sses si lên cios, so li tá rios, gra ves,
    13. Que cha vei ro do Céu po ssui as cha ves
    14. Pa ra a brir-vos as por tas do Mis té rio?!

A presença dessas ligações rítmicas, ora duras ao ouvido, dificultando a enunciação, ora suaves, num ritmo prolongado, contribui para a ambiência semântica do poema, notadamente os versos 6 e 7. Por outro lado, os cavalgamentos acentuam ainda mais certas palavras-chave do contexto.

3.17 O soneto traz ainda traços de técnica parnasiana: estrutura métrica, rima, e até chave de ouro, uma das características, aliás, do seu autor.

3.18 Podemos afirmar, entretanto, que se trata de um texto representativo de um estilo de época diferente dos já examinados neste volume. Trata-se de um soneto simbolista. Seu autor é Cruz e Sousa.

3.19 Como vimos, o poeta usa de uma linguagem extremamente pessoal, como se só ele possuísse as chaves do mistério de sua poesia.

4 Estamos mais bem aparelhados, agora, para caracterizar o Simbolismo como estilo de época.

5 Dentro dos limites deste livro, lembremos os traços apontados por A. Hibbard e outros estudiosos (apud COUTINHO, 1976, p. 218), que poderão ser confrontados com o que acabamos de assinalar no soneto de Cruz e Sousa:

- Concepção mística da vida;
- Elemento intelectual: preocupação com o espiritual, o místico e o subconsciente;
- Interesse maior pelo particular e individual;
- Tentativa de afastamento da realidade e da sociedade contemporâneas;
- Conhecimento marcado pela intuição e não pela lógica;
- Ênfase no poder de vidência do artista;
- Ênfase na imaginação e na fantasia (veja-se, a propósito, o poema "Violões que choram", do mesmo Cruz e Sousa);
- Desprezo à natureza em troca do místico e do sobrenatural (ANDRADE MURICY, 1952, p. 19);
- Pouco interesse pelo enredo e pela ação na narrativa;
- Personagens caracterizadas, de preferência, em momentos incomuns na sua verdade de coerência em relação ao mundo; interesse no espírito íntimo das pessoas;
- Tom altamente poético;
- Cultivo de poesia que não se prende a uma interpretação lógica e se fundamenta no não conceitual da linguagem (HAUSER, 1968, p. 233);
- Utilização do valor sugestivo da música e da cor;

- Utilização de processos como a associação de ideias, representada sobretudo por linguagem figurada, notadamente metáforas e símbolos.

Como se depreende, o Simbolismo representa, de novo, uma atitude subjetiva em oposição à objetividade do Realismo-Parnasianismo.

Necessário esclarecer que, se o que importa ao simbolista é o seu estado de alma, a sua emoção interior, essa emoção longe está de ser periférica; representa, muito mais, uma tentativa de revelação do mundo mais interior do artista, que exige, portanto, uma linguagem diferente. "A coisa em si não lhes parecia o elemento principal a exprimir, mas o símbolo da coisa e suas essências inerentes, alguns dos seus aspectos essenciais e particulares, em vez do todo" (COUTINHO, 1976, p. 217).

Assim, o Simbolismo "descobriu algo que ainda não havia sido conhecido ou enfatizado antes: a 'poesia pura', a poesia que surge do espírito irracional, não conceitual da linguagem, oposto a toda a interpretação lógica. (...) a poesia nada mais é do que a expressão daquelas relações e correspondências, que a linguagem, abandonada a si mesma, cria entre o concreto e o abstrato, o material e o ideal, e entre as diferentes esferas dos sentidos" (HAUSER, 1968, p. 233). Lembremos Laforgue: "Aux armes citoyens! Il n'y a plus de raison" (Às armas, cidadãos! Não existe mais razão) (apud MICHAUD, 1955, p. 8) e Paul Valéry: "On voit enfin, vers le milieu du XIX siècle, se prononcer dans notre littérature une volonté remarquable d'isoler définitivement la poésie de toute autre essence qu'elle-même" (Vê-se, enfim, aproximadamente em meados do século XIX, manifestar-se em nossa literatura uma considerável vontade de isolar definitivamente a literatura de qualquer outra essência que não seja ela mesma) (apud MICHAUD, 1955, p. 13).

Apesar de tudo o que acabamos de mostrar, o movimento simbolista não permite uma caracterização precisa, já que não apresenta "propósitos definidos, coerentes ou unidades de métodos", tampouco unidade doutrinária. A crítica chega, às vezes, a ser radical: "On s'est évertué à juger le mouvement symboliste. Il n'a jamais existé" (MAUCLAIR, apud MICHAUD, 1955, p. 8) (Esforçamo-nos em julgar o movimento simbolista. Ele jamais existiu). E outros afirmam: "Il ne restait derrière (l'école symboliste) après 1900 que quelques théories littéraires peu cohérentes, peu logiques, mais très fecondes" (Não restam por detrás dela (da escola simbolista), depois de 1900, senão algumas teorias literárias pouco coerentes, pouco lógicas, mas bastante fecundas) (FAY, apud MICHAUD, 1955, p. 8).

Para conhecer as linhas mestras dos ideais comuns, e mesmo as divergências que marcam os principais representantes do movimento, cumpre, no caso, mais do que em qualquer outro, examinar as obras literárias características. Leia-se: Baudelaire, Verlaine, Rimbaud, Mallarmé, pois o Simbolismo tem suas origens na França.

O resumo que estamos fazendo permite-nos lembrar algumas das teorias que serão encontradas (ANDRADE MURICY, 1952, p. 30-2):

- Em Baudelaire: teoria das correspondências; doutrina da recuperação da infância; teoria de que a imaginação é a faculdade essencial do artista, porque lhe permite recriar a realidade segundo um novo plano; crença de que "as imagens não são um ornamento poético, mas uma revelação da realidade profunda das coisas". Acrescentamos que um conhecido soneto seu é um ótimo exemplo:

> **CORRESPONDANCES**
>
> La Nature est un temple où de vivants piliers
> Laissent parfois sortir de confuses paroles;
> L'homme y passe à travers des forêts de symboles
> Que l'observent avec des regards familiers.
>
> Comme de longs échos qui de loin se confondent
> Dans une ténébreuse et profonde unité,
> Vaste comme la nuit et comme la clarté,
> Les parfums, les couleurs et les sons se répondent.
>
> Il est des parfums frais comme des chairs d'enfants,
> Doux comme les hautbois, verts comme les prairies,
> — Et d'autres corrompus, riches et triomphants,
>
> Ayant l'expansion des choses infinies,
> Comme l'ambre, le musc, le benjoin et l'encens,
> Qui chantent les transports de l'esprit et des sens.
>
> (1955, p. 14)

Tradução livre:

> **CORRESPONDÊNCIAS**
>
> A natureza é um templo onde vivos pilares
> Deixam escapar por vezes confusas palavras;
> O homem por aí passa entre florestas de símbolos
> Que o observam com olhos familiares.
>
> Como longos ecos que ao longe se confundem
> Numa tenebrosa e profunda unidade,
> Imensa como a noite e como a claridade,
> Os perfumes, as cores e os sons se correspondem.

Há perfumes tão frescos como carnes de infantes,
Doces como oboés, verdes como pradarias
— e outros estragados, ricos e triunfantes.

Tendo a expansão das cores infinitas
Como o âmbar, o almíscar, o benjoim e o incenso,
que cantam os êxtases do espírito e dos sentidos.

- Em Verlaine: aproximação da música; ênfase na sugestão; despreocupação com a pintura e com o figurar linhas e formas: só a nuance, o flutuante; "nem a ideia clara, nem o sentimento preciso, mas o vago do coração, o claro-escuro das sensações, o indeciso dos estados de alma"; rima aproximativa, nem rica nem agressiva: assonâncias, aliterações; cumpre tocar o ouvido, sem feri-lo; versos ímpares, para melhor exprimir insatisfação. É ler a sua

ART POÉTIQUE

De la musique avant toute chose,
Et pour cela préfère l'Impair
Plus vague et plus soluble dans l'air,
Sans rien en lui qui pèse ou qui pose.

Il faut aussi que tu n'ailles point
Choisir tes mots sans quelque méprise:
Rien de plus cher que la chanson grise
Où l'Indécis au Précis se joint.

C'est des beaux yeux derrière des voies,
C'est le grand jour tremblant de midi;
C'est par un ciel d'automne attiédi,
Le bleu fouillis des claires étoiles!

Car nous voulons la Nuance encore,
Pas la Couleur, rien que la Nuance!
Oh! la Nuance seule fiance
Le rêve au rêve et la flûte au cor!

Fuis du plus loin la Pointe assassine,
L'Esprit cruel et le Rire impur,
Qui font pleurer les yeux de l'Azur,
Et tout cet ail de basse cuisine!

Prends l'éloquence et tords-lui son cou!
Tu feras bien, en train d'énergie,
De rendre un peu la rime assagie:
Si l'on n'y veille, elle ira jusqu'où?

O qui dira les torts de la Rime!
Quel enfant sourd ou quel nègre fou
Nous a forgé ce bijou d'un sou
Qui sonne creux et faux sous la lime?

De la musique encore et toujours!
Que ton vers soit la chose envolée
Qu'on sent qui fuit d'une âme en allée
Vers d'autres cieux à d'autres amours

Que ton vers soit la bonne aventure
Éparse au vent crispé du matin
Qui va fleurant la menthe et le thym...
Et tout le reste est littérature

(VERLAINE, s/d, p. 36)

Tradução livre:

Música, antes de qualquer coisa,
E, para tal, prefere o Ímpar,
Mais vago e mais solúvel no ar,
Sem nada que lhe pese ou que lhe pouse.

É preciso também que não vás nunca
Escolher tuas palavras sem algum engano:
Nada mais caro que a canção cinzenta
Onde o Indeciso se junta ao Preciso.

São belos olhos atrás dos véus,
É a grande luz trêmula do meio-dia,
É, através do morno céu de outono,
O azul desordenado das claras estrelas!

Porque nós queremos ainda o Matiz,
Não a Cor, nada senão o Matiz!
Oh! só o Matiz vincula
O sonho ao sonho e à flauta a trompa!

Foge para longe da Piada assassina
Do *Esprit* cruel e do Riso impuro
Que fazem chorar os olhos do Azul,
E todo esse alho de baixa cozinha!

Toma a eloquência e torce-lhe o pescoço!
Farás bem, com um pouco de energia,
Em tornar a rima um pouco razoável:
se não a vigiamos, até onde irá?

Oh, o que dizer dos danos da Rima!
Que criança surda ou que negro louco
Nos forjou esta joia de um vintém
Que soa oca e falsa sob a lima?

A música, ainda e sempre!
Que teu verso seja a coisa fugidia
Que sentimos escapar de uma alma em caminhada
Na direção de outros céus e de amores outros.

Que teu verso seja a boa aventura
Esparsa no vento crispado da manhã
Que vai florindo a hortelã e o timo...
E todo o resto é literatura.

- Em Rimbaud: fixação do inexprimível; palavra poética acessível a todas as significações; "alquimia do verbo"; alucinação sensorial, donde alucinação da palavra; invenções verbais capazes de transformar a vida; introdução do mistério na palavra. A palavra é a realidade concreta, colorida pelas vogais, animada pelas consoantes. Exemplo? Este extravagante soneto:

    VOYELLES
    A noir, E blanc, I rouge, U vert, O bleu, voyelles,
    Je dirai quelque jour vos naissances latentes.
    A, noir corset velu des mouches éclatantes,
    Qui bombillent autour des puanteurs cruelles,

    Golfes d'ombres; E, candeur des vapeurs et des tentes,
    Lance des glaciers fiers, rois blancs, frissons d'ombelles;
    I, pourprès, sang craché, rire des lèvres belles
    Dans la colère ou les ivresses pénitentes;

    U, cycles, vibrements divins des mers virides,
    Paix des pâtis semés d'animaux, paix des rides
    Que l'alchimie imprime aux grands fronts studieux;

    O, suprême clairon plein de strideurs étranges,
    Silences traversés des Mondes et des Anges;
    — O l'Oméga, rayon violet de ses yeux.

    (apud MICHA, s/d, p. 36)

Tradução livre:

VOGAIS

A negro, E branco, I vermelho, U verde, O azul, vogais.
E direi algum dia de seus nascimentos latentes:
A, negro espartilho felpudo das moscas ruidosas
Que voejam ao redor de maus cheiros cruéis,

Golfos de sombras. E candura dos vapores e das tendas,
Lanças de geleiras orgulhosas, reis brancos, arrepios de umbelas;
I, púrpuras, sangue cuspido, riso de lábios belos
Em cólera ou na embriaguez penitente;

U, ciclos, vibrações divinas dos mares em verdor,
Paz dos pastos semeados de animais, paz das rugas
Que a alquimia imprime às grandes frontes estudiosas;

O, supremo clarão pleno de inusitadas estridências,
Silêncio atravessados dos Mundos e dos Anjos;
-- O, o Ômega, raio violeta de seus olhos.

- Em Mallarmé: a poesia não descritiva, nem narrativa, mas sugestiva, tomada a palavra sobretudo no seu valor musical; valorização da imagem; a matéria do poema é uma noção abstrata, emotiva ou intelectual. "O real é vil: é a cinza do charuto, que se deixa cair para ele arder melhor, imagem de uma poesia leve e imaterial". Eis palavras suas no prefácio do *Traité du verbe* de R. Ghill (1885):

    Narrar, ensinar, mesmo descrever, vá lá que seja e talvez ainda bastasse a cada um, para mudar todo o pensamento humano, tomar ou colocar na mão de outrem uma moeda, o emprego elementar do discurso sobremesa universal REPORTAGEM da qual, excetuada a Literatura, tudo participa, entre os gêneros de escritos contemporâneos.

    Para que serve a maravilha de transpor um fato da natureza em seu quase desaparecer vibratório conforme o jogo da fala se não é para que disso emane, sem o incômodo de um próximo ou concreto apelo, a noção pura?

    Eu digo: uma flor! e fora do esquecimento de que minha voz afasta algum contorno, como alguma coisa que não os cálices suspensos, musicalmente se eleva, ideia galhofeira ou altiva, o ausente de todos os buquês.

    Ao contrário de uma ficção de numerário fácil e representativo, como o trata inicialmente o vulgo, o falar que é, antes de tudo, sonho e canto

> encontra no poeta, por necessidade constitutiva de uma arte consagrada às ficções, sua virtualidade.
>
> O verso que de inúmeros vocábulos refaz uma palavra total, nova, estranha à língua e como encantatória elimina esse isolamento da fala: negando, com um traço soberano, o acaso abrigado nos termos, apesar do artifício de seu revigoramento alternado no sentido e na sonoridade e lhe causa esta surpresa de jamais ter ouvido tal fragmento ordinário de elocução, ao mesmo tempo que a reminiscência do objeto nomeado banha-se numa clarividente atmosfera.
>
> O conjunto de folhas que ganha espaço em torno de semelhante visada de deliciosas procuras em todo o arcano verbal tem autenticidade, não menos quando se abre na boa hora.
>
> (apud MICHAUD, 1955, p. 26)

O necessário "histórico" do movimento costuma situar os seus começos na década de 1880. Os franceses Sully Prudhomme (1839-1907) e Paul Verlaine (1844-1896) são geralmente apontados como iniciadores do movimento, mas, já há algum tempo, a verdadeira paternidade do Simbolismo é atribuída a Edgar Allan Poe (1809-1849), cuja influência sobre a arte do grande precursor do movimento na França, Charles Baudelaire (1821-1867), é decisiva.

Na verdade, o Simbolismo partilha suas origens com o Parnasianismo: nascem ambos nas páginas do primeiro volume do já citado *Parnasse Contemporain*, de 1866.

Valemo-nos de mais uma citação:

> Por volta de 1880 espalha-se a ideia de decadência, caracterizada em 1881 por Paul Bourget em um artigo em que ele identifica o estado de decadência com Baudelaire, místico, libertino e analisador, típico de uma série de indivíduos "incapazes de encontrar seu lugar próprio no trabalho do mundo", lúcidos para com a incurável máscara de seu destino, pessimistas e individualistas extremos, querendo submeter o mundo às suas necessidades íntimas e sentindo a época como de crise e enfado, fadiga e degenerescência, dissolução e má consciência. O decadentismo, tal como foi representado em *À rebours* de Huysmans, com seu famoso personagem Des Esseintes, constituía um estado de revolta contra a sociedade burguesa e seu conceito da moral familiar. Depois de 1885 e do artigo de Moréas, o termo foi sendo substituído pelo de "simbolismo", que afinal prevaleceu no uso corrente, embora aqui e ali ainda se continuasse a empregar o primeiro.
>
> (COUTINHO, 1976, p. 214-5)

Aliás, o artigo de Jean Moréas, publicado na revista *Figaro Littéraire*, em 18 de setembro de 1886, é considerado o manifesto literário da nova atitude. E, por sua importância, vamos transcrevê-lo, livremente traduzido, e as palavras introdutoras do suplemento:

Jean Moréas – Um Manifesto Literário (1886)

Faz dois anos, a imprensa parisiense tem-se ocupado bastante de uma escola de poetas e de prosadores ditos "decadentes". O contista do Thé chez Miranda *(Chá na casa de Miranda) – em colaboração com M. Paul Adam, autor de* Soi *–, o poeta das* Syrtes *e das* Cantilènes, *o sr. Jean Moréas, um dos mais destacados entre esses revolucionários das letras, formulou, a nosso pedido, para os leitores do Suplemento, os princípios fundamentais da nova manifestação de arte.*

O SIMBOLISMO

Como todas as artes, a literatura evolui: evolução cíclica com retornos estritamente determinados e que se complicam com as diversas modificações trazidas pela marcha do tempo e as perturbações do meio. Seria supérfluo fazer observar que cada nova fase evolutiva da arte corresponde exatamente à decrepitude senil, ao inelutável fim da escola imediatamente anterior. Dois exemplos são suficientes: Ronsard triunfa sobre a incapacidade dos últimos imitadores de Marot, o Romantismo estende suas auriflamas sobre os escombros clássicos mal guardados por Casimir Delavigne e Etienne de Jouy. É que toda a manifestação artística termina fatalmente por empobrecer-se, por esgotar-se; então, de cópia em cópia, de imitação em imitação, o que foi pleno de seiva e de frescor torna-se seco e encarquilha-se; o que foi o novo e o espontâneo torna-se o vulgar e o lugar-comum.

Assim o Romantismo, depois de ter soado todos os tumultuosos sinos de revolta, após ter tido seus dias de glória e de batalha, perdeu sua força e sua graça, abdicou de suas audácias heroicas, tornou-se organizado, cético e cheio de bom senso; na honrosa e mesquinha tentativa dos Parnasianos, ele esperou falaciosos renovadores, depois, finalmente, tal um monarca deposto na infância, deixou-se depor pelo naturalismo, ao qual não se pode conceder seriamente senão um valor de protesto, legítimo, mas imprudente, contra a insipidez de alguns romancistas então na moda.

Uma nova manifestação artística era então esperada, necessária, inevitável. Tal manifestação, preparada durante muito tempo, acaba de eclodir. E todos os anódinos gracejos da imprensa, todas as inquietudes dos críticos graves, todo o mau humor do público surpreso na sua indolência de carneiros não fazem senão afirmar cada dia mais a vitalidade da evolução atual das letras francesas, evolução essa que juízes apressados denominaram, por uma inexplicável antinomia, decadência. Cumpre observar, todavia, que as literaturas decadentes se revelam essencialmente teimosas, emaranhadas, tímidas e servis: todas as tragédias de Voltaire, por exemplo, são marcadas por essas manchas de decadência. E o que se pode reprovar, o que se reprova na nova escola? O abuso da pompa, a estranheza da metáfora, um vocabulário novo onde as harmonias se combinam com as cores e as linhas: características de qualquer renascimento.

Nós já propusemos a denominação "SIMBOLISMO" como a única capaz de designar razoavelmente a tendência atual do espírito criador em arte. Essa denominação pode ser mantida.

Foi dito no começo deste artigo que as evoluções da arte apresentam um caráter cíclico extremamente complicado de divergências; assim, para seguir a exata filiação da nova escola, seria necessário retornar a certos poemas de Alfred de Vigny até Shakespeare, até os místicos, mais longe ainda. Essas questões exigiriam um volume de comentários: digamos então que Charles Baudelaire deve ser considerado o verdadeiro precursor do movimento atual; o sr. Stéphane Mallarmé, o aquinhoado pelo sentido do mistério e do inefável; o sr. Paul Verlaine quebrou em seu benefício os cruéis entraves do verso que os dedos maravilhosos do sr. Théodore de Banville haviam amaciado antes. Entretanto o *Suprême Enchantement* ainda não se encontra concluído: um trabalho renitente e invejoso espera os recém-chegados. Inimiga do ensino, da declamação, da falsa sensibilidade, da descrição objetiva, a poesia simbolista busca vestir a Ideia de uma forma sensível, que, entretanto, não teria seu fim em si mesma, mas que, em servindo para exprimir a Ideia, a ela se torna sujeita. A Ideia, por sua vez, não deve deixar-se ver privada das suntuosas vestes das analogias exteriores, pois o caráter essencial da arte simbólica consiste em jamais ir até a concentração da Ideia em si. Assim, nesta arte, os quadros da natureza, as ações dos homens, todos os fenômenos concretos não saberiam manifestar-se; aí estão as aparências sensíveis destinadas a representar suas afinidades esotéricas com as Ideias primordiais.

A acusação de obscuridade lançada contra tal estética por leitores inconsequentes não traz nada que surpreenda. Mas que fazer a respeito? As *Píticas* de Píndaro, o *Hamlet* de Shakespeare, a *Vita nuova (Vida nova)* de Dante, o *Segundo Fausto* de Goethe, a *Tentação de Santo Antônio* de Flaubert não foram também taxados de ambiguidade?

Para a tradução exata de sua síntese, é necessário ao Simbolismo um estilo arquetípico e complexo: vocábulos imaculados, o período que

> se sustenta alternando com o período feito de desmaios ondulados, os pleonasmos significativos, as elipses misteriosas, o anacoluto em suspenso, tudo bastante audacioso e multiforme; enfim a boa língua – instaurada e modernizada –, a boa, luxuriante e irrequieta língua francesa de antes dos Vaugelas e dos Boileau-Despréaux, a língua de François Rabelais e de Philippe de Commines, de Villon, de Rutebeuf e de tantos outros escritores livres e que dardejam o termo da linguagem, tal como os Toxotas da Trácia dardejavam suas flechas sinuosas. O RITMO: a antiga métrica revificada; uma desordem sabiamente ordenada; a rima brilhante e martelada como um escudo de ouro e de bronze, perto da rima de fluidez absconsa; o alexandrino com pausas múltiplas e móveis; o emprego de certos números ímpares – sete, nove, onze, treze –, resolvidos nas diversas combinações rítmicas de que eles são as somas.
>
> (apud MICHAUD, 1955, p. 24)

15 Se confrontarmos esse manifesto com a obra de Baudelaire, Mallarmé, Rimbaud e outros, teremos uma visão precisa do que se pretendia.

16 Aliás, o Simbolismo é pródigo em teorias e apologistas.

17 Vale dizer que, com o movimento simbolista, persiste a oposição cultural caracterizada desde o Romantismo.

PRINCIPAIS ESCRITORES

18 Também é necessário dizer que o movimento não se limita à França. Vamos encontrá-lo representado na literatura universal nas obras de artistas como William Butler Yeats e T. S. Eliot (Inglaterra), Stefan George e Arno Holz (Alemanha), Hugh von Hoffmansthal e Rainer Maria Rilke (Áustria), Alexandre Blok (Rússia), Henri Spiess (Suíça), Juan Ramón Jiménez, Manuel Machado, Antônio Machado e Eugênio D'Ors (Espanha – neste país é preciso esclarecer que as tendências parnasianas e simbolistas costumam vir misturadas, configurando um movimento literário denominado Modernismo, que tem no nicaraguano Rubén Darío a primeira grande voz), Jean Moréas e a Condessa de Noailles (Grécia, de onde foram para a França), Stuart Merrill e Francis Vielé-Griffin (Estados Unidos), Kloos e Van den Woestijne (Holanda), Maeterlinck, Verhaeren, Rodenbach, Albert Mockel e Iwan Gilkin (Bélgica), Ibsen e Björnson (teatro; Noruega). Entre os hispano-americanos; nas circunstâncias já mencionadas para a Espanha ("Modernismo"), o grupo de representantes é numeroso: José A. Silva e Guillermo Valencia (Colômbia), José Martí e Julián del Casal (Cuba), Amado Nervo, Manuel Gutiérrez Nájera, Enrique González Martinez e Salvador Diaz Mirón (México), José Santos Chocano, Ventura García Calderón e José María Eguren

(Peru), Rufino Blanco Fombona (Venezuela), Ricardo Jaime Freyre (Bolívia), Francisco Contreras (Chile), Julio Herrera y Reissig (Uruguai), Leopoldo Lugones, E. Díaz Romero e Alberto Ghiraldo (Argentina).

SIMBOLISMO EM PORTUGAL

Quanto a Portugal, que nos diz respeito mais de perto – e é de se notar que *Os simples* de Guerra Junqueiro "é o primeiro livro simbolista lido no Brasil, e por Cruz e Sousa" –, o movimento encontra ambiência intelectual semelhante à brasileira de então. Era a hora dos parnasianos João Penha, Guilherme Braga, Mendes Leal, Monsarás, Gonçalves Crespo.

Mas já há um precursor notabilíssimo pela transcendência, pela espiritualidade: Antero de Quental.

O grande impacto, entretanto, foi provocado em 1890 com a publicação de *Oaristos*, do poeta Eugênio de Castro. A influência francesa começa desde o título, nascido das palavras de Verlaine: "Ardent oaristys dont le dénouement chaste est plus brûlant que tout autre imaginable..."

Novo estilo, nova música, novos ornamentos vêm agora enriquecer a poesia portuguesa.

Logo depois, em 1891, o mesmo poeta lança "talvez o *livro mais característico do decadentismo em língua portuguesa*":

> Em *Horas* entraram de roldão para o vocabulário poético quase todos os elementos que distinguem o idioma simbolista brasileiro (...). Não somente as palavras, mas também numerosos dos modismos e cacoetes que se tornaram inseparáveis do feitio do nosso simbolismo. Grande variedade de metros; prosa poética alternando com estrofes regulares; a torre de marfim diretamente mencionada e preconizada; as maiúsculas individuadoras e alegorizantes; a plena invasão das expressões e dos temas litúrgicos; a procura da música, à Verlaine, as "litanias" (ladainhas) e responsos. O conjunto é apresentado como "Silva esotérica para os raros apenas".
>
> (ANDRADE MURICY, 1952, v. 1, p. 51)

Entre os nomes que em Portugal representam o movimento, estão António Nobre (*Só*), João Barreira (*Gouaches*; poemas em prosa), Florbela Espanca (*Livro de mágoas*, 1919; *Livro de Sóror Saudade*, 1923; *Charneca em flor*, *Reliquae*, póstumos), Camilo Pessanha (*Clepsidra*, 1945).

SIMBOLISMO NO BRASIL

20 Em nosso país, já o dissemos, o movimento simbolista encontra um ambiente nada favorável. Era a hora e a vez dos parnasianos. A oposição aos "nefelibatas" chegou a ser hostil.

20.1 Na realidade, apesar de alguma influência de simbolistas portugueses, o movimento chega até nós por importação direta da França:

> Lembro-me de que em 1891 formou-se um grupo de rapazes em torno da *Folha Popular*. Foi aí que os novos, tomando por insígnia um fauno, tentaram as suas primeiras exibições. A esse grupo prendiam-se por motivo de convivência e por aproximação de idade Bernardino Lopes (B. Lopes), Perneta (Emiliano, que era o secretário da redação), Oscar Rosas e Cruz e Sousa. Tais rapazes, principalmente o primeiro, não eram desconhecidos" (ARARIPE JR., T. A. *Literatura brasileira – Movimento de 1893 – O crepúsculo dos povos*. Rio de Janeiro, Tipografia da Empresa Democrática, 1896. p. 66-8).

(apud ANDRADE MURICY, 1952, v. 1, p. 57)

20.2 É Cruz e Sousa que, com *Missal* e *Broquéis*, livros de 1893, inaugura o movimento no Brasil.

20.3 Daí em diante, a nova poesia "desenvolveu-se por ondas sucessivas de gerações" e encontrou sua valorização no Modernismo, sobre o qual exerceu notável e importante influência.

20.4 O citado *Panorama*, de Andrade Muricy, permite-nos resumir algumas características típicas ao Simbolismo brasileiro:

- Os simbolistas receberam do Romantismo o antiburguesismo à Murger, Flaubert e Baudelaire.
- Receberam profunda, ainda que indireta, influência do idealismo de Hegel, do "inconsciente" de Hartmann, do pessimismo de Schopenhauer.
- Desligados do catolicismo, beiravam o panteísmo ou nele diretamente incidiam. Vários encontravam refúgio no "esoterismo", no "ilusionismo", sob as formas literárias do satanismo.
- Alguns, como Cruz e Sousa, deixam transparecer tendência progressiva para o cristianismo.
- Raramente fizeram arte pela arte, como os parnasianos.
- Ânsia do absoluto e eterno, mais do que simples evasão, marca a sua personalidade total (exs.: Cruz e Sousa, Alphonsus de Guimaraens, Silveira Neto).

- O verso livre foi repelido pelos nossos primeiros simbolistas, aparecendo pela primeira vez em *Palavras que o vento leva...* (1900), de Guerra DuvaI (2ª geração); "mantém-se fruto isolado até o aparecimento da *História do meu casal* (1906), de Mário Pederneiras, e *Apoteoses* (livro de estreia de Hermes Fontes), a partir de então é mais cultivado e vai dar em Murilo Araújo, Cecília Meireles, Onestaldo de Pennafort".
- Marcou também a nova poesia um tímido (e até inábil) uso da rima pobre e da assonância.
- Utilizaram com frequência aliterações.
- Procuraram a música livre e nova (deslocamento, ausência de cesura).
- Sua sintaxe é simples, com raras exceções.
- "A névoa translúcida de misticismo" leva-os para regiões limítrofes do cristianismo e mesmo, às vezes, fervorosamente para a religião, como se pode depreender destes e de outros versos de Alphonsus de Guimaraens:

> ANTÍFONA
>
> Volvo o rosto para o teu afago,
> Vendo o consolo dos teus olhares...
> Sê propícia para mim que trago
> Os olhos mortos de chorar pesares.
>
> A minha Alma, pobre ave que se assusta,
> Veio encontrar o derradeiro asilo
> No teu olhar de Imperatriz augusta,
> Cheio de mar e de céu tranquilo.
>
> Olhos piedosos, palmas de exílios,
> Vasos de goivos, macerados vasos!
> Venho pousar à sombra dos teus cílios,
> Que se fecham sobre dois ocasos.
>
> Volto o peito para as tuas Dores
> E o coração para as Sete Espadas...
> Dá-me, Senhora, para os teus louvores
> A paz das Almas bem-aventuradas.
>
> Dá-me, Senhora, a unção que nunca morre
> Nos pobres lábios de quem espera:
> Sê propícia para mim, socorre
> Quem te adorara, se adorar pudera!

Mas eu, a poeira que o vento espalha,
O homem de carne vil, cheio de assombros,
O esqueleto que busca uma mortalha,
Pedir o manto que te envolve os ombros!

Adorar-te, Senhora, se eu pudesse
Subir tão alto na hora da agonia!
Sê propícia para a minha prece,
Mãe dos aflitos...
Ave, Maria.

(GUIMARAENS, 1955, p. 169-70)

20.5 De tudo isso, eis o saldo positivo: os simbolistas trouxeram à linguagem poética nacional maior flexibilidade, matizes mais variados, fluidez; possibilitaram-lhe fixar o imponderável, sensações profundas, novas ideias. E abriram caminhos (ANDRADE MURICY, 1952). Mas em meados de 1910 convivem com os parnasianos, ambos desgastados e vazios, numa fase de transição para algo novo, que em breve irá explodir violentamente.

BIBLIOGRAFIA

TEXTOS LITERÁRIOS

BANDEIRA, Manuel. *Antologia dos poetas brasileiros da fase simbolista*. Rio de Janeiro: Tecnoprint, 1945.

BAUDELAIRE, C. *Les fleurs du mal*. Paris: Gallimard, s/d.

_____. *Pages choisies*. Paris: Larousse, 1955.

CRUZ E SOUSA. *Obra completa*. Rio de Janeiro: J. Aguilar, 1961.

_____. *Poesia*. 2. ed. Rio de Janeiro: Agir, 1960.

GUIMARAENS, Alphonsus de. *Poesias*. 2. ed. aum. e rev. por Alphonsus de Guimaraens Filho. Rio de Janeiro: Simões, 1955. 2 v.

MALLARMÉ, S. *Oeuvres complètes*. Paris: Gallimard, 1951.

_____. *Pages choisies*. Paris: Classiques Illustrés Vaubourdolle, Hachette, 1956.

MICHA, A. *Verlaine et les poètes symbolistes*. 22. ed. Paris: Larousse, s/d.

RIMBAUD, A. *Pages choisies*. Paris: Hachette, 1954.

TEXTOS TEÓRICOS

ANDRADE MURICY. *Panorama do movimento simbolista brasileiro*. Rio de Janeiro: INL, 1952. 3 v.

BOWRA, C. M. *The heritage of Symbolism*. London: Macmillan, 1962.

BRAINER, Sônia. *Labirinto do espaço romanesco: tradição e renovação da literatura brasileira – 1880-1920*. Rio de Janeiro: Civilização Brasileira; Brasília: INL, 1979.

BROCA, Brito. *A vida literária no Brasil – 1900*. 2. ed. rev. e aum. Rio de Janeiro: José Olympio, 1960.

_____ e SOUSA, G. *Introdução ao estudo da literatura brasileira*. Rio de Janeiro: INL, 1963.

CÂMARA JR., J. Mattoso. *Dicionário de filologia e gramática referente à língua portuguesa*. 2. ed. rev. Rio de Janeiro: J. Ozon, 1964.

CARPEAUX, Otto Maria. *História da literatura ocidental*. Rio de Janeiro: O Cruzeiro, 1959-1964. 8 v.

CASTRO, Sílvio (org.). *História da literatura brasileira*. Lisboa: Alfa, 1999. v. 2.

COHN, R. Greer. *L'oeuvre de Mallarmé. Un coup de dés.* Paris: Les Lettres, 1951.

COUTINHO, Afrânio. *A literatura no Brasil.* 2. ed. Rio de Janeiro: Sul-Americana, 1968/1971. 6 v.

_____. *Introdução à literatura no Brasil.* 8. ed. Rio de Janeiro: Civilização Brasileira, 1976.

_____ (dir.) e COUTINHO, Eduardo de Faria (codir.). *A literatura no Brasil.* 3. ed. rev. e atual. Rio de Janeiro: José Olympio, Niterói: UFF – Universidade Federal Fluminense, 1986. v. 4.

DÍAZ-PLAJA, Guillermo. *La poesía lírica española.* Barcelona: Labor, 1937.

FIGUEIREDO, Fidelino de. *História da literatura realista (1871-1890).* 2. ed. Lisboa: Teixeira, 1946.

GÓIS, Fernando (org.). *O Pré-Modernismo.* Rio de Janeiro: Civilização Brasileira, 1960. v. 5.

_____ (org.). *Panorama da poesia brasileira – Simbolismo.* Rio de Janeiro: Civilização Brasileira, 1954. v. 4.

GOMES, Álvaro Cardoso. *A estética simbolista.* São Paulo: Cultrix, 1985. (Tradução dos textos antologiados por Eliane Fittipaldi Pereira.)

GUIMARAENS, Alphonsus de. *Poesias* 2. ed. Rio de Janeiro: Simões, 1955.

HAUSER, Arnold. *Historia social de la literatura y el arte.* Madrid: Guadarrama, 1968.

KHAN, Gustave. *Symbolistes et décadents.* Paris: Léon Vanier, 1902.

LIMA, Alceu Amoroso. *Introdução à literatura brasileira.* Rio de Janeiro: Agir, 1956.

MERQUIOR, José Guilherme. *Os estilos históricos na literatura ocidental.* In: PORTELLA, Eduardo et alii. *Teoria literária.* 3. ed. Rio de Janeiro: Tempo Brasileiro, 1979.

MICHAUD, Guy. *La doctrine symboliste;* documents. Paris: Nizet, 1955.

_____. *Message poétique du Symbolisme:* l'aventure poétique. Paris: Nizet, 1re partie: 1951, 2e partie: 1954.

MOISÉS, Massaud. *A literatura brasileira – o Simbolismo.* São Paulo: Cultrix, 1966. v. 4.

MORIER, H. *Le rythme du vers livre symboliste étudié chez Verhaeren, Henri de Régnier, Vielé-Criffin et ses relations avec les sens.* Genève: Presses Académiques, 1943. v. 3, 1944.

PORTELLA, Eduardo et alii. *Teoria literária.* Rio de Janeiro: Tempo Brasileiro, 1975.

RAYMOND, Marcel. *De Baudelaire au Surréalisme.* Paris: José Corti, 1962.

RAYNAUD, Ernest. *La mêlée symboliste.* Paris: La Renaissance du Livre, 1918-1922.

SCHMIDT, A. M. *La littérature symboliste.* Paris: Presses Universitaires de France, 1955. Col. "Que sais-je?".

STEGAGNO-PICCHIO, Luciana. *História da literatura brasileira.* 2. ed. rev. e atual. Rio de Janeiro: Nova Aguilar, 2004.

VANOR, Georges. *L'art symboliste.* Paris: Vanier, 1889.

SILVA, Vitor Manuel de Aguiar e. *Teoria da literatura.* São Paulo: Martins Fontes, 1976.

CAPÍTULO 11

O Impressionismo

No las cosas, sino la sensación de las cosas.
(AMADO ALONSO E RAIMUNDO LIDA, in BALLY et alii, 1956, p. 129)

1   Terminamos o último capítulo falando de convivência. Na realidade, há um momento na literatura ocidental, nos fins do século XIX e começos deste atribulado século XX, em que se cruzam as mais variadas tendências. O fenômeno não é novo: já no século XVIII, por exemplo, vários estilos tinham-se cruzado e convivido, caracterizando variadas dicções na arte literária. Configura-se, desse modo, o que alguns chamam fases de **sincretismo** na história da literatura. De par com o Realismo, Naturalismo e Parnasianismo instaurados e a força do Simbolismo nascente, vemos caracterizar-se uma atitude literária que levou algum tempo para ser identificada e nomeada pela crítica literária, especialmente no Brasil.

2   Se o novo estilo custou a ser demarcado na literatura, nas outras artes (notadamente na pintura) ele é uma realidade comum e predominante em toda a Europa ainda nos fins da última centúria: estamos nos referindo ao **Impressionismo**.

3   É relevante notar que esse movimento e seu coetâneo, o Simbolismo, convivem com uma realidade social que é fruto da Grande Depressão que se abate sobre o capitalismo ocidental, crise que, como lembra Merquior, se estenderá por 25 anos, até as vésperas da *Belle Époque* (1895) (apud PORTELLA, 1975, p. 79).

4   Tomemos, a título de ilustração das novas dimensões literárias, um pequeno trecho em prosa, de conhecido romance do escritor francês

Pierre Loti: *Pêcheur d'Islande* (e se trazemos mais um exemplo de autor estrangeiro às nossas considerações é para assinalar a amplitude ocidental dos vários estilos de época que nos têm preocupado):

> Ensuite, dans la longue rêverie, elle repassait les souvenirs de son retour en Bretagne, qui était de l'année dernière.
>
> *Un matin de décembre, après une nuit de Voyage, le train venant de Paris les avait déposés, son père et elle, à Guingamp, au petit jour brumeux et blanchâtre, très froid, frisant encore l´obscurité. Alors elle avait été saisie par une impression inconnue: cette vieille petite ville qu' elle n´avait jamais traversée qu´en été elle ne la reconnaissait plus; elle y éprouvait comme la sensation de plonger tout à coup dans ce qu'on appelle, à la campagne: les temps, les temps lointains du passé. Ce silence après Paris! Ce train de vie tranquille de gens d'un autre monde, allant dans la brume à leurs toutes petites affaires! Ces vieilles maisons en granit sombre, noires d'humidité et d´un reste de nuit; toutes ces choses brettones – qui la charmaient à présent qu´elle aimait Yann – lui avaient paru ce matin-là d´une tristesse bien désolée. Des ménagères matineuses ouvraient déjà leurs portes et, en passant, elle regardait dans ces intérieurs anciens à grande cheminée, où se tenaient assises, avec des poses de quiétude, des aïeules en coiffe qui venaient de se lever. Dès qu´il avait fait un peu plus jour elle était entrée dans l´église pour dire ses prières. Et comme elle lui avait semblé immense et ténébreuse, cette nef magnifique, – et différente des églises parisiennes, avec ses piliers rudes usés à la base par les siècles, sa senteur de caveau de vétusté, de salpêtre! Dans un recul profond, derrière des colonnes, un cierge brûlait et une femme se tenait agenouillée devant sans doute pour faire un voeu; la lueur de cette flammèche grêle se perdait dans le vide incertain de voûtes... Elle avait retrouvé là tout à coup, en elle-même, la trace d'un sentiment bien oublié: cette sorte de tristesse et d'effroi qu'elle éprouvait jadis, étant toute petite, quand on la menait à la première messe des matins d'hiver, dans l´église de Paimpol.*
>
> (1951, p. 29-30)

Em tradução livre:

> Em seguida, no seu longo devaneio, ela repassava as recordações de seu retorno à Bretanha, que se dera no ano anterior.
>
> *Em uma manhã de dezembro, depois de uma noite de viagem, o trem que vinha de Paris os havia deixado, e a ela e ao pai, em Guingamp, na manhãzinha brumosa e esbranquiçada, bastante fria, que roçava ainda a madrugada. Então ela foi tomada por uma impressão desconhecida: esta velha cidadezinha, que ela só havia atravessado durante o verão,*

O IMPRESSIONISMO • CAPÍTULO 11   253

> *ela não a reconhecia mais; ela experimentava aí como a sensação de mergulhar de repente no que se denomina no campo: os tempos, os tempos longínquos do passado. Este silêncio, depois de Paris! Este ritmo de vida tranquilo, de gente de um outro mundo, caminhando na bruma na direção de seus pequenos afazeres! Estas velhas casas em granito sombrio, negras de umidade e de um resto de noite; todas estas coisas bretãs – que a encantavam agora quando ela amava Yann – lhe haviam parecido nessa manhã de uma tristeza bastante desoladora. Donas de casa madrugadoras abriam já suas portas, e, ao passar, ela olhava para esses interiores antigos, de grande lareira, onde se encontravam sentadas, em pose de quietude, as avós de touca, que acabavam de se levantar. Desde que havia clareado mais um pouco, ela havia entrado na igreja para suas orações. E como lhe tinha parecido imensa e tenebrosa esta nave magnífica – e diferente das igrejas parisienses, com suas pilastras rudes gastas na base pelos séculos, seu odor de sepulcro, de velhice, de salitre! Num recuo profundo, atrás das colunas, um círio brilhava, e uma mulher estava ajoelhada diante dele, sem dúvida para fazer um voto; o brilho desta chamazinha se perdia no vazio incerto das abóbadas... Ela reencontrou de repente, nela mesma, o vestígio de um sentimento esquecido: esta espécie de tristeza e de pavor que ela experimentava outrora, quando era bem pequena, quando a levavam à primeira missa das manhãs de inverno, na igreja de Paimpol.*

5   De início, um esclarecimento: o narrador está se referindo à personagem Marguerite (Gaud), que acaba de escrever uma carta ditada pela *grand-mère* Moan, dirigida a M. Moan, Sylvestre; a última recomendação da avó provoca todo o devaneio.

6   Estamos diante de um texto em que o narrador nos apresenta a personagem reexaminando as recordações do acontecimento do ano anterior.

6.1   A recordação surpreende-a numa manhã de dezembro, após uma noite de viagem em que o trem a deixa e ao pai na madrugada fria de Guingamp.

6.2   Então, ela foi tomada de uma desconhecida "impressão": parecia mergulhar no passado. (Repare-se: não é outra coisa que a personagem está fazendo, em primeiro plano.)

6.3   E toda a paisagem que desfila "naquele momento" diante de seus olhos parece-lhe de uma tristeza bastante desoladora.

6.4   Na atualidade, isto é, no tempo da narração atual, quando existe o amor por Yann", toda aquela matéria de memória se torna encantadora.

6.5   E mais: o "ambiente" daquela igreja em que vai fazer suas orações parece-lhe naquele momento tão diferente das igrejas parisienses! E aquela situação, aquela impressão, vai conduzi-la a uma recordação dentro da recordação: há um mergulho na infância, nos tempos da primeira missa das manhãs de inverno na igreja de Paimpol.

7   Se nos preocuparmos apenas com a técnica de narração, surpreendemos um narrador que nos apresenta uma personagem feminina em ação.

8   Mas o que aparece em destaque e valorizado são as "impressões" dessa mesma personagem.

9   O que importa apresentar é o estado de espírito num momento dado, provocada tal situação por algum acontecimento exterior.

10 E o momento é característico: *Le "'petit jour, brumeux et blanchâtre, très froid, frisant encare l'obscurité"*, atmosfera brumosa, sombria...

11 O estado amoroso da personagem vai conduzindo o seu passeio no passado.

12 Vimos a narração desenvolver-se em três faixas de tempo: o presente, em que ela recorda; o tempo da recordação; a recordação de fatos anteriores, ocorrida na situação recordada.

13 Note-se ainda o emprego acentuado do imperfeito do indicativo, que marca o texto e que pretende trazer ao leitor a impressão de que está assistindo aos fatos descritos.

14 O que nos parece ainda mais importante é que a valorização dos acontecimentos rememorados decorre da situação do momento vivido, quer no plano do presente, quer no do passado, matéria de memória.

15 E nasce também de fatos reais observados que provocaram a reação da personagem. É isto que importa: as "impressões" da personagem. O autor preocupa-se com apresentá-las. E deforma o possível objeto provocador da emoção sentida.

16 Parece não interessar ao escritor a reprodução pura e simples da realidade, impessoal, objetiva, exata e minuciosamente. A realidade ainda permanece como centro de interesse, mas apenas como ponto de partida; o que agora se pretende é registrar a impressão que ela desperta no espírito do artista (no caso, da personagem), no momento em que se verifica. E no caso especial de Loti, as impressões conduzem a repercussões afetivas e morais, levando, quase sempre, a um estado de nostalgia.

17 Há uma tendência ao "colorido", acentuada a atmosfera geral, sombria, de meios-tons, que prepara a sensação de mergulhar a personagem em si mesma e reencontrar *"cette sorte de tristesse et d'effroi qu'elle éprouvait jadis..."*

18 Estamos diante de uma atitude próxima do Realismo, mas que também se aproxima de uma atitude idealista; essa é a novidade, de difícil

caracterização, é necessário dizê-lo; esse é o estilo que recebe também em literatura o nome de **Impressionismo:**

> O pintor que se aplica a reproduzir na tela suas próprias impressões, o romancista que espera representar as "sensações" não dizem com isso senão que somente nossas próprias sensações, somente a experiência interna tem categoria de realidade, e não o mundo exterior; não se põem a averiguar se são ou não a única coisa que seguramente existe (objetivismo): pintam-nas porque são a única coisa que lhes interessa, de forma que um relato impressionista não é tanto um encadeamento de fatos quanto a sucessão coerente das reações emocionais provocadas pelos fatos no autor ou em suas personagens (subjetivismo). Tudo se vê através de um temperamento; nem os objetos enumerados nas descrições são apresentados diretamente, mas como vistos e sentidos por uma testemunha ocular. Sob esse aspecto, pois, os escritores impressionistas são subjetivos, já que só se interessam pela experiência interna, pelo experimentar as coisas, e não pelas coisas.
>
> (ALONSO in BAILLY, 1956, p. 138-9)

19   Claro está que a brevidade do texto em exame, simples parcela de um capítulo, que por sua vez se insere na realidade maior de um romance, não permite caracterizar plenamente a constelação de traços capaz de determinar com precisão o estilo de época que nos preocupa. Mas permite perceber nitidamente que já se trata de uma atitude literária distinta de todas as que já examinamos.

20   Na verdade, partindo da tese do filósofo grego Heráclito, segundo a qual a realidade é um processo em curso, um constante vir a ser, os impressionistas preocupam-se não com o objeto, mas com "as sensações e emoções que ele desperta num dado instante" (COUTINHO, 1976, p. 223).

21   A atitude impressionista em literatura chega a ser considerada por alguns como algo comum aos naturalistas e simbolistas, e por outros como uma fusão de elementos do Realismo e do Simbolismo. Apesar da complexidade que envolve o assunto, já são significativos os estudos que procuram caracterizar o Impressionismo como um período estilístico distinto.

22   Aliás, a palavra "impressionismo" corresponde, *stricto sensu*, a uma tendência da pintura, característica dos fins do século XIX. Decorre dos quadros de Claude Monet, denominados *Impressions* e exibidos com escândalo no salão do *Boulevard des Capucins* em 1874. O livro de Louis Duranty, *Les peintres impressionistes*, publicado em 1878, oficializou a designação, empregada, inclusive, humoristicamente pelos adversários de Monet.

23   A pintura impressionista não se preocupa com a visão objetiva e estática da realidade. Caracteriza-a o sentimento de permanente transformação do mundo, que leva à impressão de uma continuidade em que tudo se funde, onde o que importa são as diferentes atitudes e pontos de vista do observador. Assim, não há na natureza cores permanentes: existe constante mutação. As formas das coisas são criadas pela luz e não pelas linhas. Outro traço: a convicção de que não existe a ausência completa de luz na natureza, logo a cor está sempre presente – não há lugar para a tinta preta nos quadros impressionistas. E os pintores preferem pintar ao ar livre, à luz plena do sol. Esses os traços fundamentais da atitude.

24   Da pintura, o nome passou às demais artes – ouça-se a música impressionista de Debussy e Ravel, por exemplo – e chegou à literatura. Assim, tornou-se designação de um estilo de época, que floresce "entre 1860 e 1910, com unidade de princípios estéticos, concepção de vida, e artifícios técnicos próprios" (COUTINHO, 1962, p. 6). Cumpre esclarecer, entretanto, que nem sempre se podem estabelecer com nitidez as fronteiras do movimento.

25   Não nos esqueçamos de que a segunda metade do século XIX é marcada na Europa por importantes mudanças sociais e econômicas. O ambiente é de crise. Por outro lado, um rápido desenvolvimento tecnológico acelera as mutações na moda e a variação nos critérios do gosto estético; há, entre outras atitudes, uma exacerbada preocupação com a novidade, com o que acaba de ser lançado. E a consciência dessa veloz transformação traduz-se nas impressões imediatas, versáteis, que passam a constituir manifestações artísticas. "A técnica moderna introduz, desse modo, um dinamismo sem precedentes na totalidade da atitude diante da vida e é, sobretudo, este novo sentimento de velocidade e mudança que encontra expressão no impressionismo." (HAUSER, 1968, p. 202)

26   E para apontar as características do movimento em literatura valemo-nos, com palavras nossas, da lição de A. Hibbard (apud COUTINHO, 1976, p. 224):

26.1   Captação da verdade do instante: a vida é um contínuo mudar-se; cada paisagem é uma e única em cada momento do dia; o artista deve captar a impressão desse instante único.

26.2   Há a tentativa de buscar o tempo perdido através da impressão provocada pela realidade num momento dado. A vida é um contínuo vir a ser: o presente resulta do passado. Privilegia-se a matéria de memória.

26.3   Aliás, o momentâneo, o fragmentário, o instável, o móvel, o subjetivo assumem importância maior no Impressionismo: o método impressionista consiste precisamente em captá-los.

26.4 Valorização dos estados de alma, das emoções, que são mais destacados que o enredo ou a ação na narrativa; importa mais o efeito do que a estrutura na técnica da composição literária.

26.5 Importância maior às sensações das coisas do que às coisas em si.

26.6 Registro de impressões, emoções e sentimentos despertados no espírito do artista, através dos sentidos, cenas, incidentes, caracteres.

26.7 Ênfase na reprodução de emoções, sentimentos e atitudes individuais: traduz-se a vida interior; "a razão cede o passo às sensações".

26.8 As sensações e emoções são importantes no momento em que se verificam.

26.9 Relevo à "percepção visual do instante": valoriza-se a cor, a atmosfera, o efeito dos tons.

26.10 Interpretação da natureza, "invenção" da paisagem mais do que descrição objetiva.

26.11 Presença frequente nas obras de arte de uma lógica diferente, pessoal, em lugar da sequência objetiva entre causa e efeito.

26.12 Em consequência, a técnica da narrativa apresenta agora estrutura e convenções diferentes do tradicional: o enredo é retorcido e subordina-se a um estado de espírito momentâneo.

26.13 Maior importância ao deleite das sensações e emoções criadas do que aos acontecimentos, que passam assim a segundo plano.

26.14 Quanto à linguagem, assinalam os estudiosos os seguintes traços, que, no seu conjunto, caracterizam o Impressionismo:

- Abandono da estrutura regular da frase, da ordem lógica;
- Preferência pela ordem inversa, pelo anacoluto;
- Supressão da conjunção, liberando a frase;
- Emprego frequente do imperfeito nas formas verbais;
- Uso acentuado de metáforas e comparações;
- Linguagem de expressão, riqueza de imagens.

(Tais características configuram a chamada *écriture artiste*.)

27 O impressionista dissolve a realidade estável e lhe confere um caráter de algo não terminado, transformando a imagem natural num surgir e num transcorrer. Traduz ainda uma posição passiva diante da existência: é um espectador que não se compromete e se satisfaz com o contemplar o espetáculo do mundo, revelando-o à sua maneira.

28 As obras características desse estilo de época mostram uma valorização da vida intelectual, que chega a substituir a existência cotidiana. Tal

ocorre, por exemplo, com a personagem Des Esseintes, do romance *À rebours* (de Huysmans), que chega a propor a substituição da natureza pelo espírito e da realidade pela ficção (HAUSER, 1968, p. 221).

Como "fundadores e representantes típicos do novo estilo" costumam ser apontados os irmãos Edmond (1822-1896) e Jules (1830-1870) de Goncourt, e entre os escritores representativos do movimento destacam-se: Henry James (1843-1916), Pierre Loti (1850-1923), Joseph Conrad (1857-1924), Anton Tchecov (1860-1904), Stephen Crane (1871-1900), Marcel Proust (1871-1922), Katherine Mansfield (1888-1923), Thomas Wolfe (1900-1938) e Fialho de Almeida (1875-1911).

Cumpre acrescentar que, de maneira usual, concorre em oposição ao termo "impressionismo" a designação "expressionismo" para nomear a atitude daqueles artistas que valorizam "tão somente como artístico o que de expressão íntima dos artistas possuem as obras de arte e creram poder fixar na tela ou na página essa vida interior, absoluta e imediata, tal como foi experimentada e sem sujeição a formas exteriores" (BALLY, 1956, p. 202). Os expressionistas deformam ou esquecem o possível objeto provocador da emoção que revelam. O lema dos impressionistas seria "tal como o vejo num momento dado"; o dos expressionistas, "tal como o vivo".

Impressionismo, aliás, é um termo que envolve múltiplas acepções. Para uma ideia da questão, lembremos os quatro artigos que compõem o importante livro sobre o assunto, *El Impresionismo en el lenguaje:* "Impresionismo y gramática", assinado por Charles Bally; "Impresionismo, expresionismo y gramática", de Elise Richter; "El concepto lingüístico de impresionismo", de Amado Alonso e Raimundo Lida e "Por qué el lenguaje en si mismo no puede ser impresionista", de Amado Alonso (BALLY, 1956, p. 202).

No Brasil, o professor e crítico Afrânio Coutinho, o primeiro a propor o emprego do termo na divisão de nossa história literária, aponta como expressão mais alta a de Raul Pompéia e assim se expressa:

> No Brasil, a primeira grande repercussão do Impressionismo é em Raul Pompéia. Discípulo dos Goncourt, adepto da *écriture artiste* e da prosa poética, depois de formar o espírito na doutrina do Naturalismo, recebeu a influência da estética simbolista e só encontrou plena e satisfatória expressão dentro dos cânones do Impressionismo. A evolução de Machado de Assis revela uma independência em relação aos postulados do Naturalismo positivista que o conduz ao mesmo clima impressionista, característico de sua fase final. Graça Aranha denota, em *Canaã*, a mesma impregnação impressionista, e, como ele, outros escritores da época

não puderam escapar ao dualismo – de um lado, os laços do Realismo (ou mesmo Naturalismo), do outro a influência simbolista. Coelho Neto, Afrânio Peixoto e muitos outros, que escapam, por certos aspectos, das classificações comuns, traem a forma impressionista. O caso de Adelino Magalhães não pode doutro modo ser aplicado e interpretado.

(COUTINHO, 1976, p. 228)

33   Na realidade, o Impressionismo permite-nos situar no processo da literatura brasileira, com mais precisão e coerência, livros como O *Ateneu*, de Raul Pompéia, *Esaú e Jacó*, de Machado de Assis, obras dos citados Coelho Neto, Afrânio Peixoto, Adelino Magalhães, Graça Aranha e, em certa medida, Lima Barreto. Ainda que tal ocorra, o tema permanece objeto de controvérsia.

BIBLIOGRAFIA

TEXTO LITERÁRIO
LOTI, P. *Pêcheur d'Islande*. Paris: Calmann/Levy, 1951.

TEXTOS TEÓRICOS
ALECRIM, O. *A técnica da prosa impressionista*. Cultura. Rio de Janeiro, n. 4. dez. 1954.

ALONSO, Amado. *Ensayo sobre la novela histórica*. Buenos Aires: Instituto de Filología, Colección de Estudios Estilísticos III, 1942.

BALLY, Charles et alii. *El Impresionismo en el lenguaje*. 3. ed. Buenos Aires: Universidad de Buenos Aires, Departamento Editorial, 1956.

BRAYNER, Sônia. *Labirinto do espaço romanesco*: tradição e renovação da literatura brasileira – 1880-1920. Rio de Janeiro: Civilização Brasileira; Brasília: INL, 1979.

CAVALCANTI, Carlos. *Como entender a pintura moderna*. Rio de Janeiro: Civilização Brasileira, 1963.

COUTINHO, Afrânio. Discurso do Sr. Afrânio Coutinho. In: *Recepção de Afrânio Coutinho na Academia Brasileira de Letras*. Rio de Janeiro: Sociedade Gráfica Vida Doméstica, 1962.

_____. *Introdução à literatura no Brasil*. 8. ed. Rio de Janeiro: Civilização Brasileira, 1976.

_____ (dir.) e COUTINHO, Eduardo de Faria (codir.). *A literatura no Brasil*. 3. ed. rev. e atual. Rio de Janeiro: José Olympio, Niterói: UFF – Universidade Federal Fluminense, 1986. v. 4.

DES GRANGES, C. M. *Histoire de la littérature française des origines à nos jours*. 46. ed. Paris: A. Hatier, 1952.

FALK, W. *Impresionismo y Expresionismo*. Madrid: Guadarrama, 1963.

GIBBS, B. J. Impressionism as a literary movement. *The Modern Language Journal* XXXVI, 4, abr. 1952.

HATZFELD, Helmut. *EI "Quijote" como obra de arte del lenguaje*. Madrid: Patronato del IV Centenario del Nascimiento de Cervantes, 1949.

_____. *Literature through art*. New York: Oxford: 1952.

HAUSER, Arnold. *Historia social de la literatura y el arte*. Madrid: Guadarrama, 1968.

HIBBARD, Addison. *Writers of the western world*. Boston: Houghton Mifflin, 1942.

LALOU, René. *Le roman français depuis 1900*. Paris: Presses Universitaires de France, 1955.

LANSON, Gustave. *Histoire de Ia littérature française*. Remaniée et complétée pour la période 1850/1950 par Paul Tuffrau. Paris: Hachette, 1968.

MARTINO, Pierre. *Parnasse et Symbolisme*. Paris: Armand Colin, 1967.

MAUCLAIR, Camile. *L'impressionisme: son histoire, son esthétique, ses maîtres:* Paris: Béranger, 1904.

MERQUIOR, J. G. *De Anchieta a Euclides:* breve história da literatura brasileira – I. Rio de Janeiro: José Olympio, 1977.

_____. Os estilos históricos na literatura ocidental. In: PORTELLA, Eduardo et alii. *Teoria literária*. Rio de Janeiro: Tempo Brasileiro, 1975.

MOSER, R. *L'impressionisme français*. Genéve: Droz, 1952.

PAYRO, Julio E. *Pintura moderna*. Buenos Aires: Nova, 1950.

RICATTE, R. *La création romanesque chez les Goncourt*. Paris: A. Colin, 1953.

ROUSSEAUX, André. *Littérature du vingtième siècle*. Paris: Albin Michel, 1953-1955. 5 v.

SABATIER, P. *L'esthétique des Goncourt*. Paris: Hachette, 1920.

TYLER, P. The Impressionism of M. Proust *Kenyon Review,* Winter, v. 8, n. 1, 1946.

VALÉRY, Paul. *Variété II*. Paris: Gallimard, 1924.

CAPÍTULO 12

O Modernismo

> *Não sabemos definir o que queremos,*
> *Mas sabemos discernir o que não queremos.*
> (ANÍBAL MACHADO, apud COUTINHO, 1976, p. 268)

1 **EL POEMA**
No le toques ya más
Que así es la rosa!

(JIMENÉNEZ, apud RIQUER, 1953, p. 259)

Em traduçãoo livre:

O POEMA
Não o toque jamais
que assim é a rosa!

2   O poema: como uma rosa, que se vê e diante de cuja perfeição inigualável e misteriosa só nos resta fruir-lhe a beleza plena, captar o instante único em que ela é, em sua essência de perfeição total. Uma rosa, o poema: "clausura / primera de la armonía / tranquilamente futura" (JORGE GUILLÉN, apud PORTO, 1958, p. 59).

3   Poesia, poesia "difícil", para iniciados no seu mistério, a ser alcançada sem elementos intervalares que possam facilitar o entendimento lógico das palavras escolhidas e arrumadas pelo artista. Mensagem que exige a ruptura de barreiras que há em nós mesmos, violência contra o nosso impulso natural de buscar as coisas fáceis, sobretudo nos domínios da expressão através da língua.

4   Atravessa esta paisagem o meu sonho de um porto infinito.
E a cor das flores é transparente de as velas de grandes navios
Que largam do cais arrastando nas águas por sombra
Os vultos ao sol daquelas árvores antigas...

O porto que sonho é sombrio e pálido
E esta paisagem é cheia de sol deste lado...
Mas no meu espírito o sol deste dia é porto sombrio
E os navios que saem do porto são estas árvores ao sol...

(PESSOA, 1960, p. 39)

5   Um poema: revelação de uma realidade interior que atravessa abstratamente a realidade perceptível através dos sentidos; materialização do seu desejo de um porto sonhado a traduzir a angústia do poeta à procura do seu próprio ser no mundo.

Superposição de duas realidades: a vida sonhada e a vida vivida.

> Vivemos em meio a aparências. O universo sensível é apenas uma face e é com dificuldade que às vezes supomos as outras faces.
>
> (DUPLESSIS, 1955, p. 95)

6   Eia! eia! eia!
Eia eletricidade, nervos doentes da Matéria!
Eia telegrafia-sem-fios, simpatia metálica do Inconsciente!
Eia túneis, eia canais, Panamá, Kiel, Suez!
Eia todo o passado dentro do presente!
Eia todo o futuro já dentro de nós! eia!
Eia! eia! eia!
Frutos de ferro e útil da árvore-fábrica cosmopolita!
Eia! eia! eia!-hô-ô-ô!
Nem sei que existo para dentro. Giro, rodeio, engenho-me.
Engatam-me em todos os comboios.
Içam-me em todos os cais.
Giro dentro das hélices de todos os navios.
Eia! eia-hô eia!
Eia! sou o calor mecânico e a eletricidade!

(PESSOA, 1960, p. 265)

7   Um poema: reflexo de um mundo novo, mundo do dinamismo, do aperfeiçoamento industrial. Uma nova temática – motores, ferro, velocidade, navios, aviões, automóveis, eletricidade etc. –, integração poética

da civilização material. Sem limitações normativas; ritmo criado a cada momento, na medida das descargas de vivências profundas. Delírios emocionais. Velocidade. Como se vê também nestes versos:

8
>Dieu véhément d'une race d'acier,
>automobile ivre d'espace
>qui piétines d'angoisse, le mors aux dents stridents!
>O formidable monstre japonais aux yeux de forge,
>nourri de flammes et d'huiles minérales,
>affamé d'horizons et de proies sidérales,
>je déchaine ton coeur aux teufs-teufs diaboliques,
>et ses géants pneumatiques, pour la danse
>que tu mènes sur les blanches routes du monde.
>Je lâche enfin tes brides métaliques et tu l'élances
>avec ivresse, dans l'infini libérateur!
>
>(MARINETTI, apud TORRE, 1965, p. 132)

Tradução livre:

>Deus veemente de uma raça de aço,
>automóvel ébrio de espaço
>que sapateias de angústia, a morte nos dentes estridentes!
>Ó formidável monstro japonês de olhos de forja,
>alimentado de chamas e de óleos minerais
>ávido de horizontes e de presas siderais,
>Eu solto teu coração aos teufs-teufs diabólicos,
>e seus enormes pneumáticos para a dança
>que traças sobre as brancas estradas do mundo.
>Eu solto enfim teus freios metálicos e tu te lanças
>com embriaguês no infinito libertador!

9
>Irene preta
>Irene boa
>Irene sempre de bom humor.
>Imagino Irene entrando no céu:
>— Licença, meu branco!
>E São Pedro bonachão:
>— Entra, Irene, você não precisa pedir licença.
>
>(BANDEIRA, 1958, v. 1, p. 218)

Um poema: traduzir o essencial poético, com o mínimo de artifícios, a poesia em toda a sua pureza, feita dos elementos mais cotidianos, encontrada nas coisas, nas criaturas e nas atitudes mais simples da vida.

Em todos os exemplos que acabamos de examinar, há, evidentemente, novas maneiras de revelar a realidade; algo diferente nos domínios da poética, diante das atitudes que até agora têm sido objeto de nossas considerações. E, de início, percebemos que, embora possam existir neles elementos comuns, longe estamos daquela unidade que caracteriza, por exemplo, o Romantismo como estilo de época.

Na verdade, esses vários caminhos revolucionários resistem, inclusive, a uma rotulação de caráter essencialmente estético. Cumpre recorrer então a um nome genérico, capaz de englobar as mais variadas tendências da literatura a partir dos albores deste multifacetado século XX: **Modernismo**, palavra que tem, assim, a sua função representativa ampliada além do elemento meramente cronológico.

Assim considerado, o Modernismo torna-se um dos mais fecundos e soberbos movimentos literários do Ocidente, com sua espantosa riqueza, superior talvez a todos os demais estilos de época na variedade de expressão; por isso mesmo é um movimento discutido, controvertido, difícil, que ainda hoje divide opiniões.

Mas afirmáramos que há certas tônicas nas diversas manifestações modernistas. Ao menos como ponto de partida, vamos apreciá-las, na medida do possível.

Propensão para o hermetismo

É um dos traços responsáveis pela dificuldade de leitura de inúmeros textos, cujo entendimento pelo leitor comum não se faz de imediato. Vocabulário, sintaxe, organização da narrativa, alusões etc. conduzem a uma linguagem cifrada, que exige esforço de descodificação. Na poesia, por exemplo, o hermetismo configura-se sobretudo na imagística de que se utiliza o escritor.

Como esclarece Carlos Bousoño, a imagem tradicional baseia-se em três possibilidades que coincidem todas num ponto: no fato de a semelhança entre o plano real e o evocado partir sempre de uma condição objetiva, que pode ser:

- de caráter físico:

    Encanta-me o *ouro velho* dos seus cabelos

ou

    A dama escondeu no lenço as *rosas vivíssimas* do rosto

- de caráter moral ou espiritual:

    Esta mulher é um *anjo*!

- de caráter axiológico (juízo de valor):

    Esta jovem é uma *pérola*.

Já a imagem contemporânea apoia-se no **sentimento** do autor: "um poeta de hoje poderia referir-se a um pássaro pequenino, em repouso e de cor acinzentada, ao escrever: um passarinho é como um arco-íris, se o arco-íris e o passarinho lhe despertassem um sentimento similar de ternura" (BOUSOÑO, 1956, p. 109).

É o que se vê, por exemplo, em Mário de Andrade:

> Tua presença é uma carne de peixe,
>
> (1955, p. 296)

ou em Manuel Bandeira:

> O meu porquinho da Índia foi a minha primeira namorada.
>
> (1958, v. 1, p. 192)

A respeito do problema, assim se pronuncia E. Noulet, citado por Andrade Muricy, no seu *Panorama do movimento simbolista brasileiro*:

> ... em diferentes tipos de poesia obscura (...) nunca o sentido, por sua natureza, está necessariamente oculto; permanece ou entrevisto ou acessível; ele não está, aliás, oculto, mas envolvido; não subtraído, mas abrigado. Apenas o caminho para descobri-lo parece difícil; e o é todas as vezes que um poeta inventa um itinerário novo. (...)
>
> Não existe, pois, verdadeiro hermetismo. O que existe é uma maneira – várias maneiras – muito meditada de restituir, a vocábulos desacreditados e a uma linguagem gasta, virtudes mais frescas e, por conseguinte, à poesia uma multiplicada força de conhecimento e fascinação.
>
> (1952, v. 1, p. 45-6)

O hermetismo, aliás, não é exclusividade dos modernistas. Já vimos, inclusive, que com os simbolistas a poesia aristocratiza-se, é poesia para iniciados, em que o poeta vai diretamente ao pensamento poético, à palavra poética, ao ritmo poético, sem se importar com elementos outros capazes de facilitar ou não o entendimento lógico do que escreve. Importa é atender às imposições da criação.

Mesmo os clássicos apresentam a sua dose, às vezes bem forte, de hermetismo, como é o caso de Camões e, sobretudo, de Luís de Góngora.

Não haveria, talvez, o hermetismo intencional, ou melhor, a liberdade de ser hermético quando a criação artística o exigisse. Além do mais o Modernismo caracteriza-se, entre outras atitudes, por um mergulho em profundidade no mais recôndito da alma humana: não nos esqueçamos que Sigmund Freud põe o homem diante de si mesmo, numa terrível nudez, em suas baixezas e ignomínias; Freud desmascara o homem (DUPLESSIS, 1955, p. 94).

Trazer isso à tona não era fácil; daí o hermetismo dos modernos: "uma tentativa desesperada de ser claro".

14.2 Tentativa de exploração do inconsciente

Com o excepcional avanço dos estudos de psicologia, com a revelação do inconsciente, que possibilita melhor conhecimento da verdadeira realidade de cada um, modifica-se a visão do mundo por parte do artista. E, a aceitarmos a tese de que literatura é, entre outros aspectos, ânsia de evasão, podemos concluir que "se é preciso antes de tudo evadir-se do mundo, é para melhor colocar-se em seu verdadeiro lugar e beneficiar-se das aventuras nas terras desconhecidas do inconsciente" (DUPLESSIS, 1955, p. 94).

Terras estas que se revelam nas associações de ideias, aparentemente gratuitas, no sonho, em condições psíquicas especiais, nas liberdades de linguagem, que levam, muitas vezes, à despreocupação com um significado racional para o poema. A atitude já vinha caracterizando-se desde o Simbolismo, sob muitos aspectos precursor.

14.3 Presença da filosofia bergsoniana

Evidencia-se, sobretudo, na reformulação da teoria do conhecimento. Henry Bergson revoluciona a filosofia com seus estudos e conclusões. Ao tempo do Realismo, como era comum admitir-se o conhecer? Antes de tudo através da experiência, da comprovação; tendia-se para um objetivismo total, conformando-se às teorias da época. É o momento de Spencer, quando saber é fruto do observar, analisar, experimentar, comprovar, deduzir; é a hora das negativas do pessimismo de Schopenhauer, dos princípios deterministas de Taine. Essa atitude está na base do Realismo, como tivemos oportunidade de ver. E nesse mundo sem Deus nem metafísica surgem outros filósofos para afirmar que o conhecimento nasce da percepção intuitiva.

"A filosofia não é mais que um retorno consciente e reflexivo aos dados da intuição" [BERGSON, apud BRÉHIER, 1948, v. 2, p. 854]. Mas uma intuição que procura penetrar na profundidade do real e dela extrair, através de imagens, o que os conceitos não conseguem revelar plenamente, pois estes se situam na área da inteligência que só parece operar por meio de esquemas. Os atos da inteligência são, para Bergson, inoperantes, se pretendemos não um esquema, mas a compreensão plena da realidade. Para a Filosofia que, na busca de tal compreensão, deve, segundo ele, preocupar-se com os dados imediatos da consciência, as conceituações correspondem a um falsear a verdadeira realidade. Só a intuição leva ao verdadeiro e pleno conhecimento do real. O pensamento bergsoniano conduz à constituição de uma metafísica, que não deve ser encarada como uma construção dogmática; o caráter assistemático do método intuitivo a torna sempre aberta a novas intuições. Para melhor compreensão, lembremos alguns princípios defendidos por Bergson: a) a ciência não pode proporcionar uma explicação físico-química da vida, ainda que sua procura do físico-químico no vital seja legítima; b) a vida não é conduzida a uma direção dada pela ação mecânica de causas exteriores, mas por força de um impulso interno; c) a adaptação não é a imposição de certas formas à vida, mas a adoção pela vida de formas que representam sua solução para o problema que lhe coloca a constituição do exterior; d) a vida é uma causa especial, sobreposta à matéria, que é, por seu turno, instrumento e obstáculo; e) a matéria divide e opõe resistências, surgindo delas as diversas linhas de evolução; f) instinto e inteligência se apresentam antes de seu desdobramento como uma realidade simples; g) a vida é imprevisível; não é regida nem pela finalidade nem pelo mecanicismo, que são teorias sustentadas pela inteligência.

(apud MORA, 1965, p. 198-203)

14.4 Integração poética da civilização material

Ao lado dessa tomada de posição, há como que um resultado do evoluir da visão realista daqueles escritores interessados pela ciência: é a integração poética da civilização material. Há um mundo novo em volta do artista: canhões, motores, fábricas, céu cinzento da fumaça do progresso. É bem a "nova revelação metálica e dinâmica de Deus" (PESSOA, 1960, p. 262).

Não nos esqueçamos de que o rápido desenvolvimento tecnológico que marca os albores do século XX traz, ao lado da modificação que provoca na "moda", variações no gosto estético e uma ânsia pela novidade; torna-se necessário enfatizar a crença, como é óbvio, de que o novo é sempre melhor. A técnica traz consigo o dinamismo também nas atitudes diante da vida. O Impressionismo, a que já nos referimos, é bem um sinal dos tempos, quando procura fixar a impressão de cada momento único no fluir da existência.

> À sociedade nova, aqui e alhures, correspondia, necessariamente, literatura nova – eis o que não se cansaram de repetir, desde o primeiro instante, todos os teóricos e artistas; (...) Como é natural, estes tomaram consciência muito mais cedo que os demais do que significavam os progressos técnicos e científicos do começo do século; eles perceberam desde logo que a própria *natureza* e a própria *qualidade* do espírito humano iam se modificar ao impacto da máquina, esta última não representava apenas um acréscimo à vida cotidiana, mas um fator catalítico de alcance imprevisível.
>
> (MARTINS, 1965, v. 6, p. 13)

Uma nova temática, pois, irá em breve substituir um "largo verde, uma igrejinha, um sino, um rio" [Lopes, apud Lins e Holanda, 1956, v. 2, p. 602], "amarrotado o teu vestido branco, soltos cabelos nas espáduas nuas", "a mão tremente, no calor das tuas", "os braços frouxos, palpitante o seio" [Abreu, 1954, p. 153-4]. Agora o poeta desejará "pura ou degradada até a última baixeza" [Bandeira, 1958, v. 1, p. 233], a estrela da manhã ou a mulher que passa, que passa e fica, mas não pacífica; e cantará o "descobrimento retardado / pela força de ver, / o encontro de si 'no seu silêncio', configurado, repleto, numa casta / expressão de temor que se despede" (Andrade, 1964, p. 196) e nos dirá que canta "porque o instante existe" e sua "vida está completa". (MEIRELES, 1968, P. 4)

14.5 O verso livre

E para traduzir tudo isso, a **liberdade plena da forma**. Verso livre que não significa ausência de ritmo, mas criar "o ritmo a cada momento". Sabemos que em português a técnica do verso depreende, tradicionalmente, esquemas que vão de duas a doze sílabas, com acentos regularmente distribuídos. Já o que caracteriza o versolivrismo é, sobretudo, uma mudança de atitude: sua unidade de medida deixa de ser a sílaba, e passa a basear-se na combinação das entoações e das pausas. O ritmo decorre, pois, da sucessão dos grupos de força valorizados pela entoação, pela maior ou menor rapidez da enunciação. Exemplos:

> O Sr. tem uma escavação no pulmão esquerdo e o pulmão direito infiltrado
>
> (MANUEL BANDEIRA)

> Teus ombros suportam o mundo
> E ele não pesa mais que a mão de uma criança
>
> (C. DRUMMOND DE ANDRADE)

> Caminho solitariamente em tuas ruas onde há mãos soltas e relógios partidos
>
> (C. DRUMMOND DE ANDRADE)

A nova técnica aparece pela primeira vez, de forma ainda tímida, com Arthur Rimbaud, em junho de 1886.

Mas é com Walt Whitmann que o verso livre começa a vencer (1886). Já Gustave Khan publica em 1887 *Les palais nomades*, parcialmente em versos livres; nesse mesmo ano, surpreende-se em Jules Laforgue, nas *Moralités legendaires*, um poema nos novos moldes: "Pan et Syrinx". E por Francis Vielé-Griffin são publicados os primeiros volumes inteiramente compostos em versos livres, isso em 1889. Com o advento do Modernismo, a sua adoção foi definitiva.

A partir dos anos de 1960, começaram a surgir, em termos vanguardistas, propostas de soluções ainda mais ousadas em relação ao tradicional: vem-se tentando utilizar as sílabas não só por sua "infraestrutura", mas atentando "para o seu papel visual, na técnica de cortes, na reformulação dos fonemas, na desintegração das palavras ou sua reduplicação" (RICARDO, 1964, p. 32). Vejam-se o Concretismo, o Movimento Praxis. Caminha-se para o que Cassiano Ricardo chama o não-verso (1964, p. 19).

Num sentido amplo, são esses os principais elementos que configuram o novo e complexo movimento *modernista*. A eles podem ser acrescentados ainda, em termos de **modernidade**, a **dessacralização da arte**, com o predomínio da concepção lúdica sobre a concepção mágica anteriormente dominante, **a propensão à representação genérica e desindividualizadora de cenas e personagens** ("estilo mítico", no dizer de Herman Broch), a **predominância da alegoria**, "baseada no senso de desumanização da existência", e o **cosmopolitismo do processo literário**, que se traduz na intercomunicação entre os artistas quer em termos pessoais, quer em termos nacionais (MERQUIOR in PORTELLA, 1979, p. 84-6).

E, numa observação minuciosa, podemos ainda apontar, com base principalmente em A. Hibbard (APUD COUTINHO, 1976, P. 245), como temos feito para os demais estilos, os seguintes traços marcantes da literatura contemporânea, no que se refere à prosa:

- O autor ausenta-se da narrativa.
- A ação e o enredo perdem importância em favor das emoções, estados mentais e reações das personagens.
- A temática passa dos assuntos universais para os particulares, individuais e específicos.
- O princípio de seleção do material expande-se, para incluir todos os motivos e assuntos.
- A caracterização das personagens varia; aumenta o interesse pelos estados mentais, pela vida profunda do "eu", em detrimento de ações exteriores.
- Por outro lado, a maneira de apresentação é diferente: a análise e construção dos caracteres fazem-se por acumulação, em rápidos instantes significativos, ou pela apresentação da própria consciência em operação (*stream of consciousness*). O autor não faz o retrato da personagem: esta vive e o leitor a conhece e julga.
- A literatura torna-se cada vez mais subjetiva, interiorizada e abstrata, construída de experiências mentais, da vida do espírito.
- A sugestão e a associação, a expressão indireta, passam a ser os meios de veicular a experiência.

Para a poesia, podemos também especificar (RODMAN, apud COUTINHO, 1976, p. 245):

- A poesia como criação poética da linguagem, "feita de palavras";
- Linguagem cotidiana aproveitada na elaboração de imagens;
- Ausência de inversões, de apóstrofes bombásticas;
- Ausência e/ou revitalização de rimas convencionais;
- Sequência de imagens baseadas na associação, livre de lógica de causa e efeito;
- "Ênfase no habitual e não no cósmico";
- Interesse maior pelo inconsciente;
- Interesse pelo homem comum;
- Interesse pela ordem social, em oposição ao Céu e à Terra.

Examinemos, agora, com maior atenção, as várias tendências desse movimento de ampla e total liberação.

Entre a multiplicidade de ismos que traduzem a inquietação caótica da Europa de começos do século, cumpre destacar, pela importância, representatividade e permanência:

20 O Futurismo

20.1 Foi a primeira manifestação a agitar culturalmente os espíritos naquele momento.

20.2 Surge através do Manifesto do Futurismo, publicado em *Le Figaro*, de Paris, em 22 de fevereiro de 1909, assinado por Filippo Tommaso Marinetti (apud TORRE, 1965, p. 115).

20.3 Nesse documento, o primeiro de uma numerosa série – pelo menos de 20 manifestos tem-se notícia segura –, o ruidoso divulgador da nova atitude postula:

- o amor ao perigo, o hábito da energia, a temeridade;
- a poesia baseada essencialmente na coragem, na audácia, na revolução;
- a exaltação da agressividade, da insônia febril, do salto perigoso;
- o canto entusiasmado da velocidade;
- a poesia como um "violento assalto contra as forças desconhecidas, para intimá-las a prostrar-se diante do homem";
- a abominação do passado;
- a exaltação da guerra, do militarismo, do patriotismo;
- o canto em poesia das "grandes multidões agitadas pelo trabalho, o prazer ou a rebeldia; as ressacas multicoloridas e polifônicas das revoluções nas capitais modernas";
- o canto das estações de veículos, as fábricas, as locomotivas, os aeroplanos, os navios a vapor;
- a certeza do caráter perecível da própria obra que pretendiam.

20.4 Aliás, é nessa primeira manifestação que se encontram as famosas frases de efeito que tanta indignação provocaram na época:

> Um automóvel rugidor, que tem o ar de correr sobre a metralha é mais belo que a *Vitória de Samotrácia*.
>
> O tempo e o espaço morreram ontem. Vivemos já no absoluto, já que ciamos a eterna velocidade onipresente.
>
> Desejamos demolir os museus e as bibliotecas.

Não é difícil perceber a heterogeneidade de elementos, os exageros retóricos, a oposição indivíduo/massificação presentes no texto do manifesto.

20.5 Dos manifestos que se seguiram e que envolveram pintura, música, escultura, mulher, moral, luxúria, arte mecânica etc., assinalemos talvez o mais importante, o Manifesto Técnico da Literatura Futurista, datado de 11 de maio de 1912, publicado em Milão, onde minuciosamente são apresentados os pontos básicos de uma reforma radical. É o mesmo Marinetti que agora propõe:

- a destruição da sintaxe, com os substantivos dispostos ao acaso (palavras em liberdade);
- o emprego do verbo no infinitivo "para que se adapte elasticamente ao substantivo e possa dar o sentido de continuidade e da intuição que nele se percebe";
- "a abolição do adjetivo, para que o substantivo guarde sua cor essencial";
- a abolição do advérbio, "que empresta à frase uma cansativa unidade de tom";
- que cada substantivo venha imediatamente seguido de outro, analógico: "homem-torpedeiro", "multidão-ressaca";
- a supressão dos elementos de comparação: "como", "parecido com" etc.;
- a substituição dos sinais tradicionais de pontuação por signos matemáticos (x – : + = > <) e pelos sinais musicais;
- a abolição de todas as metáforas descoloridas, dos clichês;
- a supressão do "eu", substituído pela "obsessão lírica da matéria";
- a liberdade absoluta no uso de imagens e analogias expressas por palavras soltas, sem os fios condutores da sintaxe, sem os limites da pontuação ("imaginação sem fios").

Um resumo esclarecedor é o manifesto-síntese de Marinetti, que cremos útil transcrever, traduzindo o texto que encontramos em Guillermo de Torre (1965, p. 151):

> Arte vida explosiva. Italianismo paroxístico. Antimuseu. Anticultura. Antiacademia. Antilógica. Antigracioso. Antissentimental. Contra as cidades mortas. – Modernolatria. Religião da nova originalidade velocidade. Desigualdade. Intuição e inconsciência criadoras. – Esplendor geométrico. Estética da máquina. Heroísmo e farsa na arte e na vida. Café-concerto, físico-loucura e veladura futuristas. – Destruição das sintaxes. Imaginação sem fios. Sensibilidade geométrica e numérica. Palavras em liberdade ruidistas. Quadros palavras livres sinóticos coloridos. Declamação sinótica andante. – Solidificação do impressionismo. Síntese de forma-cor. O espectador no centro do quadro. Dinamismo plástico.

Estados de alma. Linhas-força. Transcendentalismo físico. Pintura abstrata de sons, ruídos, odores, pesos e forças misteriosas. Compenetração e simultaneidade de tempo espaçolonge-perto exterior-interior, vivido-sonhado. Arquitetura pura (ferro-cimento). Imitação da máquina. Luz elétrica decorativa. – Sínteses teatrais de surpresa sem técnica e sem psicologia. Simultaneidades cênicas de alegre-triste realidade-sonho-Drama de objetos-cenodinâmica-Dança livre – palavra mecânica do corpo multiplicado-Dança aérea e teatro aéreo-Arte dos ruídos. Sonoros. Arcos inarmônicos-Pesos medidas prêmio do gênio criador-Tactilismo e mesas táteis. Em busca de novos sentidos. Palavras em liberdade e sínteses teatrais e olfativas-Flora artificial. Complexo plástico motor-ruidoso-Vida simultânea-Proteção das máquinas-Declamações em vários registros.

20.7 É necessário notar que o Futurismo encontra o mundo diante dos começos de uma nova era – a era da máquina: em 1907 são lançados ao mar os transatlânticos Lusitânia e Mauritânia; no ano de 1909, Blériot atravessa o canal da Mancha por via aérea; a Ford ultrapassa a produção dos 10 mil veículos anuais; a voz de Caruso vai muito além das paredes do Metropolitan de Nova Iorque através da radiofonia incipiente; as radiofotos começam a assombrar o mundo: veem-se as primeiras imagens da televisão, o cinema dá os primeiros passos; a arquitetura funcional estende suas lajes primeiras.

20.8 Também o mundo científico desses começos de século agita-se em novos caminhos; é a hora da teoria da relatividade, da teoria dos quanta da microfísica, da psicanálise (apud TORRE, 1965, p. 121-2).

20.9 Apesar de tudo isso, o movimento foi muito mais programa do que obra realizada, o que não diminui a sua importância como tomada de posição. E suas repercussões são significativas, pois futuristas foram, em certo momento de suas obras, Giovanni Papini, D'Annunzio, entre outros. As repercussões chegaram inclusive até Moscou, uma das cidades visitadas por Marinetti, onde a figura mais representativa é Maiakovsky.

20.10 Cabe citar ainda a influência da nova atitude na literatura portuguesa: vejam-se as revistas *Orpheu* (1915), *Portugal Futurista* (1917) e a famosíssima *Presença* (1912/1940). E não nos esqueçamos que nelas colaboraram escritores como Fernando Pessoa, Mário de Sá-Carneiro e José Régio.

20.11 No Brasil, houve um momento em que o Futurismo ameaçou repercutir; Oswald de Andrade, inclusive, em artigo sobre Mário de Andrade, chama-o "o meu poeta futurista", o que mereceu, aliás, do próprio Mário um esclarecimento no seu "Prefácio Interessantíssimo".

> Não sou futurista (de Marinetti). Disse e repito-o. Tenho pontos de contato com o futurismo.
>
> (1955, p. 15)

20.12   A partir de 1919, o movimento futurista adere ao fascismo, fundado nesse ano, e passa a ser porta-voz oficial dessa posição política.

21   **O Cubismo**

Atitude rigorosamente caracterizada no domínio das artes plásticas, é possível tratar, segundo críticos de importância, de Cubismo em literatura.

"Sem Apollinaire, o cubismo teria logo desaparecido, sem o cubismo, Apollinaire não teria sido capaz de descobrir plenamente a sua personalidade." Essa afirmação de Georges Lemaître justifica o exame da tendência (apud TORRE, 1965, p. 245).

21.1   Na pintura, o ponto de partida da atitude cubista é o quadro de Pablo Picasso intitulado *Les demoiselles d'Avignon* (1907). Influenciado pelas estatuetas negras e polinésias que começavam a aparecer em alguns *ateliers*, o genial pintor espanhol apresenta na composição formas geometrizadas, deformadas, notadamente os rostos das figuras. É relevante notar que a parte realmente cubista do quadro são os dois nus femininos da metade à direita, que contrastam com os que se situam na metade à esquerda.

21.2   Há, entretanto, críticos de arte que atribuem as primeiras manifestações da nova atitude às paisagens que Georges Braque apresentou em 1908, em Paris. Caracterizam-nas, principalmente, as formas reduzidas a seus elementos geométricos básicos. Quando foram expostas no Salão de Outono, o pintor Matisse, que fazia parte do júri, qualificou-as como "caprichos cúbicos". O crítico Louis Vauxcelles utilizou a designação em seus comentários e o nome consagrou-se.

21.3   O termo "cubismo" foi logo aplicado à literatura, graças, sobretudo, à influência que exerceram na formação da nova estética o referido Apollinaire, Max Jacob, Maurice Raynal e outros. Do primeiro, inclusive, são os estudos publicados sob o título *Méditations esthétiques: la peinture cubiste* (1913).

21.4   Podem ser apontadas as seguintes características para o estilo cubista na arte literária:

- A obra de arte deve ser uma transformação, não apenas objetiva, mas, ao mesmo tempo, objetiva e subjetiva da natureza.

- A procura da verdade deve centralizar-se na realidade pensada, e não na realidade aparente.
- A obra de arte deve bastar-se a si mesma.
- Eliminação do anedótico e do descritivo. O poema, por exemplo, reduz-se a uma sucessão de anotações sem relacionamento causal visível. "Correlativamente, o poeta se desdobra em outro e se interpela a si mesmo; no confessional, a autoscopia mostra o eu no espelho do tu" (G. de Torre). Aliás, Guillermo de Torre acrescenta que nessa atitude há um antecedente imprevisto da passagem do *moi* ao *vous* como sujeito narrador, o que será novidade no novo romance, como se pode verificar em *La modification* (1957), de Michel Butor.
- Supressão da continuidade cronológica. As sensações e recordações vão ou vêm do presente ao passado, confundindo os seus caminhos.
- Supressão da lógica aparente. Evita-se o "pensamento-frase", lógico, racional; prefere-se o "pensamento-associação", que se move entre o consciente e o subconsciente; desaparece a continuidade lógica tradicional. É a desordem voluntária, a "enumeração caótica" de que trataria mais tarde o crítico Leo Spitzer. Um exemplo:

> Effeuille la rose des ventes
> Voici que brouissent les orages déchaînés
> Les trains roulent en tourbillon sur les réseaux enchevêtrés
> et ne se rencontrent jamais
> D'autres se perdent en route
> Les chefs de gare jouent aux échecs
> Tric-trac
> Billard
> Caramboles
> Paraboles
> La voie fermée est une nouvelle géométrie
> Syracuse
> Archimède
>
> (Fragmento de "Du monde entier", de BLAISE CENDRARS, apud TORRE, 1965, p. 252)

Tradução livre:

> Desfolhe a rosa dos ventos
> Eis que ribombam as tempestades desencadeadas
> Os trens rolam no turbilhão sobre as redes embaraçadas
> E não se encontram jamais
> Outros se perdem nas estradas

> Os chefes de estação jogam xadrez
> Tric-trac
> Bilhar
> Carambolas
> Parábolas
> A via fechada é uma nova geometria
> Siracusa,
> Arquimedes.

- Preocupação com o tempo presente. "Tudo é tema de poesia. Os poetas querem viver em seu tempo. O poeta se abandona ao impulso primeiro de sua pena e à visão simultânea de todas as coisas que firam a sua sensibilidade, sua inteligência, na sua memória. É uma arte puramente integral e diríamos, sinótica" (PAUL NEUHUYS, apud TORRE, 1965, p. 253).
- Influência de viagens, de paisagens exóticas, de cidades apenas vislumbradas. Exemplo de Valéry Larbaud, em "Ode ao trem de luxo":

> Prête-moi ton grand bruit, ta grande allure si douce
> Ton glissement nocturne à travers l'Europe illuminée,
> O train de luxe! Et l'angoissante musique
> Qui bruit le long de tes couloirs de cuir doré,
> Tandis que derrière les portes laquées, aux loquets de cuivre lourd
> Dorment les millionaires.
>
> (In TORRE, 1965, p. 255)

Tradução livre:

> Empreste-me teu grande ruído, teu andar tão doce,
> Teu escorregar noturno através da Europa iluminada,
> Ó trem de luxo! E a angustiante música
> Que embebe o longo de teus corredores de couro dourado,
> Enquanto atrás das portas laqueadas, nas tranquetas de cobre pesado
> Dormem os milionários

- Valorização do humor para afugentar a monotonia da vida, que é cinzenta. Cumpre criar novas situações humorísticas, nascidas não de uma visão amargamente irônica ou exageradamente otimista da existência, mas da visão instantânea do mundo e do uso de elementos-surpresa.

Entre os nomes que, em determinado momento de suas obras, são representativos da estética cubista, podemos apontar, entre outros, o já citado Guillaume Apollinaire, Blaise Cendrars, Paul Morand, Max Jacob, Pierre Reverdy e Jean Cocteau.

21.6 Das repercussões do Cubismo, efêmero como atitude literária coletiva, como quase todos os ismos dos primeiros momentos da grande revolução que marcou o século XX, costumam ser apontados (apud TORRE, 1965, p. 259):

- a técnica cinematográfica de que faz uso, por exemplo, André Malraux nos romances *Les conquérants* e *La condition humaine*;
- a multiplicação e o desdobramento de planos que se observam, por exemplo, na obra de John dos Passos (EUA);
- os primeiros planos do romance *The power and the glory*, de Graham Greene;
- a simultaneidade espaço-tempo que caracteriza *Le sursis*, de Sartre.

21.7 Mas, já no ano de 1920, a nova moda perde intensidade e interesse. Deve-se notar, ainda, que muitas de suas características são comuns a outros movimentos da época.

22 O Expressionismo

22.1 É um movimento que floresce na Alemanha, na mesma época em que Futurismo e Cubismo se desenvolvem a partir, respectivamente, da Itália e da França. Caracteriza-se por uma atitude multifacetada que envolve não apenas as manifestações da poesia, mas que se estende ao romance, ao ensaio, ao drama e que, como afirma Guillermo de Torre, "cristaliza um estado de espírito, com mais rigor do que pretenderam fazê-lo o Futurismo e o Surrealismo" (1965, p. 197).

22.2 O termo, nascido mais uma vez na área da pintura, foi lançado em 1901 pelo pintor francês Julien-Auguste Hervé, que, com ele, buscava caracterizar o estilo dos quadros de sua autoria. A partir do artigo de W. Werringer, publicado na revista *Der Sturm*, em 1911, onde ele a aplica para designar o estilo de Van Gogh, Matisse e Cézanne, a palavra ganha divulgação, para assumir presença forte depois do livro de Hermann Bahn, *Expressionismus*, de 1916. Desde 1914, entretanto, o termo já era aplicado também às manifestações da literatura.

22.3 Numa conceituação ampla, designa a atitude dos artistas que valorizam como artístico aquilo que as obras de arte possuem de expressão íntima individual, a vida interior, absoluta e imediata, tal como foi experimentada, e que, sem sujeição a quaisquer formas exteriores, é fixada numa tela ou página (apud BALLY, 1956, p. 202).

22.4 Restrito à condição de movimento de vanguarda, aplica-se basicamente ao período de 1910 a 1920, admitida pela crítica uma fase considerada pré-expressionista, que envolveria pintores dos fins do século XIX e começos do atual, como o Van Gogh dos autorretratos, Cézanne e, sobretudo, os artistas do grupo **Die Brücke** (A ponte), fundado em Dresden, em 1905. Considera-se também uma terceira fase, de 1920 a 1933, já declinante.

22.5 O Expressionismo, apesar de amplo e fecundo, não efetivou um conjunto coerente de doutrina, mas, entre as características que o configuram, podemos apontar:

- Centralização na expressão de um mundo interior;
- Crença no poder dos elementos que se expressam a si mesmos, já fora do domínio do artista;
- Tendência à captação do eterno e o consequente abandono do mundo das aparências;
- Preocupação com uma perspectiva ideológica independente da natureza imediata;
- Valorização da imaginação e do sonho;
- Importância do ato de exprimir-se;
- Tendência para o hermetismo e o alogicismo, uma vez que o mundo interior é alógico e marcado de obscuridade;
- Oposição ao Naturalismo e ao Impressionismo.

22.6 Como escreve Alberto Soergel:

> (No Expressionismo) aquilo que foi reprodução de um retalho do natural é agora liberação de uma tensão espiritual. Nesse sentido, todos os objetos do mundo exterior podem ser unicamente signos sem significado próprio. Portanto, o que antes era uma atenção humilde à linguagem do objeto é agora uma dissolução pessoal do objeto na ideia, a fim de desprender-se daquele e redimir-se nesta.
>
> (apud TORRE, 1965, p. 204)

22.7 As palavras de Giacomo Prampolini são ainda mais esclarecedoras:

> Enquanto o Impressionismo significa a passiva reprodução de sensações, o Expressionismo atua empregando elementos do mundo interior; o eu do artista, que se impõe à natureza e às coisas concretas, exerce sobre elas uma violência, reelabora-as e volta a plasmar e termina por construir uma realidade.
>
> (apud TORRE, 1965, p. 204-5)

22.8   Como lembra J. G. Merquior, a estética expressionista liga-se, em sua base, a duas premissas filosóficas:

> Primeiro, à tese idealista do sujeito como matriz da realidade. Segundo a uma modificação que o expressionismo, na obra do seu maior teórico, B. Croce, impôs ao idealismo dominante da idade clássico-romântica, o de Hegel – e que consistiu em isolar o sujeito da expressão estética do reino de significados histórico-intelectuais que integravam, em Hegel, o sentido e o valor da obra de arte. Cortada do mundo, divorciada do pensamento, a intuição-expressão a que Croce restringe a experiência artística se transforma em suporte da "arte pura", de uma *liricità* abstrata, da vibração estética surda e fechada ao pulso do universo.
>
> (1974, p. 173)

22.9   No âmbito das artes plásticas, dois grupos situam-se na base do movimento: o já citado **Die Brücke** (A ponte) e o grupo **Der Blaue Reiter** (O cavaleiro azul). O primeiro tem entre seus artistas representativos o grupo de pintores que de início realmente conviveram, criaram e expuseram juntos, repartiram telas e bens comuns, integrado por Kirchner, Hickel, Schmidt-Rottluf, Emil Nold, Max Pechstein, Otto Müller. O segundo grupo, fundado em 1911, em Munique, por Franz Marc e Wassili Kandisnky, contou ainda com as figuras de August Macke, Heinrich Campedock, Chagall e Paul Klee. A designação que se atribuíram deve-se aos cavalos e ginetes azulados que constituíram o motivo preferido dos quadros de Franz Marc e que nomeou também o álbum publicado em Munique, em 1912.

22.10   Em poesia, especificamente, o movimento deixa entrever notas de solidariedade universal, próximas das posições de Walt Whitman, por exemplo, posições antibelicistas, pluralidade cósmica na visão do mundo. Na prosa e no teatro, a grande tônica é o predomínio do *"vater-sohn motiv"*, isto é, a revolta dos filhos contra os pais, o conflito de gerações.

22.11   Entre os escritores representativos, figuram, entre outros, August Stramm, Benn, Franz Werfel, G. Heym, Jakob van Hoddis, Kurt Hiller, Georg Tralk, Kasimir Edschmid, Georg Kaiser, Walter Hasenclever, Ernst Toller.

22.12   Não poucas são as publicações divulgadoras do movimento, e os novos grupos a ele vinculados também são significativos. Entre as revistas, encontram-se, entre outras: a pioneira *Der Sturm* (A Tempestade), lançada em 1910 e ligada a uma preocupação plástica e literária; *Der Aktion* (A Ação), lançada em 1911, de tendência político-social; *Weise Blätter*, na mesma tendência; *Der Neue Clube* (O Novo Clube), sediada em Berlim. Mais tarde, já nos anos 1919-1920, novos periódicos e antologias, como, por exemplo, *Das Kunstblatt* (A Gazeta da Arte) e *Ararat* (Ararat), entre os primeiros, e *Menschheitsdämmerung* (O Crepúsculo da Humanidade), *Die Erhebung* (A Elevação) e *Die Verkündung* (A Anunciação), entre as segundas.

22.13 Um trecho do "manifesto" de Kasimir Edschmid dá bem a medida das posições assumidas pelos expressionistas:

> A terra é uma paisagem imensa que Deus nos deu. Temos que olhar para ela de tal modo que ela chegue a nós sem deformação. Ninguém duvida de que a essência das coisas não seja a sua realidade exterior. A realidade tem que ser criada por nós. A significação do assunto deve ser sentida. Os fatos acreditados, imaginados, anotados não são o suficiente; ao contrário, a imagem do mundo tem que ser espelhada puramente e não falsificada. Mas isso está apenas dentro de nós mesmos.
>
> Assim o universo total do artista expressionista torna-se visão. Ele não vê, mas percebe. Ele não descreve, acumula vivências. Ele não reproduz, ele estrutura (*gestaltet*). Ele não colhe, ele procura. Agora não existe mais a cadeia dos fatos: fábricas, casas, doença, prostitutas, gritaria e fome. Agora existe a visão disso. Os fatos têm significado somente até o ponto em que a mão do artista o atravessa para agarrar o que se encontra além deles. (...)
>
> Cada homem não é mais indivíduo ligado à obrigação, à moral, à sociedade, à família. Nesta arte, ele se torna somente o mais grandioso ou o mais humilhado: ele se torna homem.
>
> Aqui temos o novo e o inaudito em relação às épocas anteriores. Aqui o pensamento mundial burguês finalmente não se pensa mais. Aqui não existem mais as ligações que tornam opacas as imagens do humano. Não existem mais histórias nupciais, tragédias surgidas do conflito das convenções e com a busca da liberdade, peças do meio ambiente (*milieu*), chefes rígidos, oficiais ociosos, marionetes que, penduradas nos arames das concepções psicológicas do mundo, brincam com leis, pontos de vista, erros e vícios dessa sociedade feita e construída pelos homens. Através desses substitutos a mão do artista agarra cruelmente. Sucede que elas eram fachadas. Do bastidor e do jugo do sentimento tradicional falsificado não sai nada, somente o homem. (...)
>
> A mesma lei que reina inconscientemente, que elimina sem ser negativa, que somente liga momentos escolhidos para pontos magneticamente iguais, comprime a estrutura do que escreve. As frases se encontram dobradas no ritmo de uma maneira diferente do comum. Elas obedecem à mesma intenção, ao mesmo fluxo do espírito que somente revela o essencial. Melódica e encurvamento reinam sobre elas. Mas não para um fim em si mesmas. As frases, penduradas numa grande cadeia, servem ao espírito que as forma.

> Elas conhecem somente o caminho do espírito, o seu alvo, o seu significado. Elas juntam ponta a ponta, se contraem mutuamente e não estão mais ligadas por amortecedores da transição lógica, não mais pela massa móvel e superficial da psicologia. A elasticidade está nelas mesmas. Também a palavra ganha uma força diferente. Termina o que descreve, o que vai ao redor das coisas. Não há mais lugar para isso. A palavra se torna flecha. Atinge o interior do assunto, é enfatizada por ele. Ela se torna cristalinamente a verdadeira imagem do objeto. Então desaparecem as palavras supérfluas. O verbo se estende e torna-se mais afiado, tenso, para apanhar a expressão clara e distintamente. O adjetivo ganha a fusão com o portador do pensamento-palavra (*Wortgedanken*). Também ele não pode circunscrever. Ele tem que dar a essência de modo mais breve, somente a essência. Nada mais. (...)
>
> Esse tipo de expressão não é alemão nem francês. Ele é supranacional. Ele não é somente assunto da arte. É exigência do espírito. Não é programa do estilo. É um problema da alma. Uma coisa da Humanidade.
>
> (apud TELES, 1986, p. 107)

22.14 De certo modo, o Expressionismo antecipa algumas das posições que marcarão um dos mais relevantes movimentos vanguardistas da época: o Surrealismo. Mas, antes de tratarmos dessa manifestação, examinemos o sintetizador da crise e dos descontentamentos: o Dadaísmo.

23 **O Dadaísmo**

Surge em Zurique, com o primeiro manifesto de Tristan Tzara, lido em 14 de julho de 1916. (Ao todo foram sete os manifestos dadá.)

23.1 O Dadaísmo nasceu – no cabaré Voltaire, de Zurique, em 1916 – "de um desejo de independência, de desconfiança para com a comunidade. Os que estão conosco guardam sua liberdade. Não reconhecemos nenhuma teoria. Basta de academias cubistas e futuristas: laboratórios de ideias formais" (TZARA, 1967, p. 18), esclarece aquele documento.

23.2 E numa prova desse desprendimento total e dessa liberdade plena, o mesmo Tzara dá notícia de como surgiu a nova designação:

> Encontrei o nome por casualidade, inserindo uma espátula num tomo fechado do *Petit Larousse* e lendo imediatamente, ao abri-lo, a primeira linha que me chamou a atenção: DADA. (...) Meu propósito foi criar apenas uma palavra expressiva que através de sua magia fechasse todas as portas à compreensão e não fosse apenas mais um *–ISMO*.
>
> (apud TORRE, 1965, p. 323)

23.3 Juntamente com Tzara, reuniram-se no pequeno teatro de variedades, o cabaré, outros "revoltados" e desencantados: o romeno Marcel Janco, o alsaciano Franz Arp, os alemães Richard Hueselsembeck e Hugo Ball, o francês Francis Picabia e o chileno Vicente Huidobro. O grupo exaltava Rimbaud, discutia o Futurismo e acentuava o niilismo trazido pela guerra.

23.4 A partir deles, desencadeia-se a deflagração do movimento mais radical da vanguarda europeia da época, que, simultaneamente, mobilizará os grandes centros, como Paris, Berlim, Moscou, Viena, Barcelona, Colônia, Nova Iorque, e envolverá, além dos manifestos definidores, um número considerável de revistas, antologias, livros, congressos. Exemplos de revistas: *Dada*, dirigida por Tzara, *Proverbe*, de Paul Éluard, *Z*, de Paul Dermée, *391* e *Cannibale*, de F. Picabia.

23.5 Movimento de protesto, atitude contra, assinalemos os princípios que defende:

- É uma tentativa de demolição;
- Propõe a abolição da lógica, "dança dos impotentes da criação";
- Prega a abolição da memória, da arqueologia, dos profetas do futuro;
- Exalta a liberdade total da criação: "Estamos contra todos os sistemas, mas sua ausência é o melhor sistema";
- Propõe a percepção da vida em sua lógica incoerência primitiva;
- Tenta a criação de uma linguagem totalmente nova e inusitada;
- Busca cortar o nexo de ligação com a realidade vital;
- Propõe-se um estilo antigramatical, uma linguagem simplista e interjeicional;
- Prega que "a arte tende a uma liberação suprema, ao transformar-se numa simples distração";
- Declara que "arte não é coisa séria";
- Admite que a arte não necessita ser compreensível: pode reduzir-se a uma gíria de iniciados.

23.6 Este trecho do Manifesto Dada de 1918 é bastante esclarecedor:

DESPREZO DADAÍSTA

Todo produto do desprezo suscetível de tornar-se uma negação da família é DADÁ; protesto com os punhos cerrados de todo o seu ser em ação destrutiva: DADÁ; conhecimento de todos os meios rejeitados até o presente pelo sexo pudico do compromisso cômodo e da polidez:

DADÁ; abolição da lógica, dança dos impotentes da criação: DADÁ; de toda a hierarquia e equação social instalada para os valores por nossos criados: DADÁ; cada objeto, todos os objetos, os sentimentos e as obscuridades, as aparições e o choque preciso das linhas paralelas são meios para o combate: DADÁ; abolição da memória: DADÁ; abolição da arqueologia: DADÁ; abolição dos profetas: DADÁ; abolição do futuro: DADÁ; crença absoluta indiscutível em cada deus produto imediato da espontaneidade: DADÁ; salto elegante e sem prejuízo de uma harmonia a outra esfera; trajetória de uma palavra lançada como um disco sonoro grito; respeitar todas as individualidades na sua loucura do momento: séria, medrosa, tímida, ardente, vigorosa, decidida, entusiasta; despojar sua igreja de todo acesso inútil e pesado; escarrar como uma cascata luminosa o pensamento descortês e amoroso, ou acariciá-lo – com a viva satisfação que é inteiramente igual – com a mesma intensidade no espinhal, puro de insetos para o sangue bem-nascido, e dourado de corpos de arcanjos, de sua alma. Liberdade: DADÁ, DADÁ, DADÁ, uivo das dores crispadas, entrelaçamento dos contrários e de todas as contradições, dos grotescos, das inconsequências: A VIDA.

(TZARA, 1967, p. 33-5)

23.7 Para melhor compreendermos essa atitude eminentemente contra, lembremos a época em que surge na Europa: 1916. É a primeira grande guerra.

23.8 O Dadaísmo é, pois, um movimento de protesto.

23.9 Apesar, entretanto, do seu tom altamente exclusivista e pessoal, foi realidade destacada na França, na Alemanha e nos Estados Unidos e conheceu seu momento áureo de março a junho de 1920.

23.10 O movimento encaminha-se para o declínio em 1921, para, em 1924, converter-se num novo "ismo" modernista: o Surrealismo.

23.11 Terminemos com duas manifestações dadaístas: a primeira, um trecho do *Manifeste sur l'amour faible et l'amour amer*; a segunda, um fragmento de poema.

POUR FAIRE UM POÈME DADAÏSTE

Prenez un journal.
Prenez des ciseaux.
Choisissez dans ce jornal un article
ayant la longueur que vous comptez
donner à votre poème.
Découpez l'article.
Découpez ensuite avec soin chacun

de mots qui forment cet article et
mettez-les dans un sac.
Agitez doucement.
Sortez ensuite chaque coupure l'une
après l'autre.
Copiez conscieusement
dans l'ordre où elles ont quitté le sac.
Le poème vous ressemblera.
Et vous voilà infiniment
original et d'une sensibilité charmante,
encore qu'incomprise du vulgaire.

(TZARA, 1967, p. 62-3)

PARA FAZER UM POEMA DADAÍSTA

Pegue um jornal
Pegue uma tesoura
Escolha nesse jornal um artigo
com o tamanho que você conta
dar ao seu poema
Recorte o artigo
Recorte em seguida cada uma
das palavras que formam o artigo e
coloque-as num saco.
Agite docemente.
Retire em seguida cada recorte, um
depois do outro.
Copie conscienciosamente
na ordem em que eles forem saindo do saco.
O poema lhe aparecerá
E eis você infinitamente
original e de uma sensibilidade encantadora
ainda que incompreensível do vulgo.

CHANSON DADA

La chanson d'un dadaïste
qui avait dada au cœur
fatiguait trop son moteur
qui avait dada au cœur

L'ascenseur portait un roi
lourd fragile autonome

il coupa son grand bras droit
l'envoya au pape à Rome.

C'est pourquoi
l'ascenseur
n'avait plus dada au cœur

Mangez du chocolate
lavez votre cerveau
dada
dada
buvez de l'eau

(Fragmento de TRISTAN TZARA, apud CHARPIER E SEGHERS, 1956, p. 691)

Tradução livre:

CANÇÃO DADÁ

A canção de um dadaísta
que tinha dadá no coração
cansava demais seu motor
que tinha dadá no coração.

O elevador transportava um rei
pesado frágil autônomo
ele cortou seu grande braço direito
e o enviou ao papa em Roma

É porque
o ascensorista
não tinha dadá no coração

Coma chocolate
lave o seu cérebro
dadá
dadá
beba água

O Surrealismo

Cumpre, inicialmente, delimitar a extensão significativa do termo, para que possamos melhor compreender a importância do movimento e a sua caracterização. Por Surrealismo podemos entender:

- a área difícil de ser determinada do magicismo universal: arte primitiva, poesia pré-lógica;

- a corrente europeia esotérica, desde o movimento cabalista até o florescer das ciências ocultas durante o século XIX;
- a arte e a poesia "malditas" de alguns artistas isolados, da Idade Moderna, desde Paracelso e Hyeronimus Bosch até Moralis e William Blake, com as consequências de sua obra e as ressonâncias.

No século XX, mais corretamente, é possível determinar três áreas:

1. "A arte de vanguarda e a poesia inspirada nos mesmos princípios destruidores da tradição, do predomínio da consciência e dos valores morais".
2. A obra dos surrealistas dos diferentes grupos espalhados por todo o mundo, ou mesmo dos que atuam isoladamente, com as diretrizes básicas do movimento que se caracteriza com nitidez na Europa da primeira metade do século XX.
3. O círculo do Surrealismo ortodoxo, o grupo parisiense chefiado por André Breton (apud CIRLOT, 1953, p. 32-3).

Este último é que merecerá nossas maiores atenções, porque é a partir dele que o movimento se configura como corpo de doutrina, como consciência de atitude artística, e nos permite inclusive as distinções que acabamos de fazer.

Assim entendido, o Surrealismo também tem seus manifestos. A André Bréton, o grande chefe do movimento, cabe a autoria de três deles, nos quais se expõem os fundamentos teóricos e as perspectivas da nova posição: Manifesto do Surrealismo (1924); Segundo manifesto do Surrealismo (1930); Prolegômenos a um terceiro manifesto do Surrealismo ou não (1942). E sobre a revelação do movimento é o mesmo Breton que esclarece:

> Uma noite, então, antes de adormecer, eu percebi, nitidamente articulada, a tal ponto que me era impossível mudar nela qualquer palavra, mas separada entretanto do ruído de qualquer voz, uma frase bastante fora do comum que me chegava sem trazer vestígio dos acontecimentos nos quais, com o testemunho de minha consciência, eu me encontrava naquele instante envolvido, frase que me pareceu insistente, frase, eu ousaria dizer, que *batia na vidraça*. Tomei rapidamente conhecimento dela e me dispunha a ir adiante, quando seu caráter orgânico me reteve. Na verdade essa frase me espantava; infelizmente não a guardei até hoje, era algo como: "Há um homem cortado em dois pela janela", mas não haveria condição de equívoco, acompanhada que ela era da fraca

representação visual de um homem que caminhava e estava cortado a meia-altura por uma janela perpendicular ao eixo do seu corpo. Sem dúvida tratava-se de uma simples emenda no espaço de um homem que se encontrava debruçado à janela. Mas como essa janela tinha seguido o deslocamento do homem, eu me dei conta de que estava a braços com uma imagem de tipo bastante raro e rapidamente não me ocorreu outra ideia senão de incorporá-la a meu material de construção poética. Eu não concedi a ela tal crédito a não ser quando ela deu margem a uma sucessão apenas intermitente de frases que não me surpreenderam pouco menos e me deixaram sob a impressão de uma tal gratuidade que o domínio que, até então, eu assumira sobre mim mesmo me pareceu ilusório e eu não sonhava senão com dar fim à interminável querela que se instalara em mim.

(1970, p. 31-3)

24.4   A palavra, entretanto, que designará a atitude deve-se a Guillaume Apollinaire. O testemunho é de seu companheiro Pierre Albert-Birot:

> Na primavera de 1917 escrevíamos o programa de *Les mamelles*, sob cujo título havíamos escrito: "drama". Propus a Apollinaire que acrescentássemos algo a essa palavra. Disse-me ele: "com efeito acrescentemos surnaturalista"; mas eu me rebelei contra a adjetivação, que não convinha, por várias razões. Apollinaire não me deixou dizer mais e, dando-se conta da impropriedade da primeira proposta, disse: "digamos então surrealista". Estava encontrada a palavra conveniente.

(apud SERNA, 1947, p. 270)

24.5   "Revelado" e "batizado", o Surrealismo começa a configurar-se. E, com base nos manifestos de Breton e nas obras representativas, pode ser compreendido a partir das seguintes características:

- **Conflito entre a vida vivida e a vida pensada**
Os surrealistas valorizam a imaginação: "Para a maioria de nós, a vida real é a vida que não vivemos" (Oscar Wilde).

É necessário, pois, libertar o homem das limitações de uma existência meramente utilitária e, mais que isso, é preciso que todos e cada um dos recursos que o ser humano, qualquer ser humano, possa encontrar dentro e fora de si, constituindo o círculo de sua "realidade", sejam mobilizados. O que se busca, como atitude de vida, é sistematizar de tal maneira os valores da imaginação que se consiga a modificação total das estruturas e do mecanismo da "odiada realidade", tal como se apresenta objetivamente (apud CIRLOT, 1953, p.34-5).

Para uma ideia do problema, leia-se o poema abaixo de Fernando Pessoa:

DATILOGRAFIA

Traço sozinho, no meu cubículo de engenheiro, o plano,
Firmo o projeto, aqui isolado,
Remoto até de quem eu sou.

Ao lado, acompanhamento banalmente sinistro,
O tic-tac estalado das máquinas de escrever.
Que náusea da vida!
Que abjeção esta regularidade!
Que sono este ser assim!

Outrora, quando fui outro, eram castelos e cavaleiros
(ilustrações, talvez, de qualquer livro de infância),
Outrora, quando fui verdadeiro ao meu sonho,
Eram grandes paisagens do Norte, explícitas de neve,
Eram grandes palmares do Sul, opulentos e verdes.
Outrora.

Ao lado, acompanhamento banalmente sinistro,
O tic-tac estalado das máquinas de escrever.

Temos todos duas vidas:
A verdadeira, que é a que sonhamos na infância.
E que continuamos sonhando, adultos, num substrato de névoa;
A falsa, que é a que vivemos em convivência com outros,
Que é a prática, a útil,
Aquela em que acabam por nos meter num caixão.

Na outra, não há caixões, nem mortes,
Há só ilustrações de infância:
Grandes livros coloridos, para ver mas não ler;
Grandes páginas de cores para recordar mais tarde.
Na outra somos nós,
Na outra vivemos;

Nesta morreremos, que é o que viver quer dizer;
Neste momento, pela náusea, vivo na outra...
Mas ao lado, acompanhamento banalmente sinistro,
Ergue a voz o tic-tac estalado das máquinas de escrever.

(PESSOA, 1960, p. 355)

Claro está que, no plano do viver, as soluções não são tão simples como as palavras, nem facilmente encontradas. Assim, os escritores surrealistas traduzem uma oscilação frequente entre otimismo e pessimismo, entre o esperar uma possível melhoria e a certeza de uma situação definitivamente sem saída. E alguns (entre eles, Gérard de Nerval, Lautréamont e René Crevel), em face desse choque, preferiram a evasão das evasões negativas: a morte.

- **Desejo de redenção psicológica, social e universal do ser humano**
Como decorrência do conflito entre realidade e imaginação, passam os surrealistas a preocupar-se com a "ação espiritual no indivíduo e na sociedade, entendida revolucionariamente; a manifestação transitória e permanente, o descobrimento de técnicas psicológicas, artísticas e literárias, dentro de um novo conceito da arte e da literatura, ou melhor da poesia" (CIRLOT, 1953, p. 37), e de uma nova concepção do mundo.

- **Ilogismo**
Os surrealistas rebelam-se contra o "reinado da lógica", contra o racionalismo absoluto que permite apenas captar os fatos relacionados estritamente com a nossa experiência (BRETON, 1924, p. 18).

É importante assinalar que esse irracionalismo deita raízes na doutrina de grandes filósofos do século XIX: em Kant, Schopenhauer, Hegel, Hartmann e Nietzsche.

- **Valorização do inconsciente**
É consequência imediata da rebeldia contra a razão. Com base nos estudos de Freud, os surrealistas procuram a inspiração nos sonhos; um bom exemplo dessa procura é a obra de Gérard de Nerval. No sonho, o homem encontraria a sua realidade absoluta. Aliás, a psicanálise utiliza-se muito do que sonhamos para eliminar problemas fundamentais do nosso ser no mundo. O próprio Breton conta a história de um escritor que, ao recolher-se para dormir, colocava do lado de fora da porta do quarto a inscrição: O POETA TRABALHA.

- **Automatismo verbal e escrito**
É a forma por meio da qual se pretende "expressar seja verbalmente, seja por escrito ou de qualquer outro modo, o funcionamento real do pensamento" (BRETON, 1970, p. 37). E sobre as condições ideais da criação assim se expressa o autor dos manifestos:

> Muna-se do que escrever, após estabelecer-se num local o mais favorável possível à concentração de seu espírito sobre si mesmo. Coloque-se no estado mais passivo, ou receptivo, que possa. Abstraia de seu gênio, de seus talentos e dos de todos os demais. Diga a você mesmo que

> a literatura é um dos mais tristes caminhos que levam a tudo. Escreva rápido sem assunto preconcebido, muito rápido para não reter e não ser tentado a reler.
>
> (BRETON, 1970, p. 42-3)

Tal automatismo é, aliás, uma das técnicas usadas nos consultórios dos psicanalistas; através dele verifica-se a "associação livre" que coloca o espírito no mundo inconsciente em que se cruzam e se fundem as vivências profundas do "eu".

As palavras trazidas assim, livremente, para o exterior traduzem todo esse mundo de transfiguração.

- **Modificação das estruturas da realidade**

O Surrealismo pretende que a realidade é vulnerável e pode ser modificada; a poesia, por exemplo, deixa de ser entendida como "canto", ou como "meio de comunicação de vivências", para se tornar "ação mágica", "mito", "meio de conhecimento". Não se trata mais, portanto, da divisão dicotômica da estética tradicional, que classifica a atividade criadora em otimista, se celebra a realidade, e em pessimista, se propõe a evasão dessa mesma realidade. Temos assim, ao lado da poesia de contemplação, da poesia de comunhão e da poesia de evasão, a poesia de transfiguração, se nos são permitidos os termos.

O surrealista escreve buscando descobrir valores escondidos no âmago do seu "eu" e procurando dar-lhes objetividade para chegar a um ideal realizável e submisso e ainda provocar um movimento que afete o seu espírito e o mundo, e facilite a osmose entre o subjetivo e o objetivo, a vigília e o sono, tendendo para o êxtase a que se refere André Breton no Segundo Manifesto.

- **Emprego da imagem liberada**

"Aos olhos dos surrealistas absolutos, no domínio das imagens tudo é possível" (RAYMOND, apud CIRLOT, 1953, p. 258-9).

Assim os escritores lançam-se ao emprego irregular e passional de imagens por si mesmas:

> Acontece com as imagens surrealistas o que ocorre com essas imagens do ópio que o homem não evoca mais, mas que se oferecem a ele espontaneamente, despoticamente. Ele não pode mais despedi-las, porque a vontade não tem mais força nem governa mais as suas faculdades.
>
> (BAUDELAIRE, apud BRETON, 1970, p. 50)

A imagem surrealista deve ser a tradução de um modelo interior numa representação dotada de qualidades e valores que garantam o interesse e a relativa duração da obra:

> Se o homem está dividido entre o universo da chamada realidade racional e o da sobrerrealidade irracional, o fim das práticas surrealistas não será apenas exprimir essa parte obscura e habitualmente condenada, mas também soldá-la em unidade com a parte diurna, restituir o homem a si mesmo, promover uma humanidade na qual já não se distinga entre razão e desejo, prazer e trabalho.
>
> (FORTINI, 1965, p. 13)

- **Humor negro**
Traduz-se em jogos de palavras, tendentes a quebrar as convenções. Quase sempre se junta uma palavra logicamente adequada a uma outra logicamente "incompatível". Exemplo: "cadáver agradável", "anjo torto".

Para melhor caracterizar a importância do movimento, lembramos ainda alguns dados significativos:

a) A permanência da atitude e do seu evoluir nos vários manifestos publicados.

b) As revistas a ele dedicadas, como *La Révolution Surréaliste* (Paris); *Le Surréalisme au Service de la Révolution* (Paris); Minotaure (Paris); *Surrealismus* (Praga); *Konkretion* (Dinamarca); *L'Échange Surréaliste* (Tóquio); *Gaceta de Arte* (Tenerife) e outras.

c) As diversas obras sobre o movimento, encarado de todos os ângulos: filosofia, estética, política, arte etc. Citamos exemplos: ALQUIÉ, Ferdinand. *Humanisme surréaliste et humanisme existentialiste*. Paris: PUF, 1948; idem, *Philosophie du Surréalisme*. Paris: Flammarion, 1956; ARLAND, Marcel. Sur un nouveau mal-du-siècle. *Essais et nouveaux essais critiques*. Paris: Gallimard, 1952; BALAKIAN, Ana. *Literary origins of Surrealism*: a new misticism in French poetry. New York: King's Crow Press, 1947; BEDOUIN, J. L. *Vingt ans de Surréalisme – 1939/1959*. Paris: Denoël, 1961; RAYMOND, Marcel. *De Baudelaire au Surréalisme*. Paris: José Corti, 1966 (ed. rev. e ref.); DUROZOR, Gérard e LE CHARBONNIER, Bernard. *Le Surréalisme – théories, thèmes, techniques*. Paris: Larousse, 1972; CARROUGES, M. *André Breton et les données fondamentales du Surréalisme*. Paris: Gallimard, 1950; BRECHON, R. *Le Surréalisme*. Paris: Armand Colin, 1961; DUPLESSIS, Y. *Le Surréalisme*. Paris: PUF, 1961; NADEAU, M. *Histoire du Surréalisme*. Paris: Seuil, 1945;

ALEXANDRIAN, S. André Breton par lui-même. Paris: Seuil, 1971; *Philosophie du Surréalisme*. Paris: Flammarion, 1955; BÉHAR, A. *Étude sur Le théâtre Dada et surréaliste*. Paris: Gallimard, 1967; HERCOURT. *La leçon du Surréalisme*. Genève: Verbe, 1947; PIERRE, J. *Le Surréalisme*. Lausanne: Ed. Rencontre, 1965; WISE, S. *La notion de poésie chez André Breton et René Char*. Aix-en-Provence: La Pensée Universitaire, 1968; CIRLOT, J. Eduardo. *Introducción al Surrealismo*. Madrid: Revista de Occidente, 1953.

d) Os nomes representativos: Louis Aragón, Paul Éluard, Max Ernst, Yves Tanguy, Pierre Unik, Marcel Duchamp, Maurice Heine, Roger Caillois, Jules Monnerot, Salvador Dali, Juan Miró, todos colaboradores da revista *Le Surréalisme au Service de la Révolution*.

e) A importante adesão do discutido cineasta Luís Buñuel.

f) O engajamento, o compromisso dos principais representantes do movimento.

g) O emprego de técnicas ainda hoje em evidência, como a *collage* na pintura moderna.

h) A atualidade do movimento traduzida em obras significativas.

i) O significado do Surrealismo como abertura para atitudes futuras, no plano gráfico da obra de arte inclusive.

j) A importância do movimento como influência no modo de vida, na maneira de pensar na segunda metade do século XX.

24.7 Trata-se do início de tempo que, num resumo sumariíssimo pode ser caracterizado como o tempo em que "a vida cresceu", tempo em que "a vida é uma ordem" e exige melhor organização, quando grandes massas ascendem progressivamente às luzes da cultura e de melhores condições do existir. Tempo de altas conquistas, de progresso técnico, científico e literário. De consciência social. Quando não há praticamente distâncias e tudo se divulga assim que aparece. E aparecem artefatos que tornam a existência mais confortável no plano material. Hora da arquitetura funcional, do urbanismo, das artes industriais. Tempo que viveu duas guerras mundiais e vive à sombra do medo de uma terceira, talvez definitiva. Tempo de encíclicas papais revolucionárias. Hora de busca de soluções para graves problemas. Entre as soluções, em termos de estilos de época, evidenciam-se duas correntes advindas do século XIX: "a romântica em forma de pós-romantismo e a positivista, sob o aspecto do esteticismo intelectual que valoriza, sobretudo, a invenção" (apud CIRLOT, 1953, p. 77).

O MODERNISMO • CAPÍTULO 12   293

24.8   Como se percebe facilmente, há grande número de modalidades intermediárias, atitudes de reação ou regressão, como o academicismo e o nacionalismo xenófobo.

24.9   Entre as tendências pós-românticas, encontramos as linhas simbolista, intimista e expressionista; a corrente esteticista, caracterizada pelo cubismo, pelo futurismo, pelo abstracionismo, marca, no início do século XX, um avanço para o futuro, um começo de arrancada. O Surrealismo pretende integrar "a paixão intelectual do presente com a carga emocional das realidades românticas de expressão" (Juan Eduardo Cirlot).

24.10   No ano de 1966 morreu André Breton. Terá perecido com ele definitivamente o surrealismo? Se pensarmos em alguns escritores e artistas europeus, nos *beatniks*, no vocabulário, nas imagens, nas formas de expressão artística, encontraremos com frequência a presença do mais importante "ismo" do século XX, do qual eis alguns exemplos:

> **LOS ÁNGELES MUERTOS**
> Buscad, buscadlos:
> en el insomnio de las cañerías olvidadas,
> en los cauces interrumpidos por el silencio de las basuras.
> No lejos de los charcos incapaces de guardar una nube,
> unos ojos perdidos,
> una sortija rota
> o una estrella pisoteada.
>
> Porque yo los he visto:
> en esos escombros momentáneos que aparecen en las neblinas.
> Porque yo los he tocado:
> en el destierro de un ladrillo difunto
> venido a la nada desde una torre o un carro.
> Nunca más allá de las chimeneas que se derrumban,
> ni de esas hojas tenaces que se estampan en los zapatos.
>
> En todo esto.
> Mas en estas astillas, vagabundas que se consumen sin fuego,
> en esas ausencias hundidas que sufren los muebles desvencijados,
> no a mucha distancia de los nombres y signos que se enfrían en
>   [las paredes.
>
> Buscadlos, buscadlos:
> debajo de la gota de cera que sepulta la palabra de un libro
> o la firma de uno de esos rincones de cartas
> que trae rodando el polvo.

Cerca del casco perdido de una botella,
de una suela extraviada en la nieve
de una navaja de afeitar abandonada al borde de un precipicio.

(RAFAEL ALBERTI, apud PORTO, 1958, p. 76-7)

Tradução livre:

OS ANJOS MORTOS

Buscai-os, buscai-os:
Na insônia dos encanamentos esquecidos,
nos regueiros interrompidos pelo silêncio do lixo.
Não longe dos charcos incapazes de guardar
uma nuvem,
uns olhos perdidos,
um anel rompido
ou uma estrela pisoteada.

Porque eu os vi:
nesses escombros momentâneos que aparecem nas neblinas.

Porque eu os toquei
no desterro de um tijolo defunto,
vindo ao nada desde uma torre ou um carro.
Nunca mais além das chaminés que se derrubam
nem dessas folhas tenazes que se gravam em sapatos.

Em tudo isto.
Mas nestes estilhaços vagabundos que se consomem sem fogo,
nessas ausências fundidas que sofrem os móveis desvencilhados,
não a muita distância dos nomes e signos que se deixam esfriar
[nas paredes.

Buscai-os, buscai-os:
debaixo da gota de cera que sepulta a palavra de um livro
ou a assinatura de um desses cantos de cartas que o pó traz rodando.
Perto do casco perdido de uma garrafa,
de uma sola extraviada na neve,
de uma navalha abandonada na borda de um precipício.

A IMACULADA CONCEPÇÃO

Um pássaro
a pino sobre as rochas
um pássaro jamais visto
um pássaro apenas pássaro
um pequeno pássaro enorme
fascinante
gelado
um pequeno pássaro vivo
sobre as coisas
como um lado do mar
brilhante
impalpável
seguro
e, apesar disso impossível
terrível
obsediante.

Foi quando me voltei
Para dizer-te: "Repara!"
Que ele passou.

(MÁRIO CESARINY DE VASCONCELOS, s/d, p. 272-3).

24.11 É relevante notar que, se nos primeiros momentos o Surrealismo se situava no nível do mundo pensado, a partir de 1925, entretanto, Breton conduz o movimento para um engajamento sociopolítico de linha marxista, o que provoca uma cisão entre os seus companheiros de atitude. O Segundo manifesto revela nitidamente a nova posição.

24.12 As repercussões do Surrealismo ainda estão bastante presentes na arte dos nossos dias, quando muitas de suas propostas já não causam mais estranhamento. De certa forma, já não é mais vanguarda. Tropeçamos em manifestações surrealistas nas esquinas do cotidiano em que o progresso científico, tecnológico e artístico nos lançou. Evidenciam-no o emprego de técnicas como a "colagem", as aberturas criativas nas artes gráficas e na publicidade, as obras cinematográficas que abrem veredas na suprarrealidade, sem choques violentos ou reações agressivas dos espectadores. Mesmo a televisão dele se vale, até em vinhetas e em anúncios publicitários, sobretudo no Brasil.

25 **O Modernismo em Portugal**

25.1 Em torno das revistas *Orpheu* (1915, dois números, organizada por Luís de Montalvôr e pelo brasileiro Ronald de Carvalho, *Centauro*

(1916, um número), *Portugal Futurista* (1917, um número), *Contemporânea* (1922/1923, oito números) e *Athena*, 1ª série (1924/1925, cinco números), vive o primeiro grupo modernista em terras lusitanas, do qual as duas figuras mais representativas são Mário de Sá-Carneiro e Fernando Pessoa.

25.2 Caracteriza-o o espírito renovador e iconoclasta dos primeiros momentos. A admirável obra lírica de Pessoa marca-se como a maior expressão da poesia portuguesa do século XX e repercute de maneira bastante acentuada no Brasil. Outros integrantes do grupo são Antônio Botto, Raul Leal, Mário Saa e Almada Negreiros.

25.3 Transcrevemos a "Introdução" do primeiro número de *Orpheu*, Revista Trimestral de Literatura, respeitando a grafia original.

> O que é propriamente revista em sua essência de vida e cotidiano, deixa-o de ser ORPHEU, para melhor se engalanar do seu título e propôr-se.
>
> E propondo-se, vincula o direito de em primeiro lugar se desassemelhar de outros meios, maneiras de formas de realizar, arte, tendo por notável nosso volume de Beleza não ser incaracterístico ou fragmentado, como *literárias* que são essas duas formas de fazer revista ou jornal.
>
> Puras e raras suas intenções como seu destino de Beleza é o do – Exílio!
>
> Bem pròpriamente, ORPHEU, é um exílio de temperamentos de arte que a querem como a um segrêdo ou tormento...
>
> Nossa pretensão é formar, em grupo ou ideia, um número escolhido de revelações em pensamento ou arte, que sobre este princípio aristocrático tenham em ORPHEU o seu ideal esotérico e bem nosso de nos sentirmos e conhecermo-nos.
>
> A photografia de geração, raça ou meio, com o seu mundo immediato de exhibição a que frequentemente se chama literatura e é sumo do que para ahi se intitula revista, com a variedade a inferiorisar pela egualdade de assumptos (artigo, secção ou momentos) qualquer tentativa de arte – deixa de existir no texto preocupado de ORPHEU. Isso explica nossa ansiedade e nossa essência! Esta linha de que se quer acercar em Beleza, ORPHEU, necessita de vida e palpitação, e não é justo que se esterilise individual e isoladamente cada um que a sonhar nestas cousas de pensamento, lhes der orgulho, temperamento e esplendor – mas pelo contrario se unam em selecção e a deem aos outros que, da mesma espécie, como raros e interiores que são, esperam ansiosos e sonham nalguma cousa que lhes falta, – do que já resulta uma procura esthética de permutas: os que nos procuram e os que nós esperamos...

Bem representativo da sua estrutura, os que a formam em ORPHEU, concorrerão a dentro do mesmo nível de competências para o mesmo rithmo, em elevação, unidade e discreção, de onde dependerá a harmonia esthética que será o typo da sua especialidade.

E assim, esperançados seremos em ir a direito de alguns desejos de bom gosto e refinados propósitos em arte que isoladamente vivem para ahi, certos que assignalamos como os primeiros que somos em nosso meio, alguma cousa de louvável e tentamos por esta forma, já revelar um signal de vida, esperando dos que formam o publico leitor de seleção, os esforços do seu contentamento e carinho para com a realisação da obra literaria de ORPHEU.

(LUÍS DE MONTALVÔR, apud *ORPHEU*, 1959, p. 10)

25.4 Apresentamos também este fragmento de "Ode triunfal", assinada por Álvaro de Campos e publicada na mesma revista, por nos parecer bastante característico da posição do grupo:

ODE TRIUNFAL

À dolorosa luz das grandes lâmpadas elétricas da fábrica
Tenho febre e escrevo.
Escrevo rangendo os dentes, fera para a beleza disto,
Para a beleza disto totalmente desconhecida dos antigos.
Ó rodas, ó engrenagens, r-r-r-r-r-r- eterno!
Forte espasmo retido dos maquinismos em fúria!
Em fúria fora e dentro de mim,
Por todos os meus nervos dissecados fora,
Por todas as papilas fora de tudo com que eu sinto!
Tenho os lábios secos, ó grandes ruídos modernos,
De vos ouvir demasiadamente de perto,
E arde-me a cabeça de vos querer cantar com um excesso
De expressão de todas as minhas sensações,
Com um excesso contemporâneo de vós, ó máquinas
Em febre e olhando os motores como a uma Natureza tropical –
Grandes trópicos humanos de ferro e fogo e força –
Canto e canto o presente, e também o passado e o futuro,
Porque o presente é todo o passado e todo o futuro
E há Platão e Vergílio dentro das máquinas e das luzes elétricas
Só porque houve outrora e foram humanos Vergílio e Platão,
E pedaços do Alexandre Magno do século talvez cincoenta,
Átomos que hão de ir ter febre para o cérebro do Ésquilo do século cem,
Andam por estas correias de transmissão e por estes
Êmbolos e por estes volantes,

> Rugindo, rangendo, ciciando, estrugindo, ferreando,
> Fazendo-me um excesso de carícias ao corpo numa só carícia à alma
> Ah, poder exprimir-me todo como um motor se exprime!
> Ser completo como uma máquina!
> Poder ir na vida triunfante como um automóvel último modelo!
> Poder ao menos penetrar-me fisicamente de tudo isto,
> Rasgar-me todo, abrir-me completamente, tornar-me passento
> A todos os perfumes de óleos e calores e carvões
> Desta flora estupenda, negra, artificial e insaciável!
>
> (*ORPHEU*, 1959, p. 99)

25.5 Um segundo grupo modernista tem como órgãos representativos as revistas *Presença* (1927/1940), *A Águia* (fase final) e *Revista de Portugal* (1937/1940). A ele pertencem José Régio, Vitorino Nemésio, Adolfo Casais Monteiro, Miguel Torga, Carlos Queirós, Branquinho da Fonseca e outros.

25.6 Eis um trecho de artigo de José Régio, publicado no primeiro número de *Presença*:

LITERATURA VIVA

> "Em arte, é vivo tudo o que é original. É original tudo o que provém da parte mais virgem, mais verdadeira e mais íntima duma personalidade artística. A primeira condição duma obra viva é pois ter uma personalidade e obedecer-lhe. Ora como o que personaliza um artista é, ao menos superficialmente, o que o diferencia dos mais (artistas ou não), certa sinonímia nasceu entre o adjetivo original e muitos outros, ao menos superficialmente aparentados; por exemplo: o adjetivo excêntrico, estranho, extravagante, bizarro... Eis como é falsa toda a originalidade calculada e astuciosa. Eis como também pertence à literatura morta aquela em que um autor pretende ser original sem personalidade própria. A excentricidade, a extravagância e a bizarria podem ser poderosas – mas só quando naturais a um dado temperamento artístico. Sobre estas qualidades, o produto desses temperamentos terá o encontro do raro e do imprevisto. Afectadas, semelhantes qualidades não passarão de um truque literário.
>
> . . . .
>
> Eis como tudo se reduz a pouco: Literatura viva é aquela em que o artista insuflou a sua própria vida, e que por isso mesmo passa a viver de vida própria. Sendo esse artista um homem superior pela sensibilidade, pela inteligência e pela imaginação, a literatura viva que ele produza será superior; inacessível, portanto, às condições do tempo e do espaço. E é

apenas por isto que os autos de Gil Vicente são espantosamente vivos, e as comédias de Sá de Miranda irremediavelmente mortas; que todos os livros de Judith Teixeira não valem uma canção escolhida de Antônio Botto; que os sonetos de Camões são maravilhosos e os de Antônio Ferreira massadores; que um pequeno prefácio de Fernando Pessoa diz mais que um grande artigo de Fidelino de Figueiredo; que há mais força íntima em quatorze versos de Antero que num poemeto de Junqueiro, e que é mais belo um adágio popular do que uma frase de literato".

(PRESENÇA, 10/3/1927, nº 1, in SIMÕES, s/d, p. 79)

25.7 E este outro, também de José Régio, publicado no nº 3 da mesma revista, que nos parece bastante esclarecedor:

DA GERAÇÃO MODERNISTA

1. Os "futuristas"

Mário de Sá Carneiro, Fernando Pessoa, José de Almada Negreiros, Raul Leal, Mário Saa – eis alguns nomes já familiares aos novos que se interessam pela Arte que vibra, que se renova, que se inquieta, que evolui, que vive. Os seus livros ou as revistas em que aparecem não têm ainda um grande público. Pouco importa. Seja qual for a superioridade duns sobre outros, seja qual for o valor eterno, o quanto de imortal das suas obras, é através destes que a Literatura portuguesa acompanha o movimento europeu da Arte moderna criando alguma coisa embora no sentido relativista do verbo criar. Se em França um Marcel Proust, um André Gide, um Apollinaire, um Jean Cocteau, um Max Jacob, um André Salmon, um Reverdy – quantos outros?! – renovaram o romance, a poesia, o teatro, Portugal hoje tem também os seus renovadores, cujo talento ou gênio não me proponho agora comparar aos daqueles, mas cujo papel, sim, comparo. É natural que o grande público português desconheça até os nomes dos mestres contemporâneos – perdoem-me eles chamar-lhes mestres: a mocidade duma obra só vem a ser aceite quando o tempo correu sobre ela. Mas estes são os mestres contemporâneos, porque mestres contemporâneos são os homens que, pior ou melhor, exprimem as tendências mais avançadas do seu tempo, isto é: a parte do futuro que já existe no presente. Enfim: são os futuristas. Sucessores destes serão os que exprimem o futuro ainda não expresso por estes – os futuristas de depois. E sempre assim, para diante. Ria quem ri. *Rira bien qui rira le dernier.*

(PRESENÇA, 8/4/1927, nº 3, in SIMÕES, s/d, p. 82-3)

26 **O Modernismo no Brasil**

26.1 Toda a agitação espiritual que marcou a Europa nos começos do século XX vai repercutir em nosso país com características próprias. A crise social europeia não nos atingia diretamente. A guerra não manchava de sangue nossos campos, nem feria de morte nossas urbes. A guerra era uma questão de solidariedade humana e de angústia dos mais lúcidos, que percebiam a importância da relação que une os acontecimentos do mundo. Antes, assiste-se, no Brasil, a um misto de estagnação e inconformismo, aliás, a situação já se vinha delineando desde algum tempo:

> Vejam o índice literário de 1893. À parte um ou outro fenômeno isolado, ou um outro caso esporádico interessante e digno de estudo, o quadro é sempre o mesmo. Invariavelmente sombrio e desolador.
> (ABREU, apud BRITO, 1964, p. 16)

> As letras retraíram-se quase completamente e o nível intelectual tem descido de modo inquietante, perceptível aos olhos menos sagazes.
> (BRITO, 1964, p. 17)

26.2 No entanto, ainda é o momento dos parnasianos; o Simbolismo já se fizera sentir através de vozes altíssimas, mas sintomaticamente mal ouvidas. A revolução não tardará.

26.3 E virá sendo preparada através de acontecimentos significativos que trazem para a nossa terra a renovação artística dominante na Europa e que acabamos de examinar. Prenuncia-se a ruptura cultural. E quem assume a iniciativa dos novos rumos é um grupo de intelectuais e artistas conscientes da situação e conhecedores do que se passava em terras europeias.

Eis alguns fatos:

- Oswald de Andrade divulga, em São Paulo, pessoalmente e através da imprensa, vários traços daquele movimento inovador (de 1912 a 1915).
- Lasar Segall faz, em 1913, também em São Paulo, sua primeira exposição de pintura.
- Anita Malfatti também expõe, pela primeira vez, na mesma cidade, em 1914, sem, entretanto, despertar reações significativas.
- Desse ano é o primeiro artigo aqui publicado sobre o futurismo: sai em *O Estado de S. Paulo*, com o título "As lições do Futurismo", de autoria do prof. Ernesto Bertarelli.

- Em 1915, o escritor português Luís de Montalvôr e o brasileiro Ronald de Carvalho idealizam, no Rio de Janeiro, a citada revista *Orpheu*, dentro dos novos moldes.

- No ano seguinte, Alberto de Oliveira, na Academia Brasileira de Letras, "afirma a consciência das novas tendências", inclusive do Futurismo.

- Nesse mesmo ano de 1916, começam a surgir sinais de erupção mais violenta: a crise brasileira refletia a crise universal. E a voz dos poetas parece anunciar que algo novo está para acontecer nas letras nacionais.

- Mas é 1917 a data mais afortunada: surge o poema "Moisés" de Menotti del Picchia, com algo de renovação, ainda que imprecisamente; e do mesmo autor aparece ainda o resignado, sensual e brasileiro *Juca Mulato*, ainda que cheirando a leite romântico. Aparecem na modéstia de 200 exemplares os doloridos versos de *A cinza das horas*, do poeta novo Manuel Bandeira; e mais: *Há uma gota de sangue em cada poema* (Mário de Andrade); *Nós* (Guilherme de Almeida); *Carrilhões* (Murilo Araújo).

- Anita Malfatti faz a sua segunda exposição de pintura, que tanta celeuma iria causar e que seria, inclusive, responsável, na sua repercussão, pelo mau juízo que muitos fariam e ainda fazem da literatura modernista; não tanto pelos quadros renovadores da artista, mas sobretudo pela violência da crítica de Monteiro Lobato (apud BRITO, 1964, p. 53).

- Em 1918 um ensaio do crítico Andrade Muricy assinala a presença de vozes novas na poesia nacional.

- No ano de 1920 dá-se a valorização da obra iniciada pelo escultor Brecheret, isto é, do Monumento às Bandeiras (São Paulo).

- E em 1921, na livraria de Jacinto da Silva, onde costuma reunir-se um grupo de jovens escritores e artistas, realiza-se uma exposição de pintura de Di Cavalcanti. Durante essa mostra surge a ideia da Semana da Arte Moderna. Embora haja dúvidas a respeito, parece que foi lembrada por Di Cavalcanti (MARTINS, 1965, v. 6, p. 65); ele mesmo declara textualmente em suas Memórias, datadas de 1955: "Eu sugeri a Paulo Prado a nossa semana, que seria uma semana de escândalos literários e artísticos, de meter os estribos na barriga da burguesiazinha paulistana" (DI CAVALCANTI, 1955, p. 115).

Renato Almeida testemunha:

> Numa das tardes do *Monitor Mercantil* Graça Aranha nos chamou – a Elysio de Carvalho, a Ronald e a mim – e nos disse que Di Cavalcanti

lhe sugerira uma ideia admirável. Era realizar uma grande festa de arte, com elementos modernos, em que se fizessem conferências, recitassem versos, tocassem músicas e expusessem coisas modernas. Graça Aranha estava disposto a promover essa reunião, mas achava preferível fazê-la em São Paulo, sobretudo porque havia lá um grupo muito forte de modernistas, não só escritores e poetas, como anda pintores e escultores.

(apud MARTINS, 1965, p. 65)

- O pensamento amadurece, e *O Estado de S. Paulo* publica no dia 3 de fevereiro de 1922 a seguinte nota, a primeira sobre o assunto:

    Semana da Arte Moderna – A notícia de uma projetada "Semana de Arte Moderna" em São Paulo tem despertado o mais vivo interesse nas nossas rodas intelectuais e mundanas. Os srs. Presidente do Estado e prefeito municipal prometeram aos membros da comissão organizadora o seu inteiro apoio. Os festivais de "Semana de Arte Moderna", que se realizarão no Teatro Municipal, foram denominados: o primeiro de "Pintura e Escultura", o segundo, "Da Literatura e da Poesia", e o terceiro "Festival da Música". Neles tomarão parte: na literatura, o sr. Graça Aranha, que fará uma conferência sobre a "Emoção Estética na Arte Moderna", e os srs. Ronald de Carvalho, Mário de Andrade, Álvaro Moreyra, Oswald de Andrade, Menotti Del Picchia, Renato de Almeida, Luís Aranha, Ribeiro Couto de Abreu, Agenor Barbosa, Rodrigues de Almeida, Afonso Schmidt, Sérgio Milliet, Guilherme de Almeida e Plínio Salgado. Na música: Guiomar Novaes, Villa-Lobos, Octavio Pinto, Paulina de Ambrósio, Ernâni Braga, Alfredo Gomes, Frutuoso e Lucília Villa-Lobos. Na escultura: Victor Brecheret, Hildegardo Leão Velloso e Haarberg. Na pintura: Anita Malfatti, Di Cavalcanti, Ferrignac, Zina Aita, Martins Ribeiro, Oswald Gueld (sic, por Goeldi), Regina Graz, John Graz e Castello.

    A procura de bilhetes para esses festivais tem sido grande.

    (in MARTINS, 1965, p. 67)

- E a 13, 15 e 17 de fevereiro do mesmo ano realizam-se os três recitais, com conferências, concerto, declamação, coreografia e exposição de artes plásticas e arquitetura.

26.4   A reação à Semana não foi, no primeiro momento, violenta e de grande repercussão. A partir de 1924 é que as oposições se fazem sentir com certa veemência, quando o movimento modernista já começa a se firmar como doutrina estética.

26.5 Do que acabamos de ver, fácil é concluir que a Semana é a consubstanciação de uma série de tendências que se vinham constituindo gradativamente e que se transformam numa tomada de posição coletiva de artistas diante do público. Conscientes do que não queriam, lançam-se esses "novos" à procura de caminhos. Claro que os movimentos estrangeiros de renovação, dominantes naquela época, forneciam os mapas. De novo, a Europa nos mandava a sua contribuição, mas pela primeira vez com influência muito menor, sem o caráter de coisa a ser imitada:

> (...) a marca estrangeira não é muito profunda, nem extenso o ideário importado, limitado a um pouco do *futurismo*, do *dadaísmo* e do *superrealismo*. A influência europeia de vanguarda provinha, sobretudo, das artes plásticas e a elas é que mais deve a dinâmica do movimento.
>
> (COUTINHO, 1976, p. 261)

26.6 A propósito, Alfredo Bosi depreende o seguinte da leitura de textos publicados na revista *Klaxon* (nove números publicados) e das páginas mais representativas da fase inicial do Modernismo:

> Foram os experimentos formais do futurismo, não só italiano, mas e sobretudo francês (Apollinaire, Cendrars, Max Jacob) que mais rigorosamente dirigiram a mão dos novos poetas no momento da invenção artística. Do surrealismo tomaram uma concepção irracionalista da existência que confundiram com o sentido geral da obra freudiana que não tiveram tempo de compreender. Do expressionismo, processos gerais de deformação da natureza e do homem.
>
> (1979, p. 384)

26.7 É necessário esclarecer que a insatisfação era geral nos meios artísticos de todo o País, mais notada, evidentemente, nos grandes centros como Rio e São Paulo. Nesse último Estado as novas ideias encontraram o prestígio de personalidades significativas, o que talvez tenha facilitado a realização lá da semana-marco. Mas se tal apoio existiu, a verdade é que "o modernismo brasileiro nasceu do encontro e da consciência de *algumas* insatisfações. As artes e as letras tinham chegado a um beco sem saída. Era a própria necessidade de movimento e de vida que impunha demolição de barreiras, o que não se consegue pelas realizações individuais, mas por um esforço coletivo. Quando um grupo de escritores e artistas, aliás não muito numerosos, tomou consciência disso, o Modernismo nasceu, procurando o modo de afirmar e viver" (MORAIS NETO, apud COUTINHO, 1976, p. 265 – grifo nosso).

26.8   O grande público sentiu as novas tendências com incompreensão. As "ousadas novidades" tiveram o mérito de escandalizar, de irritar, mas também de despertar para algo que pouco a pouco iria impor-se com características tipicamente nacionais, reveladoras de uma realidade brasileira como tal.

26.9   O impacto é compreensível. Era preciso chocar para mudar. Um estudo da estrutura política e social do Brasil daquela época possivelmente mostraria a força das influências vigentes, das ideias preestabelecidas. Aos artistas coube abalar os alicerces do comodismo e da indiferença.

26.10   Assim, a Semana e suas imediatas decorrências traduzem um movimento:

a) contra o passado: "sabemos discernir o que não queremos";
b) contra "a ênfase oratória, a eloquência, o hieratismo parnasiano, o culto das rimas ricas, do metro perfeito e convencional, da linguagem classicizante e lusitanizante". Veja-se o famoso poema de Manuel Bandeira:

> **OS SAPOS**
>
> Enfunando os papos,
> Saem da penumbra,
> Aos pulos, os sapos.
> A luz os deslumbra.
>
> Em ronco que aterra,
> Berra o sapo-boi:
> — "Meu pai foi à guerra!"
> — "Não foi!" — "Foi!" — "Não foi!"
>
> O sapo-tanoeiro,
> Parnasiano aguado,
> Diz: — "Meu cancioneiro
> É bem martelado:
>
> Vede como primo
> Em comer os hiatos!
> Que arte! E nunca rimo
> Os termos cognatos.
>
> O meu verso é bom
> Frumento sem joio
> Faço rimas com
> Consoantes de apoio.

Vai por cinquenta anos
Que lhes dei a norma:
Reduzi sem danos
A formas a forma.

Clame a saparia
Em críticas céticas:
Não há mais poesia,
Mas há artes poéticas..."

Urra o sapo-boi:
— "Meu pai foi rei" — "Foi!"
— "Não foi!" — "Foi!" — "Não foi!"

Brada em um assomo
O sapo-tanoeiro:
— "A grande arte é como
Lavor de joalheiro.

Ou bem de estatuário
Tudo quanto é belo,
Tudo quanto é vário,
Canta no martelo".

Outros, sapos-pipas
(Um mal em si cabe)
Falam pelas tripas:
— "Sei!" — "Não sabe!" — "Sabe!"

Longe dessa grita,
Lá onde mais densa
A noite infinita
Verte a sombra imensa.

Lá, fugido ao mundo,
Sem glória, sem fé,
No perau profundo
E solitário, é

Que soluças tu,
Transido de frio
Sapo cururu
Da beira do rio...

(BANDEIRA, 1958, v. 1, p. 86)

c) contra o academicismo; contra o tradicionalismo:

ODE AO BURGUÊS

Eu insulto o burguês! O burguês-níquel,
O burguês-burguês!
A digestão bem-feita de São Paulo!
O homem-curva! O homem-nádegas!
O homem que sendo francês, brasileiro, italiano,
é sempre um cauteloso pouco-a-pouco!
Eu insulto as aristocracias cautelosas!
Os barões lampiões! Os condes Joões! Os duques zurros!
que vivem dentro de muros sem pulos;
e gemem sangues de alguns mil-réis fracos
para dizerem que as filhas da senhora falam o francês
e tocam o "Printemps" com as unhas!
Eu insulto o burguês-funesto!
O indigesto feijão com toucinho, dono das tradições!
Fora os que algarismam os amanhãs!
Olha a vida dos nossos setembros!
Fará Sol? Choverá? Arlequinal!
Mas à chuva dos rosais
o êxtase fará sempre Sol!
Morte à gordura!
Morte às adiposidades cerebrais!
Morte ao burguês-mensal!
Ao burguês-cinema! Ao burguês-tílburi!

Padaria Suíssa! Morte viva ao Adriano!
"— Ai, filha, que te darei pelos teus anos?
— Um colar... — Conto e quinhentos!!!
Mas nós morreremos de fome!"

Come! Come-te a ti mesmo, oh! Gelatina pasma!
Oh! purée de batatas morais!
Oh! cabelos nas ventas! Oh! carecas!
Ódio aos temperamentos regulares!
Ódio aos relógios musculares! Morte e infâmia!
Ódio à soma! Ódio aos secos e molhados!
Ódio aos sem desfalecimentos nem arrependimentos,
sempiternamente as mesmices convencionais!
De mãos nas costas! Marco eu o compasso! Eia!
Dois a dois! Primeira posição! Marcha!
Todos para a Central do meu rancor inebriante!

Ódio e insulto! Ódio e raiva! Ódio e mais ódio!
Morte ao burguês de giolhos,

> cheirando religião e que não crê em Deus!
> Ódio vermelho! Ódio fecundo! Ódio cíclico!
> Ódio fundamento, sem perdão!
> Fora! Fu! Fora o bom burguês!...
>
> (MÁRIO DE ANDRADE, 1955, p. 44-5)

d) contra os tabus e preconceitos, e, em contrapartida, com a perseguição permanente de três princípios fundamentais, como assinala Mário de Andrade:

- direito à pesquisa estética;
- atualização da inteligência artística brasileira;
- estabilização de uma consciência criadora nacional (1974, p. 242).

Exemplo:

> **POÉTICA**
>
> Estou farto do lirismo comedido
> Do lirismo bem comportado
> Do lirismo funcionário público com livro de ponto expediente
> protocolo e manifestações de apreço ao sr. diretor.
> Estou farto do lirismo que para e vai averiguar no dicionário o cunho
> vernáculo de um vocábulo
> Abaixo os puristas
> Todas as palavras sobretudo os barbarismos universais
> Todas as construções sobretudo as sintaxes de exceção
> Todos os ritmos sobretudo os inumeráveis
> Estou farto do lirismo namorador
> Político
> Raquítico
> Sifilítico
> De todo o lirismo que capitula ao que quer que seja fora de si mesmo
>
> De resto não é lirismo
> Será contabilidade tabela de co-seno secretário do amante
> exemplar com cem modelos de cartas e as diferentes
> maneiras de agradar às mulheres etc.
>
> Quero antes o lirismo dos loucos
> O lirismo dos bêbedos
> O lirismo difícil e pungente dos bêbedos
> O lirismo dos clowns de Shakespeare
> — Não quero mais saber do lirismo que não é libertação.
>
> (BANDEIRA, 1958, v. 1, p. 188)

26.11   Como se depreende, a Semana mantém-se de certo modo ligada ao Futurismo de Marinetti, que será entretanto repudiado posteriormente.

26.12   Atingidos, evidentemente, os objetivos propugnados, o grupo de 22 vai, aos poucos, desagregando-se. Na verdade, unia-os muito mais o saber o que não queriam...

26.13   Costuma-se apontar o número de janeiro de 1923 da revista *Klaxon*, consagrado a Graça Aranha, como o ponto crucial da desagregação. Passada a batalha, saíram os grupos à procura do que buscavam. E podem ser assim relacionados num breve resumo (MERQUIOR, 1974, p. 88-9):

- **Corrente dinamista** (Rio de Janeiro)
  Características: preocupação com a valorização poética da técnica no mundo moderno, com o progresso material, o movimento, a velocidade; bastante marcada, portanto, pelo Futurismo.

  Representantes principais: Ronald de Carvalho, Graça Aranha, Guilherme de Almeida, Álvaro Moreyra, Villa-Lobos, Agripino Grieco.

  Livro-síntese das teorias: *Velocidade*, de Renato de Almeida.

  Um exemplo são os versos de Guilherme de Almeida, sob o mesmo título:

> VELOCIDADE
> Não se lembram do gigante das botas de sete léguas?
> Lá vai ele: vai varando, no seu voo de asas cegas,
> as distâncias...
>   E dispara
>   nunca para,
>   nem repara
> para os lados,
>   para frente
>   para trás...
>   Vai como um pária...
> E vai levando um novelo embaraçado de fitas:
> fitas
>   azuis,
>   brancas,
>   verdes,
>   amarelas...
>   imprevistas...
> Vai varando o vento: — e o vento, ventando cada vez mais,
> desembaraça o novelo, penteando com dedos de ar
> o feixe fino de riscas,

tiras,
fitas,
faixas,
listas...
E estira-as,
puxa-as,
estica-as,
espicha-as bem para trás:
E as cores retesas, sobem, descem, DE-VA-GAR,
paralelamente,
paralelamente,
horizontais
sobre a cabeça espantada do Pequeno Polegar.

(apud MARTINS, 1965, v. 6, p. 43)

- **Corrente primitivista ou anarcoprimitivista** (São Paulo)

Teorias: encontram-se no Manifesto Pau-Brasil (1924) e no Manifesto Antropófago (1828); este último publicado no nº 1 da *Revista de Antropofagia*, retoma enfaticamente as posições do manifesto anterior e constitui uma posição antagônica à do Movimento da Anta (1927), integrado na corrente apresentada a seguir.

- **Corrente nacionalista (São Paulo)**

Características: posição antieuropeia e preocupação com a nacionalização da literatura, através de motivos brasileiros, folclóricos, indígenas, nativos, americanos. Aglutina outras tendências, como o Movimento Verde-Amarelo (1927), o Movimento da Anta (1927) e o Movimento da Bandeira (1936).

Representantes principais: Cassiano Ricardo, Menotti del Picchia, Cândido Mota Filho, Plínio Salgado.

Exemplo: o Manifesto do Verde-Amarelismo ou da Escola da Anta, do qual transcrevemos um trecho:

NHENGAÇU VERDE-AMARELO

(Manifesto do Verde-Amarelismo ou da Escola da Anta)

Há uma retórica feita de palavras, como há uma retórica feita de ideias. No fundo, são ambas feitas de artifícios e esterilidades. Combatemos, desde 1921, a velha retórica verbal, não aceitamos uma nova retórica submetida a três ou quatro regras, de pensar e de sentir. Queremos ser o que somos: brasileiros. Barbaramente, com arestas, sem auto-experiências científicas, sem psicanálise e nem teoremas.

Convidamos a nossa geração a produzir sem discutir. Bem ou mal, mas produzir. Há sete anos que a literatura brasileira está em discussão. Procuraremos escrever sem espírito preconcebido, não por mera experiência de estilos, ou para veicular teorias, sejam elas quais forem, mas com o único intuito de nos revelarmos, livres de todos os prejuízos.

A vida, eis o que nos interessa, eis o que interessa à grande massa do povo brasileiro. Em sete anos a geração nova tem sido o público de si mesmo. O grosso da população ignora a sua existência e se ouve falar em movimento moderno é pelo prestígio de meia dúzia de nomes que se impuseram pela força pessoal de seus próprios talentos.

O grupo "verdamarelo", cuja regra é a liberdade plena de cada um ser brasileiro como quiser e puder; cuja condição é cada um interpretar o seu país e o seu povo através de si mesmo, da própria determinação instintiva; — o grupo "verdamarelo", à tirania das sistematizações ideológicas, responde com a sua alforria e a amplitude sem obstáculo de sua ação brasileira.

Nosso nacionalismo é de afirmação, de colaboração coletiva de igualdade dos povos e das raças, de liberdade do pensamento, de crença na predestinação do Brasil na humanidade, de fé em nosso valor, de construção nacional.

Aceitamos todas as instituições conservadoras, pois é dentro delas mesmo que faremos a inevitável renovação do Brasil, como o fez, através de quatro séculos, a alma da nossa gente, através de todas as expressões históricas.

Nosso nacionalismo é "verdamarelo" e tupi.

O objetivismo das instituições e o subjetivismo da gente sob a atuação dos fatores geográfico e histórico.

(*CORREIO PAULISTANO*, 17 de maio 1929)

- **Corrente espiritualista (Rio de Janeiro)**
Características: manutenção da herança simbolista, defesa da tradição, do mistério, conciliação do passado e futuro, universalidade de temas.

Principais representantes: Tasso da Silveira, Andrade Muricy, Augusto Frederico Schmidt, Murilo Araújo, Barreto Filho e Adelino Magalhães; mais tarde, Cecília Meireles e Murilo Mendes.

Revista representativa: *Festa*. Exemplo:

— Mas meu amigo, depois de todas estas considerações, que fica sendo o "modernismo" de *Festa*?

— Fica sendo o único modernismo verdadeiramente expressivo do espírito brasileiro neste momento.

A ânsia de que nasceu o movimento modernista da arte no mundo inteiro é, talvez, mais compreensível nos países adolescentes, de raça em formação, como o Brasil, de que nos velhos povos de alma definitivamente cristalizada. Porque se estes se sentiram impelidos, por uma brusca renovação de sensibilidade, a refazer as fórmulas estéticas, aqueles têm todo um universo interior inexpresso, todo um desconhecido tumulto íntimo a ser integrado nos ritmos imorredouros.

Nós, menos do que qualquer outro povo, de maneira alguma poderíamos fugir à fascinação das deslumbrantes promessas de uma forma nova, que viesse revestir do seu esplendor de frescura todo o infinito matizamento da nossa sensibilidade particular.

Não poderíamos, por exemplo, deixar de receber com fervor extremo a libertação da poesia das velhas medidas e velhos ritmos, porque dentro dessa libertação melhor poderiam pulsar os nossos ritmos próprios e mais alto ressoar a nossa música interior.

Não poderíamos deixar de perceber o sentido magnífico que tem para nós a flexibilidade nova que adquiriu a prosa, porque servidos por essa flexibilidade mais nitidamente desenharemos as linhas do nosso pensamento comovido e mais complexamente ritmaremos as melodias deliciosas e a orquestração nova do idioma que estamos recriando para que melhor nos exprima.

Apenas, este fervor pela expressão nova da arte é menos amplo e posterior àquela ansiedade total de revelação de nossa alma profunda. E se dos ritmos modernistas poderemos fazer um instrumento mais sonoro e sensível do que os que já possuímos, de expressão daquela total ansiedade, será sob condição de não perdermos de vista que é ainda essa mesma ansiedade que palpita, em sua forma rudimentar, no instinto de todo o nosso povo, e em suas modalidades mais elevadas, no espírito de artistas e pensadores que um pormenor de forma exclui de todas as correntes modernistas brasileiras.

Festa é uma bandeira de arte nova. Mas a sua profunda comoção é a comoção brasileira, é aquela incoercível ansiedade de uma revelação integral do Brasil e, por isto, não quer olvidar os que, não havendo embora transposto os portais maravilhosos da arte fascinante de hoje, vibram, contudo, da mesma alta e pura ansiedade dolorosa.

(SILVEIRA, 1932, p. 124)

- **Corrente desvairista (descentralizada)**

Características: liberdade da pesquisa estética, renovação da poesia, criação da língua nacional.

Principal representante: Mário de Andrade.

Síntese: "Prefácio interessantíssimo", do qual citamos este fragmento:

> LEITOR:
>
> Está fundado o Desvairismo.
>
> Este prefácio, apesar de interessante, inútil.
>
> Alguns dados. Nem todos. Sem conclusões. Para quem me aceita são inúteis ambos. Os curiosos terão prazer em descobrir minhas conclusões, confrontando obras e dados. Para quem me rejeita trabalho perdido explicar o que, antes de ler, já não aceitou.
>
> Quando sinto a impulsão lírica escrevo sem pensar tudo o que meu inconsciente me grita. Penso depois: não só para corrigir, como para justificar o que escrevi. Daí a razão deste prefácio interessantíssimo.
> Aliás muito difícil nesta prosa saber onde termina a blague, onde principia a seriedade nem eu sei.
>
> Um pouco de teoria?
> Acredito que o lirismo, nascido no subconsciente, acrisolado num pensamento claro ou confuso, cria frases que são versos inteiros, sem prejuízo de medir tantas sílabas, com acentuação determinada.
> Entroncamento é sueto para os condenados da prisão alexandrina. Há porém raro exemplo dele neste livro. Uso de cachimbo...
>
> A inspiração é fugaz, violenta. Qualquer empecilho a perturba e mesmo emudece. Arte, que, somada a lirismo, dá Poesia, não consiste em prejudicar a doida carreira do estado lírico para avisá-lo das pedras e cercas de arame do caminho. Deixe que tropece, caia e se fira. Arte é mondar mais tarde o poema de

> repetições fastientas, de sentimentalidades
> românticas, de pormenores inúteis ou
> inexpressivos.
>
> Que Arte não seja porém limpar verso de
> exageros coloridos. Exagero: símbolo sempre
> novo da vida como do sonho. Por ele vida e
> sonho se irmanam. E, consciente, não é defeito,
> mas meio legítimo de expressão.
>
> (MÁRIO DE ANDRADE, 1955, p. 11-2 e 16-7)

- **Corrente do sentimentalismo intimista e esteticista,** definida pela própria designação.
  Representantes: Ribeiro Couto e Guilherme de Almeida.

26.14 Ao lado desses caminhos surgem também escritores não filiados a grupos ou correntes, aos quais se costuma chamar independentes, como Manuel Bandeira, Jackson de Figueiredo, Tristão de Athayde, Sérgio Milliet, Rubem Borba de Morais, Prudente de Morais Neto (com a revista *Estética*) e Rodrigo Melo Franco de Andrade (com a *Revista do Brasil*).

26.15 Verifica-se, de imediato, que as inúmeras correntes citadas se distribuem entre as capitais de maior evidência cultural na época: Rio de Janeiro e São Paulo. Isso não significa que o movimento modernista não se tenha estendido, a partir ou não desses centros, a outras regiões do País.

26.16 Em Minas Gerais formam-se dois grupos de relevo em torno de duas publicações aglutinadoras: a) *A Revista* (1925), lançada em Belo Horizonte, onde publicam Carlos Drummond de Andrade, Emílio Moura, João Alphonsus, Pedro Nava, Abgar Renault; b) a revista *Verde* (1927), de Cataguazes, com tendência nacionalista e preocupação com a liberdade da linguagem, que envolve autores como Guilhermino César, Enrique de Resende, Ascânio Lopes, Rosário Fusco, Matias Mendes e Francisco I. Peixoto.

26.17 No Nordeste, o Modernismo repercute no trabalho divulgador de Joaquim Inojosa, que assumiu mediação com o grupo paulista, e na poesia feita por Jorge de Lima, desde 1925, além de ter em *A bagaceira*, de José Américo de Almeida, o romance-marco do movimento lançado em 1928. Em 1926, surge o Manifesto Regionalista do Recife, liderado por Gilberto Freyre.

26.18   Porto Alegre tem nomes representativos, entre eles Augusto Meyer, autor de *Giraluz* (poemas, 1928), Vargas Neto, Pedro Vergara e Manuelito de Ornellas.

26.19   A presença dos mesmos autores em várias correntes e movimentos indica que não se trata de grupos rígidos e fechados, seguidores radicais desta ou daquela tendência. Buscavam-se soluções, ampliavam-se caminhos. Enriquecia-se a literatura nacional.

26.20   E na sua ânsia de definição, os artistas não regateiam artigos ou manifestos. Citemos alguns: "A emoção estética na arte moderna" (1922) e "O espírito moderno" (1924) – Graça Aranha; "Arte moderna" (1922) – Menotti del Picchia; "Significação. Estética. Cartaz. Problema" (1922) – *Klaxon* 1 (1); "Manifesto da poesia Pau-Brasil" (1924) – Oswald de Andrade; "Natalika" (1924) – Guilherme de Almeida; "Mocidade e estética" (1924) – Graça Aranha; "O domingo dos séculos" (1924) – Rubem Borba de Morais; "Editorial" (1925) – *A Revista*; "A escrava que não é Isaura" (1925) – Mário de Andrade; "Para os céticos" (apresentação de *A Revista* – 1925) – Carlos Drummond de Andrade; "As bases da arte moderna" (1925) – Ronald de Carvalho; "Editorial" (1926) – *Terra roxa e outras terras*; "Manifesto regionalista do Recife" (1926) – Gilberto Freyre; "Manifesto verde-amarelo" (1927) – Plínio Salgado, Cassiano Ricardo, Cândido Mota Filho e Menotti del Picchia; "Editorial" (1927) – *Festa*; "Manifesto flaminaçu" (1927) – Abguar Bastos; "Manifesto talvez nº 2 – Pacatatu cutianão"(1927); "Manifesto do grupo verde de Cataguazes" (1927); "Manifesto verde" (1928); "Manifesto antropófago" (1928) – Oswald de Andrade, Antônio de Alcantara Machado, Raul Bopp e Oswaldo Costa; "Modernistas e ultramodernistas" (1928) – Carlos Chiachio; "Ensaio sobre estética moderna ou diálogo do bárbaro com o alexandrino"(1928) – Ronald de Carvalho; "Nhengaçu verde-amarelo (manifesto do verde-amarelismo ou da Escola da Anta)" (1929) – Plínio Salgado, Cassiano Ricardo, Cândido Mota Filho e Menotti del Picchia; "Apresentação" da revista *Nova* (1931) – Paulo Prado, Mário de Andrade, Antônio de Alcântara Machado; "Explicação" – boletim *Lanterna Verde* (1934) – Otávio Tarquínio de Souza; "Manifesto perdido" (1952).

26.21   Sem que percamos de vista o aspecto global do movimento modernista no Brasil, parece-nos possível admitir três fases no seu desenvolvimento (LIMA, 1969, p. 12):

Primeira fase

Se quisermos datas para esta fase, podemos citar 1922 a 1930, apoiados em Manuel Bandeira, que assinala 1924 a 1930 como os "anos de maior força e calor do movimento modernista" (1957, p. 82).

Características:

- Ruptura com o passado, sobretudo com as tendências literárias imediatamente anteriores, como o Parnasianismo. Nesse sentido, caracterizou-se como um movimento contra.
- Espírito polêmico e destruidor: é preciso abandonar "uma arte artificial, produzida à custa de imitação estrangeira"; é necessário demolir "uma ordem social e política fictícia, colonial" (COUTINHO, 1976, p. 277).
- Anarquismo: "não sabemos discernir o que queremos".
- Eleição do moderno como um valor em si mesmo.
- Busca de originalidade a qualquer preço.
- Luta contra o tradicionalismo.
- Juízos de valor sobre a realidade brasileira.
- Valorização poética do cotidiano.
- Nacionalismo xenófobo e intransigente.
- Procura de inspiração:

    a) na marcha para o oeste (Movimento Verde-Amarelo, 1924);

    b) na cultura provinciana de faixa litorânea com tradições coloniais (Pau-Brasil, 1924);

    c) no Brasil pré-cabralino, no índio (Antropofagia, 1928).

Tudo isso se traduziu numa liberdade ampla no uso do material linguístico, num "primado da poesia sobre a prosa", e não ficou isento da reação dos passadistas intransigentes. Também houve quem não se lançasse aos novos caminhos, mas que nem por isso dormisse sobre os louros conquistados, como vimos.

Segunda fase

Situada entre 1930 e 1945.

Características:

- Estabilização das conquistas novas.
- Preocupação religiosa e filosófica em poesia.

Exemplo:

PELO VOO DE DEUS QUERO ME GUIAR

Não quero aparelhos
para navegar.
Ando naufragado,
ando sem destino.
Pelo voo dos pássaros
quero me guiar.
Quero Tua mão
para me apoiar.
Pela Tua mão
quero me guiar.
Quero o voo dos pássaros
para navegar.
Ando naufragado,
ando sem destino,
quero Teus cabelos
para me enxugar!
Não quero ponteiro
para me guiar.
Quero Teus dois braços
para me abraçar.
Ando naufragado,
quero Teus cabelos
para me enxugar.
Não quero bússolas
para navegar,
quero outro caminho
para caminhar.
Ando naufragado
ando sem destino
quero Tua mão
para me salvar.

(JORGE DE LIMA, 1958, p. 386-7)

- Ampliação da temática que tende para o universal.

Exemplo:

CANTO DO BRASILEIRO
(fragmento)

Não quero mais o amor,
Nem mais quero cantar a minha terra.
Me perco neste mundo.
Não quero mais o Brasil.
Não quero mais geografia
Nem pitoresco.
Quero é perder-me no mundo
Para fugir do mundo.

As estradas são largas
As estradas se estendem
Mas falta é a coragem de caminhar.

Sou uma confissão fraca
Sou uma confissão triste
Quem compreenderá meu coração?!

O silêncio noturno me embala.
Nem grito. Nem sou.
Não quero me apegar nunca mais
Não quero nunca mais.

(A. F. SCHMIDT, apud BANDEIRA, 1960, p. 488)

- Reação espiritualista (grupo "Festa") — retomada da tradição simbolista contra a exaltação da técnica, contra a poesia circunstancial.
- Equilíbrio no uso do material linguístico, em termos de normas de linguagem.
- Instauração de novos modelos para o verso e revitalização de modelos tradicionais.
- "Poesia de construção" ao lado de "poesia de expressão".
- Preocupação com a palavra poética.
- Consciência estética.

Entre os poetas marcantes da fase, cumpre citar, entre outros, Jorge de Lima, Augusto Frederico Schmidt, Alphonsus de Guimaraens Filho,

Murilo Mendes, Tasso da Silveira, Cecília Meireles, Vinicius de Moraes, Joaquim Cardozo, Henriqueta Lisboa, Emílio Moura e sobretudo Carlos Drummond de Andrade.

Nesta fase, a prosa ganha notável desenvolvimento e configura nitidamente duas linhas:

a) **O Neonaturalismo regionalista e social**, representado pela obra de José Américo de Almeida (seu romance *A bagaceira*, 1928, é considerado um dos marcos iniciais da prosa modernista, juntamente com *Macunaíma*, de Mário de Andrade, publicado no mesmo ano), Raquel de Queiroz, Amando Fontes, José Lins do Rego, Graciliano Ramos, Jorge Amado, entre outros.

b) **O romance psicológico**, de Érico Veríssimo, Cornélio Pena, Otávio de Faria, Lúcio Cardoso, Jorge de Lima, Lúcia Miguel Pereira, José Geraldo Vieira e outros.

Caracterizam-se ainda dimensões urbano-sociais nas obras de Dionélio Machado, Orígenes Lessa, Alcântara Machado e muitos outros e também espaços urbanos aliados a relativa introspecção psicológica em textos de Ribeiro Couto, Marques Rebelo, João Alphonsus, Ciro dos Anjos, Aníbal Machado, Luís Jardim e outros.

Terceira fase

Costuma ser situada por grande número de críticos entre 1945 e a atualidade.

Outros tomam esse ano como limite, a partir da ultravalorização de uma tomada de posição assumida por um grupo de poetas cuja obra e atitude pretenderam ser confessadamente antimodernistas. É a chamada "geração de 45", de que são representativos escritores como Ledo Ivo, Domingos Carvalho da Silva, Péricles E. da Silva Ramos, Bueno de Rivera, José Paulo Moreira da Fonseca, Geir Campos, Afonso Félix de Sousa, Dantas Mota, Mauro Mota, Marcos Konder Reis, Darcy Damasceno, Fernando Ferreira de Loanda, entre outros.

Acreditamos, porém, à luz de estudos e pesquisas na área, que se poderia estender o predomínio das manifestações modernistas até 1955, nos termos da relatividade já assinalada para caracterizações cronológicas do gênero: no ano seguinte foi lançado o controvertido "Movimento da Poesia Concreta", nitidamente de vanguarda, com a colocação de princípios e atitudes representativos de uma forma de expressão liberta, inclusive, do discursivo e dos conceitos tradicionais de verso e poema. A prosa passou por mudanças, bem como o teatro e a crítica. E note-se que *Grande sertão: veredas*, de Guimarães Rosa, por exemplo, é de 1956.

Como quer que seja, a variedade de posições mostra a necessidade de pesquisas e estudos exaustivos das múltiplas e multifacetadas contribuições não apenas na área da poesia, mas no âmbito do romance, do conto e da crônica, para só ficarmos no espaço da arte literária. O que não nos impede de destacar as seguintes características dominantes na fase:

- Universalidade temática.
- Tendência para o intelectualismo.
- Acentuada preocupação existencial.
- Maior apuro do verso, com acentuada importância à palavra e ao ritmo, como bem demonstra este poema de João Cabral de Melo Neto:

A PALAVRA SEDA

A atmosfera que te envolve
atinge tais atmosferas
que transforma muitas coisas
que te concernem, ou te cercam.

E como as coisas, palavras
impossíveis de poema:
exemplo, a palavra ouro,
e até este poema, seda.

É certo que tua pessoa
não faz dormir, mas desperta;
nunca é sedante, palavra
derivada da de seda.

E é certo que a superfície
de tua pessoa externa,
de tua pele e de tudo
isso que em ti se tateia,

nada tem da superfície
luxuosa, falsa, acadêmica,
de uma superfície quando
se diz que ela é "como seda".

Mas em ti, em algum ponto,
talvez fora de ti mesma,
talvez mesmo no ambiente
que retesas quando chegas,

> há algo de muscular,
> de animal, carnal, pantera,
> de felino, da substância
> felina, ou sua maneira,
>
> de animal, de animalmente,
> de cru, de cruel, de crueza,
> que sob a palavra gasta
> persiste na coisa seda.

(1968, p. 159-60)

- Senso agudo de medida.
- Consciência estética, configurada, por exemplo, na poesia de Carlos Drummond de Andrade e de João Cabral de Melo Neto, a cada passo tentando explicar as suas posições poéticas, e na prosa de Adonias Filho e Autran Dourado.
- Volta à rima e aos metros tradicionais ao lado de conquistas novas, tendência, aliás, que já se nota na segunda fase. Leia-se, a título de exemplo, este soneto de Vinicius de Moraes:

> **SONETO DA SEPARAÇÃO**
> De repente do riso fez-se o pranto
> Silencioso e branco como a bruma
> E das bocas unidas fez-se a espuma
> E das mãos espalmadas fez-se o espanto.
>
> De repente da calma fez-se o vento
> Que dos olhos desfez a última chama
> E da paixão fez-se o pressentimento
> E do momento imóvel fez-se o drama.
>
> De repente, não mais que de repente
> Fez-se de triste o que se fez amante
> E de sozinho o que se fez contente
>
> Fez-se do amigo próximo o distante
> Fez-se da vida uma aventura errante
> De repente, não mais que de repente.

(1957, p. 51-2)

- Tendência para um "regionalismo universalista", que irá acentuar-se na obra de Guimarães Rosa.

- Desenvolvimento do teatro, com o surgir de autores nacionais como Nélson Rodrigues, Magalhães Júnior, Joraci Camargo, Silveira Sampaio, Abílio Pereira de Almeida, Guilherme Figueiredo, Ariano Suassuna, Lúcio Cardoso, Pedro Bloch, D. Marcos Barbosa, Dias Gomes, Maria Clara Machado, Millôr Fernandes, Diná Silveira de Queirós, Jorge Andrade, Bráulio Pedroso, Antônio Callado e outros.
- Desenvolvimento dos estudos da crítica literária, notadamente a crítica estética, onde ressalta a contribuição de Afrânio Coutinho, só para citar um exemplo.

26.22   Tenhamos presente que as características apontadas para as diversas fases são depreendidas das várias obras publicadas naquelas faixas de tempo e nas quais elas, com mais ou menos frequência, se configuram. À luz desse posicionamento, um mesmo autor pode produzir textos representativos de fases diversas, na singularização do seu percurso criador. Basta lembrar, por exemplo, as obras de Manuel Bandeira, Cassiano Ricardo e Carlos Drummond de Andrade.

26.23   Decorridos 90 anos da realização da Semana de Arte Moderna, percebe-se com nitidez a grande significação do movimento modernista para a literatura e a cultura brasileiras.

26.24   Em síntese, na primeira fase, o Modernismo brasileiro foi marcado por três destacadas conquistas que, a partir dele, se incorporaram à nossa arte literária: a adoção valorizadora do verso livre, a valorização poética do cotidiano, o culto do primitivismo.

26.25   Essa dimensão primitivista tem seu ponto de partida nas vanguardas europeias, onde se identifica com a atitude surrealista-expressionista. Só que, na Europa, caracterizou, como explicita Merquior, "a busca niilista do absurdo e a ânsia para-religiosa da inocência" (apud PROENÇA FILHO, 1982, p. 258), além de converter-se também na busca de formas originais; no Brasil, porém, ganhou peculiaridade: encontrou terreno fértil na matéria brasileira e efetivou um cunho nacionalista bastante acentuado. Nesses termos, configurou um "primitivismo temático", valorizador de nossas características históricas e paisagísticas, marcado pelo humor, pela paródia e pela valorização do cotidiano e do popular. Ao lado desses traços, permanece a tradição do lirismo intimista, à luz, é claro, das novas conquistas na área da linguagem.

26.26   Na segunda fase, superou-se o radicalismo. Consolida-se o interesse pela realidade brasileira, ampliam-se os domínios do lirismo de preocupação existencial, ganham destaque os temas políticos, sociais, religiosos e erótico-sensuais. O período assinala ainda a presença destacada do ensaio.

26.27   É relevante notar que, nessa época, o Brasil vive o período de governo de Getúlio Vargas (1930-1945), que se converte em ditadura de 1937 até a data limítrofe do período, marcado ainda pelos efeitos da Segunda Guerra Mundial (1939-1945). O País começa a mudar em termos sociais, econômicos, culturais e políticos, à luz da ideologia do nacional-desenvolvimentismo. Na área política, entretanto, as contradições entre o antigo e as novas propostas terminam por não ser inconciliáveis. Vargas promove, por exemplo, o convívio entre os tradicionais senhores do poder e as aspirações dos grupos emergentes, como os operários e a classe média. É a hora de Volta Redonda, momento primeiro da indústria do aço no País, mas é também, como assinala Alfredo Bosi, o momento em que "a aristocracia do café, patrocinadora da 'Semana', tão atingida em 29, iria conviver muito bem com a nova burguesia industrial dos centros urbanos, deixando para trás como casos psicológicos os desfrutadores literários da crise" (1979, p. 430).

26.28   Nessas circunstâncias, caracterizou-se, na literatura, um voltar-se para o conhecimento e a expressão artística, esta multidimensionada, da realidade nacional, a partir de um posicionamento sobretudo crítico. Abrem-se novos espaços de criação, na direção de um aprofundamento do tratamento dos temas e um despojamento da linguagem, já bastante afastados do mero ludismo e da gratuidade que marcam algumas composições da fase inicial.

26.29   Na fase terceira, muitos poetas continuam, tranquilamente, a ampliar a produção individual. Alguns fiéis a uma constante preocupação com o novo, como Murilo Mendes, por exemplo; outros voltados para dimensões metafísicas e intelectualizadas, nas sendas da dicção consolidada; outros mais buscando revitalizar as técnicas do verso consagradas pela tradição. A partir dos anos 1950, retoma-se com intensidade a preocupação com a realidade brasileira, notadamente na área da problemática social das grandes camadas do povo. Os anos 1950-1954, época do novo governo de Vargas, agora democrático, marcam os começos da grande ênfase à ideologia do desenvolvimento. Evidenciam-se um alto índice de politização e, de novo, a presença forte do nacionalismo, que começa a ser assumido principalmente em termos de esquerda. Nesse quadro, o romance abre-se ao experimentalismo, e a poesia, além do que já assinalamos, assume espaço significativo em relação aos temas sociais e filosóficos, metafísicos e culturais (MERQUIOR, in PORTELLA, 1979). Veja-se, nessa direção, a poesia produzida na época por Carlos Drummond de Andrade, Jorge de Lima e João Cabral de Melo Neto.

26.30   Em termos de linguagem, cumpre lembrar, os textos modernistas inovam na área do ritmo, da imagística e da estrutura, porém mantêm-se fiéis ao discursivo e, salvo poucas exceções, não se afastam da norma culta da língua, antes pelo contrário, como o demonstram estudos já realizados sobre o assunto.

Em conclusão, a preocupação reflexiva com o Brasil, com a cultura brasileira, sem jacobinismo, o enriquecimento das formas de expressão, a autoconsciência que marca a crítica literária, a vitalidade artística peculiar são elementos suficientes para o dimensionamento em grande da contribuição do Modernismo à literatura brasileira.

Em termos periodológicos, o ciclo modernista estende-se, em sentido restrito, das vanguardas do começo do século XX aos primórdios dos anos de 1950, ou, se preferirmos um marco histórico, até o fim da Segunda Guerra Mundial. A limitação não é tranquila, entretanto alguns especialistas chegam até a década de 1960, outros levam o final até a década seguinte. Como quer que seja, a esse tempo dá lugar de prevalência a uma nova configuração cultural e artística que ganha forte nitidez.

BIBLIOGRAFIA

TEXTOS LITERÁRIOS

ABREU, Casimiro de. *Poesias completas*. São Paulo: Saraiva, 1954.

ANDRADE, Carlos Drummond de. *Obra completa*. Rio de Janeiro: Aguilar, 1964.

ANDRADE, Mário de. *Obra imatura*. São Paulo: Martins, 1960.

_____. *O empalhador de passarinhos*. 2. ed. São Paulo: Martins, 1955.

_____. *Poesias completas*. São Paulo: Martins, 1955.

ANDRADE, Oswald de. *Ponta de lança*. 3. ed. Rio de Janeiro: Civilização Brasileira, 1972.

BANDEIRA, Manuel. *Itinerário de Pasárgada*. Rio de Janeiro: São José, 1957.

_____. *Poesia do Brasil*. Rio de Janeiro: Ed. do Autor, 1960.

_____. *Poesia e prosa*. Rio de Janeiro: J. Aguilar, 1958. v. 1.

_____ e AYALA, W. *Antologia dos poetas brasileiros. Fase moderna. Depois do Modernismo*. Rio de Janeiro: Edições de Ouro, 1967.

BERARDINELLI, Cleonice. *Cantigas de trovadores medievais em português moderno*. Rio de Janeiro: Simões, 1963.

DI CAVALCANTI, Emiliano. *Viagem da minha vida*. Rio de Janeiro: Civilização Brasileira, 1955.

HOLANDA, H. Buarque de (org.). *26 poetas hoje*. Rio de Janeiro: Labor do Brasil, 1976.

LIMA, Jorge de. *Obra completa*. Rio de Janeiro: J. Aguilar, 1958.

MEIRELES, Cecília. *Obra poética*. Rio de Janeiro: J. Aguilar, 1968.

MELO NETO, João Cabral de. *Poesias completas*. Rio de Janeiro: Sabiá, 1968.

MORAES, Vinícius de. *Livro de sonetos*. Rio de Janeiro: Livros de Portugal, 1957.

PESSOA, Fernando. *Obra poética*. Rio de Janeiro: J. Aguilar, 1960.

PICCHIA, Menotti del. *O Curupira e o Carão*. São Paulo: Hélios, 1927.

PIGNATARI, Décio et alii. *Antologia do verso à poesia concreta – 1949/1962*. Noigandres, São Paulo, n. 5, Massao Ohno, 1962.

PORTO, Leônidas Sobrinho. *Antologia de literatura española e hispano-americana*. 5. ed. Rio de Janeiro: s/ed., 1958.

RIQUER, M. de. *Antología de la literatura española – siglos X/XX*. Barcelona: Leide, 1953.

TEXTOS TEÓRICOS

ALBÉRÉS, R. M. *Histoire du roman moderne.* Paris: Albin Michel, 1967.

_____. *L'aventure intellectuelle du XXe. siècle.* Paris: Albin Michel, 1959.

_____. *Métamorphoses du roman.* Paris: Albin Michel, 1966.

AMBROGIO, Ignacio. *Formalismo e avanguarda in Russia.* Roma: Editori Riuniti, 1968.

AMORA, Antônio Soares. *História da literatura brasileira:* séculos XVI/XX. 4. ed. São Paulo: Saraiva, 1963.

_____. *Introdução à teoria da literatura.* São Paulo: Cultrix, 1973.

ANDRADE, Mário de. *A escrava que não é Isaura*: discurso sobre algumas tendências da poesia modernista. São Paulo: Martins, 1960. v. 1 das *Obras completas.*

_____. *Aspectos da literatura brasileira.* 5. ed. São Paulo: Martins, 1974.

ANDRADE MURICY. *Panorama do movimento simbolista brasileiro.* Rio de Janeiro: INL, 1952. 3 v.

APOLLINAIRE, Guillaume. *Les peintres cubistes.* Paris: Hermann, 1965.

ASSIS BRASIL. *O Modernismo.* Rio de Janeiro: Pallas; Brasília: INL, 1976.

ÁVILA, Affonso (org.). Nas vertentes da Semana de 22. *Vozes,* 66 (1), p. 25-32.

_____ (org.). *O Modernismo.* São Paulo: Perspectiva, 1975.

BALLESTER. Gonzalo Torrente. *Literatura española contemporânea.* Madrid: A. Aguado, s/d.

BALLY, Carles et alii. *El impresionismo en el lenguaje.* 3. ed. Buenos Aires: Universidad de Buenos Aires, 1956.

BARBADINHO NETO, Raimundo. *Sobre a norma literária do Modernismo.* Rio de Janeiro: Ao Livro Técnico, 1977.

BÉHAR, Henri. *Étude sur le théâtre Dada et surréaliste.* Paris: Gallimard, 1967.

BERND, Zilá. *A questão da negritude.* São Paulo: Brasiliense, 1984.

BONNET, Marguerite. *André Breton: naissance de l'aventure surréaliste.* Paris: José Corti, 1975.

BOPP, Raul. *Movimentos modernistas no Brasil (1922/1928).* Rio de Janeiro: São José, 1966.

BOSI, Alfredo. *A literatura brasileira:* o Pré-Modernismo. São Paulo: Cultrix, 1965. v. 5.

_____. *História concisa da literatura brasileira.* 2. ed. São Paulo: Cultrix, 1979.

_____ (org.). *O conto brasileiro contemporâneo.* São Paulo: Cultrix/Edusp, 1975.

_____. *O ser e o tempo da poesia.* São Paulo: Cultrix/Edusp, 1977.

BOUSOÑO, Carlos. *Teoría de la expresión poética.* Madrid: Gredos, 1956.

BRÉHIER, E. *Historia de la filosofía.* Buenos Aires: Sudamericana, 1948. v. 2.

BRETON, André. *Manifestes du Surréalisme.* Paris: Gallimard, 1970.

BRITO, M. da Silva. *História do Modernismo brasileiro.* Rio de Janeiro: Civilização Brasileira, 1964.

_____. *Panorama da poesia brasileira. O Modernismo.* Rio de Janeiro: Civilização Brasileira, 1959. v. 4.

BROCA, Brito. *A vida literária no Brasil – 1900.* Rio de Janeiro: Serviço de documentação do MEC, 1956.

CACCESE, Neusa Pinsard. *Festa:* contribuição para o espírito do Modernismo. São Paulo: Instituto de Estudos Brasileiros, 1971.

CAMPOS, Haroldo de. *A arte no horizonte do provável.* São Paulo: Perspectiva, 1969.

CANDIDO, Antonio. *Vários escritos.* São Paulo: Duas Cidades, 1970.

CARPEAUX, Otto Maria. *As revoltas modernistas na literatura.* Rio de Janeiro: Tecnoprint, 1968.

CARROUGES, M. *André Breton et les données fondamentales du Surréalisme.* Paris: Gallimard, 1950.

CARVALHO, Ronald de. *Pequena história da literatura brasileira.* 9. ed. Rio de Janeiro: F. Briguiet, 1953.

CASTRO, Sílvio. *História da literatura brasileira.* Lisboa: Alfa, 1999. v. 3.

CHABÁS, J. *La literatura española contemporánea – 1898/1950.* La Habana: Cultural, 1952.

CHAMIE, Mário. *Instauração Praxis:* manifestos, plataformas, textos e documentos críticos – 1959 a 1972. São Paulo: Quíron, 1974. 2 v.

CHARPIER, Jacques e SEGHERS, Pierre. *L'art poétique.* Verviers: Seghers, 1956.

CHAVES, Flávio Loureiro. *Érico Veríssimo:* realismo e realidade. Porto Alegre: Globo/IEL, Secretaria de Educação e Cultura, 1976.

_____. *Simões Lopes Neto:* regionalismo e literatura. Porto Alegre: Mercado Aberto, 1982.

_____ et alii. *Aspectos do Modernismo brasileiro.* Porto Alegre: UFRS, 1970.

CIRLOT, J. Eduardo. *Introducción al Surrealismo.* Madrid: Revista de Occidente, 1953.

COUTINHO, Afrânio. *Introdução à literatura no Brasil.* 8. ed. Rio de Janeiro: Civilização Brasileira, 1976.

DIAS-PINO, W. *Processo:* linguagem e comunicação. 2. ed. Petrópolis: Vozes, 1973.

DÍAZ-PLAJA, Guillermo. *Modernismo frente a noventa y ocho.* Madrid: Espasa-Calpe, 1950.

DUPLESSIS, Yves. *Le Surréalisme.* Ed. rev. e corr. Paris: Presses Universitaires de France, 1955.

ESTÉTICA. Rio de Janeiro, n. 1, set. 1924.

FESTA. Rio de Janeiro, n. 1, ano 1, ago. 1927.

FORTINI, Franco. *O movimento surrealista.* Lisboa: Presença, 1965.

FREYRE, Gilberto. *Manifesto regionalista de 1926.* 4. ed. Rio de Janeiro: Serviço de Documentação do MEC, 1967.

GÓES, Fernando. *Panorama da literatura brasileira. O Pré-Modernismo.* Rio de Janeiro: Civilização Brasileira, 1960. v. 5.

GORIÉLY, Benjamin. *Le avanguardie letterarie in Europa.* Milano: Feltrinelli, 1967.

GRAÇA ARANHA. *Espírito moderno.* São Paulo: Monteiro Lobato, 1925.

GULLAR, Ferreira. *Vanguarda e subdesenvolvimento.* Rio de Janeiro: Civilização Brasileira, 1969.

HELENA, Lúcia. *Totens e tabus da modernidade brasileira:* símbolo e alegoria na obra de Oswald de Andrade. Rio de Janeiro: Tempo Brasileiro; Niterói: Universidade Federal Fluminense, 1985.

_____. *Uma literatura antropofágica.* Rio de Janeiro: Cátedra; Brasília: INL, 1982.

INOJOSA, Joaquim. *O movimento modernista em Pernambuco.* Rio de Janeiro: Gráfica Tupy, 1968.

INSTITUTO DE ESTUDOS BRASILEIROS. *Brasil: 1º tempo modernista – 1917-1929*: documentação. Pesquisa, seleção, planejamento. Marta Rossetti Batista, Telê Ancona Lopez, Yone Soares de Lima. São Paulo, 1972.

KLAXON. São Paulo, n. 1, 15/3/1922.

LAFETÁ, João Luís. *1930: a crítica e o Modernismo.* São Paulo: Duas Cidades, 1974.

LANTERNA VERDE. Rio de Janeiro, n. 1, maio 1934.

LARA, Cecília de. *Nova cruzada:* contribuição para o estudo do Pré-Modernismo. São Paulo: Instituto de Estudos Brasileiros, 1971.

LEITE, Lígia Chiappini Moraes. *Regionalismo e Modernismo.* São Paulo: Ática, 1978.

LESSA, Luís Carlos da Silva. *O Modernismo brasileiro e a língua portuguesa.* 2. ed. rev. e ampl. Rio de Janeiro: Grifo, 1976.

LIMA, Alceu Amoroso. *Estudos literários.* Rio de Janeiro: J. Aguilar, 1966. v. 1.

_____. *Quadro sintético da literatura brasileira.* 2. ed. rev. e aum. Rio de Janeiro: Agir, 1969.

LINS, Álvaro e HOLANDA, A. Buarque de. *Roteiro literário do Brasil e Portugal.* Rio de Janeiro: José Olympio, 1956.

LOANDA, F. Ferreira. *Panorama da nova poesia brasileira.* Rio de Janeiro: Orfeu, 1951.

MARTINS, Wilson. *A literatura brasileira – O Modernismo (1916/1945).* São Paulo: Cultrix, 1965. v. 6.

_____. *História da inteligência brasileira (1550/1794).* São Paulo: Cultrix, 1977. v. 1.

MERQUIOR, J. G. *A natureza do processo.* Rio de Janeiro: Nova Fronteira, 1982.

_____. *As ideias e as formas.* Rio de Janeiro: Nova Fronteira, 1981.

_____. *Formalismo e tradição moderna.* Rio de Janeiro: Forense Universitária; São Paulo: Edusp, 1974.

_____. *O fantasma romântico e outros ensaios.* Petrópolis: Vozes, 1980.

_____. Os estilos históricos na literatura ocidental. In: PORTELLA, Eduardo et alii. *Teoria literária.* 3. ed. Rio de Janeiro: Tempo Brasileiro, 1979.

_____. Vanguarda, neovanguarda, antivanguarda. *Jornal do Brasil,* de 10 ago. 1974.

_____. *Razão do poema.* Rio de Janeiro: Civilização Brasileira, 1965.

MEYERHOFF, Hans. *O tempo na literatura.* São Paulo: McGraw-Hill do Brasil, 1976.

MIGUEL-PEREIRA, Lúcia. *Cinquenta anos de literatura.* Rio de Janeiro: MEC, 1952.

MILLIET, Sérgio. *Panorama da moderna poesia brasileira.* Rio de Janeiro: MEC, 1952.

MITCHELL, Bonner. *Les manifestes de la belle époque.* Paris: Seghers, 1966.

MORA, Ferrater. *Diccionario de filosofia.* 5. ed. Buenos Aires: Sudamericana, 1965.

NADEAU, Maurice. *Histoire du Surréalisme suivie de documents surréalistes.* Paris: Seuil, 1967.

NUNES, Benedito. *João Cabral de Melo Neto.* Petrópolis: Vozes; Brasília: INL, 1971.

ORPHEU. Lisboa: Edições Ática, 1959 (reedição do v. 1).

PEREGRINO JR., Domingos. *O movimento modernista.* Rio de Janeiro: MEC, 1954.

PIGNATARI, Décio. Situação atual da poesia no Brasil. *Anais do II Congresso Brasileiro de Crítica e História Literária.* São Paulo: Faculdade de Filosofia de Assis, 1963.

PLACER, Xavier (org.). *Modernismo brasileiro.* Bibliografia 1918/1971. Rio de Janeiro: Biblioteca Nacional, 1972.

POESIA VIVA I. Rio de Janeiro: Civilização Brasileira, 1968.

POMORSKA, K. *Formalismo e Futurismo*. São Paulo: Perspectiva, 1972.
PROENÇA FILHO, Domicio (org.). *O livro do seminário:* ensaios Bienal Nestlé de literatura brasileira – 1982. São Paulo: L. R. Editores, 1982.
RAYMOND, Marcel. *De Baudelaire au Surréalisme*. Paris: José Corti, 1966.
REVISTA BRANCA. Rio de Janeiro, n. 23, jun. 1952.
REVISTA BRASILEIRA DE POESIA. São Paulo, n. 7, abr. 1956.
REVISTA DE ANTROPOFAGIA 1ª e 2ª "dentições". São Paulo: Abril, 1975.
REVISTA DO LIVRO 10. Rio de Janeiro, jun. 1958.
REVISTA DO LIVRO 16. Rio de Janeiro, dez. 1959.
REVISTA DO LIVRO 37. Rio de Janeiro, 1969.
RICARDO, Cassiano. *Algumas reflexões sobre poética de vanguarda*. Rio de Janeiro: José Olympio, 1964.
_____. *Poesia Praxis e 22*. Rio de Janeiro: José Olympio, 1966.
_____. *Viagem no tempo e no espaço*. Rio de Janeiro: José Olympio, 1970.
RIEDEL, Dirce Cortes. *Meias-verdades no romance*. Rio de Janeiro: Achiané, 1980.
ROUANET, Sérgio Paulo. *As razões do Iluminismo*. São Paulo: Cia. das Letras, 1987.
SÁ, Álvaro de. *Vanguarda produto de comunicação*. Petrópolis: Vozes, 1977.
SALINAS, Pedro. *Literatura española – siglo XX*. México: Librería Robledo, 1949.
SANGUINETTI, Edoardo. *Ideologia e linguaggio*. Milano: Feltrinelli, 1972.
SCRIVO, Luigi. *Sintesi del Futurismo:* storia e documenti. Roma: M. Bulzoni, 1968.
SERNA, Ramón Gómez de la. *Ismos*. Buenos Aires: Poseidón, 1947.
SILVEIRA, Tasso da. *Definição do Modernismo brasileiro*. Rio de Janeiro: Forja, 1932.

SIMÕES, João Gaspar. *História do movimento da "presença"*. Coimbra: Atlântica, s/d.
STEGAGNO-PICCHIO, Luciana. *História da literatura brasileira*. 2. ed. rev. e atual. Rio de Janeiro: Lacerda/Academia Brasileira de Letras, 2004.
TELES, G. Mendonça. *A retórica do silêncio*. São Paulo: Cultrix/INL, 1979.
_____. Introdução a uma poética do Modernismo. *Littera*, Rio de Janeiro, n. 5, 1972.
_____. *La poesia brasileña en la actualidad*. Montevidéo: Letras, 1969.
_____. *Vanguarda europeia e Modernismo brasileiro:* apresentação dos principais poemas, manifestos, prefácios e conferências vanguardistas de 1857 a 1972. 9. ed. Petrópolis: Vozes, 1986.
TEMPO BRASILEIRO. Rio de Janeiro, n. 42/43, 1975.
_____. Rio de Janeiro, n. 26/27, 1971. (número especial sobre vanguarda e modernidade).
Terra Roxa e Outras Terras. São Paulo, n. 1, 20/1/1926.
TORRE, G. de. *Historia de las literaturas de vanguardia*. Madrid: Guadarrama, 1965.
_____. *Problemática de la literatura*. Buenos Aires: Losada, 1958.
_____. *Qué es Surrealismo*. Buenos Aires: Columba, 1955.
TORTEL, Jean et alii. *Entretiens sur la paralittérature*. Paris: Plon, 1970.
TZARA, Tristan. *Sept manifestes* Dada. Utrecht: J. J. Pauvert, 1967.
VASCONCELOS, M. Cesariny. A *intervenção surrealista*. Lisboa: Ulisseia, 1966.
_____. *Poesia – 1944/1955*. Lisboa: Delfos, s/d.
Verde. Cataguazes, n. 1/3, set. 1927.
Vozes. Petrópolis, ano 64, v. LXIV, n. 1, jan.-fev. 1970.
_____. Petrópolis, ano 71, n. 1, 1977.
_____. Petrópolis, ano 66, v. LXVI, n. 1, jan.-fev. 1973.

CAPÍTULO 13

O Pós-Modernismo

> *A resposta pós-moderna ao moderno consiste em reconhecer que o passado, já que não pode ser destruído, porque sua destruição leva ao silêncio, deve ser revisitado: com ironia, de maneira não inocente.*
>
> (UMBERTO ECO, 1985, p. 56-7)

Última semana de 1327: uma série de estranhas mortes abala a vida de um mosteiro italiano. São ao todo sete mortos, em sete dias e sete noites. Um monge inglês encarrega-se de resolver o grande mistério. Seu nome: Guilherme de Baskerville. No seu percurso detetivesco, o arguto investigador vai penetrando em outros segredos do convento. A narrativa converte-se numa singularíssima crônica da vida religiosa na Itália medieval, marcada de ironia e profunda reflexão. O cenário principal da ação é uma biblioteca labiríntica, e o livro, o texto assumem notável destaque em toda a história, contada, na velhice, por Adso de Melk, então noviço e ajudante do frade detetive e autor do manuscrito que estaria na origem da matéria narrada. Estamos nos referindo a *O nome da rosa*, romance de êxito mundial, escrito por Umberto Eco e lançado em 1980. Quem se aproxima do texto percebe, desde logo, o alto índice de intertextualidade presente na narrativa: seu autor, intencionalmente, aproveita-se, na composição da obra, de textos de Thomas Mann (*Doutor Fausto*) e James Joyce (*Ulisses*), de passagens bíblicas, textos medievais e obras de Conan Doyle. E mistura textos antigos a textos contemporâneos, e faz alusões claramente perceptíveis, como é o caso das personagens centrais, Baskerville (referência ao título do famoso romance de Conan Doyle, *O cão dos Baskerville*) e Adso (evidente corruptela de Watson, colaborador de Sherlock Holmes – elementar, não?). Intertextualidade, paródia, aproveitamento de forma popular de ficção, o romance policial, associado a altos índices de erudição, marcam, entre outros aspectos, essa narrativa ficcional.

2   Cruzamento de textos bíblicos, míticos e históricos e tratamento parodístico são também traços fortes de outro romance da contemporaneidade, igualmente de notável êxito de público: *Cem anos de solidão*, de Gabriel García Marquez, como já tivemos oportunidade de assinalar no capítulo 4 deste livro.

3   Artes plásticas: a "fotografia" do produto enlatado, como o quadro de Andy Warhol em que pinta a sopa Campbell, à disposição do consumidor, por sua vez massificado pelos avassaladores veículos de comunicação, ganha destaque. Também a figura humana retorna às telas do pintor.

4   Paralelamente, o lúdico e o espontâneo assenhoreiam-se de espaço amplo, nos *happenings* e nas *performances*.

5   Estaríamos vivendo a arte nova de um novo tempo?

6   Na verdade, a partir dos anos 1950, novos comportamentos e procedimentos passam a evidenciar-se no âmbito da cultura ocidental.

7   Entre as marcas indiciadoras da mudança, costumam ser assinalados, sobretudo no âmbito dos países desenvolvidos, os seguintes fatos e respectivas consequências:

7.1   Desenvolvimento da "sociedade de consumo", na qual, pouco a pouco, ganham outros contornos os códigos e as normas da moral reguladora do comportamento social, notadamente de caráter burguês.

7.2   Valorização da prevalência do impulso e da espontaneidade sobre a razão. Alguns estudiosos chegam a afirmar que "só o impulso e o prazer são reais e afirmadores da vida; o resto é neurose e morte" (BELL, apud ROUANET, 1987, p. 247). A paixão sobrepõe-se à razão. Como pano de fundo, Freud e a visão niilista de Nietzsche.

7.3   Influência da tecnociência no comportamento social, especialmente nos países do chamado primeiro mundo, onde computadores e microcomputadores ganham forte presença na vida pessoal e têm destacada atuação no âmbito da sociedade, notadamente na área da economia.

7.4   Presença marcante da informação na caracterização da visão de mundo dos indivíduos. Deixemos dizer Merquior: "o consumo maciço dos meios de comunicação audiovisuais, e especialmente da televisão, atua como poderoso mecanismo de reforço do comportamento *heterodirigido*, isto é, da conduta em que cada indivíduo pauta seus gestos pelos dos outros, num conformismo sistemático" (MERQUIOR, 1979, p. 90). O contato com o vídeo superou, em muito, a relação indivíduo a indivíduo.

7.5   Estetização e personalização dos objetos, como forma de fazê-los atraentes, decorrência da sociedade de consumo e atitude assumida sobretudo pelos meios publicitários, que acrescentam a esses aspectos forte dose de erotismo.

7.6   Desmaterialização do mundo real, que se converte em signo, simulacro. A propósito, é bastante ilustrativa a anedota lembrada por Jair Ferreira dos Santos:

> Uma amiga dirige-se à mãe de uma criança que acompanha esta última:
> — Que menina linda!
> E a mãe, carregada de orgulho:
> — Você diz isto porque ainda não viu a fotografia dela a cores!
>
> (1986, p. 12)

7.7   Multifragmentação do social, entendido, como resume Sérgio Rouanet, em "um fervilhar incontrolável de multiplicidades e particularismos, pouco importando se alguns veem nisso um fenômeno negativo, produto de uma tecnociência que programa os homens para serem átomos, ou por outros, um fenômeno positivo, sintoma de uma sociedade rebelde a todas as totalizações (...)" (1987, p. 234).

7.8   Em termos econômicos, valorização, no âmbito do padrão de vida, da qualidade dos serviços oferecidos e não da quantidade dos produtos colocados à disposição do consumidor.

7.9   No mesmo espaço, deslocamento do centro de atenções para o profissional qualificado, capaz de responder pelos produtos exigidos.

7.10   Presença do capitalismo multinacional e do terceiro e quarto estágios do desenvolvimento tecnológico: produção de motores eletrônicos e nucleares, a partir dos anos 1940, e de computadores, mais recentemente. O primeiro momento capitalista envolve o capitalismo de mercado, limitado a espaços nacionais; já no segundo, ao capitalismo monopolista ou imperialista anexam-se outros mercados e o multinacional atinge a maior parte do planeta (ROUANET, 1987, p. 236-7). Vale lembrar que as duas fases anteriores do desenvolvimento da tecnologia correspondem, respectivamente, à produção de motores a vapor, a partir de 1848, e à produção de motores elétricos e de combustão interna, a partir do final do século XIX.

7.11   Atuação política assumida menos por indivíduos e mais por grupos setoriais representativos, como as etnias consideradas minoritárias, as mulheres, os homossexuais etc., em conformidade com a atomização social que assinalamos.

7.12 Prevalência do imaginário sobre a realidade concreta, que evolui para o espaço virtual.

7.13 Substituição gradual da dimensão comunitária pela dimensão associativa.

8 No âmbito específico das manifestações artísticas, avultam:

- Eliminação de fronteiras entre arte erudita e arte popular.
- Presença marcante da intertextualidade, com o aproveitamento intencional e frequentemente paródico de obras do passado.
- Mistura consciente de estilos.
- Projeção no presente, sem preocupação com o futuro.
- Visão crítica da realidade.

9 Em inúmeras manifestações da arte no citado período histórico, caracterizam-se, na verdade, marcas específicas:

9.1 Na arquitetura, onde os traços distintivos ganham maior relevância, tem início, desde 1945, uma série de obras que configuram uma reação à funcionalidade dos modernos. Os projetos arquitetônicos passam a integrar-se na paisagem e a levar em consideração as peculiaridades regionais do espaço em que se inserem, sem que isso signifique o abandono de formas inovadoras. O artista não hesita em deixar de lado, entretanto, o racionalismo modernista e permite-se um estilo eclético, marcado frequentemente pelo aproveitamento de experiências do passado. Como exemplo dessa mescla, Sérgio Paulo Rouanet cita o prédio da AT&T, de Philip Johnson, em Nova Iorque, onde se evidencia a combinação de seções neoclássicas, arcadas românticas e frontão *chippendale* (ROUANET, 1987, p. 251). Entre outros cultores dos novos procedimentos, figuram ainda Charles Moore, Robert Venturi, Christopher Jencks e Pier Paolo Portoghese.

9.2 Já nas artes plásticas, as novidades têm suas primeiras concretizações nos citados anos 1950/60 e trazem, entre outras características, o retorno do figurativo, com uma particularidade: o que se reproduz não é o real, mas uma fotografia do real. "A obra é um simulacro de segundo grau, o que dá uma impressão alucinante de realidade que a simples realidade não pode ter; ela é, literalmente, uma hiper-realidade" (ROUANET, 1987, p. 252). Além disso, os *happenings* e as *performances* conferem ênfase à arte como ação, fruto da espontaneidade, ao sabor do espetáculo. Entre os exemplos, na área da pintura, podem ser citadas obras de Andy Warhol, Rauschenberg, Lichenstein, entre outros.

9.3 No teatro, buscam-se a "produção" teatral, em substituição ao "produto" teatral, e a "presentação", em lugar da "apresentação", ou seja, o que se procura levar à cena não é mais o espetáculo que determinadas pessoas preparam e oferecem aos consumidores: a preocupação é com a organização de experiências teatrais, nas quais se busca uma total integração onde ninguém se limite a assistir simplesmente a algo que se representa, e todos atuem em ações presentificadas e não representadas. Tudo se dá no aqui e agora, com a participação de todos os presentes, sem qualquer separação entre palco e plateia (COELHO, 1986, p. 85). O grande nome da proposta é Antonin Artaud.

Na literatura, a configuração das novas tendências, evidenciadas num primeiro momento, parecem ter sofrido um esmaecimento no processo de sedimentação. Como quer que seja, os traços que a singularizariam, nesse sentido, sigo na trilha de Rouanet e Merquior, são (ROUANET, 1987, p. 85):

- Permanência da concepção lúdica da arte, traço peculiar também à modernidade, como assinalamos.
- Fragmentarismo textual: preferência pela fratura do texto, pelo "desfazer-se".
- Ênfase na metalinguagem: o texto volta-se frequentemente para si mesmo.
- Tendência à utilização deliberada da intertextualidade, quase sempre acompanhada de forte sentido irônico.
- "Metamorfose da semiose literária", expressão de Merquior (1979, p. 89), que lembra que os textos clássicos e românticos pautavam-se por uma estrutura semiótica superficialmente transparente; nos modernos, a escrita passa a ser ostensivamente ambígua e polissêmica, a privilegiar a figuração alegórica. Ao passar para o Neomodernismo ou pós-moderno, a alegoria continua a ser o regime semiótico de base da literatura ocidental, só que agora outro é o tipo que nela se configura. "Que tipo? Talvez se possa dizer que a alegoria moderna, especialmente em sua forma extrema, inerente a certos estilos de vanguarda da primeira metade deste século (como o surrealista, embora não necessariamente o de escola) é de índole *surreal* e *metafórica*, ao passo que o alegorismo pós-moderno é de cunho hiper-real e metonímico" (MERQUIOR, 1980, p. 20-1).

O caráter dubitativo desse texto de Merquior recorda-nos a questão que ainda nos anos 1980 divide os estudiosos: para alguns, entre eles não apenas críticos, mas ainda artistas de várias áreas, os traços que acabamos de assinalar evidenciam que, desde os anos 1950, a cultura ocidental vive, efetivamente, o tempo da pós-modernidade. Para outro, as mesmas características representam apenas a intensificação de elementos configuradores da modernidade, emergente desde o Iluminismo.

No entender dos primeiros, o momento citado corresponde a uma **ruptura** com a modernidade, é a época **pós-moderna**, designação devida aos sociólogos americanos, que aproveitaram o termo usado em 1947 pelo historiador Arnold Toynbee. Daí para a palavra "pós-modernismo" a distância foi curta.

Acrescente-se que, nos termos assinalados, o Pós-Modernismo envolveria as mudanças que vêm marcando as ciências, a filosofia e as artes, sobretudo nos países desenvolvidos do Ocidente, desde 1950 até a década de 1980, ressalvada a relatividade da fixação de datas-marco. Vale dizer que, para certos críticos, o termo aplica-se exclusivamente à arquitetura, à literatura ou à pintura (ROUANET, 1987, p. 229).

No caso da literatura, a palavra "pós-moderno" foi usada pela primeira vez em 1934 pelo escritor Federico de Onís, numa antologia da poesia espanhola e hispano-americana; voltou a aparecer em 1959, num artigo de Irving Howe para a *Partisan Revue*, chamado "A sociedade de massas e a ficção moderna"; em 1965, Leslie Fiedler publica, na mesma revista, o artigo "Os novos mutantes", onde avalia positivamente o movimento pós-moderno.

No Brasil, Alceu Amoroso Lima, em 1946, emprega o termo "pós-modernismo", como vimos no capítulo 4, mas em sentido específico, vinculado à realidade brasileira, situando-o no processo histórico da nossa literatura como algo já distinto do Modernismo (1969, p. 11-2).

Os que não aceitam o pós-moderno como signo de ruptura entendem, entre outros argumentos, que, na realidade ocidental, não se alterou, nos últimos anos, o modo de produção, que continua capitalista, com uma economia baseada na apropriação privada do excedente. Entendem também que a emergência de movimentos sociais segmentares é mais um enriquecimento do que uma superação da política "moderna"; as mudanças no campo das ciências, em termos de legitimidade, nada teriam de novo; a crítica filosófica da modernidade, para eles, foi feita pela própria modernidade, e os demais aspectos, sobretudo na área do cotidiano, como a estetização da mercadoria, o predomínio da informação, a presença atuante da televisão, o consumismo generalizado, a estrutura psíquica marcada por um acendrado narcisismo, tudo isso corresponderia à descrição da modernidade pela própria modernidade. Pelo menos essa é a posição defendida por Sérgio Paulo Rouanet, em livro de 1987, que aceita a existência, no período, de uma "consciência de ruptura" mas não de uma "ruptura real" com a modernidade. Lembra que a modernidade, grosso modo, "conheceu três ciclos estéticos: o primeiro, em torno de 1800, quando Schlegel e Madame de Staël teorizaram sobre o romantismo em oposição ao classicismo; o segundo, por volta de 1850, em que Baudelaire refletiu expressamente sobre o conceito de modernidade na arte e em que começaram a surgir as estéticas pós-românticas; e um terceiro, por volta de 1900, em que surgiram as vanguardas contemporâneas, de Apollinaire a Tristan Tzara, Breton, Proust e Joyce, de Gropius e Adolf Loos a Van der Rohe e Le Corbusier, de Picasso a Kandinski etc. Esse terceiro ciclo é o que chamamos modernismo" (ROUANET, 1987, p. 265). Diante desse posicionamento é que aceita, isto sim, como "perfeitamente possível, assim, admitir que a arte contemporânea representa uma ruptura com o *modernismo*, embora não represente uma ruptura com a modernidade. Estaríamos, simplesmente, entrando num novo ciclo estético, desde o advento da modernidade" (ROUANET, 1987, p. 265).

16   Não cabe nos limites deste livro aprofundar a discussão sobre o assunto. Entendemos, entretanto, que, mesmo sem ter caracterizado uma "ruptura" com a modernidade, no período compreendido entre 1950, aproximadamente, e a época em que escrevemos, 1987, o Pós-Modernismo, à falta de uma designação mais adequada, configura o desenvolvimento de um novo estilo de época.

17   O fato não é inédito na história da literatura ocidental. Vimos que os estilos pós-românticos, por exemplo, convivem num espaço comum, onde não se verificam rompimentos drásticos, radicais; dá-se, apenas, um "ir além".

18   À luz desse posicionamento, o Pós-Modernismo caracteriza-se pela constelação dos traços que apontamos e, como admitem inúmeros críticos, tem, entre outros, os seguintes autores de obras representativas:

18.1   Na poesia, o pioneiro Francis Ponge do *Parti pris des choses* (1942) e Paul Celan, autor de *Sprachgitter* (*Grade de linguagem*, 1959); nos Estados Unidos, onde o movimento ganhou relevância, despontam, entre outras, as obras de Robert Lowell, John Benyman, Elisabeth Bishop, Theodore Roethke, Richard Wilbur, Allen Ginsberg e ainda as obras dos poetas do Black Mountain Group (Grupo da Montanha Negra): Charles Olsen, Robert Creeley, Robert Duncan.

18.2   Na ficção, alguns situam os inícios no romance existencialista de Jean-Paul Sartre, como *La nausée* (1938), por exemplo, e nas obras de Albert Camus (*L'étranger*, 1942), Jean Genet (*Journal du voleur*, 1949), Ionesco (*La cantatrice chauve*, 1950) e Jorge Bataille, isso entre os franceses. Nos Estados Unidos, despontam Norman Mailer, William Burroughs, Saul Bellow e John Barth, entre outros. Nas letras italianas, citam-se Carlo Emilio Gadda, Giorgio Manganelli e Edoardo Sanguinetti, além, evidentemente, do citado Umberto Eco, com *O nome da rosa*. Na América Latina, o grande nome é Gabriel García Marquez.

O teatro tem seus representantes nos suíços Max Frisch e Friedrich Dürrenmat, nos alemães Tankred Dorst e Peter Handke e no inglês Harold Pinter, entre outros (MERQUIOR, 1979).

O PÓS-MODERNISMO NO BRASIL

No caso do Brasil, parece repetir-se, no nosso entender, o que aconteceu no Modernismo, em relação à modernidade: a arte literária que se realiza no País a partir, aproximadamente, de 1955, traz as marcas da especificidade em relação aos traços culturais predominantes na contemporaneidade dos países desenvolvidos e só em alguns pontos concretiza dimensões pós-modernas.

O que a caracteriza, ainda uma vez, é um caminho próprio, que guarda certos elementos de contato com a literatura europeia. Por outro lado, configuram-se manifestações distintas das que fazem o Modernismo brasileiro; mas que a ele muito devem e, em alguns casos, a ele se vinculam.

Cumpre lembrar que, nesse período, o País viveu acontecimentos políticos e sociais extremamente significativos e mobilizadores. Depois do já referido segundo governo de Getúlio Vargas, interrompido pela tragédia do seu suicídio, em 1954, seguiu-se um tempo tumultuado, com sucessivos presidentes em exercício: Café Filho, Carlos Luz, Nereu Ramos. Vem então a eleição de Juscelino Kubitscheck, durante cujo mandato, de 1955 a 1960, a nação convive com uma política desenvolvimentista carregada de otimismo. Na sequência, assume Jânio Quadros, para uma gestão curta e contraditória, interrompida dramaticamente pela renúncia, em 1961. Assume o vice-presidente João Goulart, após grave crise política, no bojo de um recém-adotado parlamentarismo, de reduzida duração. Um plebiscito, em 1963, traz de volta o presidencialismo, e Goulart busca realizar um governo acentuadamente populista. Novo recrudescimento da crise, que culmina em 1964 com o golpe militar que termina por levar o país a vinte anos de governo ditatorial: a arte sofre, de novo, a restrição regressiva da censura. A abertura para a democracia virá gradual e lentamente, a partir dos fins do governo do general Ernesto Geisel (1974-1979) e durante o governo do general Figueiredo (1979-1985). O povo vai às ruas em campanha para eleições diretas, que só vêm para o legislativo e para governadores e prefeitos. O presidente e o vice-presidente da República, sabemos, são escolhidos indiretamente, pelo Congresso. Com a doença e a morte, em 21 de abril de 1985, do presidente Tancredo Neves, é empossado o então vice-presidente José

Sarney, com quem o país busca viver a transição para a plenitude da democracia, inclusive com a posterior eleição (1986) e instalação de uma Assembleia Nacional Constituinte. Em todo esse tempo, com maior ou menor intensidade, persiste a dominância da crise, sobretudo no plano econômico e social.

As oscilações do poder, as implicações ideológicas, políticas, econômicas e sociais que as envolveram e envolvem, conduziram e conduzem a repercussões na criação literária e nas atitudes dos artistas; embora não determinem nem expliquem a ação criadora, atuam como elementos condicionadores que podem ajudar, entre outros aspectos, a compreender a significação cultural das manifestações literárias a esse tempo tornadas realidade no Brasil.

Assim, nos anos 1950 e 60 assiste-se, ao lado da dicção modernista já instaurada e sedimentada, à emergência de vários posicionamentos de vanguarda assumida, portanto progressistas, na poesia nacional: o movimento da poesia concreta (1956), também conhecido como Concretismo, o Neoconcretismo (1959), a Literatura-praxis (1962), o movimento do Poema/processo (1967).

O **Concretismo** pretende ser "um projeto geral de nova informação estética, inscrito em cheio no horizonte de nova civilização técnica, situado em nosso tempo, humana e vivencialmente presente" (CAMPOS, PIGNATARI E CAMPOS, 1975, p. 7).

Os poemas concretos, apoiados·na palavra "coisa", nela se centralizam, num procedimento antidiscursivo, caracterizando-se "por uma estruturação óptico-sonora, irreversível e funcional e, por assim dizer, geradora de ideia, criando uma entidade todo-dinâmica, 'verbivocovisual' – é o termo de Joyce – de palavras dúcteis, moldáveis, amalgamáveis, à disposição do poema" (CAMPOS, PIGNATARI E CAMPOS, 1975, p. 34).

O movimento foi lançado pelo Grupo Noigandres na Exposição Nacional de Arte Concreta, no Museu de Arte Moderna de São Paulo, em dezembro de 1956. Com o mesmo título *Noigandres*, o grupo já vinha publicando, desde 1952, uma revista-livro cujos responsáveis são os principais teóricos da proposição: os irmãos Haroldo e Augusto de Campos e Décio Pignatari. Essa publicação e mais *A luta corporal*, livro de poemas de Ferreira Gullar, marcam os começos, com produções amplamente divulgadas pelo Suplemento Dominical do *Jornal do Brasil*. Na direção do Suplemento, abrindo-o ousadamente às novas experiências poéticas, Reynaldo Jardim, com o entusiástico apoio do renovador poeta Mário Faustino.

"Noigandres" é palavra extraída, via Ezra Pound, "Canto XX", de uma canção do trovador provençal Arnaut Daniel. Sua significação precisa tornou-se um desafio para os romanistas. O estudioso Emil Lévy, entretanto, compreende-a como "antídoto do tédio". (apud SIMON e ÁVILA, DANTAS, 1982, p. 14). Foi tomada, no caso dos concretistas, como sinônimo de poesia em progresso, como lema de experimentação e pesquisa poética em equipe.

28   O "plano piloto" da poesia concreta, de que transcrevemos um trecho, dá a medida teórica da atitude assumida:

> plano-piloto para a poesia concreta
>
> poesia concreta: produto de uma evolução crítica de formas.
>
> dando por encerrado o ciclo histórico do verso (unidade rítmico-formal), a poesia concreta começa por tomar conhecimento do espaço gráfico como agente estrutural, espaço qualificado: estrutura espácio-temporal, em vez de desenvolvimento meramente temporístico-linear, daí a importância da ideia de ideograma, desde o seu sentido geral de sintaxe espacial ou visual, até o seu sentido específico (fenollosa/pound) de método de compor baseado na justaposiçã direta – analógica, não lógico-discursiva – de elementos. "il faut que notre intelligence s´habitue à comprendre synthético-idéographiquement au lieu de analytico-discursivement" (Apollinaire). einsenstein: ideograma e montagem.
>
> precursores: Mallarmé (*un coup de dés*, 1897): o primeiro salto qualificativo: "subdivisions prismatiques de l´idée"; espaço ("blancs") e recursos tipográficos como elementos substantivos da composição. pound (*the cantos*): método ideogrâmico. joyce (*ulysses* e *finnegans wake*): palavra-ideograma; interpenetração orgânica de tempo e espaço.
>
> cummings: atomização de palavras, tipografia fisiognômica; valorização expressionista do espaço. apollinaire (*calligrammes*): como visão, mais do que como realização.
>
> futurismo, dadaísmo: contribuições para a vida do problema, no Brasil: Oswald de Andrade (1890/1954): "em comprimidos, minutos de poesia". João Cabral de Meio Neto (n. 1920 - o *engenheiro* e a *psicologia da composição* mais *anti-ode*): linguagem direta, economia e arquitetura funcional do verso.
>
> poesia concreta: tensão de palavras-coisas no espaço-tempo. estrutura dinâmica: multiplicidade de movimentos concomitantes. também na música – por definição, uma arte do tempo – intervém o espaço (Webern e seus seguidores: Boulez e Stockhausen; música concreta e eletrônica); nas artes visuais – espaciais, por definição – intervém o tempo (mondrian e a série *boogie-woogie*, max bill; albers e a ambivalência perceptiva; arte concreta, em geral).
>
> (CAMPOS, PIGNATARI e CAMPOS, 1975, p. 156)

Na base das pesquisas dos concretistas, como se vê, Mallarmé, Ezra Pound, Joyce e Cummings – e no Brasil, Oswald de Andrade e João Cabral de Melo Neto.

Eis dois exemplos de poemas concretos, o primeiro de Augusto de Campos (in REVISTA DO LIVRO, 1958, p. 30) o segundo de José Lino Grünewald (in NOIGANDRES, 1962, p.180):

```
        eixoolho              a vida
        polofixo              c o mida
        eixoflor              a vida
        pesofixo              b e bida
        eixosolo              a vida
        olhofixo              dormida
                              a vida
                              ida
```

Vale dizer que as composições iniciais dos irmãos Campos e de Décio Pignatari são ainda marcadas pelo verso discursivo e por um certo formalismo próximo dos procedimentos da chamada "geração de 1945", embora já deixem perceber atitudes reveladoras dos caminhos vanguardistas que logo abraçarão.

Os resultados dos percursos renovadores já aparecem em *Noigandres 2* (1955), *Noigandres 3* (1956) e *Noigandres 4* (1958), onde as composições envolvem nova sintaxe e novos dimensionamentos para a manifestação poética. A essas publicações acrescentam-se *Noigandres 5*; antologia do verso à poesia concreta (1962) e a série da revista *Invenção*, além dos livros individuais.

À trindade deflagradora do movimento, juntam-se, mais tarde, Ronaldo Azeredo e José Lino Grünewald. Com outras experiências na área, aparecem também os livros *Universo* (1961), de Mário da Silva Brito, *Extralunário poemas incompletos* (1960), de Pedro Xisto, *Anatomias* (1967), de José Paulo Paes, e *Sólida* (1962), de Wladimir Dias-Pino, o futuro líder do movimento do Poema/processo.

Alguns estudiosos têm apontado a existência de cinco fases no desenvolver do Concretismo: a fase pré-concreta, a anterior ao lançamento "oficial" em 1956, marcada por uma oposição ao formalismo classicizante da "geração de 1945", ainda que com muito do próprio posicionamento que combatiam; a fase heroica (1956-1960), quando realmente eclode o movimento e se instaura a polêmica que o envolverá até a atualidade; é a hora do poema-em-si, como realidade "verbivocovisual", o momento do texto que fragmenta palavras, vale-se da polissemia, associa vocábulos pela aproximação fônica, atomiza partes do discurso, rompe com a sintaxe tradicional, desintegra os vocábulos em seus morfemas, explora o ludismo sonoro, o branco da página etc., propondo novas relações sintático-espaciais; a terceira fase, não muito fértil, que abrange uma tentativa de associar a linguagem concretista ao envolvimento participativo, como uma resposta a uma das frequentes críticas feitas ao movimento: a alienação; a quarta fase, que leva os concretistas à exacerbação do não verbal, com o aproveitamento de técnicas como a colagem, o grafismo, o desenho, a fotomontagem; a fase última, que, basicamente ainda caracterizada nas obras dos três pioneiros, revela a permanente inquietação criadora que os anima, e prova disso é a publicação de *Galáxias* (1984), de Haroldo de Campos, texto que vinha sendo elaborado desde 1963.

Em termos de literatura em processo, o Concretismo dá continuidade à pesquisa estética propugnada pelos modernistas, tenta levar às últimas consequências a objetividade, acentua a preocupação formalista, que foi a pedra de toque da "geração de 1945", e pretende inserir-se na dimensão internacional da era da industrialização, abrindo para as conquistas estéticas extremamente objetivas da segunda metade do século atual na Europa.

Movimento duramente criticado por muitos, sobretudo em consequência do seu radicalismo antidiscursivo e da abolição do verso, além de suas proximidades com as correntes estruturalistas que vicejaram no País nos anos 1960/70, não encontrou, até os dias de hoje, a consagração do consenso, embora tenha conseguido algum espaço de divulgação no exterior.

Decorridos 56 anos desde o seu lançamento, inegáveis e reconhecidas são a seriedade e a competência intelectual dos seus cultores, sobretudo dos irmãos Campos e de Décio Pignatari, na área dos estudos da linguagem e da teoria literária, e no âmbito da tradução no Brasil. Como poesia, porém, suas propostas permaneceram no espaço da vanguarda, com alguns epígonos.

O **Neoconcretismo** nasceu de uma primeira cisão no movimento da poesia concreta. Seu manifesto foi publicado no *Jornal do Brasil* de 22 de março de 1959. Envolve uma tomada de posição relacionada não apenas com a literatura, mas com outras artes, como a pintura, a gravura e a escultura. Seus propositores, entre outras posições, negam a validade das atitudes cientificistas e positivistas em arte e repõem o problema da expressão, incorporando as novas dimensões "verbais" criadas pela arte não figurativa construtiva (apud TELES, 1986, p. 408). Pronunciam-se contra o predomínio da tecnocracia, da máquina e da cibernética e propõem-se dimensões metafísicas. Declaram que "a arte neoconcreta funda um novo espaço expressivo". A propósito, vale transcrever este trecho do citado manifesto:

> Essa posição é válida igualmente para a poesia neoconcreta que denuncia, na poesia concreta, o mesmo objetivismo mecanicista da pintura. Os poetas concretos racionalistas também puseram como ideal de sua arte a imitação da máquina. Também para eles o espaço e o tempo não são mais que relações exteriores entre palavras – objeto. Ora, se assim é, a página se reduz a um espaço gráfico e a palavra a um elemento desse espaço. Como na pintura, o visual aqui se reduz ao ótico e o poema não ultrapassa a dimensão gráfica. A poesia neoconcreta rejeita tais noções espúrias e, fiel à natureza mesma na linguagem, afirma o poema como um ser temporal. No tempo e não no espaço a palavra desdobra a sua complexa natureza significativa. A página na poesia neoconcreta é a espacialização do tempo verbal; é pausa, silêncio, tempo. Não se trata, evidentemente, de voltar ao conceito de tempo da poesia "discursiva", porque enquanto nesta a linguagem flui em sucessão, na poesia neoconcreta a linguagem se *abre* em duração. Consequentemente, ao contrário do concretismo racionalista, que toma a palavra como objeto e a transforma em mero sinal ótico, a poesia neoconcreta devolve-a à sua condição de "verbo", isto é, de modo humano de representação do real. Na poesia neoconcreta a linguagem não escorre, dura.
>
> Por sua vez, a prosa neoconcreta, abrindo um novo campo para as experiências expressivas, recupera a linguagem como fluxo, superando suas contingências sintáticas e dando um sentido novo e mais amplo a certas soluções até aqui dadas equivocamente como poesia. É assim que, na pintura como na poesia, na prosa como na escultura e na gravura, a arte neoconcreta reafirma a independência da criação artística em face do conhecimento objetivo (ciência) e do conhecimento prático (moral, política, indústria etc.).
>
> (TELES, 1986, p. 410-1).

[39] É ainda o Suplemento Dominical do *Jornal do Brasil* que, de 1957 a 1962, funciona como órgão de divulgação do movimento. Entre seus adeptos, o dissidente Ferreira Gullar e Reynaldo Jardim. Mas foram raros e de difícil acesso os "textos" realmente representativos, até porque a sua condição de "objetos" ou "não objetos" (caixas enterradas no chão, artefatos de acrílico ou de zinco com letras, poemas-livro etc.) dificultou o consumo do público. A atitude teve mais presença no âmbito das artes plásticas.

[40] No catálogo da exposição "Neoconcretismo 1959/1961", realizada em 1984, de 5 de setembro a 9 de outubro, na Galeria BANERJ, no Rio

de Janeiro, o mesmo Ferreira Gullar situa historicamente o movimento, busca caracterizar sua representatividade, e lembra o que pretendeu realizar a poesia neoconcreta, afirmando, entre outras considerações:

> O salto da poesia neoconcreta se dá exatamente quando se procura superar a problemática ótico-mecanicista: os neoconcretos encaram o espaço em branco da página como o avesso da linguagem, isto é, como silêncio, e consideram que a utilização do reverso da página, cortada em tamanhos e formas diferentes, permitiria criar o poema como forma visual e ao mesmo tempo possibilitaria a participação mais efetiva do leitor na formação dele: isto é, o passar das páginas seria um ato de construção do poema cuja forma final nasceria dessa ação do leitor, pela acumulação gradativa das palavras: assim nasceu o livro-poema.
>
> A etapa seguinte foi a criação do poema espacial (não objeto), o primeiro dos quais se compunha de duas placas brancas, uma quadrada e outra triangular em cima, ligadas entre si e móveis: a placa triangular, levantada, deixava ver uma palavra escrita no seu verso. Esses poemas espaciais ganharam várias formas: placa branca com uma pirâmide laranja, móvel, sob a qual havia uma palavra; placa branca com um cubo azul, móvel, ocultando uma palavra etc. Antes de chegarmos a isso, ainda explorando as possibilidades do livro-poema, Reynaldo Jardim realizou o livro-universo (ou livro sem fim) e Lígia Pape, o livro-da-criação. Partindo dos poemas espaciais e da ideia de participação ativa do leitor, concebi o *Poema enterrado*, que foi construído no quintal da casa de Hélio Oiticica, na Gávea: uma sala de dois metros por dois, no subsolo, a que se chega por uma escadaria: no centro do poema (da sala subterrânea), suavemente iluminada, há um cubo vermelho de meio metro de lado que, erguido, deixa ver um cubo verde menor, debaixo do qual se encontra por sua vez um cubo branco, este compacto e bem menor que o anterior e em cuja face voltada para o solo está escrita a palavra *rejuvenesça*.
>
> (apud COUTINHO, 1986, v. 5, p. 242-3)

A **Literatura-praxis** também surge de uma ruptura no grupo dos concretistas, desta vez em 1962, como assinalamos: os poetas Mário Chamie, líder da nova tendência, e Cassiano Ricardo partem para novas proposições no âmbito da criação literária.

Busca-se agora opor à "palavra-coisa" do Concretismo a "palavra-energia". O poema não é entendido como "objeto estático e fechado, mas como um 'produto' dinâmico, passível de transformação pela interferência ou manipulação do leitor" (CHAMIE, apud SILVA, 1967, p. 469-70). Na base da fundamentação, uma filosofia dialético-existencial. Deixemos falar, novamente, o principal teórico do movimento:

> O autor-praxis não escreve sobre temas. Ele parte de áreas (seja um fato externo ou uma emoção), procurando conhecer todos os significados e contradições possíveis e atuantes dessas áreas, através de elementos sensíveis que conferem a elas realidade e existência. Esses elementos sensíveis são levantados. Infraestrutural e primordialmente são eles: o vocabulário da área (não o ensejado pela subjetividade dominadora do autor); as sintaxes que a manipulação desse vocabulário engendra; a semântica implícita em toda sintaxe organizada, a pragmática que daí decorre, de vez que, na mesma medida em que autor partiu da área do seu vocabulário para chegar a um texto, o leitor pode praticar o mesmo processamento a partir do levantamento de uma dada área.
>
> (apud BANDEIRA E AYALA, 1967, p. 254)

43 Considera-se ainda que, como vanguarda, a Literatura-praxis tem sua validade apoiada no seu poder de se manter e de se superar a cada momento.

44 Para o autor-praxis, a palavra não é um elemento subsidiário, é a própria "matéria-prima transformável" (CHAMIE, 1974, p. 123). O trabalho que realiza envolve "um processo comum que ampara todas as opções pessoais" (CHAMIE, 1974, p. 123) e que o citado Chamie assim sintetiza:

> – todo problema tem as suas palavras;
>
> – cada palavra tem o seu centro de energia e o seu vocabulário;
>
> – todo vocabulário de uma palavra tem as suas relações em níveis sintático, semântico e pragmático;
>
> – cada núcleo de relações condiciona blocos de estruturas correspondentes;
>
> – cada bloco de estrutura é uma originalidade formal, refletindo um aprendizado particular do autor;
>
> – cada originalidade formal é, necessariamente, um texto que esgota a área de que é levantamento;
>
> – cada texto, nas múltiplas linhas de força desse processo, é linguagem que a própria área possibilitou, pela mediação da palavra;
>
> – a linguagem produz a informação;
>
> – a informação é estética e semântica, mais semântica, segundo a maior ou menor eficácia do trabalho de coautoria do leitor;
>
> – no poema-praxis é impossível ocorrer informação que seja só estética ou só semântica.
>
> (1974, p. 123-4)

Nesse processo são relevantes, em termos de técnica de construção do poema, três condições: o ato de compor, a área de levantamento da composição, o ato de consumir. O poema implica uma construção do "espaço em preto", ou seja, das linhas da composição, onde as palavras criam sua multissignificação a partir das inter-relações que entre elas se estabelecem. Envolve ainda o que se denomina "mobilidade intercomunicante", vinculada à intercomunicação vocabular, presente a partir do próprio processo de elaboração do texto, mas que possibilita também as múltiplas leituras a que o mesmo se abre. Há, portanto, desse modo, uma integração ativa entre a escrita e a leitura do poema. Neste, as palavras, enquanto signos, são consideradas na sua univocidade; enquanto em conotação com outras palavras do texto são multívocas; o texto, enquanto discurso unitário, reassume a sua condição unívoca.

Eis dois exemplos de poema-praxis:

> **ROSA ROSA ROSA**
>
> Rosa Rochosa
> Roda de abóbodas,
> Pomposa incógnita
> Só rococó.
>
> Só rocambole.
> Rosa sarcófago,
> Rosa só rosa,
> Só rosa cósmica.
>
> Rosa retórica
> Só dela, rosa
> Dela zelosa,
> Dela que evola.
>
> Rosa memória
> De Rosa Rosa,
> Moma Senhora
> Misteriosa.
>
> Só categórica
> Forja metódica
> Lógica, ilógica,
> Rosa ou abóbora?
> (...)
>
> (FONSECA, apud RICARDO, 1966, p. 137)

PLANTIO

Cava,
então descansa.
Enxada; fio de corte corre o braço
de cima
e marca: mês, mês de sonda.
Cova.

Joga,
então não pensa.
Semente; grão de poda larga a palma
de lado
e seca: rês, rês de malha.
Cava.

Calca
e não relembra.
Denuncia: mão de louco planta o vau
de perto
e talha: três, três de paus.
Cova.

Molha
e não dispensa.
Adubo; pó de esterco mancha o nego
de longo
e forma: nó, nó de resmo.
Joga.

Troca,
então condena.
Contrato; quê de paga perde o ganho
de hora
e troça: mais, mais de ano.
Calca.

Cova:
e não se espanta.
Plantio; fé e safra sofre o homem
de morte
e morre: rês, rés de fome
Cava.

(CHAMIE, 1974, p. 14-5)

47   As experiências e os manifestos do movimento encontram-se em *Praxis – revista de instauração criativa* (cinco números, de 1962 a 1966), nos vários livros publicados, em especial em *Lavra lavra*, obra-marco da tendência, lançada em 1962, e nos dois volumes de *Instauração Praxis* (1974), que reúnem manifestos, plataformas, textos e documentos críticos de 1952 a 1972. Ambos os livros têm como autor Mário Chamie. Além dele, a Literatura-praxis tem ainda entre seus autores representativos Adailton Medeiros, Antônio Carlos Cabral, Armando Freitas Filho, Arnaldo Saraiva, Carlas Rodrigues Brandão, Camargo Meyer, Clodomir Monteiro, Lauro Junk, José de Oliveira Falcón, Mauro Gama, Roberto Wagner de Almeida, Yone Giannetti Fonseca, O. C. Louzada Filho, Heleno Godói, Carlos Fernando Magalhães, Luís Araújo e Dalmo Florence.

48   A Literatura-praxis representa, no contexto da poesia brasileira, uma tentativa de retomada da dimensão conteudística. A esse traço alia-se a dimensão experimentalista na área da linguagem literária, sem entretanto privilegiar o formalismo. Traz de novo, por outro lado, a preocupação com uma visão crítica da realidade brasileira.

49   O movimento do **Poema/processo** foi lançado em dezembro de 1967, através de exposições realizadas simultaneamente no antigo Estado da Guanabara e no Rio Grande do Norte. Obedeceu, portanto, a um planejamento assumido e, como explicitam seus principais representantes, buscou "uma conscientização pública, antecipando uma oposição de ideias ao estruturalismo, cuja difusão já se fazia iminente" no Brasil. (DIAS-PINO, 1973)

50   Pretendeu a instauração de uma nova linguagem, configurada, sobretudo, no poema sem palavras, e propôs uma nova codificação para o texto:

> O que o poema de processo reafirma é que o poema se faz com o processo e não com palavras. Importante é o projeto e sua visualização; a palavra pode ser dispensada.
>
> Poesia é apenas um vocábulo. Com isso, também não estamos esquecendo o valor da palavra – como elemento oral na convivência humana diária: por exemplo, na leitura de uma planta arquitetônica, os valores de interligação e de circulação não são representados por preposições ou conjunções gramaticais, mas pela simples distribuição de vazios, por consequência é mais estratégica do que a funcionalidade da estrutura de engrenagens.
>
> (DIAS-PINO, 1973)

Essa dispensa, entretanto, não deve ser entendida como "um combate rígido e gratuito ao signo verbal", mas como "uma exploração planificada das possibilidades encerradas em outros signos (não verbais)" (DIAS--PINO, 1973).

Os mentores do movimento entendem ainda que "não há poesia/processo, porque o que é produto é o poema. Quem encerra o processo é o poema" (DIAS-PINO, 1973). À luz desses e de outros princípios, as experiências que levaram a termo caracterizaram uma busca de novos códigos gráficos e visuais que aproximam as suas composições das artes plásticas, notadamente do desenho e das histórias em quadrinhos. Por outro lado, ultradimensionam-se a intenção criadora do texto e a composição que elabora. Afirma-se ainda que o poema/processo "resolve-se por si mesmo, desencadeando-se (projeto), não necessitando de interpretação para a sua justificação" (DIAS-PINO, 1973). O que interessa é inaugurar processos informacionais a cada nova experiência e transmitir **informações**, estéticas ou não, que sejam funcionais e, portanto, consumidas. Contribuições do citado Wladimir Dias-Pino e ainda de Moacy Cirne, Álvaro de Sá, Ronald Werneck, Joaquim Branco, Lara de Lemos, Dayse Lacerda, entre outros, fazem o movimento, que tem como órgão divulgador a revista *Ponto 1*. Entretanto, um manifesto assinado pelos quatro primeiros e publicado em 1973 considerou-o encerrado, após "cinco anos como projeto contínuo de vanguarda", embora afirmando, no item final, que "o poema é conquista irreversível no campo da informação: poemas-processo continuarão a ser produzidos" (DIAS-PINO, 1973).

A teorização do projeto, acompanhada de farta exemplificação, pode ser lida em *Processo: linguagem e comunicação*, de W. Dias-Pino, de onde transcrevemos a seguinte composição de Lara de Lemos (1973):

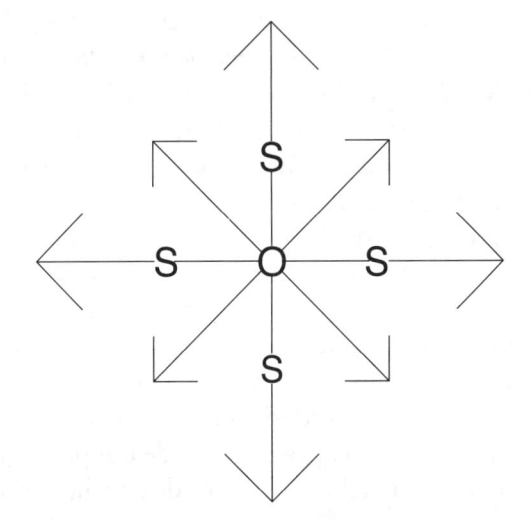

Ainda numa posição progressiva, cabe situar a contribuição de autores como Afonso Ávila, Fritz Teixeira de Salles, Laís Correa de Araújo, Rui Mourão, Fábio Lucas e Affonso Romano de Sant' Anna, entre outros, ligados à revista *Tendência* (1957-1962, quatro números), lançada em Belo Horizonte, com posições que associam o social e o histórico à valorização da palavra. Na mesma linha, também em Minas Gerais, publicam-se *Ptyx* (1963) e *Vereda* (1964).

Cumpre ainda assinalar que, em 1962, surgiu, também no âmbito da poesia, uma tendência diferente, desvinculada da centralização esteticista na linguagem: ela envolve inúmeros poetas que se congregam em torno da antologia denominada *Violão de rua*. Essa obra totaliza dois volumes lançados naquele ano e mais um, em 1963, pela Editora Civilização Brasileira, do Rio de Janeiro, dentro de uma coleção significativamente denominada "Cadernos do Povo Brasileiro".

A obra, como esclarece nota do verso da folha de rosto do volume 1, "visa divulgar poetas que usam seus instrumentos de trabalho para participar, de modo mais direto, nas lutas em que ora se empenha o povo brasileiro, revolucionariamente voltado para as exigências de um mundo melhor e mais humano" (*Violão de Rua*, 1962).

Com tal propósito, de acentuado compromisso humanista e social, a coletânea abre-se para escritores das mais variadas posições, desde Ferreira Gullar até representantes da "Geração de 1945" que a ela convergem, na evolução de sua produção individual, como José Paulo Paes e Paulo Mendes Campos, por exemplo.

Os textos publicados caracterizam, entre outros aspectos, o aproveitamento, como matéria de poesia, de acontecimentos da vida política brasileira, de fatos históricos e de problemas sociais de todo dia, que envolvem, por exemplo, desde o índice de mortalidade na América Latina, ou a morte de um lavrador no Nordeste, até reflexões sobre o trabalho do operário em construção, passando, entre outros assuntos, pelos problemas do retirante ou episódios da vida no cangaço. Depreende-se uma posição de participação ativa, através do poema, no processo de mudanças exigidas pela realidade do País. A dimensão popular assumida reflete-se no emprego de formas políticas do folclore brasileiro, notadamente da poesia de cordel do Nordeste, embora não se privilegie deliberadamente esta ou aquela técnica do verso. Os poemas assumem a tradição discursiva e oralizante, a simplicidade imagística e, em certos casos, um tom de oratória e didatismo; em outros, no afã da comunicação de conteúdos, chegam a aproximar-se de um prosaísmo que prejudica a multissignificação exigida pela obra de arte literária.

59   As antologias trazem ainda poemas de Affonso Romano de Sant'Anna, Moacyr Félix, Reynaldo Jardim, Vinicius de Moraes, Alberto João, Clóvis Moura, Félix de Ataíde, Francisco Dias Pinto, Heitor Saldanha, Homero Homem, J. J. Paes Loureiro, Joaquim Cardozo, José Carlos Capinam, Luiz Paiva de Castro, Audálio Alves, Carlos Pena Filho, Cassiano Ricardo, Fernando Mendes Vianna, Fritz Teixeira de Salles, Jacinta Passos, Olímpio Bonald Neto, Oscar Niemeyer, Ruy Guilherme Barata, Solano Trindade e Wânia Filizola.

60   Alguns desses poetas voltam a ter textos seus na coletânea *Poesia viva I*, de 1968, dirigida por Moacyr Félix. O propósito é lançar não uma antologia, mas "a elaboração de um conjunto composto, por assim dizer, por tantos pequenos livros quantos sejam os autores apresentados". A temática mantém-se fiel à preocupação social e existencial, mas já não se verifica a presença acentuada das formas populares que marcaram os poemas de *Violão de rua*. Predominam o verso livre, o texto discursivo, acentuadamente conteudístico, mesmo quando aproveita algumas aproximações fonossemânticas típicas do Concretismo.

61   Por força de suas características, a poesia de *Violão de rua* situa-se não como "vanguarda estética", mas muito mais como representativa de uma "posição vanguardista de caráter social e político", portanto em nível de temática e de ideologia assumida. Esse aspecto tem tornado polêmico o seu posicionamento no processo da literatura brasileira, o que não diminui a relevância da contribuição poética de inúmeros dos seus representantes.

62   A década de 1960 marcou também a presença no Brasil de um procedimento que vinha sendo adotado em outros países, notadamente nos Estados Unidos: a chamada Arte postal ou Arte-Correio, também conhecida como *Mail-Art*, Arte por correspondência ou Arte a domicílio. Consiste no envio, pelo Correio, de poemas geralmente transcritos em cartões, aproveitando-se ou não o envelope, o selo, o carimbo e outros elementos como partes integrantes do texto.

63   Segundo alguns estudiosos, a origem da prática é difícil de ser situada. Há quem considere Marcel Duchamp como precursor, desde 1916, e mesmo Mallarmé. Houve, em vários lugares, manifestações individuais, mas a caracterização da atitude como movimento estruturado só começa a ganhar corpo a partir dos anos 1970. Datam de 1971 exposições como a Bienal de Paris, organizada por J. M. Poirsot, e o *Image Bank Postcard Show*. Em 1976, em Montevidéu, teve lugar o *Festival de la Postal Creativa*. No Brasil, é de 1975 a I Exposição Internacional de Arte Postal, realizada em Recife por Paulo Bruscky e Ipiranga Filho. Vale

lembrar que, em 1970, o *Jornal de Letras* publicou um "Manifesto do Poema Postal", assinado por Pedro Lyra.

64 Varia muito o produto dessa modalidade de criação poética, em que são utilizados os mais diversos materiais. Um de seus méritos é possibilitar o intercâmbio e o mútuo conhecimento de artistas das mais variadas localidades do país e do exterior, além de, nas eventuais exposições e nos já existentes museus alternativos e casas de cultura, permitir ao grande público não apenas conhecer os trabalhos, mas, em muitos casos, coparticipar da manifestação artística. São numerosos, a partir dos citados anos 1970, os adeptos do procedimento (COUTINHO, 1986, v. 5, p. 256-7).

65 Ainda no âmbito do novo, emerge, em 1968, no Brasil, o chamado **Tropicalismo**.

66 Trata-se de uma tomada de posição de alguns artistas renovadores na área de várias atividades, como o teatro, o cinema, as artes plásticas e, sobretudo, a música popular.

67 Na área teatral, aponta-se como fonte significativa a montagem de *O rei da vela*, peça do modernista Oswald de Andrade, escrita em 1934 e levada finalmente à cena em 1967, com direção criativa de José Celso Martinez. No cinema, desponta o filme *Terra em transe*, de Glauber Rocha; nas artes plásticas, criações de Hélio Oiticica; na música, a contribuição renovadora das composições musicais de Caetano Veloso ("Alegria alegria", "Tropicália"), de Gilberto Gil ("Domingo no parque"), do mesmo Gil, em parceria com Caetano Veloso e José Carlos Capinam ("Soy loco por ti América").

68 Em relação à literatura, a questão torna-se mais complexa, pois é rara a produção de obras representativas. Costumam ser citados os textos de Torquato Neto (*Últimos dias de Paupéria*, 1973) e Wally Salomão (*Me segura que eu vou dar um troço*, 1972).

69 Reassumindo e incorporando a proposta antropofágica de Oswald de Andrade, ou seja, propondo-se a "deglutição cultural", o Tropicalismo relativizou, como assinala Celso F. Favaretto, as posições antagônicas da época na realidade brasileira, quando se oscilava "entre a ênfase nas raízes nacionais e na importação cultural" (1979, p. 34). Nesse sentido, caracterizou-se por uma dupla dimensão dialética e pretendeu ser, ao mesmo tempo, brasileiro e universal, sem qualquer preconceito estético, "apenas vivendo a tropicalidade" (SANT'ANNA, 1978, p. 90). Esse propósito amplo, e de certa maneira vago, converteu-se numa ampla atitude de carnavalização, no sentido bakhtiniano do termo. A esse traço, aliam-se, ainda como retomada da "antropofagia", pesquisa de técnicas de expressão, humor, atitude anárquica em relação aos valores da burguesia, (FAVARETTO, 1979, p. 35) a que não faltam o sarcasmo, o

deboche, a ironia, o espírito de paródia, o cosmopolitismo estilístico. Representou também "uma apropriação da *pop-art* e da *op-art* americanas e das vanguardas brasileiras" e é tido por alguns críticos como manifestação da "estética do precário" (SANT'ANNA, 1978, p. 162). Os anos de 1970 assinalam o declínio da atitude.

Na esteira da liberação tropicalista, porém, na década de 1970 assiste-se ao aparecimento de uma poesia feita basicamente por jovens, marcada por um retorno às dimensões conteudísticas e à ampla liberdade de criação e de expressão: a chamada "**Poesia marginal**". Como peculiaridade, a publicação artesanal dos livros, frequentemente em equipe, em edições mimeografadas, vendidas em cinemas, bares e lojas. É uma atitude assumida contra os esquemas industriais das editoras e livrarias, quase sempre fechadas aos textos em verso, sobretudo para os escritores estreantes.

Esses poetas afastam-se da linha esteticista e do formalismo das vanguardas de 1950/60 e retomam os caminhos abertos pelo Modernismo de 1922; retornam à valorização poética do cotidiano, ao discursivo quase prosa, aos fragmentos do instante, ao aproveitamento dos fatos políticos e jornalísticos em poemas de marcado sentido irônico. Em alguns casos, nota-se a presença de atitudes neorromânticas, de erotismo, de pensamento místico e esotérico.

Por sua própria natureza, trata-se de produção bastante difusa e vária; embora alguns desses autores já tenham encontrado recentemente o espaço editorial convencional, a maioria permanece ainda no âmbito do artesanato, da produção independente.

Entre as publicações que divulgaram mais amplamente alguns poemas, situam-se o Suplemento literário do jornal *Minas Gerais* (Imprensa Oficial de Belo Horizonte, de 13 de julho de 1984), o Jornal de poesia, publicado pelo *Jornal do Brasil*, em setembro, outubro e novembro de 1973, e a coletânea organizada por Heloísa Buarque de Holanda, *26 poetas hoje* (Rio de Janeiro: Labor do Brasil, 1976).

Dos estudos críticos dedicados ao movimento, destacam-se, as observações de Affonso Romano de Sant' Anna, em *Música popular e moderna poesia brasileira*, o estudo introdutório de Heloísa Buarque de Holanda na obra citada e, especialmente, o livro de Carlos Alberto Messeder Pereira, *Retrato de época. Poesia marginal anos 70* (Rio de Janeiro: Funarte, 1981).

Com a vanguarda caracterizada em "projetos" definidos e assumidos, conviveram, além da produção de Carlos Drummond de Andrade e João Cabral de Melo Neto, outras manifestações poéticas não vinculadas a movimentos do gênero. Algumas consolidam o discurso modernista, outras, por ele iluminadas, acrescentam-lhe novos matizes e outras mais situam-se no nível de contribuições que só o tempo permitirá dimensionar com o devido rigor.

76   Entre as primeiras, estão as obras de poetas como Joaquim Cardozo, Henriqueta Lisboa, Mário Quintana, Mauro Mota, Guilhermino César, Odylo Costa Filho e Dante Milano. As segundas permitem destacar o trabalho de Marly de Oliveira, Fernando Py, Gilberto Mendonça Teles, Mário Faustino, Foed Castro Chamma, Carlos Nejar, Francisco de Carvalho, Reynaldo Valinho Alvarez, Ivan Junqueira, Affonso Romano de Sant'Anna. O terceiro grupo, bastante numeroso, envolve, além dos poetas já citados em relação à coletânea *Poesia viva I*, nomes como, entre muitos outros, Francisco Alvim, Antônio Carlos de Brito, Roberto Schwartz, Alexei Bueno, Antônio Carlos Secchin, Marcus Accioly, Chacal (Ricardo de Castro Duarte), Jayro José Xavier, Pedro Paulo de Sena Madureira, Olga Savary, Lélia Coelho Frota, Mauro Gama, Maria Lúcia Alvim, Bruno Tolentino, Sérgio de Castro Pinto, Regina Célia Colônia, Walmir Ayala, Astrid Cabral, Alberto Beutten-Müller, Adélia Prado, Márcio Tavares do Amaral, Ana Christina César, Virgílio Moretzon Moreira, Renata Palotini, Neide Arcanjo, Alcides Buss, Silviano Santiago, Hilda Hilst, Rui Espinheira Filho, Pedro Lira, Paulo Leminski, José Alcides Pinto, Carlito Azevedo, Lupe Cotrim, Adriano Espínola, Salgado Maranhão, Antônio Cicero, Alexei Bueno, Marco Lucchesi, Eduardo de Oliveira, Osvaldo de Camargo e Éle Semog, estes três últimos cultores da poesia feita por escritores negros assumidos como tal. A relação, seguramente imprecisa e lacunosa, diante das centenas de poetas com obra publicada, está longe de ser exaustiva.

77   Se numerosas e multifacetadas têm sido as manifestações contemporâneas em poesia, à prosa também se acrescentaram novas contribuições e dimensões. Um grande número de escritores, nas trilhas abertas ou abrindo novas, enriqueceu e continua enriquecendo o patrimônio cultural do País. Alguns seguem desenvolvendo a linha do texto-espelho ou do texto de denúncia social, na continuidade da tradição realista-naturalista, acrescida de um ou outro aspecto diferenciador; outros continuam o percurso da introspecção psicológica, e outros mais se preocupam basicamente com a linguagem em si mesma. Claro está que essas tendências frequentemente aparecem associadas em diversas obras.

78   No romance, ressalvadas as características singularizadoras de cada autor, a linha realista-regionalista encontra excelentes cultores em Herberto Salles, José Condé, Amando Fontes, João Clímaco Bezerra, Mário Palmério, Bernardo Élis e Guilhermino César; a via introspectiva evidencia-se na produção de Lygia Fagundes Telles, José Cândido de

Carvalho, Antônio Olavo Pereira, Josué Montello, Fernando Sabino, Autran Dourado, Adonias Filho, Otto Lara Resende, Carlos Heitor Cony, entre outros; essa mesma dimensão, associada à preocupação com a linguagem, aparece forte em Clarice Lispector, Osman Lins, Maria Alice Barroso, Nélida Piñon, Geraldo Ferraz, para só citar alguns. A integração regionalismo/universalidade/linguagem tem um excelente exemplo no *Grande sertão: veredas*, de Guimarães Rosa. A narrativa longa contemporânea conta ainda com a produção de Orígenes Lessa, Macedo Miranda, Ascendino Leite, Guido Wilmar Sassi, Assis Brasil, Raduan Nassar, Geraldo França de Lima, Antônio Callado, Ignácio de Loyola Brandão, Antônio Torres, Moacyr Scliar, Luiz Antônio de Assis Brasil, Flávio Moreira da Costa, Paulo Francis, Ivan Ângelo, José Louzeiro, Rubem Fonseca, Elisa Lispector, Jorge Mautner, Cora Ronai, Edla Van Steen, Lya Luft, Márcio Souza, Darcy Ribeiro, João Ubaldo Ribeiro, Osvaldo França Júnior, Roberto Drummond, Luís C. Cardoso, Silviano Santiago, Ana Maria Machado, Hilda Hilst, Lya Luft, Helena Parente Cunha, O. C. Louzada Filho, Heloísa Maranhão, Haroldo Bruno, Tânia Faillace, Sérgio Sant' Ana, Sérgio Tapajós, O. G. do Rego Carvalho, Josué Guimarães, Ary Quintella, José Carlos de Oliveira, Moacyr Scliar, Lourenço Cazarré, Roberto Reis, Renato Pompeu, Sérgio Faraco, Júlio César Martins, João Gilberto Noll, Milton Hatoum Ronaldo Lima Lins e muitos outros, numa prova de excepcional vitalidade da literatura brasileira hoje. Referência especial merece a prosa memorialista de Pedro Nava e Antônio Carlos Villaça.

Fato auspicioso é ainda a emergência do conto, tão pouco cultivado no Modernismo, que avulta notadamente a partir dos anos 1960 e continua presença ativa na atualidade, com um grande número de propostas marcadas por recursos inéditos e renovadores: é ver a obra de Samuel Rawett, José J. Veiga, Dalton Trevisan, Ary Quintella, Jorge Medauar, José Louzeiro, Moacyr Scliar, Paulo Amador, Lygia Fagundes Telles, Nélida Pinon, José Edson Gomes, Rubem Fonseca, Luís Vilela, Maura Lopes Cançado, Edla Van Steen, João Antônio, Roberto Drummond, Murilo Rubião, Wander Piroli, Almeida Fischer, Breno Accioli, Xavier Placer, Maria José Limeira, Gilvan Lemos, Braga Montenegro, Constantino Paleólogo, Eduardo Campos, Luiz Fernando Emediato, Marina Colasanti, Mário Pontes, Fran Martins, Lúcia Benedetti, Renard Pérez, Hélio Pólvora, Miguel Jorge, Julieta de Godoy Ladeira, Homero Homem, Aldir Garcia Schlee, Elias José, Deonísio da Silva, Salim Miguel, Sônia Coutinho, Edilberto Coutinho, Caio Porfírio Carneiro, Domingos Pellegrini Jr., Moacir Amâncio, Rubem Mauro Machado, Silviano Santiago, Duílio Gomes, Caio Fernando Abreu, Carlos Eduardo Novaes, Ricardo Ramos, Branca Maria de Paula, Aguinaldo Silva, Álvaro Cardoso

Gomes, entre inúmeros autores, a maioria dos quais segue produzindo regularmente.

Tanto o romance como o conto envolvem temática variadíssima, que vai desde a caracterização de problemas individuais até os espaços do imaginário em aberto, passando por espaços relevantes da realidade social brasileira. Nesse âmbito, embora em escala não muito significativa, figura a narrativa centrada no fantástico, de tanta presença na literatura latino-americana contemporânea. É o caso de Murilo Rubião e J. J. Veiga, por exemplo. Ressalta também o romance-reportagem, de que são excelentes exemplos obras de José Louzeiro. A realidade mais próxima no tempo brasileiro começa a frequentar a narrativa longa e curta a partir do final dos anos 1970, e ganha singular destaque; é ver os romances de Márcio Souza, Ivan Ângelo e Ignácio de Loyola Brandão, por exemplo.

A crônica é outra forma que ganhou invulgar vitalidade literária nas três últimas décadas. Despontam nomes como Rubem Braga, Antônio Maria, Sérgio Porto, Henrique Pongetti, Rachel de Queiroz, José Carlos de Oliveira, Eneida e Carlos Drummond de Andrade, Fernando Sabino, Paulo Mendes Campos, Lourenço Diaféria, Carlos Eduardo Novaes, Luís Fernando Veríssimo, Affonso Romano de Sant' Anna, João Ubaldo Ribeiro, Roberto Damatta, e alguns outros que asseguram a permanência dessa modalidade de texto, essencialmente brasileiro.

No teatro, avultam as contribuições de Nelson Rodrigues, Antônio Callado, Millôr Femandes, Dias Gomes, Chico Buarque de Holanda, Gianfrancesco Guarnieri, Augusto Boal, Oduvaldo Vianna Filho, Paulo Pontes, Plínio Marcos, Maria Clara Machado, Ferreira Gullar, entre muitos.

A crítica literária, por seu turno, continuou a desenvolver-se, sobretudo em nível de atuação universitária. Pouco a pouco, nas últimas décadas, vale dizer, a crítica publicada em jornais e revistas foi cedendo espaço às resenhas e à simples divulgação de livros. Permanece, entretanto, embora sem a frequência que seria de desejar diante da vasta produção em prosa e verso que caracteriza a contemporaneidade brasileira, a crítica publicada em livros, e entre os nomes de destaque figuram Afrânio Coutinho, Cavalcanti Proença, Wilson Martins, Temístocles Linhares, Péricles Eugênio da Silva Ramos, Antonio Candido, Alfredo Bosi, Eduardo Portella, João Alexandre Barbosa, Heron de Alencar, Oswaldino Marques, Franklin de Oliveira, Fausto Cunha, César Leal, Pedro Paulo Montenegro, Afonso Ávila, Benedito Nunes, Fábio Lucas, Alexandre Eulálio, Darci Damasceno, Bráulio Nascimento, José Guilherme Merquior, Cassiano Nunes, Eugênio Gomes, Gilberto Mendonça Teles,

Antônio Houaiss, Haroldo de Campos, Augusto de Campos, Hélio Pólvora, Roberto Schwartz, Francisco de Assis Barbosa, Fábio Freixieiro, José Aderaldo Castelo, Luiz Costa Lima, Dirce Riedel, Silviano Santiago, Affonso Romano de Sant' Anna, Flávio Loureiro Chaves, José Carlos Garbuglio, Letícia Malard, entre outros.

Merece também referência a chamada literatura infantil, que ganhou notável impulso e intenso consumo nos tempos atuais. A partir do pioneiro trabalho de Monteiro Lobato, numerosos são os autores que se dedicam a essa modalidade de literatura no Brasil, com destaque para Ana Maria Machado e Lygia Bojunga, de forte presença nacional e internacional.

Também propiciando considerações, avulta a telenovela, uma narrativa de ficção típica da comunicação de massa que utiliza uma forma multidimensional de linguagem, mas que é quase sempre uma história contada com princípio, meio, fim e "suspense": não nos esqueçamos dos milhões de "leitores" que tal texto artístico mobiliza, com seu caráter nitidamente folhetinesco e autores como Bráulio Pedroso, Dias Gomes, Janete Clair, Lauro César Muniz, Gilberto Braga, Aguinaldo Silva, João Emanuel Carneiro e José Louzeiro, inovadores no gênero. Mas essa já é outra história.

Cumpre situar ainda o alto nível poético que vem caracterizando certos textos verbais da música popular brasileira. O fenômeno é tão mais significativo quando nos lembramos, por exemplo, de que em 1968 o Tropicalismo buscava efetivar a união entre a música popular e o texto literário e, pouco mais tarde, assistia-se à tentativa de união entre concretistas e compositores.

O volumoso, variado e notável volume em que se concretizam tais manifestações continua a exigir estudos pormenorizados que nos permitam uma configuração mais precisa de sua representatividade como caracterizador de um novo estilo epocal. Em termos amplos, entretanto, podemos destacar, além do que já assinalamos, alguns traços caracterizadores, entre os que apontou, em 1976, Antonio Candido para a literatura "do nosso tempo, no Brasil e em outros lugares":

> 1) "A supressão ou ocultamento dos nexos sintáticos, quer dizer, a passagem de um discurso contínuo para um discurso descontínuo".
>
> 2) "A busca (sobretudo em poesia) de uma ordem espaço-temporal não linear em vez de uma ordem temporal linear".
>
> 3) "A substituição da metáfora pela paronomásia", ou seja, a substituição de imagens apoiadas na analogia, como, por exemplo, "tu és bela como uma rosa", por figuras que unem palavras que se aproximam

pela sonoridade, embora sejam de significados diferentes, como neste exemplo de Murilo Mendes: "As têmporas da maçã, as têmporas de hortelã, as têmporas da romã, as têmporas do tempo, o tempo temporã".

4) "Cultivo intensivo da ambiguidade natural do discurso".

5) Predomínio da ficção não imitativa ou deliberadamente anti-imitativa, "a ficção não mimética ou deliberadamente antimimética, inclusive com uma exploração cada vez maior da paródia".

(1976, p. 182-8)

Em síntese, da década de 1950 a 1970, ressalvada a relatividade das datas-limite, a cultura brasileira tem sido marcada pelo signo da multiplicidade, seja na área política, social ou artística. Nesse último espaço, núcleo de nossas atenções, conviveram atitudes modernistas, umas estabilizadas, outras ultradimensionadas; procedimentos de vanguarda, que tiveram seus altos momentos de realização e viveram o declínio, sem terem sido plenamente absorvidos pelo consumo avalizador; numerosos posicionamentos na área do romance, da poesia, do conto e mesmo do teatro, que estão aguardando o estudo dos especialistas para a plena compreensão de sua representatividade; aproximações e cruzamentos de manifestações das chamadas cultura erudita e cultura popular; emergência e presença forte de manifestações paraliterárias. Certo é que, em alguns casos, presentificaram-se traços e peculiaridades que possibilitam tratar de manifestações pós-modernistas na literatura brasileira.

Por outro lado, trata-se de um tempo em que, dentro e fora do Brasil, vive-se um momento cultural extremamente multifacetado. O ritmo acelerado do progresso científico e tecnológico, as viagens interplanetárias, a filosofia existencialista, o desenvolvimento dos meios de comunicação de massa, com sua atuação acentuada no comportamento individual, a "aldeia global" em que se transformou o mundo, convertido numa civilização planetária, a quebra dos tabus tradicionais em todas as áreas, a problemática religiosa, as mudanças de valores e comportamentos nas relações afetivas, as tentativas de controle demográfico, os conflitos bélicos, as questões políticas e sociais, a ameaça da guerra nas estrelas, a terrível presença de patologias capazes de dizimar a própria humanidade, se não for encontrada a tempo solução salvadora. A literatura insere-se nesse complexo cultural, revela, espelha, denuncia, aliena-se, propõe, identifica-se e ultrapassa. E no rumo dessa ultrapassagem, deixa perceber novos rumos e configurações.

Nesse sentido, é possível apontar, como marca dominante, a partir de 1968, a multiplicidade de caminhos. Configura-se o que me permito chamar de "Movimento de dispersão".

O PÓS-MODERNISMO • CAPÍTULO 13   355

91   Exauridas as vanguardas, é possível perceber, no âmbito da dispersão assinalada, algumas tendências dominantes nos espaços da produção poética, cuja maior ou menor incidência aguarda, para sua caracterização plena, o rigor da pesquisa.

92   Na poesia, evidenciam-se:

92.1   • **a tradição revitalizada:** o verso e as formas tradicionais, que perpassam todo o curso da literatura brasileira, voltam a ganhar forte presença, marcada pela ênfase no caráter reflexivo, pelo verso medido, pelo culto da imagística, pela temática universalizante, embebidos, por vezes, de linguagem modernista. O novo reside no maior ou menor índice de originalidade.

92.2   • **a tradição modernista revisitada:** O Modernismo, oswaldianamente deglutido, ganha vulto em dezenas e dezenas de autores. Desde as marcas das tendências iniciais, com experiências-na-fronteira-dos-limites entre o verso e a prosa, até as preocupações metafísicas e o equilíbrio formal do movimento. Os textos se acrescentam de novas dimensões, caracterizadoras de singularização, notadamente no nível do enfoque da realidade poetizada. Mas o verso livre, os traços de humor, a valorização poética do cotidiano, o vezo metalinguístico, a preocupação existencial ao lado da perspectiva crítica em relação à realidade brasileira, esta em menor escala, continuam elementos marcantes. Nesse espaço, atua um número significativo de jovens poetas a carregar a bandeira da poesia em espetáculos apoiados em textos oralizados e representados. É quase feérica a iluminação modernista. E entre os modelos privilegiados despontam Manuel Bandeira, Carlos Drummond de Andrade, Cecília Meireles, Oswald de Andrade, João Cabral de Melo Neto. Retornam grupos, mas unidos não por um programa, ou por propostas coletivas: reúnem-se para divulgar a poesia que fazem, diante da dificuldade de entrarem no mercado livreiro. São poetas na maioria fiéis ao discursivo, ao verso livre e ao poder das imagens, centrados, sobretudo, em problemáticas individuais. É de se registrar a tendência a um vale-tudo formal.

92.3   • **ecos das vanguardas dos anos 1950/70:** Exauridos esses movimentos, veiculam-se, a partir dos anos de 1980, alguns ecos cada vez menos presentes. Surgem também experiências com poesia eletrônica. Para além dessas vanguardas, de que foram marcadas lideranças, alguns poetas assumiram projetos individuais.

92.4   • **a emergência de segmentos preocupados com a afirmação da identidade cultural:** É altamente significativo o número de escritoras que decidiram assumir um discurso de afirmação da mulher. A questão do negro tem sido objeto de uma produção compromissada com o resgate cultural da etnia, levado a termo por negros ou descendentes de negros assumidos como tal. Nesse âmbito, excepcionalmente, os propósitos de afirmação étnica e de identidade cultural, e o espírito de grupo levaram incialmente à formação de movimentos, entre eles o Quilombhoje, criado em 1978 e responsável pela publicação dos *Cadernos Negros*, o grupo *Negrícia*, poesia e arte do crioulo, lançado em 1982, e o grupo *Gens* (Grupo de Escritores Negros de Salvador), que data de 1985. O homossexualismo, por seu turno, vem-se presentificando também no discurso de alguns escritores, na afirmação da identidade. Em todos esses segmentos, o poema privilegia a dimensão sociocultural, numa linguagem múltipla e vária.

93   A produção individualizada continua em revistas literárias, em livros e, com grande presença, no espaço da internet.

94   A prosa multiplica-se nos mais variados temas e abordagens, cuja volumetria exige a fundamentação da pesquisa. Acrescente-se a ampliação significativa dos espaços de leitura e divulgação para além do suporte-papel: os *e-books*, a divulgação via internet e outros meios eletrônicos.

95   Nas décadas finais do século passado e nos começos do atual, intensifica-se a presença avassaladora do ciberespaço. Estreitam-se fronteiras. A casa de muitos passa a ser o mundo, por meio da internet, espaço preenchido por palavras, imagens, imaginação, capazes de alimentar lazeres, prazeres, negócios, amores, sexo. Virtuais. Abre-se a bilhões de internautas a inconcretude ciberespacial. Simultaneízam-se fatos e notícias. A clonagem concretiza-se. As células-tronco prenunciam milagres de restauração de órgãos. A privacidade parece ter-se perdido no passado. O terrorismo instala-se nas sombras ameaçadoras do imprevisível, sem tempo e lugar de investidas avassaladoras. Emergem conflitos guerreiros. O ano de 2009 assiste ao deflagrar de crise que abala a economia do mundo ocidental. A crise prossegue a sua ronda. Agita-se o mundo com simultâneas insurgências localizadas banhadas de sangue contra regimes ditatoriais. O Brasil passa incólume pela citada crise econômica, estabilizado, com avanços sociais relevantes, inserção internacional mais ativa, ainda que persistam necessidades a superar.

96   Fiel ao dinamismo de sua natureza, a literatura, frente a tais instâncias, luta por assegurar o seu lugar de centro como produto cultural e, questionada, deixa em aberto a sua nova e incógnita estruturação.

Rio de Janeiro, janeiro de 2012.

BIBLIOGRAFIA

TEXTOS LITERÁRIOS

BANDEIRA, Manuel e AYALA, Walmir. *Antologia dos poetas brasileiros. Fase moderna. Depois do Modernismo*. Rio de Janeiro: Edições de Ouro, 1967.

CAMARGO, Oswaldo de (org.). *A razão da chama*: antologia de poetas negros *brasileiros*. São Paulo: GRD, 1986.

COLINA, Paulo (org.). *Axé*; antologia São Paulo: Global, 1982.

ECO, Umberto. *O nome da rosa (Il nome della rosa)* Rio de Janeiro: Nova Fronteira, 1983.

FERREIRA GULLAR. *Toda poesia 1950-1980*. Rio de Janeiro: Civilização Brasileira, 1980.

HOLANDA, Heloísa Buarque de (org.). *26 poetas hoje*. Rio de Janeiro: Labor do Brasil, 1976.

Violão de rua. Rio de Janeiro: Civilização Brasileira, 1962 (v. 1 e 2), 1963 (v 3).

TEXTOS TEÓRICOS

ALBÉRÉS, R. M. *L'aventure intellectuelle du XXe siècle*. Paris: Albin Michel, 1959.

_____. *Métamorphose du roman*. Paris: Albin Michel, 1966.

ASSIS BRASIL. A nova literatura brasileira (o romance, a poesia, o conto). In: COUTINHO, Afrânio (dir.) e COUTINHO, Eduardo de Faria (codir.). *A literatura no Brasil*. 3. ed. rev. e atual. Rio de Janeiro: José Olympio; Niterói: Universidade Federal Fluminense, 1986. v. 6.

_____. *A nova literatura*. Rio de Janeiro: Americana, 1973-1975. 4 v.

BENJAMIN, Walter. *Poésie et révolution*. Paris: Denoël, 1970.

BENSE, Max. *Pequena estética*. São Paulo: Perspectiva, 1971.

BERND, Zilá (org.). *Antologia da poesia afro-brasileira*: 150 anos de consciência negra. Belo Horizonte: Mazza Edições, 2011.

BLOOM, Harold. *O cânon ocidental. (The Western Canon)*. Trad. Marcos Santarrita. Rio de Janeiro: Objetiva, 1995.

BOSI, Alfredo. *História concisa da literatura brasileira*. 32. ed. São Paulo: Cultrix, 1995.

_____. *Ideologia e contraideologia*. São Paulo: Companhia das Letras, 2010.

_____ (org.). *O conto brasileiro contemporâneo*. São Paulo: Cultrix/Edusp, 1975.

_____. *O ser e o tempo da poesia*. São Paulo: Cultrix/Edusp, 1977.

BRITO, Jomar Muniz de. *Do Modernismo à bossa nova*. Rio de Janeiro: Civilização Brasileira, 1966.

CAMPOS, Augusto de; PIGNATARI, Décio; CAMPOS, Haroldo de. *Teoria da poesia concreta*: textos críticos e manifestos – 1950/1960. 2. ed. São Paulo: Duas Cidades, 1975.

CAMPOS, Haroldo de. *A arte no horizonte do provável*. São Paulo: Perspectiva, 1969.

CANDIDO, Antonio. *Ciclo de debates do Teatro Casa Grande*. Rio de Janeiro: Inúbia, 1976.

CARAVETTA, Peter e SPEDICATO, Paolo (org.). *Postmoderno e la letteratura*. Milano: Bompiani, 1984.

CHAMIE, Mário. *Instauração Praxis*: manifestos, plataformas, textos e documentos críticos 1959-1972. São Paulo: Quíron, 1974. 2 v.

_____. *Intertexto: a escrita rapsódica*; ensaio de leitura produtora. São Paulo: Gráfica São José, 1970.

COELHO, José Teixeira. *Moderno pós-moderno*. Porto Alegre: L&PM, 1986.

CONNOR, Steven. *Cultura pós-moderna. Introdução às teorias do contemporâneo (Postmodernist Culture. An Introduction to theories of the Contemporary)*. Trad. de Adail Ubirajara Sobral e Maria Stela Gonçalves. 2 ed. São Paulo: Ed. Loyola, 1993.

COUTINHO, Afrânio (dir.) e COUTINHO, Eduardo de Faria (codir.). *A literatura no Brasil*. 3. ed. rev. e atual. Rio de Janeiro: José Olympio, Niterói: Universidade Federal Fluminense, 1986. v. 5 e 6.

DIAS-PINO, Wladimir. *Processo*: linguagem e comunicação. 2. ed. Petrópolis: Vozes, 1973.

ECO, Umberto. *Pós-escrito a "O nome da rosa" (Postille a "Il nome della rosa")*. Rio de Janeiro: Nova Fronteira, 1985.

_____. *Sobre a literatura*. Livro vira-vira. Rio de Janeiro: Best/Bolso, 2011.

FAUSTINO, Mário. A poesia "concreta" e o momento poético brasileiro. *Poesia e experiência*. São Paulo: Perspectiva, 1977. p. 209-18 (Introdução de Benedito Nunes.)

FAVARETTO, Celso F. *Tropicália, alegoria, alegria*. São Paulo: Kairós, 1979.

FEKETE, John (ed.). *Life after Postmodernism. Essays on value and culture*. New York: Saint Martin's Press, 1987.

FERREIRA GULLAR. *Vanguarda e subdesenvolvimento*. Rio de Janeiro: Civilização Brasileira, 1969.

GARNIER, Pierre. *Spatialisme et poésie concrète*. Paris: Gallimard, 1968.

HOHLFELDT, Antônio (org.). *Conto brasileiro contemporâneo*. Porto Alegre: Mercado Aberto, 1981.

HOLANDA, Heloísa Buarque de. *Impressões de viagem: CPC. Vanguarda e desbunde: 1960/70*. São Paulo: Brasiliense, 1980.

HUTCHON, Linda. *Poética do Pós-modernismo*: história, teoria, ficção. *(A poetics of postmodernism: histroy, theory, fiction)*. Trad. Ricardo Cruz. Rio de Janeiro: Imago, 1991.

INVENÇÃO. São Paulo, ano 6, n. 5., dez. 1966/ jan. 1967.

JAMESON, Fredric. *Espaço e imagem*: teorias do pós-moderno e outros ensaios. Org. e trad. de Ana Lúcia Almeida Gazolla. Rio de Janeiro: Editora UFRJ, 1994.

JARDIM, Reynaldo et alii. Manifesto Neoconcreto. *Jornal do Brasil*, Rio de Janeiro, 22 mar. 1959.

JAUSS, Hans Robert. *Pour une esthétique de la réception*. Paris: Gallimard, 1978.

LEITE, Sebastião Uchoa. *Participação da palavra poética*: do Modernismo à poesia contemporânea. Petrópolis: Vozes, 1966.

LIMA, Alceu Amoroso. *Quadro sintético da literatura brasileira*. 2. ed. rev. e aum. Rio de Janeiro: Agir, 1969.

LIMA, Luiz Costa (coord.). *A literatura e o leitor*: textos da estética da recepção. Rio de Janeiro: Paz e Terra, 1979.

_____. *Dispersa demanda*: ensaios sobre literatura e teoria. Rio de Janeiro: Francisco Alves, 1981.

_____. *Mimesis e modernidade: formas das sombras*. Rio de Janeiro: Graal: 1980.

_____. *Sociedade e discurso ficcional*. Rio de Janeiro: Guanabara, 1986.

_____ (org.). *Teoria da literatura em suas fontes*. 2. ed. rev. e ampl. Rio de Janeiro: Francisco Alves, 1983. 2 v.

LUCAS, Fábio. *Vanguarda*: história e ideologia da literatura. São Paulo: Ícone, 1985.

LYOTARD, Jean-François. *O pós-moderno (La condition posmoderne)*. 2. ed. Rio de Janeiro: José Olympio, 1986.

MARTINS, Wilson. *A crítica literária no Brasil*. Rio de Janeiro: Francisco Alves, 1983. 2 v.

_____. *História da inteligência brasileira (1550-1794)*. São Paulo: Cultrix, 1976-1979. 7 v.

MATTOSO, Glauco. *O que é poesia marginal*. São Paulo: Brasiliense, 1981.

MERQUIOR, José Guilherme. *As ideias e as formas*. Rio de Janeiro: Nova Fronteira, 1981.

_____. Vanguarda, neovanguarda, antivanguarda. *Jornal do Brasil*. Rio de Janeiro, 10 ago. 1974.

_____. *O fantasma romântico e outros ensaios*. Rio de Janeiro: Vozes, 1980.

_____. Os estilos históricos na literatura ocidental. In: PORTELLA, Eduardo et alii. *Teoria literária*. 3. ed. Rio de Janeiro: Tempo Brasiliense, 1979.

_____. *De Anchieta a Euclides*: breve história da literatura brasileira – 1. Rio de Janeiro: José Olympio, 1977.

_____. Aranha e abelha: para uma crítica da ideologia pós-moderna. *Revista do Brasil* 2 (5): 22-27. Rio de Janeiro: Governo do Estado do Rio de Janeiro/Secretaria de Ciência e Cultura, Prefeitura do Município do Rio de Janeiro/Rioarte, 1986.

NEIVA, Saulo (dir.). *Désirs et débris d'épopée au XXe. siècle*. Bern: Peter Lang, 2009.

NOIGANDRES, São Paulo, n. 5.

PEREIRA, Carlos Alberto Messeder. *Retrato de época. Poesia marginal anos 70*. Rio de Janeiro: Funarte, 1981.

PIGNATARI, Décio. Situação atual da poesia no Brasil. *Anais do II Congresso Brasileiro de Crítica e História Literária*. São Paulo: Faculdade de Filosofia de Assis, 1963.

_____ et alii. Antologia do verso à poesia concreta – 1949/1962. *Noigandres 5.*, São Paulo, Massao Ohno, 1962.

POESIA CONCRETA. São Paulo: Abril Educação, 1982. (Seleção de textos, notas, estudo biográfico, histórico e crítico e exercícios por Iumna Maria Simon e Vinícius de Ávila Dantas.)

POESIA VIVA I. Rio de Janeiro: Civilizações Brasileira, 1968.

PROENÇA FILHO, Domício. A trajetória do negro na literatura brasileira. *Estudos avançados*, Universidade do Estado de São Paulo, Instituto de Estudos Avançados. v. I, n. 1, 1987, p. 161-93.

_____ (org.). *O livro do seminário*: ensaios. Bienal Nestlé de literatura brasileira – 1982. São Paulo: L. R. Editores, 1982.

_____ (org.). *Literatura brasileira*: crônica, teatro, crítica. Ensaios/Seminário 1. II Bienal Nestlé de literatura brasileira. São Paulo: Norte, 1986. v. 1.

_____ (org.). *Concerto a quatro vozes*. Rio de Janeiro: Record, 2006.

_____ org. *Literatura brasileira:* criação, interpretação e leitura do texto literário. Ensaios/Seminário 2. II Bienal Nestlé de literatura brasileira. São Paulo: Norte, 1986. v. 2.

_____. *A linguagem literária*. 8. ed. São Paulo: Ática, 2007.

RAMOS, Péricles Eugênio da Silva. *Poesia moderna*. São Paulo: Melhoramentos, 1967.

REVISTA DO BRASIL. Ano 2, n. 5. Rio de Janeiro: Governo do Estado do Rio de Janeiro/Secretaria de Ciência e Cultura, Prefeitura do Município do Rio de Janeiro/Rioarte, 1986.

REVISTA DO LIVRO. N. 10, jan. 1958.

RICARDO, Cassiano. *Poesia Praxis e 22*. Rio de Janeiro: José Olympio, 1966.

RODRIGUES, Selma Calasans. *Paródia e discurso carnavalesco em "Cem anos de solidão"*. Rio de Janeiro: UFRJ – Faculdade de Letras, 1985.

_____. *Macondamérica*. Rio de Janeiro: Leviatã, 1993.

ROUANET, Sérgio Paulo. *As razões do Iluminismo*. São Paulo: Cia. de Letras, 1987.

_____. Do pós-moderno ao neo-moderno. *Tempo Brasileiro*, Rio de Janeiro, 1986.

SÁ, Álvaro de. *Vanguarda produto de comunicação*. Petrópolis: Vozes, 1977.

SANGUINETTI, Edoardo. *Ideologia e linguaggio*. Milano: Feltrinelli, 1972.

SANT'ANNA, Affonso Romano de. *Música popular e moderna poesia brasileira*. Petrópolis: Vozes, 1978.

SANTOS, Jair Ferreira dos. *O que é pós-moderno*. 3. ed. São Paulo: Brasiliense, 1986.

SILVA, Péricles Eugênio da. *Poesia Moderna*. São Paulo: Melhoramentos, 1967.

SILVERMAN, Malcolm. *O novo conto brasileiro*; antologia crítica com anotações e exercícios gramaticais. Rio de Janeiro: Nova Fronteira; Brasília: INL, 1985.

SONTAG, Susan. *Contra a interpretação (Against Interpretation)*. Trad. de Ana Maria Capovilla. Porto Alegre: L& PM, 1987.

SUBIRATS, Eduardo. *Da vanguarda ao pós-moderno*. São Paulo: Nobel, 1986.

TELES, Gilberto Mendonça. *Vanguarda europeia e Modernismo brasileiro:* apresentação dos principais poemas, manifestos, prefácios e conferências vanguardistas de 1857 a 1972. 9. ed. Petrópolis: Vozes, 1986.

_____. *Estudos de poesia brasileira*. Coimbra: Almedina, 1985.

_____. *A poesia brasileira de 1960 a 1970*. Separata da revista das Academias de Letras. Rio de Janeiro, 1972.

TEMPO BRASILEIRO 45/46. *Poética ontem e hoje*. Rio de Janeiro: Tempo Brasileiro, abr.set. 1976.

TENDÊNCIAS da literatura contemporânea. Rio de Janeiro: Gernasa, 1969.

TORTEL, Jean et alii. *Entretiens sur la paralittérature*. Paris: Plon, 1970.

TOURAINE, Alain. *Um novo paradigma:* para compreender o mundo de hoje. *(Un nouveau paradigme: pour comprendre le monde d'aujourd'hui)*. Trad. Gentil Avelino Titton. Petrópolis: Vozes, 2006.

VOZES. Petrópolis: ano 64, v. LXIV, n. 1. jan. fev. 1970.

_____. Petrópolis: ano 71, n. 1, 1977.

_____. Petrópolis: ano 66, LXVI, n. 1. jan.fev.

BIBLIOGRAFIA GERAL

Com esta bibliografia pretendemos indicar material de consulta para estudos mais amplos sobre os assuntos tratados neste livro.
Deixam de nela figurar as obras já citadas no final dos capítulos.

TEXTOS LITERÁRIOS

ANDRADE, Mário de. *Mário de Andrade escreve cartas a Alceu, Meyer e outros*. Rio de Janeiro: Ed. do Autor, 1968. (Cartas coligidas e anotadas por Lygia Fernandes.)

BANDEIRA, Manuel. *Obras primas da lírica brasileira*. São Paulo: Martins, 1943.

BOCAGE, M. M. Barbosa du. *Poesias*. 4. ed. Lisboa: Sá da Costa, 1966.

HOLANDA, Sérgio Buarque de. *Antologia dos poetas brasileiros da fase colonial*. Rio de Janeiro: INL, 1953.

MALLARMÉ, S. Oeuvres *complètes*. Paris: Gallimard, 1945.

POE, Edgar Allan. *Poesia e prosa*. Rio de Janeiro: Edições de Ouro, 1966.

PROENÇA, M. Cavalcanti. *Literatura popular em verso*: antologia. Rio de Janeiro: Casa de Rui Barbosa, 1964. t. I.

_____. *Literatura popular em verso*: antologia. Rio de Janeiro: Casa de Rui Barbosa, 1976. t. II.

TEXTOS TEÓRICOS

ACADEMIA BRASILEIRA DE LETRAS. *Anuário*. Rio de Janeiro: Civilização Brasileira, 1935/1953. 10 v.

_____. *Bibliografia*. Rio de Janeiro: 1931/1943. 12 v.

ADORNO, Theodor W. *Notas de literatura*. Barcelona: Ariel, s/d.

_____. *Théorie esthétique*. Paris: Klincksieck, 1974.

ALONSO, Amado. *Poesía y estilo de Pablo Neruda*. 2. ed. Buenos Aires: Sudamericana, 1951.

ALONSO, Dámaso. *Del siglo de oro a este siglo de siglas*. Madrid: Gredos, 1962.

_____. *De los siglos oscuros al de oro*. Madrid: Gredos, 1958.

AMARAL, Aracy A. *Blaise Cendrars no Brasil e os modernistas*. São Paulo: Martins, 1970.

ANAIS DO I CONGRESSO BRASILEIRO DE CRÍTICA E HISTÓRIA LITERÁRIA. Rio de Janeiro: Tempo Brasileiro, 1964.

ANAIS DO II CONGRESSO BRASILEIRO DE CRÍTICA E HISTÓRIA LITERÁRIA. São Paulo: Faculdade de Filosofia de Assis, 1961.

ANDRADE, Oswald de. *Do pau-brasil à antropofagia e às utopias*. Rio de Janeiro: Civilização Brasileira; Brasília, INL, 1970.

ANDRADE MURICY. *A nova literatura brasileira*. Porto Alegre: Globo, 1936.

ANUÁRIO BRASILEIRO DE LITERATURA. Rio de Janeiro: Pongetti, 1937/1944. 8 v.

ARARIPE JR., T. A. *Literatura brasileira. Movimento de 1893*. Rio de Janeiro: Democrática, 1896. *A Revista*. Belo Horizonte, jul. 1925, n. 1; ago. 1925. n. 2.

ARGUMENTO. Rio de Janeiro, novembro de 1973. Ano 1, n. 2.

ASSIS BRASIL. *A nova literatura IV*: a crítica. Rio de Janeiro: Americana/INL, 1973.

_____. *A nova literatura*: o romance. Rio de Janeiro: Americana, 1973.

ASSOCIAZIONE INTERNAZIONALE PER GLI STUDI DI LINGUA E LETTERATURA ITALIANA. *La critica stilistica e il Barroco letterario*. Atti del Secondo Congresso Internazionale di Studi Italiani. Firenze: Le Monnier, 1958.

AUTORES E LIVROS. Suplemento literário de *A Manhã*. Rio de Janeiro: *1941/1950*. Orientação de Múcio Leão. 11 v.

AZEVEDO FILHO, Leodegário de. *Introdução ao estudo da nova crítica no Brasil*. Rio de Janeiro: Acadêmica, 1965.

BANDEIRA, Manuel. *Noções de história das literaturas*. 2. ed. São Paulo: Nacional, 1953.

BARBOSA, Francisco de Assis. Romance, novela e conto no Brasil (1893/1949). *Cultura*: Rio de Janeiro, maio/ago. 1949.

_____. *Testamento de Mário de Andrade e outras reportagens*. Rio de Janeiro: Serviço de Documentação do MEC, 1954.

BARNES, H. E. *An intellectual and cultural history of the western world*. New York: Reynal, 1941.

BARTHES, Roland. *Mythologies*. Paris: Seuil, 1970.

BELLEMIN-NOEL, Jean. *Le texte et l'avant-texte*. Paris: Larousse, 1972.

BENJAMIN, W. *A modernidade e os modernos.* Rio de Janeiro: Tempo Brasileiro, 1975.

_____. *Magia e técnica, arte e política:* ensaio sobre literatura e história da cultura. 2. ed. São Paulo: Brasiliense, 1986.

BEZERRA DE FREITAS. *História da literatura brasileira.* Porto Alegre: Globo, 1939.

BILEN, Max. *Dialectique créatrice et structure de l'oeuvre littéraire.* Paris: J. Vrin, 1971.

BITTENCOURT, A. *Mulheres e livros.* Rio de Janeiro: Nugart, 1948.

BOLETIM BIBLIOGRÁFICO. Rio de Janeiro: Biblioteca Nacional, 1886/1888, 1ª série; 1918/1921, 2ª série; 1945, 3ª série; 1951/1955, 4ª série.

BOLETIM BIBLIOGRÁFICO BRASILEIRO. Rio de Janeiro: A Estante, v. 1, n. 1., nov.-dez. 1952.

BONET, Carmelo M. *Las fuentes en la creación literaria.* 2. ed. Buenos Aires: Mora, 1963.

BOPP, Raul. *Vida e morte da antropofagia.* Rio de Janeiro: Civilização Brasileira; Brasília: INL, 1977.

BORNHEIM, Gerd A. *Aspectos filosóficos do Romantismo.* Porto Alegre: Instituto Estadual do Livro, 1953.

BOULTON, Marjorie. *The anatomy of poetry.* London: Routledge and Kegan Paul, 1955.

BRADY, Frank; PALMER, John; PRICE, Martin (ed.). *Literary theory and structure.* London, New Haven: Yale University Press, 1973.

BRITO, A. C. de. Tropicalismo: sua estética, sua história. *Vozes,* ano 66, n. 9, nov. 1972.

BRITO, M. da Silva. *Poesia do Modernismo.* Rio de Janeiro: Civilização Brasileira, 1968.

BROCHIER, Jean-Jacques. *L'aventure des surréalistes – 1914-1940.* Paris: Stock, 1977.

BROOKS, Wyck van. *Problemas da literatura contemporânea.* Rio de Janeiro: Lidador, 1966.

BRUNEAU, C. La stylistique. *Romance Philology,* v. 5, n. 1, ago 1951.

BRUNO, Haroldo. *Novos estudos de literatura brasileira.* Rio de Janeiro: José Olympio; Brasília: INL,1980.

BURCKHARDT, J. *The civilization of Renaissance in Italy.* London: Phaidon Press, 1944.

BURTON, S. H. *The criticism of poetry.* London: Longmans Green, 1950.

CAL, E. Guerra da. *Linguagem e estilo de Eça de Queirós.* Lisboa: Aster, s/d.

CALMETTE, J. *L'élaboration du monde moderne.* Paris: Presses Universitaires de France, 1934.

CAMARGO, Suzana. *Macunaíma – ruptura e tradição.* São Paulo: Massao Ohno/Farkas, 1977.

CAMPOS, Augusto de. *Balanço da bossa.* 2. ed. São Paulo: Perspectiva, 1974.

CAMPOS, Haroldo de (org.). *Ideograma. Lógica. Poesia. Linguagem.* São Paulo: Cultrix/Edusp, 1977.

_____. *Metalinguagem:* ensaios de teoria e crítica literária. Petrópolis: Vozes, 1967.

_____. *Rupturas dos gêneros na literatura latino-americana.* São Paulo: Perspectiva, 1977.

CANDIDO, Antonio. *Formação da literatura brasileira:* momentos decisivos. Rio de Janeiro: Academia Brasileira de Letras/Ouro sobre Azul, 2006.

_____. *O método crítico de Silvio Romero.* 2. ed. São Paulo: Boletim da Faculdade de Filosofia, Ciências e Letras da Universidade de São Paulo, 1963. n. 226.

CANNABRAVA, Euryalo. *Estética da crítica.* Rio de Janeiro: Serviço de Comunicação do MEC, 1963.

CARPENTER, Edmund e McLUHAN, Marshall (org.). *Revolução na comunicação (Explorations in communication).* Rio de Janeiro: Zahar, 1968.

CARRETER, F. Lázaro e LARA, Cecília de. *Manual de explicação de textos.* São Paulo: Centro Universitário, 1962.

CARVALHAL, Tânia. *A evidência mascarada:* uma leitura da poesia de Augusto Meyer. Porto Alegre, L&PM; Brasília: INL/Fundação Pró-Memória, 1984.

CARVALHO, J. de. *Estudos sobre a cultura portuguesa (séculos XV/XVI).* Coimbra, 1948/1949. 2 v.

CASCUDO, Luís da Câmara. *História da literatura brasileira.* Rio de Janeiro: José Olympio, 1952.

_____. *Literatura oral.* Rio de Janeiro: José Olympio, 1952.

CASSIRER, E. *Linguagem e mito.* São Paulo: Perspectiva, 1972.

_____ et alii. *Essais sur le langage.* Paris: Minuit, 1969.

CASTAGNINO, Raul H. *Tiempo y expresión literaria.* Buenos Aires: Nova, 1967.

CASTRO, Manuel Antônio de et alii. *Origens da literatura brasileira.* Rio de Janeiro: Tempo Brasileiro, 1979.

CASTRO, Sílvio. *A revolução da palavra:* Origens e estrutura da literatura brasileira moderna. Petrópolis: Vozes, 1976.

_____. *Teoria e política do Modernismo brasileiro.* Petrópolis: Vozes, 1979.

CASTRO, Walter de. *Metáforas machadianas.* Rio de Janeiro: Ao Livro Técnico; Brasília, INL, 1977.

CENCILLO, Luís. *Mito, semántica y realidad.* Madrid: Católica, 1970.

CÉSAR, Guilhermino. *História da literatura do Rio Grande do Sul.* Porto Alegre: Globo, 1956.

CHALHUB, Samira. *A metalinguagem*. São Paulo: Ática, 1986.

CHANNANG, A. e SENNINGER, C. *Les textes littéraires généraux*. Paris: Hachette, s/d.

CHARPENTRAT, Pierre. *Le mirage baroque*. Paris: Minuit, 1967.

CHAVES, Flávio Loureiro. *O brinquedo absurdo*. São Paulo: Polis, 1978.

CHIACCHO, Carlos. *Modernistas e ultramodernistas*. Bahia: Progresso, 1951.

CHIAMPI, Irlemar. *O realismo maravilhoso*. São Paulo: Perspectiva, 1980.

CHIAPPELLI, Fredi et alii. *Le réel dans la littérature et dans la langue*. Paris: Klincksieck, 1967.

CIDADE, Hernâni. *A literatura portuguesa e a expansão ultramarina (séculos XV/XVI)*. Lisboa, 1943.

_____. *O conceito da poesia como expressão da cultura*. 2. ed. Coimbra: Col. Studium de Armênio Amado, 1957.

CIRLOT, J. Eduardo. *Diccionario de los ismos*. Barcelona: Argos, 1956.

_____. *El estilo del siglo XX*. Barcelona: Omega, s/d.

CLAUDEL, Paul. *Positions et propositions I*. Paris: MRF, 1928.

COELHO, E. Prado. *A palavra sobre a palavra*. Porto: Portucalense, 1972.

COHEN, Francis et alii. *Littérature et idéologie*. Paris: La Nouvelle Critique, 1971.

CORREA, Roberto Alvim. *Anteu e a crítica*. Rio de Janeiro: José Olympio, 1948.

_____. *O mito do Prometeu*. Rio de Janeiro: Agir, 1957.

COUTINHO, A. *A polêmica Alencar-Nabuco*. Rio de Janeiro: Tempo Brasileiro, 1965.

_____. *A tradição afortunada*: o espírito de nacionalidade na crítica brasileira. São Paulo: USP; Rio de Janeiro: José Olympio, 1968.

_____. *O processo de descolonização literária*. Rio de Janeiro: Civilização Brasileira, 1983.

COUTINHO, Carlos Nelson et alii. *Realismo e anti-realismo na literatura brasileira*. Rio de Janeiro: Paz e Terra, 1974.

COX, C. B. e DYSON, A. E. *The practical criticism of poetry*. London: Edward Arnold, 1965.

CROCE, Benedetto. *Nuovi saggi sulla letteratura italiana del seicento*. Bari: Laterza, 1931.

_____. *Saggi sulla letteratura italiana dei seicento*. Bari: Laterza, 1948.

_____. *Storia dell'età barocca in Italia*. Bari: Laterza, 1946.

CUNHA, Celso. *Língua e verso*: ensaios. Rio de Janeiro: São José, 1963.

CUNHA, Fausto. *Situações de ficção brasileira*. Rio de Janeiro: Paz e Terra, 1970.

DACANAL, J. Hildebrando. *Nova narrativa épica no Brasil*. Porto Alegre: Sulina; Brasília: INL, 1973.

_____. *O romance de 30*. Porto Alegre: Mercado Aberto, 1982.

_____. *Realismo mágico*. Porto Alegre: Movimento, 1970.

D'ALGE, Carlos. *O exílio imaginário*; ensaios de língua portuguesa. Fortaleza: Edições da Universidade Federal do Ceará, 1983.

DÄLLENBACH, Lucien. *Le récit speculaire*: essai sur la mise en abyme. Paris: Seuil, 1977.

DEL RIO, Ángel. *Estudios sobre literatura contemporánea española*. Madrid: Gredos, 1966.

DELAS, Daniel e FILLIOLET. *Linguistique et poétique*. Paris: Larousse, 1973.

DELEUZE, Gilles. *Logique du sens*. Paris: Minuit, 1969.

DEMPF, Alois. *La expresión artística de las culturas*. Madrid: Rialp, 1962.

DÍAZ-PLAJA, Guillermo. *Comentario de textos de la literatura española*. Barcelona: La Espiga, 1953.

_____. *El espíritu del Barroco*. Barcelona: Apolo, 1940.

_____. *Hacia un concepto de la literatura española*. Buenos Aires: Austral, 1927.

_____. *Poesía y realidad*. Madrid: Revista de Occidente, 1952.

Dictionnaire abrégé du Surréalisme. Paris: Galerie Beaux Arts, 1938.

DORFLES, Gillo (org.). *Estética del mito*. Caracas: Tiempo Nuevo, 1970.

D'ORS, Eugênio. *Lo Barroco*. Madrid: Aguilar, s/d.

DOYLE, Plínio. *História de revistas e jornais literários*. Rio de Janeiro: MEC/Casa de Rui Barbosa, 1976.

DUMEZIL, Georges. *Du mythe au roman*. Paris: PUF, 1970.

_____. *Mythe et épopée*. Paris: Gallimard, 1973.

DURAND, Gilbert. *Les structures anthropologiques de l'imaginaire*. Poitiers: Bordas, 1969.

_____. *L'imagination symbolique*. Paris: PUF, 1968.

ECO, Umberto. *Apocalípticos e integrados*. São Paulo: Perspectiva, 1970.

_____. *A estrutura ausente*. São Paulo: Edusp, 1971.

EIKENBAUM, Boris. *Il giovane Tolstoi*: la teoria del metodo formale. Bari: Di Donato, 1968.

ELIA, Sílvio. *Orientações da linguística moderna*. Rio de Janeiro: Acadêmica, 1955.

ELIADE, Mircea. *Aspects du mythe.* Paris: Gallimard, 1969.

_____. *Images et symboles.* Paris: Gallimard, 1967.

ELIOT, T. S. *The use of poetry and the use of criticism.* London: Faber and Faber, 1964.

EMPSON, William. *Seven types of ambiguity.* London: Chatto & Windus, 1930.

ERMATINGER, E. et alii. *Filosofia de la ciencia literaria.* México: Fondo de Cultura Económica, 1946.

FEHÉR, Ferenc. *Ficção em debate e outros temas.* São Paulo: Duas Cidades; Campinas, Unicamp, 1979.

_____. *O romance está morrendo?* Rio de Janeiro: Paz e Terra, 1972.

FIGUEIREDO, F. *A crítica literária como ciência.* Lisboa: Clássica, 1920.

_____. *A épica portuguesa no século XVI.* São Paulo: FFLCH-USP, 1938.

_____. *História da literatura clássica.* 2. ed. Lisboa: Clássica, 1922/1931. 3 v.

FOSTER, Hal. *The anti-aesthetic:* essays on postmodern culture. Port Townsend: Bay Express, 1983.

FOUCAULT, Michel et alii. *Estruturalismo e teoria da linguagem.* Petrópolis: Vozes, 1971.

_____. *Scritti letterari.* Milano: Feltrinelli, 1971.

FREYRE, Gilberto. *Reinterpretando José de Alencar.* Rio de Janeiro: Serviço de Documentação do MEC, 1955.

FRIEDRICH, Hugo. *Estrutura da lírica moderna;* da metade do século XIX a meados do século XX *(Die Struktur der modernen Lyrik).* São Paulo: Duas Cidades, 1978.

GALIOT, Marcel. *Commentaires de textes français modernes.* Paris: Didier, 1965.

GALVÃO, Jesus Belo. *Língua e expressão artística.* Rio de Janeiro: Civilização Brasileira, 1967.

GALVÃO, Walnice Nogueira. *As formas do falso.* São Paulo: Perspectiva, 1972.

GARCIA, Othon Moacyr. *Cobra Norato. O poema e o mito.* Rio de Janeiro: São José, 1962.

_____. *Comunicação em prosa moderna.* 2. ed. Rio de Janeiro: Fundação Getulio Vargas, 1969.

_____. *Esfinge clara:* palavra-puxa-palavra em Carlos Drummond de Andrade. Rio de Janeiro: São José, 1955.

_____. *Luz e fogo no lirismo de Gonçalves Dias.* Rio de Janeiro: São José, 1956.

GARELLI, Jacques. *La gravitation poétique.* Mayenne: Mercure de France, 1966.

GARIN, Eugenio. *La cultura del Rinascimento.* Bari: Laterza, 1967.

GARONI, Emilio. *Semiotica ed estetica.* Bari: Laterza, 1968.

GILSON, E. *Introduction aux arts du beau.* Paris: Vrin, 1963.

GIRARD, René. *Mensonge romantique et vérité romanesque.* Paris: Bernard Grasset, 1961.

GIRAUDOUX, Jean. *Littérature.* Paris: Gallimard, 1967.

GLASER, Edward *Estudios hispano-portugueses:* relaciones literarias del Siglo de Oro. Valencia: Castalia, 1957.

GOLDSTEIN, Norma Seltzer. *Do penumbrismo ao Modernismo:* o primeiro Bandeira e outros poetas significativos. São Paulo: Ática, 1983.

GOMES, Celuta Moreira. *O conto brasileiro e sua crítica.* Rio de Janeiro: BN, 1977. 2 v.

GRAMMONT, Maurice. *Petit traité de versification française.* Paris: Armand Colin, 1967.

GRAMSCI, Antonio. *Literatura e vida nacional.* Rio de Janeiro: Civilização Brasileira, 1968.

GRANGER, G. *Essai d'une philosophie du style.* Paris: A. Colin, 1968.

GRIECO, Agripino. *Evolução da poesia brasileira.* Rio de Janeiro: José Olympio, 1932.

GUGLIELME, Guido. *Letteratura come sistema e come funzione.* Torino: Einaudi, 1967.

GUIRAUD, P. *Les caractères statistiques du vocabulaire.* Paris: PUF, 1953.

GULLÓN, Ricardo. *Direcciones del Modernismo.* Madrid: Gredos, 1963.

HALL, Edward T. *La dimension cachée (The hidden dimension).* Paris: Seuil, 1966.

HALL JR., Robert A. *Linguistics and your language.* 2. ed. rev. of *Leave your language alone!* New York: Anchor Books Doubleday and Company, Inc., 1960.

HEIDEGGER, Martin. *Chemins qui ne mènent nulle part.* Paris: Gallimard, 1962.

HIR, Yves Le. *Analysis stylistiques.* Paris: Armand Colin, 1967.

HOUAISS, Antônio. *Drummond mais seis poetas e um problema.* Rio de Janeiro: Imago, 1976.

HUYSSEN, Andreas. Mapping the postmodern. *The Neue German Critique,* n. 33, outono 1984.

INGARDEN, Roman. *Fenomenologia dell'opera letteraria.* Milano: Silva, 1968.

INOJOSA, Joaquim. *A arte moderna (1924/1974):* o Brasil brasileiro (1925/1975). Rio de Janeiro: Meio-dia, 1977.

_____. *A arte moderna:* 60 anos de um manifesto modernista. Recife, 5 jul., 1924-5 jul., 1984. *O manifesto que originou a 2a fase do Modernismo.* Rio de Janeiro: Cátedra, 1984. (Ed. fac-similar.)

INSTITUTO NACIONAL DO LIVRO. *Bibliografia brasileira, 1938.* Rio de Janeiro: INL, 1958.

_____. *Introdução ao estudo da literatura brasileira.* Rio de Janeiro: INL, 1963.

IVO, Ledo. *O preto no branco.* Rio de Janeiro: São José, 1955.

JAKOBSON, Roman. *Fonema e fonologia.* Rio de Janeiro: Acadêmica, 1967.

_____. *Linguística. Poética. Cinema.* São Paulo: Perspectiva, 1970.

JOLIVET, Régis. *Las doctrinas existencialistas.* Madrid: Gredos, 1950.

JOLLES, André. *Formas simples. Legenda, saga, mito, adivinha, ditado, memorável, conto, chiste (Einfache Formen. Legende, Sage, Mythe, Rätsel, Spruch, Kasus, Memorabile, Märchen, Witz).* São Paulo: Cultrix, 1976.

JOSEF, Bella. *História da literatura hispano-americana.* 2. ed. Rio de Janeiro: Francisco Alves; Brasília, INL,1982.

_____. *O espaço reconquistado.* Petrópolis: Vozes, 1974.

_____. *O jogo mágico.* Rio de Janeiro: José Olympio, 1980.

KELEMEN, P. *Baroque and rococo in Latin America.* New York: Macmillan, 1961.

KELLY, Celso. *Arte e comunicação.* Rio de Janeiro: Agir; Brasília: INL, 1972.

KHÉDE, Sonia Salomão (org.). *Literatura infanto-juvenil:* um gênero polêmico. 2. ed Porto Alegre: Mercado Aberto, 1986.

KOGAN, Jacob. *La estética de Kant y sus fundamentos metafísicos.* Buenos Aires: Universitaria, 1965.

KRISTEVA, Julia. *Le texte du Roman.* The Hague/Paris: Mouton, 1970.

LAJOLO, Marisa. *Monteiro Lobato.* São Paulo: Brasiliense, 1985.

LANGUE ET LITTÉRATURE. Actes du VIIIe Congrès de la Fédération Internationale des Langues et Littératures Modernes. Paris: Les Belles Lettres, 1961.

LANSON, Gustave. *Méthodes de l'histoire littéraire.* Paris: Les Belles Lettres, 1925.

LAPA, M. Rodrigues. *Lições de literatura portuguesa.* 5. ed. rev. Coimbra: Coimbra Ed., 1964.

LAUSBERG, Heinrich. *Manual de retórica literaria.* Madrid: Gredos, 1966.

LE GENTIL, P. *La poésie lyrique espagnole et portugaise à la fin du Moyen Âge.* Rennes: René Philon, 1944/1952. 2 v.

LE SECOND CONGRÈS International d'histoire littéraire. Les périodes dans l'histoire littéraire. Bulletin of the International Committee of the Historical Sciences. X, 1937.

LÊDO IVO. *O universo poético de Raul Pompéia.* Rio de Janeiro: São José, 1963.

LEFÈBVRE, Henri et alii. *Debate sobre o Estruturalismo.* São Paulo: Documentos, 1968.

LEITE, Dante Moreira. *Psicologia e literatura.* 2. ed. São Paulo: Nacional, 1967.

LIMA, Alceu Amoroso. *Evolução intelectual do Brasil.* Rio de Janeiro: Grifo, 1971.

LIMA, Luiz Costa. *Lira e antilira (Mário, Drummond, Cabral).* Rio de Janeiro: Civilização Brasileira, 1968.

LINHARES, Temístocles. 22 *diálogos sobre o conto brasileiro.* Rio de Janeiro: José Olympio, 1973.

_____. *Diálogos sobre a poesia brasileira.* São Paulo: Melhoramentos; Brasília, INL, 1976

_____. *Diálogos sobre o romance brasileiro.* São Paulo: Melhoramentos; Brasília, INL, 1978.

LISBOA, Henriqueta. *Convívio poético. Belo Horizonte:* Publicações da Secretaria de Educação de Minas Gerais, 1955.

LISBOA, J. Carlos. *Bodas de sangue.* Tese apresentada em concurso para provimento da cátedra de Língua e Literatura Espanhola da Faculdade Nacional de Filosofia. Rio de Janeiro, 1960.

LISBOA, Luiz Carlos. *Pequeno guia da literatura universal.* Rio de Janeiro: Forense Universitária, 1986.

_____. *Tudo o que você precisa ler sem ser um rato de biblioteca.* São Paulo: Mu/Ilha Deserta, 1973.

LITTÉRATURE. Paris, n. 1, fév. 1971.

LITTÉRATURE ET SOCIÉTÉ. *Problèmes de méthodologie en sociologie de la littérature.* Colloque organisé conjointement par l'Institut de Sociologie de l'Université Libre de Bruxelles et l'École Pratique des Hautes Études (6e section) de Paris, du 21 au 23 mai 1964. Bruxelles: Éd. de l'Institut de Sociologie de l'Université Libre de Bruxelles, 1967.

LUCAS, Fábio. *A face visível.* Rio de Janeiro: José Olympio, 1973.

_____. *Considerações sobre a ficção.* Separata de Estudos Universitários, abr./set. de 1967, v. 7, n. 2/3.

_____. *O caráter social da literatura brasileira.* Rio de Janeiro: Paz e Terra, 1970.

_____. *Poesia e prosa no Brasil.* Belo Horizonte: Interlivros, 1976.

LUKÁCS. *Ensayos sobre el Realismo.* Buenos Aires: Siglo XXI, 1965.

LUPASCO, Stéphane. *Qu'est-ce qu'une structure?* Paris: Christian Bourgois, 1967.

MACHEREY, Pierre. *Pour une théorie de la production littéraire.* Paris: François Maspero, 1966.

MAGALDI, Sábato. *O cenário no avesso.* São Paulo: Perspectiva, 1977.

_____. *Panorama do teatro brasileiro.* São Paulo: Difel, 1962.

MAIAKOVSKY. *Action poétique.* Paris: Le Pavillon, 1971.

MALARD, Letícia. *Escritos de literatura brasileira.* Belo Horizonte: Comunicação, 1981.

MARINHEIRO, Elizabeth. *A intertextualidade das formas simples:* aplicada ao romance *d'A pedra do reino,* de Ariano Suassuna. Rio de Janeiro: Gráfica Olímpica, 1977.

MARQUES, Oswaldino. *O poliedro e a rosa.* Rio de Janeiro: Serviço de Documentação do MEC, 1952.

_____. *Teoria da metáfora e a renascença da poesia americana.* Rio de Janeiro: São José, 1956.

MARTINS, Hélcio. *Pedro Salinas:* ensaio sobre sua poesia amorosa. Rio de Janeiro: Serviço de Documentação do MEC, 1956.

MATJEKA, Ladislav e POMORSKA, Krystyna (ed.). *Readings in Russian poetics: formalist and structuralist views.* Cambridge (MA): The MIT Press, 1971.

MAURON, Charles. *Des métaphores obsessives au mythe personnel:* introduction à la psychocritique. Paris: J. Conti, 1963.

MAZALEYRA T, Jean. *Pour une étude rythmique du vers français moderne. Notes bibliographiques.* Paris: M. J Minard, 1963.

MENDONÇA, A. Sérgio de. *Poesia de vanguarda no Brasil.* Petrópolis: Vozes, 1970.

MENEZES, Djacir. *A evolução do pensamento literário no Brasil.* Rio de Janeiro: Simões, 1954.

MERQUIOR, J. G. *Arte e sociedade em Marcuse, Adorno e Benjamin.* Rio de Janeiro: Tempo Brasileiro, 1969.

MEYER, A. *A forma secreta.* Rio de Janeiro: Lidador, 1965.

MICELI, Sérgio. *Intelectuais e classe dirigente no Brasil (1920-1945).* São Paulo: Difel, 1979.

MOHRT, Michel. *Le nouveau roman Américain.* 2. ed. Paris: Gallimard, 1955.

MOLES, Abraham. *Teoria da informação e percepção estética.* Rio de Janeiro: Tempo Brasileiro, 1969.

MOMENTOS DA CRÍTICA LITERÁRIA. In: *Atas do Congresso Brasileiro de Crítica Literária.* 4. Campina Grande, 1977.

MOMENTOS DE CRÍTICA LITERÁRIA III. Anais do VI Congresso Brasileiro de Teoria e Crítica Literárias e II Seminário Internacional de Literatura. Promoção: Plano Piloto de Cultura de Campina Grande. Coordenação: Núcleo de Estudos Linguísticos e Literários (UFPB). Campina Grande, 1982.

MONEGAL, Emir R. *Mário de Andrade/Borges:* Um diálogo dos anos 20. São Paulo: Perspectiva, 1978.

MONTANO, Rocco. *L'estetica del Rinascimento e del Barocco.* Napoli: Quaderni di Delta, 1962.

MONTEIRO, A. Vitor Casais. *Estrutura e autenticidade como problemas da teoria e da cultura literárias.* São Paulo, 1968.

MONTEIRO, Clóvis. *Nova antologia brasileira.* 5. ed. Rio de Janeiro: Briguiet, 1937.

MONTES, José Ares. *Góngora y la poesia portuguesa del siglo XVII.* Madrid: Gredos, 1956.

MORAES, C. Dante. *Três fases da poesia.* Rio de Janeiro: Serviço de Documentação do MEC, 1960.

MORAES, R. Borba de. *Domingo dos séculos.* Rio de Janeiro: Candeia Azul, 1924.

_____ e BERRIER, William. *Manual bibliográfico de estudos brasileiros.* Rio de Janeiro: Souza, 1949.

MOTA, Carlos Guilherme. *Ideologia da cultura brasileira – 1933-1974;* pontos de partida para uma revisão histórica. 3. ed. São Paulo: Ática, 1977.

MOUNIER, Emmanuel. *Introduction aux existencialismes.* Paris: Gallimard, 1965.

MUKAROVSKI, Jan. *La dénomination poétique et la fonction esthétique.* Actes du IVe Congrès Interne de Linguistes, Copenhague, 1938.

NEMÉSIO, Vitorino et alii. *O romance contemporâneo.* Lisboa: Sociedade Portuguesa de Escritores, 1964.

NEVES, João Alves das. *Contistas portugueses modernos.* Samambaia, s/d.

_____. *O movimento futurista em Portugal.* Porto: Tipografia do Carvalhido, 1966.

NIETZSCHE, Friedrich. *A origem da tragédia.* Lisboa: Guimarães, 1978.

OITICICA, José. *Roteiros em fonética fisiológica, técnica do verso e ficção.* Rio de Janeiro: Simões, 1955.

OLINTO, Antônio. *A invenção da verdade: crítica de poesia.* Rio de Janeiro: Nórdica; Brasília: INL, 1983.

_____. *Cadernos de crítica.* Rio de Janeiro: José Olympio, 1959.

OLIVEIRA, J. Lourenço de. *Conceito de linguística fabular.* Separata de *Kriterion,* Revista da Faculdade de Filosofia da UMG, v. XIII, n. 51/52, jan.-jun. de 1960.

OLIVEIRA, J. Osório de. *História breve da literatura brasileira.* Lisboa: Inquérito, 1939.

OLIVEIROS LITRENTO. *Apresentação da literatura brasileira.* Rio de Janeiro: Biblioteca do Exército, Forense Universitária, 1974. 2 v.

OLSEN, Stein Haugom. *A estrutura do entendimento literário. (The structure of literary understanding).* Rio de Janeiro: Zahar, 1979.

ORTEGA Y GASSET, José. *La deshumanización del arte*. 4. ed. Madrid: Revista de Occidente, 1956.

PÁDUA, Antônio de. *À margem do estilo de Cruz e Sousa*. Rio de Janeiro: Serviço de Documentação do MEC, 1946.

PAGLIARO, Antonino. *A vida do sinal*: ensaio sobre a língua e outros símbolos *(Il segno vivente: saggi sulla lingua e altri simboli)*. Lisboa: Calouste Gulbenkian, 1967.

PARANHOS, H. *História do Romantismo no Brasil*. São Paulo: Cultura, 1937/1938. 2 v.

PAZ, Octavio. *Los hijos del limo: del Romanticismo a la vanguardia*. Barcelona: Seix Barral, 1974.

_____. *O arco e a lira (El arco y la lira)*. Rio de Janeiro: Nova Fronteira, 1982.

PEIXOTO, A. *Noções de história da literatura brasileira*. Rio de Janeiro: Francisco Alves, 1931.

_____. *Panorama da literatura brasileira*. 2. ed. São Paulo: Nacional, 1947.

Perspectivas: ensaios de teoria e crítica. Diversos autores. Rio de Janeiro: Faculdade de Letras da Universidade Federal do Rio de Janeiro, 1984.

Poétique. Paris, 1970, n. 3.

Poétique. Paris, 1970, n. 4.

PÓLVORA, Hélio. *A força da ficção*. Petrópolis: Vozes, 1971.

PORTELLA, Eduardo. *Confluências*: manifestações da consciência comunicativa. Rio de Janeiro: Tempo Brasileiro, 1983.

_____. *Dimensões I*. 2. ed. rev. Rio de Janeiro: Agir, 1959.

PORZIG, Walter. *El mundo maravilloso del lenguaje*: problemas, métodos y resultados de la lingüística moderna. Madrid: Gredos, 1964.

POUILLON, Jean. *Temps et roman*. Paris: Gallimard, 1946.

PRADO, Paulo. *Retrato do Brasil*. 6. ed. Rio de Janeiro: José Olympio, 1962.

PRADO, Yan de Almeida. *A grande semana de arte moderna*. São Paulo: Edart, 1976.

PROENÇA, M. Cavalcanti. *Estudos literários*. 2. ed. Rio de Janeiro: José Olympio; Brasília: INL, 1974.

_____. *Literatura popular em verso*: estudos. Rio de Janeiro: Casa de Rui Barbosa, 1973. t. I.

_____. *Roteiro de Macunaíma*. São Paulo: Anhembi, 1955.

PROENÇA FILHO, D. *Língua portuguesa, literatura nacional e a reforma do ensino*. Rio de Janeiro, Liceu, 1973.

PY, Fernando. *Chão da crítica*: jornalismo literário – 1962-1980. Rio de Janeiro: Francisco Alves; Brasília: INL, 1984.

RAMOS, Maria Luíza. *Fenomenologia da obra literária*. Rio de Janeiro/São Paulo: Forense, 1969.

RAMOS, P. Eugênio da Silva. *Do Barroco ao Modernismo*: estudos de poesia brasileira. São Paulo: Conselho de Cultura, 1967.

_____. *Panorama da poesia brasileira III – Parnasianismo*. Rio de Janeiro: Civilização Brasileira, 1959.

_____. *Poesia simbolista*: antologia. São Paulo: Melhoramentos, 1965.

RAMUZ, C. F. *L'espace de la création*. Neuchâtel: La Baconnière, 1974.

REIS, A. Simões dos. *Bibliografia brasileira I*: poetas do Brasil. Rio de Janeiro: Organização Simões, 1949. v. 1.

_____. *Bibliografia da "História da literatura brasileira" de Sílvio Romero*. Rio de Janeiro: Zélio Valverde, 1944. v. 1.

_____. *Bibliografia das bibliografias brasileiras*. Rio de Janeiro: INL, 1952.

_____. *Bibliografia nacional*. Rio de Janeiro: Zélio Valverde, 1942. 8 v.

RIBEIRO, Leo Gilson. *Cronistas do absurdo. Kafka, Beichner, Brecht, Ionesco* 3. ed. Rio de Janeiro: José Álvaro, 1967.

RICARDOU, Jean. *Nouveaux problèmes du roman*. Paris: Seuil, 1978.

_____. *Pour une théorie du nouveau roman*. Paris: Seuil, 1971.

_____. *Problèmes du nouveau roman*. Paris: Seuil, 1967.

RIEDEL, Dirce Cortes. *Metáfora – o espelho de Machado de Assis*. Rio de Janeiro: Francisco Alves, 1974.

_____. *O tempo no romance machadiano*. Rio de Janeiro: São José, 1959.

_____; LEMOS, Carlos; BARBIERI, Ivo e CASTRO, Therezinha. *Literatura brasileira em curso*. Rio de Janeiro: Bloch, 1968.

ROBBE-GRILLET, Alain. *Pour un nouveau roman*. Paris: Gallimard, 1965.

ROBERT, Marthe. *Sur le papier*. Paris: Bernard Granet, 1967.

RODRIGUES, G. *Introdução estética ao estudo da literatura*. Rio de Janeiro: Francisco Alves, 1949.

RODRIGUES, Selma Calasans. Um diálogo no espelho. *Tempo Brasileiro*, Rio de Janeiro, 62, 1980.

ROHLFS, Gerhard. *Lengua y cultura*. Madrid: Alcalá, 1966.

ROMERO, Sílvio. *A literatura (1500/1900)*. *Livro do centenário*. Rio de Janeiro: Imprensa Nacional, 1900.

ROSSI, Giusepe Carlo. *Estudios sobre las letras en el siglo XVIII*. Madrid: Gredos, 1967.

ROSSUM-GUYON, Françoise van. *Critique du roman*. Paris: Gallimard, 1970.

ROUSTAN, M. *Précis de l'explication française*. Paris: De la Plane, 1911.

ROY, Claude. *Défense de la littérature*. Paris: Gallimard, 1968.

RUDLER, G. *L'explication française*. Paris: Hatier, 1914.

_____. *Les techniques de la critique et de l'histoire littéraire*. Oxford: Clarendon Press, 1942.

RUWET, Nicolas. *Langage, musique, poésie*. Paris: Seuil, 1972.

SÁ, Jorge de. *A crônica*. 3. ed. São Paulo: Ática, 1987.

SABINO, Lina Leal. *Grupo Sul: o Modernismo em Santa Catarina*. Florianópolis: Fundação Catarinense de Cultura, 1981.

SACHET, Celestino. *As transformações estético-literárias dos anos 20 em Santa Catarina*. Florianópolis: Udesc/Edeme, 1974.

SÁFADY, Naief. *Introdução à análise de texto*. 2. ed. rev. e ampl. São Paulo: Francisco Alves, 1965.

SALDANHA COELHO (org.). *Modernismo: estudos críticos*. Rio de Janeiro: Revista Branca, 1954.

SALES, Fritz Teixeira de. *Das razões do Modernismo*. Brasília/Rio de Janeiro: Ed. Brasília, 1974.

SAMPAIO, A. Forjaz. *História da literatura portuguesa*. Lisboa: Ailland e Bertrand, 1929/1942. 4 v.

SANGUINETTI, Edoardo. *Ideologia e linguaggio*. 2. ed. Milano: Feltrinelli, 1970.

SANT'ANNA, Affonso Romano de. *Por um novo conceito de literatura brasileira*. Rio de Janeiro: Eldorado, 1977.

SANTIAGO, Silviano. *Uma literatura nos trópicos*. São Paulo: Perspectiva/Secretaria de Cultura, Ciência e Tecnologia do Estado de São Paulo, 1978.

_____. *Vale quanto pesa*: ensaio sobre questões político-culturais. Rio de Janeiro: Paz e Terra, 1982.

SAPIR, Edward. *A linguagem*. Rio de Janeiro: INL, 1954

SARAIVA, A. J. *História da cultura em Portugal*. Lisboa: Europa-América, 1955.

SARRAUTE, Nathalie. *L'ère du soupçon*. Paris: Gallimard, 1964.

SAZBÓN, J. sel. *Estruturalismo y estética*. Buenos Aires: Nueva Visión, 1971.

SCHWARTZ, Jorge. *Vanguarda e cosmopolitismo na década de 20: Oliverio Girondo e Oswald de Andrade (Vanguardia y cosmopolitismo en la década del veinte: Oliverio Girondo y Oswald de Andrade)*. São Paulo: Perspectiva, 1983.

SCHWARZ, Roberto. *Ao vencedor as batatas*. São Paulo: Duas Cidades, 1977.

_____. *A sereia e o desconfiado*: ensaios críticos. Rio de Janeiro: Civilização Brasileira, 1965.

SECOLIN, Fernando. *Personagem e antipersonagem*. São Paulo: Cortez e Moraes, 1978.

SENNA, Homero. *República das Letras*. Rio de Janeiro: São José, 1957.

SERVIEN, Pius. *Science et poésie*. Paris: Flammarion, 1947.

SILVA, Anazildo Vasconcelo da. *Lírica modernista e percurso literário brasileiros*. Rio de Janeiro: Ed. Rio, 1978.

SILVA, Inocêncio Francisco da. *Dicionário bibliográfico português*. Lisboa: Imprensa Nacional, 1858/1923. 22 v.

SILVERMAN, Malcolm. *Moderna ficção brasileira*. Rio de Janeiro: Civilização Brasileira; Brasília: INL, 1981. 2 v.

SIMÕES, João Gaspar, *Literatura, literatura, literatura...: de Sá de Miranda ao Concretismo brasileiro*. Lisboa: Portugália, 1964.

SIMON, Pierre-Henri. *L'homme en procès*. 4. ed. Neuchâtel: La Baconnière, s/d.

SOBEJANO, C. *El epíteto en la lírica española*. Madrid: Gredos, 1956.

SOCIÉTÉ D'ÉDITION "LES BELLES LETTRES". *Langue et littérature*. Actes du VIIIe Congrès de la Fédération Internationale des Langues et Littératures Modernes, 1961.

SODRÉ, N. Werneck. *O Naturalismo no Brasil*. Rio de Janeiro: Civilização Brasileira, 1965.

_____. *O que se deve ler para conhecer o Brasil*. 2. ed. Rio de Janeiro: INEP/MEC, 1960.

_____. *Síntese de desenvolvimento literário no Brasil*. São Paulo: Martins, 1943.

SOUSA, J. Calante de. *Introdução ao estudo da literatura brasileira*. Rio de Janeiro: INL, 1963.

SOUZA, Roberto Acízelo de. *Teoria da literatura*. 2. ed. São Paulo: Ática, 1987.

_____. e FONSECA, José Luís J. de Telles. *Teoria literária*: ensaio. Rio de Janeiro: Cronos, 1980.

SPINA, Segismundo. *Introdução à poética clássica*. São Paulo: FTD, 1967.

SPITZER, Leo. *La enumeración caótica en la poesía moderna*. Buenos Aires: Facultad de Filosofía y Letras de la Universidad de Buenos Aires, 1945.

STAROBINSKI, Jean. *La relation critique*. Paris: Gallimard, 1970.

STEEN, Edla van (comp.). *Viver e escrever*. Porto Alegre: L&PM, 1981/1982. 2 v.

SUSSEKIND, Flora. *Tal Brasil, qual romance?* Rio de Janeiro: Achiamé, 1984.

Tempo Brasileiro 25. Rio de Janeiro, abr.-jun. 1970.

Tempo Brasileiro 40. Rio de Janeiro, jan.-mar. 1975.

Tempo Brasileiro 72. Teatro sempre. Rio de Janeiro, jan.-mar. 1983.

TIEGHEM, Paul. Le premier congrès international d'Histoire Littéraire et la crise des méthodes. *Modern Philology XXIX*, n. 2, nov. 1931.

_____. *Tendances nouvelles en histoire littéraire.* Paris: Belles Lettres, 1930.

TINIANOV, Iuri. Destruction, parodie. *Change.* Paris, 2, p. 67-76, 1969.

TOCEBY, Knud. *Structure immanente de la langue française.* Paris: Larousse, 1965.

TORRE, Guillermo de. *Doctrina y estética literaria.* Madrid: Guadarrama, 1970.

_____. *La aventura y el orden.* Buenos Aires: Losada, 1943.

_____. *Guillaume Apollinaire, su vida, su obra, las teorías del Cubismo.* Buenos Aires: Poseidón, 1946.

TRILLINC, Lionel. *Literatura e sociedade.* Rio de Janeiro: Lidador, 1965.

ULLMAN, Stephen. *Language and style.* Oxford: Basil Blackwell, 1964.

_____. *Semântica:* uma introdução à ciência do significado. Lisboa: Calouste Gulbenkian, 1967.

_____. *Style in the french novel.* New York: Cambridge University Press, 1957.

_____. *The principles of semantics.* Oxford: Basil Blackwell, 1963.

UREÑA, Pedro Henriquez. *Estudios de versificación española.* Buenos Aires: Universidad de Buenos Aires, Departamento Editorial, 1961.

_____. *Literary currents in Latin America.* Cambridge: Harvard University Press, 1945.

VACHEK, Josef. *A Prague school reader in linguistics.* Bloominghton: Indiana University Press, 1964.

_____. *The linguistic school of Prague:* an introduction to its theory and practice. Bloominghton: Indiana University Press, 1966.

_____ e DUBSKY J. *Dictionnaire de linguistique de l'École de Prague.* Utrecht: Anders, 1960.

VALENTINI, A. *La rima, la forma, la structura.* Roma: Bulzoni, 1971.

VELHO SOBRINHO, J. F. *Dicionário bibliográfico brasileiro.* Rio de Janeiro: Pongetti, 1937/1940. 2 v.

VENDRYES, Joseph. *Le langage.* Paris: La Renaissance du Livre, 1921.

VITA, Luís Washington. *Tendências do pensamento estético contemporâneo no Brasil.* Rio de Janeiro: Civilização Brasileira, 1967.

VITTI, Karl. *Linguistics and literary theory.* New Jersey: Prentice-Hall, 1969.

WAHL, Jean. *Poésie pensée perception.* Paris: Calman/Lévy, 1948.

WALLIS, Robert. *Les temps, quatrième dimension de l'esprit.* Paris: Flammarion, 1966.

WALZER, P. O. *La révolution des sept.* Neuchâtel: La Baconnière, 1970.

WINSATT JR., W. K. *The verbal icon:* studies in the meaning of poetry. London: Methuen, 1970.

ZULETA, Emília de. *Historia de la crítica española contemporánea.* Madrid: Gredos, 1966.